海南通史

周伟民　唐玲玲◎著

先秦至五代十国卷

人民出版社

海南省哲学社会科学2003年规划课题（HNSK03-32）

海南大学科研专项经费资助

比例尺
1：1275万

海南省全省地图（海南省辖南海诸岛地图见另页）
（引自《广东、福建、广西、海南交通地图》，人民交通出版社 2017 年版）

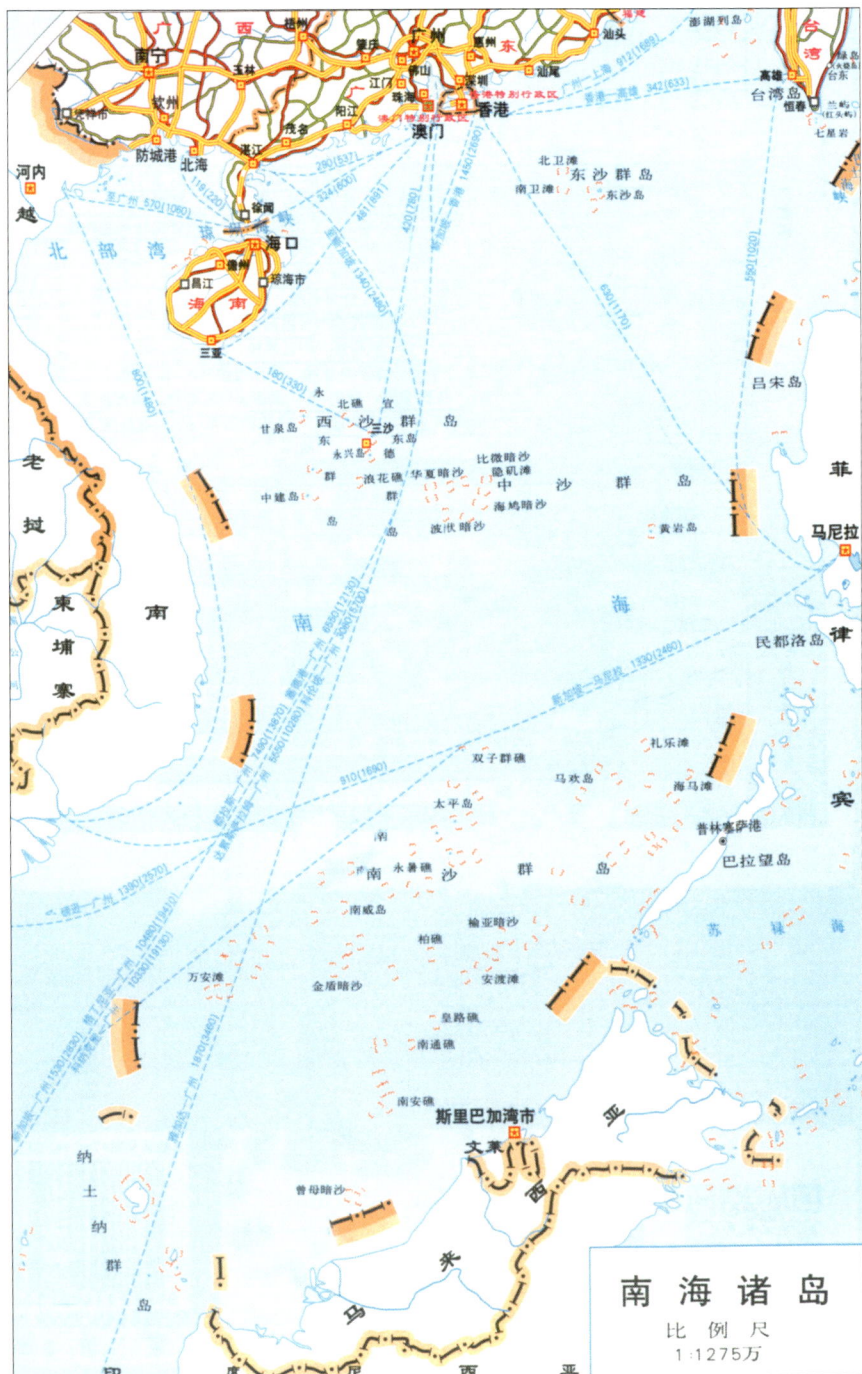

南海诸岛地图
（引自《广东、福建、广西、海南交通地图》，人民交通出版社 2017 年版）

昌江保由出土旧石器时代砍
砸器（右）、石核（左）
　　（引自丘刚主编：《海南省
博物馆》，海南省博物馆编，文
物出版社 2010 年版）

三亚落笔洞遗址出土旧石器
时代晚期到新石器时代早期过渡
阶段环状石器
　　（引自丘刚主编：《海南省
博物馆》，海南省博物馆编，文
物出版社 2010 年版）

落笔洞遗址全景（侯俊智摄）

落笔洞遗址
（引自郝思德、黄万波编著：《三亚落笔洞遗址》，南方出版社1998年版）

烧土陶
（引自周伟民、唐玲玲：《黎族数千年前的土陶器皿是怎样制成的》，《今日海南》2005 年第 9 期）

白沙县博物馆馆藏的树皮布
（引自中南民族学院本书编辑组：《海南黎族社会调查》，广西民族出版社1992 年版）

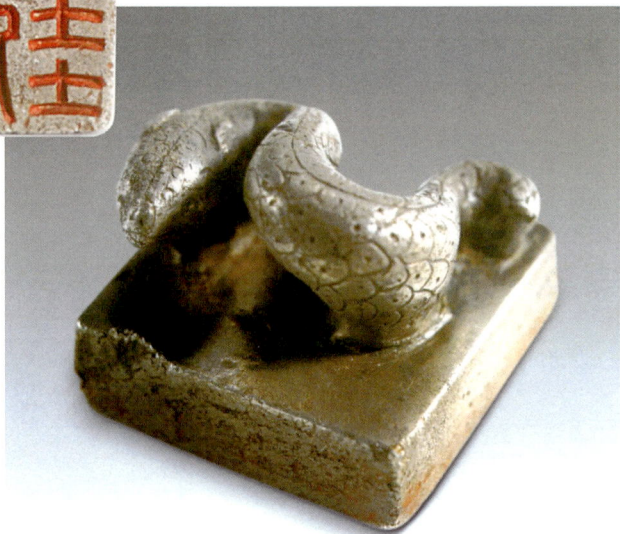

乐东县志仲镇潭培村北出土汉代"朱庐执刲"印。该印银质方形印章，蛇形纽，篆书阳刻"朱庐执刲"。

（引自丘刚主编：《海南省博物馆》，海南省博物馆编，文物出版社2010年版）

昌江田镇出土汉代北流型铜鼓

（引自丘刚主编：《海南省博物馆》，海南省博物馆编，文物出版社2010年版）

海口珠崖岭出土唐代
莲花纹瓦当
　　（引自丘刚主编：《海
南省博物馆》，海南省博
物馆编，文物出版社 2010
年版）

东方市罗带乡出土唐
代青黄釉褐彩双联罐
　　（引自丘刚主编：《海
南省博物馆》，海南省博
物馆编，文物出版社 2010
年版）

序一

恭贺海南省有一套自己的通史

科大卫

以前说"人生七十古来稀"，现在随着生活水平和医疗条件的进步，已经不能这样说了。但是，"人生八十还出书"也还是古来稀奇的事情。周伟民、唐玲玲两位老师的《海南通史》就是做到了这个古来稀奇的事情。

我有幸认识周、唐两位老师，也有幸在他们的领导下，有几次在海南走田野的机会。不要以为我们比他们年轻的人（我大概小他们十几岁）需要迁就他们的行动。周老师健步如飞，唐老师毅力非凡。他们去过世界许多大学和公藏机构，收集海南的文献资料，更可贵的是，他们脚踏过海南每一个角落。两位老师熟悉海南每一处的风俗、每一块碑上刻的文字。他们二位对学术的执着和尊崇，值得大家敬仰。

这部通史的完成，周、唐两位老师结合文献与田野的方法，是多年学术心得的结果。在中国史学上，地方史处于一个很特殊的地位。一方面，顾名思义，地方史当然需要表达地方的特点；但是，另一方面，作为历史，也需要反映大趋势。两位老师的自序，把他们的治史方法，归纳为两点：其一，以专题研究作为通史的基础；其二，力求以民众的感受作为依据。从这两条，他们发现不同地方的历史比较，可以有所启发和贯通。所以，他们可以从夏威夷、马来西亚和中国台湾地区，得到历史发展的灵感，也可以将树皮布、文身、更路簿等历史资料变成通史的部分。的确，身体的表达、衣着的演变、海路的文字记录就是历史的材料。若作为通俗旅游的展示，这些材料只能显示对于奇特风俗的好奇，若放到通史之内，它们是历史变化的标签。正如两位老师在自序所说："它们被选取，在历史的关节点，起到关键的作用。"

《海南通史》结合文献资料与田野考察，对海南省以及中国历史的传统，是一个很大的贡献。从古到今，修史的传统是为了了解时代的兴衰。但是，古人修史可能比较着重君王将相的褒贬，今人治史除比较能接受兴衰之外，国家、社会、民族也有其独立的变化。历史学者，既要专，也要博，才可以贯通不同的发展层面来了解任何时代的史实。通史是历史学者必需的参考材料。当今，海南省在中国历史上日益重要，《海南通史》必将成为研究中国历史的重要参考。我谨佩服周、唐两位老师完成大任之余，也恭贺海南省有一套自己的通史。

是为序。

2017 年 1 月 25 日
香港中文大学

（作者系香港中文大学伟伦历史学研究教授、《历史人类学学刊》主编）

序二

自觉胸襟大，汪汪无乃同

　　这是一部百科全书式的史学著作。海南岛在中华民族的历史发展中具有独特的重要地位，其建基于与大陆地区有很大差异的地理、气候、生态环境之上的生产方式、生活方式、族群结构和文化生态的多样性与复杂性，千年延续，既厚重深沉又多姿多彩，堪称人文学科和社会科学多学科综合研究的宝库。海南大学周伟民教授和唐玲玲教授伉俪，历时近30年，穷尽文献史料，走遍乡村黎寨，完成了皇皇6卷系统而翔实的《海南通史》，弥补了以往的学术缺憾，也为后起的研究者奠定了继续深入研究的基础。笔者有幸在出版前先披阅全书，深深为两位作者的毅力和胸襟所感动。明代海南的著名思想家丘濬有《海仪》一诗，以家乡的气象风物自况胸襟，内有"自觉胸襟大，汪汪无乃同"二句，我觉得以此来描述《海南通史》所展现的追求与气度，形容两位作者的眼界和胸怀，也是恰如其分的。

　　周伟民和唐玲玲两位老师已年届耄耋，但《海南通史》所展现出来的对新的学术进展的敏感和对多学科综合研究的重视，仍让人深深体验到学术青春永驻的真谛。这部著作既重视历史文献的研读分析，

又大量地汲取了田野调查的成果，既关注思想建构和理论批判，又尽量理解当事人和普通人的情感与立场，努力引导读者回到历史现场，所思所言，富于启发意义。我有幸多次聆听两位老师的教诲，也曾有机会在两位老师的引领下，沿着《海南岛之黎族》一书所揭示的20世纪30年代德国学者史图博的考察路线，到儋州、白沙的黎族村寨访问学习，对于《海南通史》研究与论说的独到之处，尤有切身的体验。这种建立在对学术史和学术前沿有深刻理解基础之上，将历史感与现场感有机融合的表述风格，呈现了数十年深厚的学术积累。

周伟民、唐玲玲两位老师都是中山大学校友，他们于1953年考入中山大学中文系，在康乐园度过4年难忘的学习生活，聆听过陈寅恪先生讲授《元白诗证史》课程，也奠定了一生为人为学的根基。我们知道，1923年12月，孙中山先生在康乐园的怀士堂发表过著名演讲《立志要做大事，不可要做大官》，对大学生们期望殷殷："我劝诸君立志，是要做大事，不可要做大官。什么是叫做大事呢？大概的说，无论哪一件事，只要从头至尾，彻底做成功，便是大事。"这种将一件事情从头到尾彻底做成功的"做大事"志向，也就成为中山大学精神内核的重要内容。周、唐两位教授经过近30年卓越不懈的努力，终于在耄耋之年完成《海南通史》这部皇皇巨著，呈现的也是这种把一件大事从头到尾做成功的感人精神。

是为序。

2017年5月14日
广州康乐园马岗松涛

（作者系中山大学历史学系教授、博士生导师、中山大学党委书记）

自　序

岁月自有不动声色的力量。动议以"私家治通史"的方式来写《海南通史》，弹指一挥间有 30 个年头了。

这个动议，现在想起来，也真是偶然。1988 年 4 月，海南建省；5 月，笔者（指周伟民、唐玲玲二人）调职海南大学。时任海南省委书记的许士杰约请几位没有省里行政职务的知识分子，不定期地举行"无主题对话会"，主要是听取基层群众对省里工作的意见和建议。每次开会，为了把话说透，参加的人都不过五六位。开会次数多了，周伟民作为一所大学里的普通教师，也因此而被许士杰认识。

1989 年 7 月，许士杰的诗词集《椰颂》出版。《海南日报》文艺部就评《椰颂》一事向周伟民约稿。周伟民认真地学习诗词集《椰颂》以后，写了一篇评论，题为《诗情源于胸襟与文心——读许士杰诗词集〈椰颂〉》，于 1990 年 1 月 21 日在《海南日报》上发表。

周伟民将报纸寄给许士杰，同时附去一封信，不料过了三天，收到他的复信。他在信中说：我很赞成你编写《海南文化辞典》，我还希望能编写比较全面之史书，我主编之《海南省》内容分量很不够。

许士杰之所以在信中说这番话，是因为此前不久，在一次小型的座谈会上，周伟民对《海南省——自然·历史·现状与未来》（商务印书馆 1988 年版）中的历史部分的内容太过简略，而且对有些历史问题的论述值得商榷，说了一些看法；同时也说到，自己正在编写《海南文化辞典》，希望在此项工作的基础上加深对海南历史文化的认识，然后编写海南岛史。

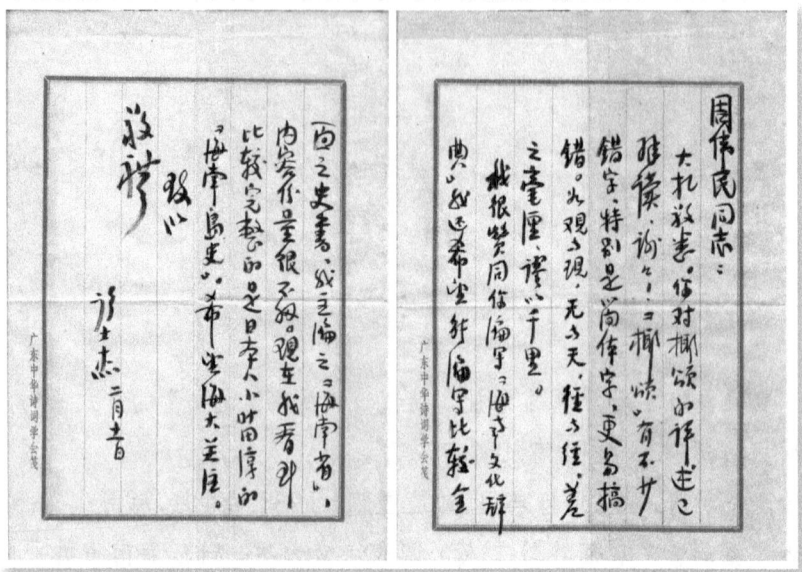

　　根据周伟民的理解，许士杰说的"我还希望能编写比较全面之史书"这句话，因为他是领导，对于这样的重大学术课题，不能采取压担子的办法；再说，写海南岛史也不一定是非某人不可，希望能有人做这项工作就是了。

　　许士杰这番话，足见他当时对有本土人士写海南岛史的热切期盼！

　　他在信中还特别指示海南大学要关注小叶田淳的史著。他对该著是做过研究的。

　　1990 年春节，省里举行团拜会，由许士杰主持，周伟民有幸代表知识界参加。在团拜会上，参会者依次发言。周伟民代表知识界发言，说到许士杰希望编写较全面的海南史一事，并表示愿意竭力去做。许士杰在会议总结时，特别指出，要认真做好编史这件事！

　　也是这个时候，时任省政协副主席的陈克攻，与周伟民共同主办《海外联谊报》（社长陈克攻，总编周伟民），开始的两期都向许士杰请示。他还特别为该报创刊号题诗一首。

天涯云海慰乡青风而不同
悵倍深佳節登臨伸五指遙
拓游手骋表心
祝《海外联谊报》创刊
九九零年元旦 許士杰

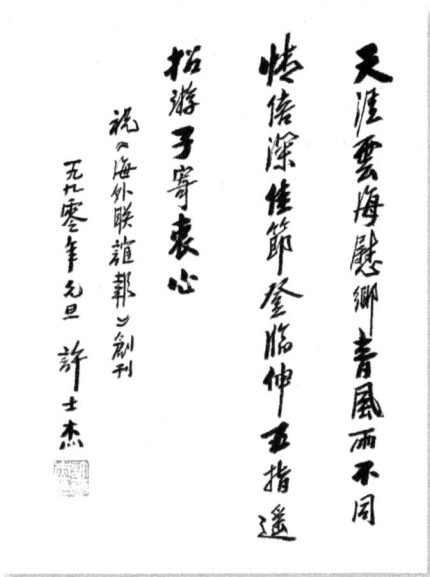

春节过后，陈克攻与周伟民向许士杰汇报、请示工作。工作谈完后，许士杰又问起海南岛史一事。周伟民说到有两种方案：一是邀集一个班子，分工各写若干章节；二是采取独著方式，各有优劣。许士杰说："《海南省》一书，当时因为赶任务，在建省热的时候宣传海南省，所以采取合著的办法，但写海南岛史不一定这样做。小叶田淳就是个人著书。"周伟民接着说："我们私家治通史！"许士杰表示赞成。

时间过得飞快！近30年过去了，回想起来，"私家治通史"真还有些值得说一说的心得体会。

概括起来，除了下列三点以外，还有田野调查，回到历史现场，这一点将在"导论"中说明。

一、先做大量的专题研究，打好通史基础

专题研究是备砖瓦、栋梁，借以建构通史的坚固大厦。

因为是"私家治通史"，"转身"十分容易！不像有些省、自治区、直辖市的通史，多达100多人参与撰稿，要想围绕通史的通体结构，一起先做充分的专题研究，可能是不太容易做到的，只好由主编拟出纲目，大家分头执笔，最后由主编统稿。这样，集思广益，集众人的智慧于通史之中，很有好处！但弊端也显而易见，因为众人撰稿前，对于主编著史指导思想理解的程度不一样，而且所承担章节的准备也不一样，稿子质量的差异是明显的，有些节或目，甚至显得薄弱！当然，像这里的"私家治通史"虽然做了大量的专题研究，也不一定保证每个章节都能差强人意。

关于专题研究，据笔者多年工作实践的体会，着手做专题研究之前的选题十分重要。

专题，顾名思义，是要进行窄而深的研究。但选题必须考虑到它在通史中有一定的位置，不能择取那些冷僻偏狭、无关宏旨的题目。不能像民国史学学院派或主流派如胡适、傅斯年等人所认为的那样，发明一个字的古义与发现一颗恒星都是一大功绩，因而主张做专题研究时，做那些片段琐碎而在一部通史中所显示的意义又不大的题目。比如，将一个人的生卒年代、一个小故事的来源考辨、一个名词的解释，去做成几万字的长文，这在通史专题研究中是不必要的。正如民国时期齐思和所主张的：专题研究的选题，"乃是大问题的枝节，必须与整个社会问题有关，题目可窄，而研究的问题须有重要性"。①

专题研究的目的还在于避免通史中的内容粗杂不精、粗枝大叶，力求做到结构细密、大趋势分明而章节充实。正如有学者指出的："专题研究与通史撰述应结合起来，既要有通史所贵的'史识'，又要有专题所重的'史才''史学'；既要拥有通史的广阔视野，高屋建瓴，统观全局，又要具备钻研专题的细密心思，洞微识幽，毫发毕现……总之，专题研究和通史撰述两方面必须通盘考虑、相互连接。"②这种要求，对于集体写通史的团体是应该的；但这对于笔者来说，无疑是一种苛求！不管怎样，多年来，笔者是努力朝着这个方向努力的。

这30年间，笔者先后选取海南岛历史上存在过的问题作为专题研究的对象进行研究，共有20多个专题。这些专题研究的成果，有些

① 参见齐思和：《现代中国史学评论》1946年第1期，第33—38页。
② 陈峰：《从专题研究到通史撰述：清华"史学研究会"的学术路径》，《廊坊师范学院学报》（社会科学版）2014年第3期，第55页。

是作为论文已经发表或即将发表,有些是作为专著公开出版或即将出版。这些专题研究,单个独立成文,或成论文,或成专著,或成资料汇编,都有其独立的学术价值。但对于笔者来说,这些专题研究的意义是在于《海南通史》中的重要性。

笔者所做的这20多个专题研究在通史中有4个方面的价值:一是纵深贯穿整部《海南通史》都有体现,二是在几个朝代中产生影响,三是在一个历史阶段横向联系中所体现的价值,四是在历史的关节点起到不可或缺的作用。简要分述如下。

1. 贯穿整部通史的专题

海南省是中国最年轻的省。建省以前,因为历史过程中的诸多原因,在正史和杂史中的历史资料记录,相对于其他省、自治区、直辖市,显得十分薄弱,因此,贯穿整部通史的这方面的专题,多是作历史资料的搜集、汇纂或田野调查中的记录,以备通史写作过程中方便征引。主要是下面6部书的编纂或著述:(1)由洪寿祥、郑行顺和袁大川在1996年倡议、策划、编纂,并由周伟民任执行主编的《海南地方志丛书》和《海南先贤诗文丛刊》两套丛书,到2006年出齐,数十位专家参加,收集、整理资料耗时近10年,共计106种、95册,总字数约2000万字(海南出版社2004年版)。(2)《海南史传与碑传汇纂》(上、下册,知识产权出版社2013年版)。(3)《海南金石概说》(海南出版社、南方出版社2008年版)。(4)《海南史要览》(海南出版社、南方出版社2008年版)。(5)《海南家谱移民人口史料与研究》(知识产权出版社2014年版)。不言而喻,这5个专题所包含的资料都是通史自始至终都使用的。另外一个专题是《"凡俗"与"神圣"——海南黎峒习俗考略》(上海大学出版社2014年版)。黎峒习俗,在黎族聚居地,最早流传的是在什么时候,现在不可考!但从笔者所调查过的分布在黎区的61座峒主庙来看,可以确证的是,峒主庙是黎族老百姓世代的精神寄托。因此可以推论,自从黎族人民产生信仰以后就逐渐形成峒主庙,而峒主庙又是一个黎峒为自己的峒主建造的庙。姑且不论"黎"这个族称见于汉文献记载是在唐代后期,到宋代,这个专用名称才固定下来。可是，黎族自迁入海南岛到繁衍成一个族群而聚居以后，即逐渐产生峒。因此，从信仰层面和聚居地建置层面，这个专题也是贯穿通史始终的。因为有这些专题研究做基础，通史叙事也比较清晰。

2. 在几个朝代中有影响的专题，有些问题并不贯穿海南历史全过程，仅在若干朝代起作用

笔者在海南省委宣传部的领导下，于 2006 年 7 月启动对海南现在的碑、碣、匾、铭、额、联的田野调查、搜集、整理、出版和保护工作。经过多年全省相关部门的努力，共获得金石铭刻拓片 1400 多张。于 2015 年 1 月开始，由海南出版社分地区、分册陆续出版。

笔者访问台北"中央研究院"时，通过交换获得一套《明实录》，后来又获得《清实录》（海南大学图书馆购买），于是委托同事编纂了《〈明清实录〉中的海南》。这对明清两代，特别是明朝很有参考价值。

在海南，贬官成为家喻户晓的传闻。唐、宋、元三朝都有贬官到海南，尤其是唐宋两朝。贬官中的宰相级人物不下数十位，其中唐代宰相杨炎在被贬海南途中写有著名诗篇《流崖州至鬼门关作》："一去一万里，千之千不还。崖州何处在？生度鬼门关。"诗中充分抒发了杨炎个人的怅惘和悲情。此后，被贬海南的官员，都以度鬼门关来形容海南的路途险恶。"鬼门关"在文化史上影响流传了上千年，这个"鬼门关"在什么地方，曾有注家概略地注释过，但语焉不详。至于"鬼门关"的具体地理位置、地理环境和当地的地域特色怎么样，至今没有人探索过，而这个"鬼门关"又的确是海南、广东及广西的诸多历史课题所关注的。基于此，笔者作了《寻踪"鬼门关"》（载《海南周刊》2014 年 4 月 15 日）一文。此外，笔者对回族也有研究，如《海南〈三亚港通村蒲氏简谱〉失落、复得及其文化价值》（载《新东方》2009 年第 12 期）。

3. 横向联系中有价值的专题

史前的海南岛，当地人的生存状态如何？他们居住在海岛中与外面的岛屿有联系吗？他们是怎样传宗接代的呢？这些问题，因为没有文字记录，考古发掘所说明的也只是部分问题。

这漫长的史前期文化，今天我们可以根据史前的诸如文身、树皮布、石拍和烧土陶这几种仅有的文化孑遗，推测出前述的关于史前海南人生活中的几个问题。

笔者对这几种文化都作为专题进行了长时间的研究。其中文身文化专题研究，树皮布、石拍文化研究，有论文《用血肉彩绘的民族》（《寻根》2014 年第 2 期）、《树皮布石拍的民族学解读》（《寻根》2014 年第 2 期）先期发表，而烧土陶则有《黎族数千年前的土陶器皿是怎样制成的？》（《今日海南》2005 年第 9 期）发表。这些专题将形成专著出版。

这些专题研究如文身，结合着摩尔根的《古代社会》、恩格斯的《家庭、私有制和财产起源》和弗洛伊德的《图腾与禁忌》等论著中所述，论证了海南史前的先住民黎族，从世代的近亲繁殖中吸取沉痛的族群衰败教训，严格地实施每个进入生育年龄的女孩都像母亲的纹素一样文身，禁止男性与自己母亲相同纹素的女性有性行为，实行远源杂交。这样，族群中没有畸形儿童，保证族群旺盛发达。①

黎族至今仍有制作树皮布的传承人。先民们在有纺布发明之前打制树皮为布。打制的工具有用木棒的，但已腐烂，也用石拍，保留至今。在海南岛千百种树木中选取毒素最烈的"箭毒树"（土名"见血封喉"）的树皮作原料，打制出衣服和被子等。②

史前时期人类茹毛饮血。黎族先民发明了钻木取火，然后露天烧制土陶。有了土陶制品，先民们采集到的剩余的物资，可以有效保存，特别是从生食到熟食。先民们的疾病因此减少，而且体能大大提升。③

据学者研究，环太平洋的群岛及东南亚的海岛上，史前人类都有文身、树皮布和烧土陶，与海南岛上的这些文化孑遗大同小异。再结合出土的石器研究，这就证明，海南岛上史前的先住民，在海洋的迁徙中，经过无数次的探索，开辟了一条从南中国岛屿通向太平洋群岛

---

① 详见本书第二章第三节"史前文化的孑遗·文身的习俗"。
② 详见本书第二章第三节"史前文化的孑遗·树皮布和石拍"。
③ 详见本书第二章第三节"史前文化的孑遗·烧土陶"。

和南亚群岛的海上通道，进而进行文化交流。①

做了这些专题研究并取得预期成果之后，在横向联系中清楚地显现出史前时期人类的生存状态。

4. 有些专题在历史的关节点起到关键的作用

专题研究如《宋代南海香料贸易与海南经济社会发展》（载叶显恩等主编：《"泛珠三角"与南海贸易》（香港出版社 2009 年版）等论文以及专著《宋耀如年谱》《宋耀如——宋氏家族奠基人》（海南出版社 2011 年版）、《南海天书——海南渔民"更路簿"文化诠释》（昆仑出版社 2015 年版）和《海南海盗史略》（书稿即出）等，都是选题专精的课题。这些专题研究都在《海南通史》中的某些关节点能起到画龙点睛的关键作用。突出的如对海南渔民"更路簿"作文化诠释的"南海天书"即是一例。它确证自明初以来海南渔民一直在南海诸岛及其附近海域"耕海"，南海是中国人的祖宗海！"更路簿"作为中国对南海诸岛及其附近海域拥有不可争辩的主权的法理依据。

总体来说，专题研究和通史撰著是笔者多年来工作的两翼，这也是先作分析然后作综合的程序。先做专题研究，埋首耕耘，点滴积累，有了收获，再以通史为目标，专注于整体历史的结构、大趋势以及通史的段落划分。将专题研究和通史撰著两方面作缜密的通盘考虑，相互连接，平衡发展，将各个专题都在整个通史的坐标中确立好时空位置，让每个专题都能成为通史的有机网络中的一环。

二、力求多表现海南下层民众在历史过程中所遇到的身心家国和道德文化问题时的思想、作为和所受到的历史认同

中国历史所记载的事情，据马端临在《文献通考·序》中说，他总结自司马迁到司马温公的史著，中国历史概括起来不外两类：其一，理乱兴亡；其二，典章经制。后来又有人偏激地指出，《二十五史》所述的是战争攻伐和在庙堂上的人所发政令以及这些人的传记世系，并详记帝王的家谱。这些说法，虽然有理，但却过当。到了民国

---

① 详见本书第二章第四节"从现存的石器及几种文化子遗引起的思考"。

时期，新史学家主流一派的观点认为，中国历史的主旨和内容应有根本改变，"帝王英雄的传记时代已经过去了，理想中的新史当是属于社会的、民众的"。① 史事应写社会变迁趋势和民众活动，这种认识上的进步并没能在新史学家们的治学实践中多所体现。

笔者认为，治地方史，国家的存在是无法避免的，还是要以帝王的朝代为主线，记述地方的理乱兴亡和典章制度的沿革，这是自上往下看；但地方史是当地人的历史，当地下层民众的生活无处不在，他们的生活方式、思维方式和价值观念无孔不入，因而同时要力求多表现当地下层民众的生活和思想感情。

长期受封建统治的海南，因为地域和民族构成的独特性，而在历史过程中始终是围绕"王化"这个主题在推进的，先住民黎族和后来进入的汉族以及回族、苗族等少数民族也一样。

黎族人民自宋代起，文人记载的说黎族老百姓本性纯良，"力穑朴野，父子别业"。"俗尚节俭"，而且是一个很有智慧的民族："女工纺织，得中土绮绤，拆取色綵，加木棉，挑织为单幕。"② 海南本土，直到明代，大部分地区都是黎族聚居。明代桐城人方向在《海南杂咏二首》其二中载："刺竹芭蕉乱结村，人家犹有古风存。相逢尽道年来好，不见催科夜打门。"一派和平景象。

这是因为中央王朝对海南的政策时收时放、时紧时松。总的说来，自从汉武帝元封元年将海南岛收归版图而设郡县以后，历朝历代都要求黎族归附中央，都对黎族实施"王化"政策。对黎族实施"王化"，中央王朝大体上采取两种做法：一是强势的军事镇压，这种做法的结果不用多说；二是招抚，招抚中有两种做法：一种做法是让黎族百姓感受到"皇恩浩荡"而觐京去表示归顺，接受"王化"。例如永乐四年（1406年）南岐黎首陈忠等归顺的时候，永乐皇帝谕曰："恁每都是好百姓，比先只为军卫有司官吏不才，苦害恁上头，恁每害怕了，

---

① 《史学》1935年第1期的《发刊词》。

② （宋）赵汝适：《诸番志·海南》。

不肯出来，如今听得朝廷差人来招谕，便都一心向化，出来朝见。都赏赐了回去！今后恁村峒人民都不要供应，差拨从便，安心乐业，享太平的福。但是军卫有司官吏军民人等非法生事，扰害恁的，便将着这敕谕直到京城来说，我将大法度治他。故谕。"① 这种"圣谕"的口吻，是以前历代统治者所未曾见到的。而永乐皇帝朱棣能以此口气对待黎民，不失为历史的进步。对于归顺的黎峒，可以"不要供应，差拨从便"，可以"安心乐业，享太平的福"。这也是广大黎民所盼望的。更进一步，他明确指示：如有"军卫有司官吏军民人等"，也即管理海南的基层官吏，如有对黎民"非法生事扰害"的行为，黎民可以直接到京城上诉，皇帝就"将大法度治他"。这种到京城当面表示归顺的不只陈忠这一宗，在明代，尤以永乐年间，黎人对明朝归顺者甚众。史有明文的不下8次。②

也因此，《明太宗实录》记录了礼部大臣的原话："黎人远处海南，素不沾王化，今慕来归，而进贡频繁……"③

这种归顺，表明黎族人民本来"素不沾王化"，今接受中央王朝的统治。

另一做法，是通过黎族的峒长来实施政令，达到黎族被"王化"的目的。

> 有王二娘者，琼州熟黎之首，有夫而名不闻。家饶财，善用众，能制服群黎。朝廷封宜人。琼管有号令，无不帖然。二娘死，女能继之。④

历代王朝，也加强对"蛮夷"地方的礼乐教化，让黎族老百姓"渐摩礼仪，化导转移"，加上"黎人与民人贸易往来，语言相习，并有通晓官音者"。

---

① （清）明谊修、张岳崧纂：道光《琼州府志》卷二十二《海黎志·村峒》，海南出版社2006年版，第891页。

② 据《明史》卷三百一十九《广西土司》所载，永乐四年（1406年），"琼州属县生黎峒首罗显、许志广、陈忠等三十三人来朝。"等等。

③ 《明太宗实录》卷一百七十七，永乐十六年六月乙亥。

④ 《范成大笔记六种·志蛮》，中华书局2002年版，第159页。

中央政权对黎族实行的军事统治和政治教化的手段让黎族归顺于"王化"。

这种归顺的结果，黎区里面"开险阻，置村峒，外连居民，慕化服役"。① 这显然是黎族对汉文化吸纳的结果。明清以后，因为汉黎同化而导致"文昌无黎"②，逐渐扩大到"会同无黎"③。然后，澄迈"黎人归化既久，与齐民等"，"虽有黎都之名，实无黎人之实"④。这种黎族聚居地大面积被汉文化同化现象，说明了这是封建社会后期的一种社会大趋势。

历史上海南人中汉族与黎族不同。

汉族分为两类。一类是自我明确定位的从北方来的移民。这类人即北宋苏轼说的或者是明代丘濬所指的，他们一直自认为是北方的移民。而且据新加坡学者吴华的考证，认定海南103姓"各姓入琼始祖"⑤，也就是说，这部分北方移民，用家谱、族谱来证明自己有纯正的中原血统，于是，通过姓氏，建立起自己在海南的宗族；并且在一定的地域内因最早移民来的原因而合法地占有土地；他们的子孙们因为有各类学校受教育而通过科举获取功名，最后做了不同级别的官吏，掌管了实权。这类具有永恒意义的身份特征的海南汉人，他们代表了北方"先进的"生产方式和"先进的"文化，自然是中央王朝和国家制度在海南的代表，并且是"王化"的推行者。但是，汉族中还有另一类人，即是海南"本土的"汉人，也是苏轼说的最先移民到海南来的汉人，后来就"反客为主"了。

---

① 同治《广东通志》卷三百三十《岭蛮·外蕃附》。
② 同治《广东通志》卷三百三十《岭蛮·外蕃附》。
③ 《广东图说》卷六十七。
④ （清）明谊修、张岳崧纂：道光《琼州府志》卷二十二《海黎志·村峒》，海南出版社2006年版。
⑤ 吴华：《各姓入琼始祖》，载《琼州乡音》1995年10月号，又载新加坡《源》1996年4月号。

最为典型的是丘濬在《世引堂记》①中介绍的以儋州土官家族的宗孙符节为代表的一类海南本地汉人，成为下层民众的代表人物。

据丘濬在文中所介绍的，符节是儋州的一位土官。这位土官，依附他的居民不在少数："数十里间，皆山菁溪峒，其中居民，咸依焉以居。"所以，符节以俊选进入昌化县县学读书，又以贡生的身份赴京应试，本可以升进太学。然而，为使所依之民有所依附，符节请求归还乡里。

符节回到乡间后是个什么角色？

据嘉靖《广东通志》卷六十八《外志五》所收录的永乐皇帝抚黎敕诏全文所透露的，永乐皇帝十分明白当时海南岛各州县系统的疲弱与艰难，"有司不能招抚"，只好将招抚黎人的职责交给"土人"。符节的先辈符添庆就是在永乐初年得授土官；符添庆在儋州的招抚很成功，招到了桃花等"生黎"村峒。

因为此前的洪武二十九年（1396年）三月，广东公差大理寺丞彭与民等上奏，希望能从峒首中选择抚黎之能人协助镇抚"熟黎"，同时也招抚"生黎"。彭与民说到当时海南的严峻形势："民少黎多"，"生黎"，"时常出没劫掠，连年出镇征剿，为害不息。"

黎人恣意纵横的海南岛，的确需要峒首协助朝廷办事。彭与民说："各处熟黎俱有峒首"，"凡遇公差役，征纳秋粮，有司俱凭峒首催办，官军征捕亦凭峒首指引"。②上文说到的峒首王二娘就是这种角色，这是从宋代或更早的时候开始即是如此！

符节的先辈符添庆就是作为"招主"，招抚黎人。"招主"是沟通

---

① （明）丘濬：《世引堂记》引自《丘海二公文集合编》之《丘文庄公集》，《四库全书》存自丛书版，据中央民族大学图书馆藏清康熙二十八年（1689年）丘氏可继堂重刻本影印，庄严文化事业有限公司1997年版。1973年台北商务印书馆出版的《四库全书珍本四集》中《重编琼台稿》以及1972年台北丘文庄公丛书辑印委员会出版的《丘文庄公丛书》均未收此记。笔者与同事合作整理的《丘濬集》（海南出版社2006年版）也漏收。

② （明）黄佐纂修：嘉靖《广东通志·琼州府·外志》，海南出版社2006年版，第524页。

这些处于"海外炎方"的黎人与远在"九千八百四十里"①外帝王、朝臣之间的桥梁，皇帝也要对他们加以重视，视为"使臣"的。

符节作为一位已经开始"游宦中州"的土官子孙，舍弃太学的前途而回到儋州，是因为"但以祖父来世官乡土，节忝为宗子，当嗣其职，而为一方人所附。土俗，非其宗不属也。不得已舍己之所业，以缔先世之所基"。②

作为土官家庭的宗孙，符节是为了承传依附他祖父的民众今要依附于他而回乡成为下层民众中的一员，但他却是作为王朝与这部分民众的桥梁的角色而回乡的。这样看来，这部分"本地的"汉人下层民众也是身有"王化"责任的人！

至于回族，他们自五代从占城以经商到中国③，宋代来华的回族渐多。移民海南的回族也就定居在儋州和三亚。在清代初年，这部分穆斯林"皆附版籍，采鱼办课，不食豕肉，无斋会矣"。④还因为受汉文化教育与熏陶的缘故，回族许多年轻人都出省游学，据《蒲氏简谱》记载有十二宗之多，又参加科举考试并中举者亦多，共有七宗。⑤这证明回族对汉文化的逐渐认同。但是据光绪《崖州志》记载："番民，本占城回教人。宋元间因乱挈家泛舟而来，散居大蛋港、酸梅铺海岸。后聚居所三亚里番村。初本姓蒲，今多改易。不食豕肉，不供先祖，不祀诸神，惟建清真寺。"⑥这段记载说明回族一方面受汉文化的影响，改汉姓近20姓之多；但他们又仍然维持本民族的传统文化、宗族习

① （明）曾邦泰等纂修：万历《儋州志·天集》，海南出版社2004年版，第15页。

② （明）丘濬：《世引堂记》，载《丘海二公文集合编》卷五十一《四库全书存目丛书》，第330页。又彭元藻、曾友文修，王国宪总纂：民国《儋县志》卷九《金石》中录《世引堂记》，海南出版社2004年版，第522—523页。

③ 王献军：《海南回族的历史文化》，海南出版社2008年版，第31页。

④ （清）钟元棣创修、张嶲等纂修：光绪《崖州志》卷一《舆地志·风俗》，海南出版社2006年版。

⑤ 周伟民、唐玲玲：《海南〈三亚港通村蒲氏简谱〉失落、复得及其文化价值》，载《新东方》2009年第12期，第21—25页。

⑥ （清）钟元棣创修、张嶲等纂修：光绪《崖州志》卷一《舆地志·风俗》，海南出版社2006年版，第52页。

俗以及使用本民族语言——回辉话。

在各种因素的共同作用下，各民族的下层民众一方面坚持本民族的文化传统，另一方面，又本着不冲突、不对抗的原则，形成了民族和谐、共同发展的社会趋势。

还应该指出，中国传统的史著，包括文人笔记等，都是文化人书写的。下层民众，多不识字，他们在地方史上的位置并没有在地方史上加以记录。因此，本书在记述下层民众的历史活动时，多征引海南的碑刻、家谱、族谱、庙宇文献乃至考古学、人类学、民俗与民族学的材料，也有的是在田野中亲见亲闻、亲自接触，这些材料是历史书本中所缺记的。

三、扩大视野，突破局限

海南岛，历史上向来认为是孤悬海外的荒僻小岛。此前正规的史著，小叶田淳的《海南岛史》是开山之作。他虽然是日本东京大学教师，但此著完全是运用海南岛本土史料建构而成；以后的几种海南岛史著也都一样，都没有跳出本土史料的范围，充其量只是少有大陆的资料及岛内的田野材料。这样的史著，史料一项的局限性很大！

突破史料的局限，唯一途径是要有国外及中国香港、台湾地区的多元视野。

由于种种原因，海南岛的许多历史资料或人物流落在国外及中国香港、台湾地区。当然，这个范围辽阔得很，不能漫无边际地海底捞针。据笔者的工作体会大体有三种情况。

1. 目标明确，设定的资料所在单位也清晰，容易有收获

有明晰目标的，莫如美国的夏威夷、加州的斯坦福大学以及马来西亚。

研究海南岛上古老的黎族民俗文身。据文献记载："文身西文曰：'打都'（Tattoo），语出南太平洋波利尼西亚（Polynesia），训刺染。海南黎人名之曰'模欧'（Mu-ou），又曰'打登'（Tatan），或简称'登'（Tan）。"[1]

---

① 刘咸：《海南黎人文身之研究》，载《黎族研究参考资料选辑》，原文载《民族学研究集刊》1936年第1期。

这里定指波利尼西亚族。于是选定夏威夷群岛。

得到夏威夷大学姚道中教授的介绍，夏威夷大学邀请笔者二人作为访问学者到该校就海南岛黎族的文身、树皮布文化与太平洋岛屿相关古文化作比较研究。于是，2008年秋冬季到夏威夷作研究。在夏威夷，住在首府檀香山的夏威夷大学。后又专程飞到群岛中的大岛去做田野调查。在夏威夷毕士普博物馆由焦天龙馆长带领参观。经过一个多月的调查研究、搜集资料，收获丰富。

2008年冬天，到斯坦福大学访问，在这里做的是另一个课题——宋氏家族的资料收集工作。

斯坦福大学在加州保罗阿图市（实际上是两条主要街道的一个镇）的郊外，因为校内不设住宿处所，故住在市内的一座6层楼的普通宾馆里，每天准时乘校车到校内。车程不过10分钟。

工作对象是设定在胡佛研究院内的宋子文69箱档案。

据资深副院长理查德·苏萨（他的妻子是华裔）介绍，该院1919年成立，经过90多年的不懈努力，总共收集到6000多种档案，仅中国的就有550多种，有关"文革"的政治海报就超过10万份。苏萨说，这么丰富的收藏，"最重要的大概也就只有四到五件，比如蒋介石日记、宋子文档案。这些资料是最重要的"。

笔者花了一个多月时间读宋子文档案。除了其中的第66和第67两箱装的是"与美国国家安全有关的保密文件，不开放"外，其余各箱都读过，并复印了大量的与课题相关的宋氏家族资料，还通过电子邮件获得宋耀如在美国时的全部档案。

因为笔者承担国家社科基金项目——中国和马来西亚文化交流史，为这项任务前后13次访问马来西亚。

这当中与收集"通史"相关的两项资料是，一项是海南人在当地会馆的状况。在西马来西亚的11个州，都十分熟悉；但东马来西亚即处于东北婆罗洲的沙巴、沙捞越两个州，连马来西亚的本地人也很生疏！笔者于1996年11月1日至11月30日第二次访问马来西亚时，有机会到东马来西亚访问。这期间，11月10日飞抵沙巴州首府亚庇。

11月11日飞到山打根。11月12日下午抵斗湖。11月15日上午抵沙捞越州首府古晋。11月18日下午抵诗巫。11月20日回到吉隆坡。亚庇和古晋等五座城市是东马来西亚的经济文化重镇，笔者收集到不少相关资料。

另一项是马来西亚第五任首相巴达维家族与海南三亚回辉村哈氏家族是血脉相连的亲属。

因为1988年一名美国留学生为撰写毕业论文《海南岛少数民族的语言、信仰与分布区域》，来到三亚回辉村进行田野调查，她从哈书璇的后人谈话中获悉他们的先人在100多年前来到马来西亚。

沿着这条线索，她到马来西亚四处寻索，在吉打州的亚罗士打和霹雳州的江沙，找到了哈氏家族的后裔。这以后的1991年，哈书璇的兄弟在大马的后裔，首次到海南三亚回辉村寻根。2003年12月，哈书璇的曾孙哈承强、哈承辉，应邀到马来西亚槟城出席家庭大聚会及首相母亲拿督凯兰查哈78岁的诞辰庆典。这时，他们才知道他家的姑表兄是马来西亚首相巴达维。巴达维的外祖父是三亚人哈书璇。首相家族的根在中国海南省三亚市的回辉村。这一点，在家族的族谱中也记载得明明白白。

2004年9月，笔者应马来西亚槟城海南会馆主席林秋雅女士邀请，参与以阿訇蒲贵才为团长的寻根团到马来西亚访问。在马来西亚先后访问了巴达维的家庭、邦咯岛三亚回族同胞的居住地等。在访问过程中，笔者有幸知道了当年哈书璇亲笔签名的遗产分配遗嘱，证明他是一位重视族人教育，有取之于社会、用之于社会的精神的人。还在邦咯岛见到不少当年三亚回族的遗迹，这加深了对中马两国人民血肉相连的兄弟情谊的认识。

2.目标明确，但资料所在地却模糊，其结果有如俗语所说的"有意栽花"和"无心插柳"一般

2002年，笔者到三亚回辉村参加古尔邦节。当时阿訇蒲贵才知道笔者不久即将访问中国台湾，于是他说，回辉村本来有完整的族谱，1947年，时任回辉村小学校长的刘贤遵去参加广东回族俱进会，他

把唯一的一份村族谱预先寄给广东（因海南属于广东）回族俱进会会长熊振东。后来大陆全境解放，熊会长迁往台湾，家谱大抵也带到台湾去了。他特意写下委托书希望笔者在台湾找熊振东的后裔或这套族谱。

到了台湾宝岛，人海茫茫，何处寻觅！几经向回族同胞打听也一无所获！这"有意栽花"只好作罢！

2002年9月，当时笔者之一应邀在台湾大学举行的"台、琼两岸少数民族学术交流研讨会"上，发表了《海南岛与台湾岛的树皮布和石拍的文化价值》一文，会上引起了讨论。会后的第三天，当时与会的台湾"行政院原住民族委员会"副主任委员、嘉义阿里山乡邹族人巴苏亚·博伊哲努（汉语名为浦忠成）教授来访，他带来一顶树皮布帽子，并附了一段说明文字：

> 周伟民教授在研讨会上发表台、琼两岸少数民族历史上都使用树皮布的论文，深有感触，特将2001年在嘉义征集到的一顶树皮布帽子赠送周教授。

> 浦忠成

浦忠成教授的深情厚谊令人感动！但更具学术意义的是，他这赠予，从一个侧面印证了两岛少数民族的久远历史传统中的相似性。

其实，中国古代典籍中多有台湾树皮布的记录。诸如《太平御览》卷七八〇"序东夷"和卷八二〇以及清代康熙三十七年（1698年）郁永河的《稗海记游》、康熙五十六年（1717年）周钟谊的《诸罗县志》、乾隆十六年（1751年）傅恒的《皇清职贡图》卷三等等，都有关于台湾制作和使用树皮布的记载。后来，凌纯声和他的女儿凌曼立的田野调查及论文研究，都证明台湾树皮布制作和使用的普遍性。笔者将古籍的记录和今人的研究成果，结合海南岛的田野调查所得和文献记录，证明琼、台两岛在树皮布制作方面是大体相同的，获得浦忠成的树皮布帽子是难得的人证和物证。这是不经意间的收获。

2001年11月下旬应邀访台，台湾博物馆阮昌锐先生厚赠几册大书，包括《台湾土著族的社会与文化》《文面·黥首·泰雅文化》等等，并于 11 月 22 日至 24 日到台湾花莲县对聚居此地的泰雅族进行田野调查。这次调查，得到该县秀林乡富地村的"泰雅文面文史工作室"的田贵实夫妇的支持和帮助，获益良多！

通过在台湾自北向南的田野考察和查阅相关的文献资料，证明自 1949 年以后台湾原住民中还保存文身习俗的族群有泰雅、赛夏、排湾、鲁凯、邹及卑南等六族。但真正有古老传统意义的文身习俗的，仅有泰雅等少数族群。经研究后得出，琼、台两岛的少数民族中的文身具有极大的相似性。

在台湾，获得树皮布、文身两项的材料，岂不是俗语所说的"无心插柳"？

3. 随意发现，获得惊喜

上文说到的新中国成立后才不知下落的三亚回辉村族谱，到底是否真的存在过呢？是怎样的一部族谱？笔者曾花工夫希望查个究竟。

20 世纪 30 年代德国人类学家史图博到三亚调查后，在他所著的《海南岛民族志》中说："据闻因为近年来此地遭受到劫掠，大抵所有的家谱都散失了。据他们说，他们的祖先在唐朝从西域（新疆）迁移来到中原地区，并在那里发展开来。"[①]

后来，在 20 世纪 40 年代日本人小叶田淳写《海南岛史》时，他在书中说到他调查回辉村的系谱，记述了蒲家、江家和海家的家族，并总结说："总而言之，根据谱系，或者依据住民的彼此传说，明朝末年的时候，从别处移住到这里的，那是的确的事实。"[②]这样看来，小叶田淳 20 世纪 40 年代初在三亚回辉村看到了回族的族谱。后来，小叶田淳又写了《海南岛回教徒的村落回辉村考》一文，其中又说："有题为《通屯宗谱全书》（即《三亚港通村蒲氏简谱》）的记录，我从刘贤遵氏那里借阅的，有中华民国三十年（1941 年）三月初八吉日的日期标示。不过，这个日期可以说是刘氏誊写的日期，估计原本应当

---

① ［德］史图博：《海南岛民族志》，中国科学院广东民族研究所编印，1964 年。
② ［日］小叶田淳：《海南岛史》，张迅齐译，（台湾）学海出版社 1979 年版。

在此数年前编成。"① 可见，在小叶田淳写《海南岛史》的时候，他已经见过《通屯宗谱全书》。他的记载说明，从明清到抗日战争时期以至抗战胜利后的 1947 年，三亚回族一直保存有完整的记录各姓氏的族谱。阿訇蒲贵才说的刘贤遵携去也是准确的！可能新中国成立以后不知下落了！

1998 年，广东省民族研究所所长马建钊主编的《中国南方回族谱牒选编》，编选了广东、广西、湖南、湖北、福建、四川、云南等南方地区回族族谱，唯独没有海南回族族谱；编者在《后记》中指出，海南省因各种缘故，未能收集到回族的族谱或家谱，仅刊录姜永兴的《海南回族谱牒考》一文。姜永兴在文中说："基于三亚回族民间已较难搜觅到遗存的谱牒，下面摘引具有叙谱价值的民间材料，如姓氏、墓碑，藉以对族谱予以补阙。"② 于是他们仅能在海南回族姓氏状况、回族墓碑材料所反映的文化变迁以及《南海甘蕉蒲氏家谱》《海氏族谱》等寻找海南回族的某些历史踪迹。

这样看来，这部族谱的确存在而且十分重要。于是，此事一直挂在笔者心头。

没有想到，2003 年年初，笔者到香港中文大学参加一次学术会议，居然在香港找到刘贤遵手抄本《崖县三亚港回族诵村宗谱》的铅印本，令人喜出望外。笔者将这份宗谱复印成册送给阿訇蒲贵才。

接到宗谱的当天晚上，全村开了一次别开生面的村民大会，阿訇蒲贵才把笔者送给他们的宗谱告诉全村村民。在这部宗谱中，有好几十户人家都找到了在马来西亚的亲人，于是有了上文说到的以阿訇蒲贵才为团长的 18 位回族同胞组团到马来西亚寻找祖辈们所散发的枝叶一事。

这的确是无意间发现的。

---

① ［日］小叶田淳：《海南岛回教徒的村落回辉村考》，日本天理南方文化研究会编，张兴吉译的稿本，未发表。

② 马建钊主编：《中国南方回族谱牒选编》，广西民族出版社 1998 年版，第 211 页。

综上所述，固然是笔者治《海南通史》的一点心得体会，但其实所述内容是贯通全书始终的。概括一句话，"通史"内容上下古今，说到底是海南岛的当代史。全书所论内容，无非是借以说明海南眼下面临的主题：科学发展，绿色崛起，旅游天堂，幸福家园，海洋强省以及琼、台两岛少数民族同源而异流。

记忆中的这30年，时有片段画面涌现：在田野中或查找历史文献时，寻寻觅觅；在书斋里，冷板凳上，冷冷清清；思索而苦不得完满答案，时有凄凄惨惨戚戚片刻！而有时发现新的史料、论点和论证都豁然开朗，真有"那人却在灯火阑珊处"的新境界！就这样孤寂地走过来；顶多是走到书斋东面阳台，看看东坡湖外的绿树红花和两个孤岛上的白鹭贴近湖面飞翔。不过，这也是在当今十分热闹的社会中，留出这点儿清静的空间给自己。也因此，想起马来西亚南方大学校长祝家华博士到海南大学工作室来聊天，临走时，指着满室的书说："书可以养颜，书可以益寿！"笔者答曰："信然！"

现在本书出版，恭请诸位高明攻其隙漏，让笔者受益。先在此致谢忱！

周伟民　唐玲玲

2017 年 2 月 13 日改定

目　　录

导　论

　　本部分涵盖对海南自然、历史和修史概况的简要介绍，重点在说明写作本书的几点思考。

一、海南自然概况

　　海南省，简称琼，历史上称为珠崖、琼州、琼崖或琼台。

　　今天的海南省，因为 1988 年 4 月建省办经济特区而有过一段让世界注视的经历。2009 年 12 月，《国务院关于推进海南国际旅游岛建设发展的若干意见》发布，标志着海南国际旅游岛建设正式上升为国家战略，这是 21 年后，海南再一次傲立于中国改革开放最前沿。2011 年 11 月，《海南省海洋功能区划（2011—2020 年）》获得国务院批准，对未来 10 年海南岛近海海域以及南海的发展，作出了清晰而明确的规划。2012 年 7 月 24 日，因国家主权和"海洋强国"的需要而成立地区级三沙市，这一举措，彰显了海南岛在我国对外开放及经略南海、维护国家主权和安全中重要而独特的战略地位。建设海南，主题是科学发展、绿色崛起。海南，是全国人民的热带花园，是最美的国事舞台和迎接世界人民永远的国宾馆！因此，国家、国人、国际，热切的眼光不断注视海南及南海。

　　海南岛位于中国最南部，北纬 3°20'—20°18'，东经 107°50'—119°10'。辽阔浩瀚的南海中，有海南岛和西沙、南沙、中沙群岛等岛屿及相关海域。海南岛北隔琼州海峡与广东、广西相望，东北有中国澳门、香港、台湾地区，东与菲律宾，南与印度尼西亚、马来西亚、文莱、新加坡、越南相望。陆地面积 33900 多平方公里，海域面积 210 万平方公里。2011 年 5 月 10 日公布的全国第六次人口普查统计，全省总人口逾 867 万人。全省包括黎族、苗族等在内的少数民族人口近 145 万人，占总人口的 16.67%。第一大少数民族黎族的人口为 127.74 万人，占总人口近 14.73%。少数民族的人口分布较广，但大多数聚居在中部和南部地区，汉族主要聚居在东北部、北部的沿海地区；海口、琼山、临高、陵水、文昌等市县人口密度较大。海外祖籍海南的华侨、华人和港、澳、台同胞约 200 多万人。海南省辖海口、三亚和三沙 3 个地级市、6 个县级市、4 个县、6 个少数民族自治县。省会海口，因处琼州海峡之南，故而得名。除通用的普通话外，还有海南话、儋州话、临高话、村话、迈话、军话、黎话、苗话、回辉话、仡隆语等，以及一些没有固定使用地域的广州话、客家话和潮州话。

海南岛地处亚热带、热带，地理环境优越，是人类生息和创造文化的优越地域。加上海岛地理状况的复杂多变，宜于动植物的生存及繁衍。

海南岛原与大陆相连，后因地壳运动引发海峡断裂沉陷，海水淹没而与大陆分离，成为大陆岛。南海诸岛，由海底火山喷发堆积、珊瑚繁殖和海底沙泥综合作用而形成。海南岛环岛海岸线长达 1528 公里，海南省所辖海岛海岸线长 309.82 公里，合计 1837.82 公里。海南岛周围海拔 −5 米（约 1115.92 平方公里）至海拔 −10 米（约 1214.6 平方公里）的等深线以内的面积达 2330.6 平方公里，近岸滩涂分布广泛。地形中间高，周围低，从中部最高峰五指山（海拔 1867 米）向四周依次为山地、丘陵、台地、阶地、平原、滩涂，呈环状逐级递降，多级层状地貌显著。山地和丘陵是海南岛地貌的核心，占全岛总面积的 38.7%。山地主要分布在海南岛中部偏南地区，山地中散布着丘陵性的盆地；丘陵主要分布在西北、西南部地区。在山地、丘陵周围，广泛分布着宽窄不一的台地和阶地，占全岛总面积的 49.5%，包括熔岩台地、花岗岩台地、红岩台地、山麓洪积台地、变质岩台地和河流阶地、海成阶地。环岛多为滨海平原，占全岛总面积的 11.2%，包括冲积平原、海积平原、潟湖、沙地等。海岸主要为火山玄武岩台地的海蚀堆积地貌海岸、由溺谷演变而成的小港湾或堆积地貌海岸、沙堤围绕的海积阶地海岸。海岸生态以热带红树林海岸和珊瑚礁海岸为特色。西沙群岛和中沙群岛在南海中部的海面上。中沙群岛仅黄岩岛露出水面，其余淹没水下。西沙群岛有岛屿 22 座、沙洲 7 座，陆地面积约8 平方公里。其中，永兴岛面积 1.85 平方公里，面积最大；石岛海拔15.9 米，海拔最高。南沙群岛位于南海的南部，分布最广，是暗礁、暗沙、暗滩最多的一组群岛，有岛屿 11 座、沙洲 6 座，陆地面积约2 平方公里；太平岛为南沙群岛中最大的岛屿，面积 0.43 平方公里。曾母暗沙是我国最南端的领土。南威岛有避风条件良好的深水航道，交通地位十分重要。西沙、南沙、中沙群岛地处美洲、亚洲、大洋洲、欧洲四大洲海上交通要冲，是四大洲海上交通的十字路口，是亚洲东北部各港口通往东南亚、非洲和欧洲的海洋航线必经之地，为我国同菲律宾、印度尼西亚、马来西亚、新加坡、文莱等国往来的纽带。

海南岛共有河流 154 条，呈辐射状由中南部山地向四周独流入海。集水面积 3000 多平方公里以上的有长 334 公里的南渡江、232 公里的昌化江和 157 公里的万泉河。三条大河流域面积占全岛总面积的 47%。属热带季风海洋性气候，高温多雨为主要气候特征。年平均气温 22—26℃，1—2 月平均气温 16—24℃，7—8 月平均气温 25—29℃。年均降水量 1500—2600 毫米。长夏无冬、干湿季明显，常年风大，夏秋多热带风暴、台风。土壤以砖红壤为主，有赤红壤、山地黄壤、山地草甸土、钙质沙土等。西沙群岛中的永兴岛年平均气温 26.5℃，约有 150 天最高气温 34.9℃，最热月为 5、6 月，平均气温 28.9℃，最冷月为 1 月，平均气温 22.9℃，年降雨日约 133 天，年降雨量约 1505毫米，6—11 月为雨季，降雨量占全年的 86%。

植物资源丰富，植被类型为热带雨林、热带季雨林。森林覆盖率达 62%。植物种类繁多，维管束植物有 4700 多种，其中有 630 多种为海南特有品种。列为国家重点保护的珍稀树种有 20 多种。在 1400多种针、阔叶树中，有乔木 800 多种，其中有 458 种被列为国家商品用材树种，特种用材树种有花梨、坡垒、子京、荔枝、母生等5种，宜于造船和制作名贵家具的高级用材树种85种。药用植物有2000种左右，占全国药用植物的40%，载入药典的有500多种，抗癌植物137种。槟榔、益智、砂仁、巴戟为四大南药。野生动物有516种，鸟类344种，兽类77种，列为国家重点保护珍贵动物的有黑冠长臂猿、坡鹿、水鹿、猕猴、黑熊、云豹等。有五指山、尖峰岭、霸王岭、吊罗山等热带森林，大田坡鹿、霸王岭黑冠长臂猿等国家级9个、省级22个、市县级37个自然保护区。全省农作物播种面积1269万亩。粮食作物以水稻为主，还有旱稻、小麦、番薯、玉米等。经济作物有甘蔗、花生、芝麻、茶等。热带作物橡胶种植面积占全国橡胶种植面积的70%，还有油棕、槟榔、咖啡、胡椒、剑麻、香茅、可可等。盛产菠萝、荔枝、龙眼、椰子、香蕉、大蕉、柑橘、芒果、杨桃、菠萝蜜、红毛丹、人参果、莲雾等热带水果。蔬菜120多种。水、热条件优越，为全国育种繁殖基地，对全国农业科技研究、推广具有特殊意义。海岸多天然港湾，近海大陆架渔场面积6.56万平方公里，经济鱼类有鲐鱼、金枪鱼、鳓鱼、二长棘鲷、鳗鱼、大黄鱼、带鱼、石斑鱼、墨鱼、鱿鱼、海参等。浅海滩涂养殖石花菜、沙蒿、白蝶贝、珍珠贝、牡蛎、贻贝鲍、对虾、中国龙虾等。淡水养殖鲩鱼、鳙鱼、鲤鱼、鳊鱼、鲫鱼、河鳗等。白马井是最大渔港，清澜、三亚、博鳌、港北、新村、新英亦为重要渔港。莺歌海盐场为全国大型盐场之一，还有东方、榆亚盐场，畜牧业中养牛较有基础。

矿产资源已探明储量的有天然气、石油、油页岩、褐煤、铁、钛、锆英石、金、铜、钼、铅、锌、钽、镓等，还有蓝宝石、独居石、水晶。铁矿、钛矿、锆英石储量居全国前列。工业有橡胶、汽车制造、纺织、电子、化工、制药、制糖、造船、机械、建材、水产品加工、食品等部门。石碌铁矿为亚洲八大铁矿之一。

二、海南历史概况

海南岛及海南省所属的西沙、中沙、南沙群岛及其附近海域的开发历史悠久。最初，黎族人民在开发海南岛的历史活动中作出了杰出的贡献。

前221年，秦始皇统一天下，把全国分为42郡，其中在岭南地区设置了南海郡、桂林郡和象郡。这三郡之所辖地域，包括南海北部和西部海域，也即南海诸岛——海南岛、东沙群岛、西沙群岛等海岛。但因为时代的局限，人们对南海诸岛认识和了解尚未深入，因此，海南岛尚未明确划入某个行政区划内，不过，作为秦时"象郡的外徼"，中国对海南岛及南海诸岛的行政管理关系开始萌芽。①

前111年，汉武帝开始在海南岛上设立儋耳、珠崖两郡。东汉杨孚在《异物志》中载，根据潮汐现象，把南海曾命名为"涨海"。谢承《后汉书》曰："汝南陈茂，尝为交阯别驾。旧刺史行部，不渡涨海。刺史周敞，涉海遇风，船欲覆没，茂拔剑诃骂水神，风即止息。"②可见，在汉代，官员巡海者"从涨海出入"。按：《后汉书》系宋代范晔撰，唐季贤等注。东晋时孙恩、卢循起义，从合浦海行，来到石琦与晋军交战，石琦即西沙群岛。南朝宋武帝的舟师巡视南海诸岛，宋代谢灵运在《武帝谏》中说："虎骑鹜隰，舟师涨海。"③

到了唐代，南海诸岛尤其是西沙群岛已成为中国和南洋海上交通的必经航道，《旧唐书》载："东南至大海二十七里，西南至大海千里。"④韩愈在《送郑权尚书序》中说："隶府之州，离府远者至三千里，悬隔山海，使必数月而后能至。蛮夷悍轻，易怨以变。其南州皆岸大海，多洲岛……或时候风潮朝贡。蛮胡贾人，舶交海中。若岭南帅得其人，则一边尽治，不相寇盗贼杀。无风鱼之灾，水旱疠毒之患。外国之货

---

① 参见李国强：《南中国海研究：历史与现状》，黑龙江教育出版社2003年版，第97页。

② （宋）李昉等撰：《太平御览》卷六〇《地部二十五·海》，中华书局1960年版，第287页。

③ 《谢灵运集》文五《谏》，岳麓书社1999年版，第358页。

④ （后晋）刘昫撰：《旧唐书》卷四十一《地理志四》，中华书局1975年版，第1764页；《通典》卷一八四作"延德郡……西南到大海十里"，中华书局1988年版，第4959页。

日至，珠香象犀玳瑁奇物溢于中国，不可胜用。"① 由此可知，唐时南海诸岛不仅已属中央政府管辖范围，官吏频繁前来上任，而且已是中外海上交通的要道。宋代义太初《琼管志》载：吉阳军，"其外则乌里，苏密、吉浪之洲，而与占城相对，西则真腊、交趾，东则千里长沙、万里石塘，上下渺茫，千里一色。舟船往来，飞鸟附其颠颈而不惊。海南以崖州为著郡，崖州旧治在今琼州之谭村，土人犹呼为旧崖州所，谓便风扬帆一日可至者，即其地也"。② 宋代赵汝适在《诸蕃志》卷下附录《海南条》中说：海南岛之"东，则千里长沙、万里石床，渺茫无际，天水一色，舟舶往来，唯以指南针为则，昼夜守视唯谨，毫厘之差，生死系焉"。③ 元朝时，元将史弼等率领水军经过南海诸岛的七洲洋、万里石塘，明朝郑和七次下西洋都经过南海诸岛，清代陈伦炯在《海国闻见录》把南海诸岛命名为南澳气（东沙群岛）、七洲洋（西沙群岛）、万里长沙（中沙群岛）和千里石塘（南沙群岛）。《大清中外天下全图》中绘有南海诸岛。清代水军仍沿袭历代旧制来制定巡视南海诸岛的海防制度。④ 今天，国际通用的南中国海，在光绪二年(1876年）郭嵩焘出使英国时忆写的《使西纪程》中，有明确指出西沙群岛归属中国。⑤

---

① （唐）韩愈著，刘真伦、岳珍校注：《韩愈文集汇校笺注》卷二十一《送郑权尚书序》，中华书局 2010 年版，第 1205—1206 页。

② （宋）王象之撰：《舆地纪胜》卷一百二十七《风俗形胜》转引自《琼管志》，中华书局 1992 年版，第 3622 页。（因《琼管志》已佚，正德《琼台志》卷四《疆域》也引用《琼管志》这一段记载。）

③ （宋）赵汝适著、杨博文校释：《诸蕃志校释》，中华书局 2000 年版，第 216 页。

④ 参见韩振华：《南海诸岛史地研究》，社会科学文献出版社 1991 年版，第 25—26 页。

⑤ （清）郭嵩焘《使西纪程》中说：光绪二年（1876 年）十月，自香港出发，"廿四日正午，行八百三十一里。船人名之齐纳细（China Sea），犹言中国海也"，"左近柏拉苏岛"（Pracel），"中国属岛也"，柏拉苏岛即七洲洋（西沙群岛）的外文名称。从上文所说，明确记载它是"中国之岛"。又据（清）张德彝《隋使日记》中说：光绪二年（1876 年）十月自香港出发，"二十四日，辛亥，晴，水平风顺。正午，行八百三十一里，在赤道北十七度三十分，左近巴拉赛（Pracel）小岛，中国属岛也"。巴拉赛小岛即今西沙群岛，它是"中国属岛"。又据主编钱钟书、执行主编朱维铮：《郭嵩焘等使西记六种》，生活·读书·新知三联书店 1998 年版，第 10 页。

海南岛的自然环境固然重要，但比这更为珍贵的是海南的先民利用这自然恩赐的大好山河，进行艰苦的开拓和创造，以及在这个过程中逐渐形成的海南精神。海南人自古以来，都"以海为量"，与天下为友。"海量"的精神境界，明代丘濬以《海仪》一诗作出比喻：

> 远观沧海阔，万波总朝宗。
>
> 溪壑流难满，乾坤量有容。
>
> 潜藏多宝贝，变化起鱼龙。
>
> 自觉胸襟大，汪汪无乃同。[①]

海南岛不断吸纳各方人士，共同以惊人智慧和顽强精神开发宝岛，在原有海南文化的基础上，创造出今天海南灿烂的文明。这一点是海南人民优良的文化传统。

海南及南海的昨天，有过许多的激情与亢奋：远古的文化遗址，见证古代海南文明起源；海岛的海防文化，因南海海域各种海洋势力的竞逐和中国大陆改朝换代的大背景，平叛扫寇，驻防屯边；移民文化，因军旅、赴任、避乱、贬谪、经商、旅游而移居海南，又因谋生、发展而远涉南海，移民海外；民族文化，渡海而来的汉族、黎族、苗族、回族多元民族、多元文化共存和发展；宗教文化，传统的道教与黎族、苗族的祖宗崇拜、多神信仰以及佛教、伊斯兰教、天主教和基督教多元共存；贬官文化，因海南的地域特点，适合历代统治者流放罪犯和贬谪"逆臣"。唐、宋两代的宰相级高官和名臣各不下七八十位，还有元代被贬回到中原后当了皇帝的元文宗等等，他们在海南传播中原文化，培养人才；华侨文化，海南是中国的三大侨乡之一，旅居海外的华侨华人绝对数字的比例最高，形成了"两个海南"，华侨华人对海南的建设发展，贡献极大。辉煌的海南岛历史和光彩夺目的海南文化，证明昨天的海南因南海而更加骄傲。

在海南岛的四周有众多的海峡与邻近的海域连接。地理位置优越，是中国和东南亚各国交通的纽带，也是太平洋和印度洋、亚洲和大洋

---

① 《琼台诗文会稿》卷三，海南出版社 2006 年版，第 3787 页。

洲之间的海运要冲，对发展和利用海洋资源有着重大意义。作为一个海洋大省，海南岛人民生生不息，是在对海洋的憧憬和追求中，创造独具特色的海洋文化的过程。尤其是自明初以后，至今的600多年来，海南渔民独创的通往西沙、南沙、中沙群岛和国外的航海指导书——更路簿，更足以证明南海诸岛及其邻近海域，是海南人民最早发现、命名、开发、经营和长期有效管理的中国领土。①

海南省委、省政府正是以此为契机，把海洋大省建设成海洋强省。

三、海南修史概况

为海南写史，最早可以追溯到晋代的盖泓，他写了《珠崖传》，可惜失传了。盖泓以后，以地方志的方式描述海南的自然、社会状况的，自宋以后历代都有。其中，以王佐"平生精力所在"的《琼台外纪》对海南沿革的记述最具历史观念。可惜这部著作已佚，但其中的某些观点，唐胄在正德年间纂辑的《琼台志》中保留了很少的部分。明代正德、万历以后，海南的岛志、州志、县志、乡土志、采访录及含2种未定稿的8种《广东通志》中的《琼州府志》等，现存的有78种。②不过，这些都不是我们现在说的海南岛史。

真正意义上的海南历史著作，是以日本人小叶田淳著的《海南岛史》③为开端的。这部史著，其著述目的是为20世纪40年代初日本帝国主义企图长期霸占海南岛而服务的。作者在序言中有明白的交代，说这部书是他"遵照（日本）海南海军特务部的嘱托"，由特务部出资让他做的。他领了特务部的资助后到海南岛来，走马观花地看了两个月。他在海南得到当时日本特务部总监池田清和特务部政务局第一调查室主任屋井镇雄的勉励和赞助，受宠若惊。回到东京，以当地典藏的海南志书中的资料为根据，花了半年时间，匆匆地写出，以应日

---

① 参见周伟民、唐玲玲：《南海天书——海南渔民更路簿文化诠释》，昆仑出版社2015年版。

② 参见洪寿祥主编、周伟民执行主编：《海南地方志丛刊》，海南出版社2003年版。

③ 日文，有张迅齐中译本行世，（台北）学海出版社1979年版。

本侵略军了解海南的紧迫需要。在这样的著述目的指导下，如此匆忙写出的《海南岛史》，适应了日本海军特务部的需要，自然不用多说；就是在它 1942 年末出版以来，在海内外的影响也是很大的。当然，小叶田淳当时作为日据时期台北帝国大学的一位年轻的史学教师，在没有前人著作作为借鉴的情况下，筚路蓝缕，结构体系敷衍成一部专著，在学术史上也还说得上是有开拓意义的。至于它的学术价值，自然是见仁见智。

1988 年 5 月，东北师范大学出版社出版了当时在通什师专任教的杨德春的小册子《海南岛古代简史》。同年 8 月，商务印书馆出版了许士杰主编的《海南岛——自然、历史、现状与未来》一书，其中关于历史的部分，连同张思平主编的《海南特区经济年鉴》1989 年创刊号的历史部分，虽然也各有建树，但实在过于简略不说，其中有许多问题也还值得商榷。近年来，又有琼州大学林日举著的《海南史》[①] 等。

四、对海南修史的思考

笔者对于海南修史有以下五个方面的思考。

1. **整体叙述海南和容忍海南历史的"不完美"**

区域史的研究，离不开中国历史这个母体。中国史之为学，司马迁概括为"述往事、思来者"，所谓前事不忘，后事之师，是史学的大旨。历代写史的知识分子，都遵《春秋》的史笔作为自己的依循。"孔子作《春秋》而乱臣贼子惧。"历史是通过对历史人物和事件的褒贬，最终达到警世、劝世和喻世的社会效果。这一史学传统，代代相传。

五四运动以来，梁启超、胡适和钱穆等文化巨匠，以整体叙述的方式，重写中国历史；在引入西方的观念以后，他们采用全新的研究方式，发掘新材料、运用新方法、开拓新领域和研究新问题。这样，20 世纪开始的二三十年间，中国历史的书写呈现了崭新的面貌。1930 年，由陈铭枢总纂、曾蹇主编的《海南岛志》问世，虽然是一部地方志，但带有海南史的性质，编纂者的写作实践暗合了上述的"整体性"

---

① 林日举：《海南史》，吉林人民出版社 2002 年版。

思想观念。因为这部书的显著特点，是着重于海南经济和社会发展状况的描述，以及地理环境和资源条件的全面介绍，显示了整体叙述海南的最早学术成果。以马克思主义的唯物史观指导写作的《海南通史》，不是黎族史，也不是海南土地开发史或制度史，而是综合性的区域社会变迁史。编纂者力图对历史作整体理解，藉以整体把握海南岛历史，这是编纂者的学术追求。

整体叙述海南，除了作为学理上的追求和作为通史类著作中诸如历史上重大事件、重要人物都不应该疏漏和缺席的历史框架的完整性以外，更为现实的考虑是，海南作为中国大陆中原文化的衍脉，它离不开中国大陆这个母体；但同时，它又是孤悬海外的中国第二大岛，深具开发意义的独立地理实体，在社会、历史、人文方面，相对于大陆来说有着明显的历史特殊性。对这样一个独立的历史文化实体的研究，必须具备整体叙述的观念，寻求整体优化效应，即"整体大于部分之和"的效应。[1] 即以海南海外移民人口为例。海南岛在中华人民共和国成立时，全岛人口只有217.3万人。但是，海南作为全国著名的三大侨乡之一，据不完全统计，旅居和定居在海外的祖籍海南的华侨华人和港、澳、台同胞近200万人，分布于世界53个国家和地区。[2] 这是又一个"海南"。如果不对海南的历史作整体的把握，就很难叙述清楚自明清以来的"两个海南"间的互动以及由此产生的在"本土海南"内诸多复杂的文化效应，从而也理解不了由此出现的海南岛内诸多不中不西、亦中亦西的文化现象，包括城镇的成片骑楼建筑等等。进一步说，海南省作为中国最年轻的省，与大陆任何一个省级单位，包括广东和福建，相比较而言，它的历史发展过程，是有"缺陷"的、"不完美"的。我们要宽容海南历史的不完美。

---

[1] 周伟民：《建立世界性的独立学科——海南学》，载《海南日报》1990年3月15日；《宝岛万众瞩目，中华一明珠——"海南学"在大特区兴起》，载《光明日报》1992年4月23日。

[2] 詹长智主编：《中国人口·海南分册》，中国财政经济出版社1993年版，第21、99页。

　　海南历史发展过程中的"不完美",我们可以随便举出许多例子。比方说,作为一个省级行政单位,经过考古工作者专业的、科学的、系统的调研或发掘的考古地点,仅有那么寥寥几个可数,如落笔洞等。至于最早有文字记载历史的,是南北朝时期的"伪燕聘晋使盖泓"。[①]直至宋代才出现像样的地方志或文人诗文。这里面的原因很简单,因为海南岛孤悬海外,唐代以前长期居住在岛上的先住民——黎族是没有本民族文字的,而生活在岛上的汉族居民,只能维持生计,不可能有文字记录。难道有第二个省市有这样的"缺陷"吗?

　　2. 以地方文献证史和"回到历史现场"

　　上文所述,对地域历史作整体叙述,在海南岛范围内,举出陈铭枢总纂的《海南岛志》;但在全国看来,比陈铭枢著作典型得多的是傅衣凌在 20 世纪 40 年代初出版的《福建佃农经济史丛考》[②]一书,该著为《福建协和大学中国文化研究会文史丛刊之二》,出版于抗战时期协和大学迁校到福建邵武时。著者的《集前题记》说这部书虽然偏重于福建农村的经济社区研究,但不放弃对中国社会经济形态的"总的轮廓的说明";他反对"以偏概全"。他所依据的材料,"注重于民间记录的搜集",诸如民间契约、地方志、寺庙志等。在行文及《校后跋》中,他特别提出两个事类:其一,作者于 1939 年夏间在永安黄历乡"住过一些时间","在一间破损的楼屋中,发现旧契一箱,约有百余纸之多";其二,"偶于邵武东郊外临溪的一间破庙里,获见石刻一块,倒置墙畔。"

　　傅衣凌这些文字,联系到他在文中所征引的材料,从研究方法的角度提出两个原则:第一,以地方文献证史;第二,做田野调查,"回到历史现场"。[③]这在当时的确是研究地域史开拓性的创见,影响深远。

　　反观海南史研究,我们所践行的也不过是这两个原则。

---

　　① 阮元:道光《广东通志》卷一百九十三《艺文略》的《珠崖传》,此书已佚,《太平御览》中转引了部分材料。

　　② 傅衣凌:《福建佃农经济史丛考》,福建协和大学中国文化研发会 1994 年版。

　　③ 陈春声:《历史·田野丛书》序,生活·读书·新知三联书店 2011 年版。

先说以地方文献证史。

所谓地方文献，笔者在本书后面所附的《参考书目》中列举了海南自南宋到民国时期的地方志、海南人出版的诗文集、历代文人笔记中对海南的记述、家谱、田野调查材料、历史档案、碑刻、宗教科仪书及民歌等。所有这些地方文献，就笔者所见的文本，上限不超过宋代，所以，这些文本都可以在中国史籍中找到它的渊源所在，也可以在历代朝廷的典章制度中看到它们所依据的原始思想材料。

这样说来，笔者首先着力的还是中国历代的正史、政书以及记述典章制度的文献等与海南相关的材料。对这类材料，笔者所做的仅是：第一，悉心研读原典，充分占有，引用时按原著笔录，以便读者查阅；第二，作分析性的解读，详见下文"海南史的分期"；第三，表述上尽可能准确并力求推陈出新。

至于海南地方文献实证海南史最有价值的，首先是地方志。比起正史等资料而言，则丰富而具体多了。

中国的正史，历代帝王的本纪和人物的列传篇幅最大，至于民生问题，即使是《食货志》的论赋税、《地理志》的记户口等也十分简略。前者也只记条例及重要史事，后者除地理沿革外，户口也只能记录约数；而地方志记户口、赋税则有详细的数字、类别，并分析其中增减的原因。正德《琼台志》详细记录了自西汉到元代海南岛的户口，还将洪武二十四年（1391年）、正德七年（1512年）的数字排列成表；各县的资料尤为详尽，分别记载了当时汉族、黎族的户口和田地，最后一次的记录还细分男、妇、军民、杂役。这些资料对于证明一个时代的汉族移民和黎族的概况，有很高的史料价值。这是因地方志纂修时"地近则易核，时近则迹真"。[1]当时人、当地人，根据当地的档册、案牍、函札、碑碣等资料，修当地的历史。这里，笔者还要特别标举杨孚的《异物志》，为汉代由中国人首先发现并对开发南海诸岛作了记录。这部书早已失传，但正德《琼台志》在卷九《土产》条下引用

---

① 章实斋：《答甄秀才修志第一书》。

了原书有关"涨海"的记载并因此而得以保留下来。

至于地方文献中的碑碣、匾铭、额联等资料的价值，就以笔者所征集到手的海南岛以及南海诸岛中的 1400 多张拓片[①]而言，其价值非同一般。以存于海口市五公祠内的宋徽宗手书《神霄玉清万寿宫碑》为例，此碑对于研究宋代道教流行、发展情况有着不可替代的作用；在书法艺术史上，此碑用笔银钩铁画，法式遒劲俊逸，是宋徽宗的瘦金体代表作之一。

海南的地方文献，对于海南地方社会中的各种活动、社会组织状况以及精神文化层面的表现，都有详细的叙述，运用这些资料与正史的资料互相验证，让历史书写具有鲜活的"地点感"。

但必须指出，使用地方文献时要谨慎，应本着"信以传信，疑以传疑"的原则。

关于"回到历史现场"。笔者所做的是田野调查，以及对调查所得材料进行分析甄别。也就是说，要将地方文献和正史的征引、解读与实地调查相结合，让文献与田野中的印象互动，兴许通过学术上的想象与联想，让自己的心智和感情都有"临即感"，"回到历史现场"，这样，历史事实才有真切感。

笔者的田野调查，最早是 1989 年到"三月三"的发源地——东方黎族自治县（当时未改市）天安乡的安都、抱由、中方、上新以及土蛮等一带的山村，看穿着民族盛装的青年男女，在山花烂漫的山坡上集会的盛况和晚上青年男女在山上幽会的情景。此后，每年都有若干次田野调查，时间或长或短，最长的一次是 1999 年 5 月 25 日至 6 月 10 日，前后共计 17 天，在昌江黎族自治县王下黎乡的田野工作，后来形成了《王下黎乡纪行》的 7 篇系列调查散记。[②]至于田野调查的内容，笔者分别反复做过多次的关于黎族的文身、树皮布石拍、烧土陶、传统的纺、染、织、绣技艺等专题调查，包括唐代贬到海南的宰相杨

---

① 详见海南出版社陆续出版的《海南碑碣匾铭额图志》各分卷。
② 发表于《今日海南》2000 年第 1—7 期。

炎"生度鬼门关"的那个"鬼门关",亲身体验贬官们的情态。而风俗、政治组织、文物考古等都是调查时题内应有之义。

试以文献结合田野调查材料,力图回到黎族早期社会历史面貌的"现场"为例,以学理和历史实际相结合来解释"身临其境":连接现在与过去这样一种历史田野理论。[①]

黎族在海南岛是先住民,但这个民族在史前的状况如何?我们今天要想部分地再现,就得"连接现在与过去",要回到历史现场,身临其境。

就文物本身看,今天黎族聚居地的市县,都曾经发现新石器。[②]

有论者指出:"研究者们要真心实意地重建聚居在琼岛的黎族早期历史面貌无疑是十分艰巨的。"[③]这是因为海南新石器时期的文物,来自采集的多,而且地点分散。笔者更为遗憾的是,此前没有对新石器时期的遗址做过专门的田野调查,特别是处于黎族聚居地腹地中心的五指山地区的遗址。经过长时间的多方探访,终于,2008年3月下旬,由《海南日报》驻五指山记者站记者陈耿的带领,到五指山市毛阳镇方上村做新石器时期遗址的田野调查工作。该遗址地处昌化江及其上游一条支流的汇合处,在一个小山丘上。据标测大约海拔300米。遗址的位置取水及外出都极其方便。据村民说,这里世代都能拾到各种石器。笔者征集到双肩石斧、石锛等,还有一件半段的石铲。这些文物,经广东省资深的考古专家杨式挺教授鉴定,确实是新石器时期的文物。从文物所在地点来推论,可以初步肯定是黎族远古祖先的遗物。

海南岛上出土的新石器时期文物,多是地表采集的,到目前为止,除了落笔洞、信冲洞、钱铁洞等少数遗址以外,考古学界都没有进行过科学的挖掘。五指山地区毛阳镇方上村的新石器遗址也一样,故不能肯定确切的年代,只能推算大约是至今6000—4000年之间。那么,

---

① 西佛曼、格里福:《历史人类学和民族志的传记》,贾士蘅译,载《走进历史田野》,(台湾)麦田出版股份有限公司1999年版。

② 详见本书第一章第二节内容。

③ 《容观夐人类学民族学文字》,民族出版社2003年版,第163页。

在这个时段，黎族早期历史面貌是怎样呢？具体说，他们的衣、食、住以及两性的性生活是否能再现？

笔者通过多次对黎区的田野调查，结合文献进行分析，大体上可以得到一些初步的认识，或者说是当时历史面貌的某些重要侧面的再现。

在黎区进行树皮布石拍的田野调查工作，是解决远古时代、无纺布时期人们的穿衣问题。因为拍打树皮使其变软的工具——石拍，不会因年代久远而腐烂；据考古学家分析，海南石拍至今大约有6000—4000年。[①] 用树皮布做成衣服、被子等衣物，黎区的先民们使用了数千年，直到现在，作为非物质文化遗产，制作树皮布仍然还有传人。

人们在自然界的雷火烧过的树林中吃到烧熟了的野味；采集了多余的食物需要贮存，于是有了烧土陶。笔者不只一次到昌江黎族自治县大坡镇保突村刘小练家，采访烧土陶。烧土陶用的是当地特殊的陶土，以钻木取火的方法获得火种，露天烧制。[②] 这种土陶，与考古发掘出土的粗沙陶器是一样的，而且也延续了数千年。黎族先民进入熟食时代并有剩余食品贮存。

黎区无论是船形屋还是金字形屋，都是以竹木做构架盖以茅草而成的茅草房。这种冬暖夏凉的住房，黎族延续了数千年。

黎族文身，是一种十分复杂的文化现象。在黎区，五种方言中有四种方言区仍有文身老人健在，笔者近20年间先后拍摄了数百位文身老人的人类学资料。根据摩尔根在《古代社会》及恩格斯在《家庭、私有制和国家的起源》中所阐发的理论，文身，是女性依母亲的纹样文在身上，在两性性生活时绝对防止近亲交配而保证族群兴旺发达的有效方法。[③]

---

① 周伟民：《树皮布石拍的民族学解读》，载《寻根》2004年第2期；周伟民：《海南岛黎族聚居地树皮布石拍的文化价值》，载《东南考古研究》，厦门大学出版社2003年版。

② 周伟民、唐玲玲：《黎族数千年前的土陶器皿是怎样制成的？》，载《今日海南》2005年第9期。

③ 唐玲玲：《用血肉彩绘的民族》，载《寻根》2004年第2期。

　　通过上述这些"小地点"的田野调查工作，将这些"点"上的内容看作是黎族先民群体关系网的地方性末端，这个关系网由族群通过某些中间层次而到达整个社会。我们因此可以借此再现某些历史面貌的侧面。关于黎族的衣、食、住及两性性生活的历史阶段面貌，就是将田野调查所得进行分析，"关键在于我们如何使用这些材料，把死材料变成活东西"。①

　　3. 海南史的分期

　　海南岛的历史，唐代以前基本上是黎族的历史。此后，汉族、回族、苗族及哥隆族群陆续迁入多了，但历史的主体仍是由汉族和黎族的诸多关系所构成的。

　　观察海南历史的视角，笔者以为，每个历史时期的权力由谁掌握是社会核心因素，因为社会的体制等都是围绕权力中心而设置的。基于这样的认识，本书将海南史划分为三个时段。

　　第一阶段：洪荒及外徼时期。这是史前时期，这时期海南史有别于其他地区的最大特点，是至今仍保持有树皮布石拍、烧土陶、船形屋和金字形屋的茅草房以及以文身为标志的两性关系等史前人们生活要素，而这些要素恰好说明了人类生活中的最为重要的几个侧面。同时，这些历史现象为海南文化的发展、演化提供了重要资料，也为史前人类行为模式、生计模式、思想观念变迁等的研究提供了依据，并且为探讨和研究海南地区史前文化与南岛语族的关系提供了重要资料。

　　第二阶段：从外徼到羁縻时期。秦至唐，海南岛上的主体民族——黎人以血缘为纽带的世袭社会政治体制。海南岛这个历史时段，笔者不以唐以前（包括唐代）历代帝王之自许或文臣们在京都于纸上划定的郡县为标准，而是以海南岛上实际权力状况为圭臬。例如，《隋书·地理志》载珠崖郡："梁置崖州。"《通典·州郡典》载崖州："梁置崖州。"这是明文标示了梁代时置崖州。梁代的崖州应确在海南岛上，但是，

---

　　① 《傅衣凌治史五十年文编》，中华书局 2007 年版，第 37 页。

它的性质源于唐贞观以后的羁縻州，不同于王朝的正式郡县。也就是说，名义上是王朝的正式郡县，但实际上王朝统治权还未能在这里建立。《隋书》和《通典》不问州郡的具体情况，有名便录。[①] 这些领皇粮的知识分子不看实际统治权是否建立而随便录入的行政区划能够相信吗？

正因如此，我们应该对国家所实行的羁縻政策以及它在海南岛的实施策略做说明。

中国古代的"羁縻"一词是有特定的政治含义的。《史记》"索隐"中解释说："羁，马络头也。縻，牛缰也。"《汉官仪》载："'马云羁，牛云縻'。言制四夷如牛马之受羁縻也。"[②] 这种说明性的比喻，明显是对中国周边国家和少数民族的歧视甚至侮辱，这里存而不论。但这种解释的政策含义是十分具体明确的，即周边的小国及少数民族控制的地区，只要接受中央王朝的约束、屈服于中央王朝也就算是达到目的了，即是名义上的一种臣属关系了；这种政策，施于海南，在汉武帝时期作为一种权力操作和对少数民族的治理技术，也已经是调适自如的了。因为《通典·州郡典》说汉武帝是"略得之"。《旧唐书·地理志》说是"遣使"所得。不管是怎样得到的，确实是一种招抚，未经作战就略定了！

汉时在海南实施的羁縻政策，对朝廷来说是十分成熟的政治制度，包括在海南岛置郡县以及移民屯垦。海南真正成为统治者的施政定制，始于唐代贞元五年（789 年）十月，岭南节度使李复奏准将琼州升为都督府。[③]

自秦至唐，海南岛上的汉族移民极少，岛内居住的，除了琼北地区的临高语族和琼西南地区的哥隆语族以外，黎族当时一直控制海南岛的东、中、西及南部地区并保留了某些母系氏族和父系氏族制度的残余，而五指山地区却是保留带有浓厚的父系家族制度的"合亩制"。

---

① 参见谭其骧：《长水金续编》，人民出版社 1994 年版，第 96—97 页。
② （汉）司马迁撰：《史记·司马相如列传》，中华书局 1973 年版，第 3050 页。
③ 《旧唐书·地理志四·剑南道·琼州》卷四十一。

　　黎族各个方言区内的峒，不论规模大小，峒与峒之间，各自为政，互不相属，"咸无统属，峒自为雄长。"① 即使是峒与峒之间有联盟关系，也是各自保持平等的地位，盟主也不过是起到联络、沟通的作用而不存在统属关系。②

　　和谐共处的黎族。据史书记载，自汉代开始，直至唐代，汉族统治者的倒行逆施，迫使黎族人民奋力抗争而引发规模不等的反抗斗争。除了官逼民反的短暂时间外，这个历史时段基本上是黎族老百姓作为社会的本位，是"民为主体"的社会，社会状况稳定。

　　第三阶段：官治社会——宋代到民国时期，海南岛上经济结构是私有制、公有制和"伙有制"并存，政治体制却是"强政府弱社会"。

　　随着汉族移民以及以后的回族和苗族移民的增多，社会的经济结构变得复杂多样，越到后来，私有制经济的比例越大。琼北地区临高语族逐渐被汉化，同时，在整个黎族聚居地区，除了所谓"熟黎"，即耕种官田、纳赋税、供劳役的黎区以外，更多的是"生黎"。他们在大山里面，主要生产方式是"砍山栏"。这种耕作方式，是母系氏族公社制的孑遗，生产资料和生活资料都体现了原始公有制的残留。

　　苏轼到海南后的第一印象是"四洲环一岛，百峒蟠其中"③。在宋代，基层的政治组织就是"峒"。据《诸蕃志》卷下《海南》记载，崇宁年间（1102—1106 年）王祖道抚定黎人达 907 峒之多。

　　明代中晚期，在黎区建立土官制度，委任土官。清袭明制。据道光《琼州府志》及同治《广州图说》、光绪《广东舆地图说》记载，清代州县辖属的黎峒有 822 个。明代的峒据顾炎武在《天下郡国利病书·广东下》中的记载，各州县的黎峒合计不下 1206 个。

　　每一个宗姓为一峒。但五指山地区例外，该地区是以血缘关系为基础而实行合亩制。合亩制是父系家长制的家庭或家族的共耕社，它

---

　　① （宋）赵汝适：《诸蕃志校释》，中华书局 2000 年版，第 220 页。
　　② 参见《中国黎族》，民族出版社 2004 年版，第 101—102 页。
　　③ 苏轼：《行琼、儋间，肩舆坐睡。梦中得句：千山动鳞甲，万谷酣笙钟。觉而遇清风急雨，戏作此数句》，载《东坡诗集》卷四一，中华书局 1982 年版，第 2246 页。

的经济所有制是"伙有制"。

自宋代至民国时期,私有制、公有制和"伙有制"共存。从宋代开始,特别是到明代洪武以后,中央对海南的控制越发严厉,海南在政治体制方面形成了"强政府弱社会"的态势,老百姓为主体的社会逐渐让位于官本位社会。官民对峙的局面,始终不能消除,官家的王霸之道相杂糅的一套复杂的权力之术在海南实施得也越发纯熟。

以上三个时段的划分,在总体上符合人类社会发展的某些共同规律,但同时又考虑到海南岛许多自身的特点。

4. 探讨海南历史发展的特殊面貌,将海南岛的历史真态展现出来

陈寅恪治史有其一以贯之的核心观念,即"种族与文化"。海南岛也由于历史地理的特殊性,其"种族与文化""风俗政教"与中国大陆相同中又有大不同。

海南因与中央王朝空间距离遥远,交通困难,社会经济发展程度低,传统与风俗差异、地理物产与民族构成不同,因而在社会政治、经济与文化方面,与中央王朝有一致的和不一致的地方,这种差异性相互作用的结果,进而显示出海南社会的特殊性。

第一,海南岛位于中国陆地国土的最南部,她像一颗璀璨的明珠,镶嵌在中国南海海洋国土的浩瀚碧波之中。海南岛的悠久历史,从史籍中看,有文字的记载始于汉代。就整个历史过程来考察,中央王朝对海南岛的统治时紧时松,更多的时候是鞭长莫及!这决定了海南社会独特的面貌。

秦统一中国,对海南岛的统治和开发,已进入秦始皇的政治视野;不过,他来不及实现自己的政治构想,就死于第五次巡行出游的沙丘平台(今河北广宗西北)。到了汉武帝元封元年(前110年),开始在海南建置郡县。但自建郡至汉昭帝始元元年(前86年),几十年间凡六反叛,故罢儋耳、珠崖郡。海南又脱离了汉朝的统治。直至东汉汉光帝建武十七年(41年),伏波将军马援以政治影响抚定珠崖,珠崖郡治也未正式恢复,仅是隶属合浦的一个县。一直到梁、隋,冼夫人由于自身属俚人以及她的政治威望，因而获得海南岛上俚人的敬佩，"儋耳归附者千余峒"才复郡。至唐朝前期，海南岛部分地区一直在冼夫人及冯家后代的管辖之下。唐代对海南岛施行羁縻政策；宋、元的行政建置日益完善，到了明、清以后，海南岛进入经济的开发期，开发范围也逐渐从沿海向"腹地"的山区拓展。

海南岛与各代王朝的政治关系时断时续，既呈现了海南岛社会经济生活滞后的状态，同时也决定了海南的社会独特面貌。

第二，海南的海洋文化特色。海南是中国的海洋大省，它的自然地理、历史都具有与其他各省不同的海洋性特色。海洋文明的历史发展对海南发展的定位扮演着重要的角色。

这个孤悬海外的岛屿，生态环境也十分独特，大约在远古时期，海南岛原与大陆相连，后因地壳运动而引发一场大陆断裂，海水淹出琼州海峡而与大陆分离，成为大陆岛。海岸生态以热带红树林海岸和珊瑚海岸为特色，包括西沙、南沙、中沙群岛及其邻近海域在内的南海海洋国土，是一个四通八达的海洋。

海南的海洋文化特色，更在于有论者指出的那样，是今天的琼海市潭门镇渔民对于中国的三大贡献：第一大贡献，即潭门渔民创造了海南岛的海洋文明精神，这种海洋文明精神有别于其他靠海的兄弟省市。第二大贡献，即潭门渔民为中国拉回了西沙、中沙、南沙三大群岛，他们能把千里之外的几大珊瑚群岛拉回祖国的怀抱。他们又用"更路簿"指引的航线，把三沙上面的一座座珊瑚礁，用一条条记在心里的更路与中国连接起来，这一条条航线又是潭门渔民用生命连接起来的。第三大贡献，即没有潭门镇，就没有今天中国的三沙市，因为潭门渔民是"两栖动物"，即潭门镇是他们在陆地上的家，三沙是他们海上的家，他们是珊瑚礁上的居民，没有这些居民，三沙市的居民从哪里来？综上所述，"有潭门镇是中国的幸运"。[①]

关于第二、第三大贡献，即2012年7月24日，正式成立三沙市。

---

① 赤瓜礁：《有潭门镇是中国的幸运》，载《中国国家地理》2013年第1期。

而第一大贡献，即海洋文明精神则至关重要。这种海洋文明精神，跟中国传统中那种扶犁耕田的农民精神是根本不同的、特殊的、海洋性的精神。其核心是：（1）在大海中顶狂风、战恶浪、不畏艰险，敢于冒险；（2）在开拓和进取中敢于向陌生领域开发；（3）他们都清晰地认识到，他们的航海活动虽然是为了个人养家糊口，但代表了国家在南海的对外形象，他们是一双中国人打开国际视野的眼睛，也是对话世界的使者，于是，敢同陌生国家的商人做生意，甚至船到哪里，一部分人就在哪里住下移民；（4）有充满活力和外向性格的价值理念，敢破各种束缚，追求自由！船长们说：哪里赚钱多，船头就指向哪里！①

海南渔民自明代初年形成的这种海洋文明精神，与党的十八大提出的海洋强国、海南省倡导的海洋强省观念是相吻合的。

第三，与海洋文化紧密相连的是黎族、汉族、回族、苗族各族人民移居海南之后，形成了海南多元民族、多元宗教、多元文化融合的特有色彩。

居住在海南岛上的族群，无论是先住民黎族，抑或是秦汉以后的移民汉族、回族、苗族等族群，在海南岛这一区域文化从蛮荒走向文明的发展过程中，他们都离不开海洋文化的熏陶和影响。因此，少数民族离不开汉族，汉族离不开少数民族，少数民族之间也互相离不开，并在长期的矛盾、冲突、包容中使彼此间的文化得到融合。

海南岛的先住民黎族，迁徙到海南岛后，从史前到秦朝以及以后很长的历史过程中，一直处于原始状态。作为一个生活在海南岛富饶土地上的民族群体，他们勇敢地面对浩瀚的大海和高山来理解生命的意义。根据正史及笔记记载，历史上的黎族是一个强悍的民族，他们性格犷悍。居住在深山里的黎族人民，长期不供赋役，不服王化，亦不出为人患，足迹不履汉地；又是一个尚武的民族，其日常生活以木为弓，以竹为弦，铁镞无羽，出入不释手，以刀为戈，以角为甲，是

---

① 周伟民、唐玲玲：《南海天书——海南渔民南海"更路簿"文化诠释》，昆仑出版社2015年版。

一个与大自然融合共处的民族。在黎区里，地产沉水香，多槟榔、椰子、小马及翠羽、黄蜡之属。黎人结茅为屋，以击鼓为乐，以射猎为生，以刻箭为信誓，以割鸡为占卜，是一个爱美并具有天生艺术美感的民族，衣服的款式自有传统，女子绣面文身。黎族是一个讲诚信的民族，外人欲入其地，必请"熟黎"为导，与贸易，不欺，亦不受人欺，与人信则如至亲；又是一个爱自由的民族，在婚姻生活上，男伐岭为田园，女织锦为生活。在漫长的历史岁月中，海南岛的先住民黎族在岛上繁衍、发展，成了一个具有独特风貌的民族群体。一直从夏、商、周、春秋战国、秦，当中原地区的汉族和其他族群已经在金戈铁马中争夺土地、建立国家秩序的时候，海南岛的黎族人民仍然自由自在地在原始状态中生活着。岛上不同民族有不同的宗教信仰，互不干扰，各自崇拜；而各族群的文化，特别是自从明清汉族移民海外后带来了异国异地文化，不同文化在长期并存中又相互汲取、相互融合。

第四，海南岛是一个移民岛。移民，包括从大陆移入；明清以后又大量向海外移出，从而形成了在中国，海外华侨华人相对比例最高的一个省。秦王朝派遣 50 万大军戍守岭南，其中也包括有人员流入海南岛。随后，从汉代到清代，汉族移民不断迁琼，有的是过琼任职，有的是贬流官员入籍海南，有的是中原避乱迁琼定居，有的是海上经商、旅游而进入海南。各类汉族移民，带来中原文化；他们发展教育，改革弊政，促进经济繁荣。汉族移民海南岛，随着时间的推移，人数渐多，中原文化与黎族的原生态文化在碰撞中融合；同时由于政治经济力量，人口众多的汉族移民，成为海南岛上的强势族群。回族自唐、宋、元期间迁居海南；苗族自明朝从广西和粤西北调来的苗瑶官兵戍琼，后落籍海南。黎、汉、回、苗四大民族（岛中还有多种少数民族，人数较少），聚居海南岛上，形成海南多元民族文化的格局。在漫长的岁月中，中原地带大量移民的迁入，使社会世变风移，久而反客为主。移民文化与本土民族文化的整合成为海南区域文化的主流，海南岛独特的文化特征和人文格调，与大陆文化比较，显得更加多姿多彩。

海南岛的移民，除了从岛外迁进岛内，还有从岛内移民到海外，他们也给岛内输入所在居住地的文化。

由于海南岛所处的地域环境和独特的人文环境，研究海南历史，在方法上要另辟蹊径。除了运用唯物史观处理好局部与整体关系以外，还应适当采用田野调查和跨学科的方法，诸如文化人类学、计量史学、谱牒学等做综合的、开放的研究。

5. 关于史料的清理和运用

前面说过，笔者花了相当长的时间尽可能地收集关于海南的史料。在进入撰述时，曾经约略地梳理出类别：第一，自南宋至民国现存的海南地方志，包括府志、州志、岛志、县志、乡土志和采访录以及 8 种《广东通志》中琼州府或海南岛部分。总计起来不下 80 种之多，其中有些志书虽然珍贵，但我们弃而不用。如手写的孤本《西沙小志》和《团沙小志》等。所有旧的志书内容，情况十分复杂。因为是当时主政者所谓的"盛世修志"，故夹杂了歌功颂德的废话，但其中所保存的资料却是很珍贵的。如上文说到的正德《琼台志》，引用和保存了汉代杨孚的《异物志》的片段内容。也有些志书中记述了当时严酷的赋税而导致民不聊生，如康熙和光绪年间所修的《昌化县志》等。第二，26 种自宋至辛亥革命前印刷出版的海南先贤诗文集。这些诗文集的分量大小不等，有一二万字小册子，也有多到 300 万言的皇皇巨著，这些书都很有参考价值。第三，全部海南地名释文。海南地名总数不下 5 万条，其中有 3.6 万条是聚落地名，特别是南海诸岛上 287 个地名，每个地名都有由来，而且有"名从主人"的原则，地名被称为历史的活化石。地名的史学价值，不在单个地名中，而是许多地名排列在一起，形成一个地名景观时，即显示出不可替代的史学价值。如海南这个移民岛，汉民族移民最早从汉代开始，唐代也是一个小小的高潮，我们从地名景观中可以领略到这两个朝代移民比较集中的居留地及后来的迁徙情况。而对于海南某些地区生态环境的改变，在古今地名对比中也可以透露出一些重要的信息。如现在五指山市五指山腹地有一个现代汉语标记的"太平乡"和"太平村"，属于黎族聚居地；现在是发展树仔菜种植的基地，几乎没有什么树木。笔者到访时，黎族村民告诉笔者，这处地名，不论是乡、村，用的"太平"都是汉族人听黎语的谐音附会政治意义而定的，在黎语中"太平"，原本地名含义是"打非的地方"的意思，意即此地原本是大片大片的原始热带森林，长臂猿常出没，是打长臂猿的地方，黎语叫"打非"。当然，当地的黎胞还保留了某些黎族浓郁的传统生活习惯和民风民俗，笔者看到黎族村民用竹子制成传统的抓田鼠的工具，百发百中。但生态环境已今非昔比。自然地名中，南海的岛礁中有136个渔民的命名，极具史料价值。第四，海南的家谱、族谱。海南是移民岛，要研究海南的移民怎样从中国内地移来，到了海南岛以后怎样迁徙以及再移民，即移居到国外和在移居国的时间、地点、移民目的、职业、婚姻、生育、死葬等情况，家谱、族谱都是不可替代的资源。笔者先后征集到100多万页家谱、族谱，这为笔者的通史撰述提供了大量事实依据。第五，岛内黎族、苗族和回族三大少数民族的资料。黎族没有本民族的文字，所记述的黎族历史状况的资料，都是汉族的官府或文人所为。因为汉族的话语权控制，固然做不到公正、全面，就是其中对黎族的生存状态的描述，也存在某些歪曲甚至是诬蔑之词，所以必须细加分析。第六，史著和笔记中的海南资料，如二十五史、《明实录》《清实录》《永乐大典》《光绪朝东华录》以及晋、唐、宋、元、明、清等各朝的文人笔记中有关海南的资料等，无论事关大小，只要是记述海南，一律摘出；有些是笔者摘录，有些是其他学者做的。第七，有关海南的民间戏曲、民谣、传说以及民俗与方言资料。第八，碑刻。第九，档案。第十，宗教科仪书。第十一，田野调查资料。第十二，境外各海南会馆的史料等。

以上12类资料，征集实非易事，但因通史所涉及的资料中的许多问题，让笔者不断感到新鲜而又饶有兴趣，所以也乐此不疲。特别令笔者有学术责任感重负的是有些著述中，使用的二手资料，引文差错太多。这就不得不发掘原始文献，对二手资料加以爬梳和辨析，不让这些错误讹传。因此，在引用的资料中，尽量从原始文字录出，不作任何删改，并写明准确出处。所记书籍出处，在即将付印时，尽力选择最新出版或者是学术界公认权威的版本，以便读者查阅。学术乃天下之公器，学术本来是薪火相传的事业，笔者提供更为丰富而准确的资料，在正文和注释中获得更多的研究线索，也是笔者辛苦搜集资料的初衷。

笔者对史料寄予厚望的，还在于本书中"让史料自己说话"这样一种历史研究者应有的职业志向，也是笔者撰写本书时经常用以警诫自己的！这一点不用多做解释。因为海南岛的历史，历时既久远，其中的人物、事件又复杂；而且海南岛是一个由于多种原因，诸如被贬、旅游考察、移民、委派当官、当兵、国外回归等人来人往，观念更是复杂的地方。如果不是用史实说话，可能会生发出一些浮泛的论述。史料说话就可以真实地还原历史面貌。

最后，笔者还想引用海外一位史学家的话作为结语："一个历史学家不仅应该使大刀阔斧，也应该能用绣花针。所谓'大刀阔斧'者，宏观的理论也，而'绣花针'者，乃多维度的细密考证。"

第一章　南海海盆和海南岛的形成及称谓

海南岛和南海诸岛所属海域是怎样形成的？这是一个极其复杂的问题，得从中国海说起。

第一节　南海海盆的形成

中国的海域宽广，海岸线曲折，岛屿众多，海洋资源丰富。中国海域濒临西太平洋，北以中国大陆为界，南至努沙登加拉群岛，南北跨越 44 个纬度，西起中国大陆、中印半岛、琉球群岛、中国台湾和菲律宾群岛，东西横跨 32 个经度，中国海自北向南跨越温带、亚热带和热带 3 个气候带，海岸类型多样化，海岸线长达 1.8 万公里，海域面积为 472.7×10^4 平方公里。

海域内拥有岛屿 6500 多个，其中海南岛与舟山群岛、万山群岛、台湾岛等为著名岛屿，总面积 8×10^4 平方公里，岛屿海岸线为 1.4 万公里；流入海域内的河流约有 1500 条，其中包括长江、黄河、珠江等著名河流，年总径流量为 1.8×10^{12} 立方千米；海底地形复杂，由于受大陆的影响，沉积物多为陆相沉积；潮汐类型主要为全日潮、半日潮和不规则等类型。

中国海域划分为渤海、黄海、东海和南海四个海区。

中国海域的四个海区中，南海最大，相当于渤海、黄海和东海面积之和的 3 倍。

按《联合国海洋法公约》规定和我国主张，中国管辖着南海约210万平方公里的海域。著名的东沙、西沙、中沙和南沙四个群岛，环峙在南海之中，是远洋航行的重要标志，在交通和国防上具有重要意义。因为南海航线是中国对外贸易的生命线，也是中国能源运输的命脉，具有左右中国经济的重要地位。渔业资源非常丰富，而南海海底多样的地貌下蕴藏着惊人的财富和资源。

关于南海海盆的成因机制及年代，区域海洋学界、海洋地质学界以及专门研究南海地质的专家们探讨了很长时间。这当中，学界对于边缘海的成因演化一直以来都是板块学说未能完全解决的基本问题之一（Uyeda,1977年），而南海作为西太平洋边缘海的重要组成部分，对其成因演化的讨论，从板块学说兴起后就从未间断，持不同观点的各大构造学派常将南海归属于各自所划分的大地构造单元，以至于众说纷纭、莫衷一是，如"断块说"（张文佑，1986年）、"地台说"（黄汲清，1980年；黄福林，1986年）、"地洼说"（刘以复，1984年）以及"地壳的波浪镶嵌构造学说"（张伯声，1980年）等。

自从20世纪60年代海底扩张学说及板块构造学说出现后，在南海的成因构造解释中，坚信板块构造的学者们逐渐增多，并逐渐占据了主导地位。

地球物理学者们普遍认同南海北部陆缘在新生代早期是处于张裂状态的观点（Hilde et al.,1976; Ludmann et al.,1999; Clift et al.,2001; Lin et al.,2003）。这种特征在南海北部陆缘区地震剖面上表现为一系列广泛存在于古近系沉积中的滑塌构造及正断层为特征的地堑半地堑沉积，且分布广泛（丁巍伟等，2004年；尚继宏等，2006年）。S.H.Yu在1991年（钟建强译，1993年）指出，"中渐新世，欧亚板块东南缘明显发生区域隆起。大陆地壳的隆起，导致古新世、始新世和早渐新世沉积层遭受侵蚀和沉积间断。然后，脆性陆壳裂隙下之热地幔的膨胀，使这一隆起区发生拉张。"张健等（2000年）认为，南海北部陆缘带 NE 向的阶梯状北倾正断层所形成的拉张型和离散型边缘构造，反映的是北部陆缘带在晚白垩世到新生代之间的构造扩张背景，是因为"深部地幔由陆向洋对流而导致北部陆缘带沿北倾断裂带下的地壳薄弱带向洋一侧离散，从而引起陆缘拉张断裂解体，整个岩石圈在拉张前景下减薄和裂陷"所致。

但对于陆缘张裂之后海盆的演化机制如何，依然还有未解的争论。通常我们认为南海中央海盆的扩张是 32—17 移动平均线之间，大体以黄岩链状海山为扩张中心，经过不同方向、不同扩张中心、多期次海底扩张而形成（Talyor et al.,1979 年；姚伯初，1998 年；李家彪等，2002 年）。对于这期间具体的扩张历史及其演化机制，虽出现不同的解释，如"三叉点说"（唐鑫，1981 年）、"微扩张说"（郭令智等，1985 年）、"多中心说"（李卢玲等，1985 年），但总体均属南海海底扩张学说的范畴。而张训华等（2008 年）则在对比了日本海扩张的模式之后，提出了南海海盆的单向拉张模式，认为南海是在单向地幔流的作用下，从北部陆缘区单向拉张并不断裂离、断陷而打开海盆，从而以地幔流的角度解释了南海海盆的成因。总体来说，由于对不同位置海盆年代地层学资料的缺失和对南海成因机制的看法不同，导致了现今各派对南海及其几个次海盆的成因观点的分歧。

上述这些讨论，最值得注意的是，1983 年美国哥伦比亚大学的泰勒和汉斯首次将南海地磁资料与全球地磁反转时间表相对比，识别出代表近东西向、年龄在 32—17 移动平均线之间的编号为 11—50 的系列磁条带，并识别出 15E 附近的一条与磁条带平等的 WE 走向海底火山链，其两侧磁条带具有对称性，证明南海在早渐新世至早中新世由一次南北向的海底扩张形成，其扩张轴位于现今的 15° N 附近；之后部分学者对此观点进行了补充，如霍洛威（1982 年）在对南海地层发育及周边主要不整合面的分布进行分析后，结合地磁资料得出与上述结论类似的结果：1979—1980 年和 1985 年，我国原地质矿产部南海地质调查指挥部与美国哥伦比亚大学拉蒙特—多哈蒂地质研究所合作，进行了南海地质与地球物理综合调查，在之后的《南海海洋地质联合调查中方报告》中指出南海的扩张至少可分为两个阶段：中渐新世左右的 NEE 向非对称性扩张及早中新世左右的对称性扩张。①

第二节　海南岛形成的年代

根据我国发表的《南海海洋地质联合调查中方报告》所指出的，南海成因年代的结论性意见为：南海海盆的扩张分为两阶段："中渐新世左右"。这第一幕发生在 3370 万年前到 2380 万年前，这一扩张，是非对称性扩张，这一判断与上文所引美国哥伦比亚大学的泰勒和汉斯所说的大约在 32 万年前到 17 万年前相近。而第二幕发生在 2380万年之后不久，这一次扩张是对称性扩张。

琼州海峡的下陷、断开，也是由于地球内外营力长期综合作用的结果形成的。内营力指地球内部的各种能源所产生的内力，包括地壳运动（水平、垂直、挤压、拉张等营力）、岩浆、地震及火山活动等。外营力指地球以外的由于自然环境改变而产生的能量引起地表变化的力，如太阳能、水流、冰川、气温变化、生物作用及化学作用等产生的能量。内营力作用的总趋势是形成地壳表面地貌起伏的基本轮廓，外营力则对这一基础地貌格架不断地进行风化、剥蚀、搬运和堆积，从而形成现代地面的各种地貌形态。②

琼州海峡的下陷，根据《南海海洋地质联合调查中方报告》的论述，是因为晚更新世冰期以来，气候变化引起的地貌营力变化使海南岛北部陆架的琼州海峡下陷到 120 米。"推测亦为该期代海面所塑造的残留地貌。"③

更新世，是第四纪的第一世。延续时间自 181 万年前到 1 万年前。"晚更新世"指 1 万年前左右。

---

① 参见《我国近海海洋综合调查与评价专项成果、"十二"国家重点图书出版规划项目》，载李家彪主编：《中国区域海洋学——海洋地质学》，海洋出版社 2012 年版，第 479—480 页。

② 刘昭蜀等：《海南地质》，科学出版社 2002 年版，第 21 页。

③ 刘昭蜀等：《海南地质》，科学出版社 2002 年版，第 22 页。

海南岛形成距今 1 万年前左右的判断，是与地质勘探对深埋的物质作碳 14 测定的年龄相一致的。

原石油工业部南海石油勘探筹备处、原地质部第二海洋地质调查大队及原地质矿产部海洋地质研究所等机构，对海南岛沿海地层地质作钻探，列举了一系列的数字。笔者这里选取东北部万宁组及南部三亚组的数据如下。

万宁组，为冲积、海积砾层中粗砂或黏土，原生珊瑚礁和火山岩。平均厚度 5.7 米，最大 11.9 米。以万宁市保定 12ZK1 孔井深 19.6—31.5 米第 4—6 层为代表，砾层中粗砂和黏土中含牡蛎壳。埋深 30.6 米的牡蛎壳碳 14 年龄为（10230±320）a B.P.。[①]

三亚落笔洞溶洞洞穴堆积，有晚期华南智人、"三亚人"遗骨、磨制石器、骨器和角器，动物骨骼有麂、水牛、羚羊、华南虎、豹、熊、亚洲象、爬行类、龟鳖类和鸟类，水生动物有 7 目 24 种，贝壳约有 7 万个。第二层螺壳碳 14 年龄为（10642±270）a B.P.，第八层螺壳碳 14 年龄为（10890±100）a B.P.（郝思德等，1994、1998 年）。[②]

这两组数据，是不同地层取样作碳 14 测定的，都是距今 1 万年左右。所以，海南岛形成于距今 1 万年前左右的结论是对的。

第三节　海南岛称谓的形成过程

名为万物之始，万物始于无名。南海海域及海南岛本来没有名字，它们的称谓，有一个发展过程。

先说南海海域的称谓。

南海及南海岛礁的名字，自汉代起即有中国人的命名。东汉杨孚，以南海海水的自然状况为据，在《异物志》中给南海起了个"涨海"的名字，但当时南海范围内的岛、礁、岩、沙洲及环礁等有 280 多个都还没有名字。三国康泰在《扶南传》中说到有"珊瑚洲"一名；晋

---

① 刘昭蜀等：《海南地质》，科学出版社 2002 年版，第 22 页。
② 刘昭蜀等：《海南地质》，科学出版社 2002 年版，第 46—47 页。

代裴渊在《广州记》中也同样记载了"珊瑚洲",并指明是"在（东莞）县南五百里",应当是指当今南海诸岛。宋代开始出现了能反映南海诸岛地形特征、为其后各朝代广泛采用的"长沙""石塘"等南海诸岛古地名,并出现了专指南海诸岛某一群岛的专称地名。

《宋会要辑稿》"占城国"说的"石堂"即"石塘",指今南沙群岛。南宋周去非《岭外代答》中说的"长沙",以及已佚的《琼管志》和王象之《舆地纪胜》说的"千里长沙""万里石塘",指的是南海群岛。这是最早明确指整个南海诸岛的地名。

北宋《武经总要》说的"九乳螺洲"指西沙群岛。《混一疆理万代国都之图》（1402年）中的"石塘"指南沙群岛。后来明清两代的海洋文献著述中,直到陈伦炯在雍正八年（1730年）写成的《海国闻见录》中都记录了南海中的群岛及诸岛礁的地名。

然而,对南海的岛、礁、沙、滩、岩、门的比较全面而系统的命名是海南渔民的"更路簿"。[①] 渔民们为了自己在海捞联络时的定位、取向方便,给南海中的136个岛礁[②]起了"乳名"。这些名字在渔民的口头和简单书面记录中约定俗成。这些"乳名"也是渔民为了记述地域、辨别岛礁、确定船位、指导生产而命名的。

海南渔民所采用的这些"乳名",多为后来中国政府命名南海各岛礁的"官名"时所采用。中国政府在1935年1月出版的《水陆地图审查委员会会刊》第一期刊登《中国南海各岛屿华英名对照表》,正式公布了132个岛礁名称。1947年12月1日,由当时内政部方域司审定、通过中央社正式公布南海诸岛地名172个。1983年4月25日,《人民日报》第四版公布了中国地名委员会授权公布的我国南海诸岛部分标准地名287个。这样,南海诸岛都有了稳定的称谓。

再说海南岛的称谓。

---

① 笔者这么说,是因为中国第一本刻印的水路簿（更路簿）《渡海方程》及其"同出而异名"的《海道针经》,还没有南海诸岛各岛礁的地名。

② 郭振乾：《南海诸岛的开发者》,载《海南暨南海学术研讨会论文集》,1996年,第476页。

"海南"，在中国的正史和别史中很早就出现了。但在这些文献中所说的是"海南"一词，词义有所演变。有的不是地理概念，有的所指有不同的方位。

最早出现"海南"的是《史记·封禅书》："二世元年，东巡碣石，并海南，历泰山，至会稽。"[①]这里的"并海南"，意思是说，船沿着现在的渤海向南航行。后来在《后汉书·袁安传》中记载："后孙策破会稽，（袁）忠等浮海南投交阯。"[②]意思是说，袁忠等的船由海路向西南投奔交阯。这两处的"海南"都不是指地理中的地名概念。此后，类似的"海南"记录还有好些。诸如《三国志·吴书·薛综传》："越海南征"；《宋书·武帝纪上》："（卢）循浮海南走"；《北史》卷九五："婆利国，自交阯浮海南过赤土……"；《宋史·占城国》："汎海南去三佛齐五日程"等等。这些典籍所记的"海南"不是地理概念。

而有的典籍所述海南所指的是一个地方，但有不同的方位。东汉刘熙在《释名·释州国》中有"南海，在海南也。宣言海南，欲同四海名，故言南海"。清代考据学家王先谦在《释名疏证补》引用毕沅的说法："南海郡在交州，与中国隔海，是在海南也。"这是因为秦时南郡的治所在番禺（今广州市），辖境相当于今广东省大部，所临海疆即今南海。可见，刘熙所说的"海南"，指的是现在南海北部沿海地区。

在三国时期，"海南"一词在《三国志·吴书·吕岱传》中记载吴国黄武五年（226年），交州刺史吕岱"表分海南三郡为交州，以将军戴良为刺史"。[③]《资治通鉴》卷七〇照录这段文字，元代胡三省注："海南三郡，交阯、九真、日南也。"这三郡均在今越南境内。这里的"海南"是越南的一个地方。

三国以后，史籍中"海南"一词屡屡出现，所指多在越南，如《梁书·海南诸国列传》及《南史·海南诸国列传》都说到"海南诸国，

---

① 这段话也在《史记·秦始皇本纪》和《汉书·郊祀志上》记述。
② （宋）范晔撰：《后汉书》第六册，中华书局1965年版，第1526页。
③ （西晋）陈寿撰：《三国志》第五册，中华书局1959年版，第1384页。

大抵在交州南及西南大海洲上，相去近者三五千里，远者二三万里……今采其风俗粗著者缀为海南传云"。[1] 这里的"海南"是指今越南横山以南至南海西南沿岸地区。晋代的《齐民要术》卷十"槟榔"条引《俞益期与韩伯康笺》说槟榔树不耐霜，不能在北方种植而"必当遐树海南"。这里的"海南"是指今越南地区。

梁朝任昉在《述异记》中载："桂林有睡草，见之则令人睡，一名'醉草'，亦呼为懒妇，箴出海南地记"。[2] 这里的"海南"指今广西地区。

隋唐时期，典籍中"海南"一词出现的次数更多。有的指今越南地区，如《新唐书·丘和传》、《元和郡县志·岭南道五·陆州》、《全唐文》卷四十《赐林邑国王建多达摩书》、《旧唐书·懿宗本纪》、《新唐书》卷二〇七《杨思勖传》等皆是；有的指今越南中部以南至南海西南沿岸地区，如《通典·边防四·南蛮下》《新唐书·西域传上》《资治通鉴》卷二一一等皆是；有的指今南海与南海北部沿岸地区，如《旧唐书》卷一八七《王义方传》；也有的泛指岭南地区，如《旧唐书·僖宗本纪》即是。

宋代"海南"一词虽然大多指海南岛，但也有的并不是，如《萍洲可谈》卷二、《宋会要辑稿·食货五十五》、陈敬著《陈氏香谱》卷一、《宋史·食货志下》以及《续资治通鉴长编》等，所指是今南海西南部沿岸地区、南洋各国及今越南地区。

元代到清代，典籍中"海南"一词，仍有不是指海南岛的。如元代王桢《农书》卷二一《农器图谱·纩絮门》、《元史·世祖纪》《嘉庆重修一统志》卷五五三《越南》、清代徐继畬《瀛寰志略》卷二《南洋各岛》等的"海南"是指今南海西南部沿岸地区。[3]

以上所列举的典籍中所记述的"海南"都不是指海南岛，而史籍中所记载的"海南"真正指海南岛的是唐代的《太平广记》和《舆地

① （唐）姚思廉撰：《梁书》第三册，中华书局 1973 年版，第 783 页。
② （梁）任昉撰：《述异记》卷下《四库全书·子部》，第 10 页。
③ 参见李勃：《海南岛历代建置沿革考·"海南"考》，海南出版社 2005 年版。

纪胜》。这是历史上第一次将"海南"定指今海南岛。《太平广记》卷
七八《方士三》"王山人"条引《松窗录》说:"唐太尉卫公李德裕……
及会昌朝,三策至一品,死于海南。"这个"海南"指的才是海南岛。
《旧唐书》卷一七四《李德裕传》记载:"大中元年(847年),李德裕
再贬潮州司马。明年冬,又贬潮州司户。德裕既贬,大中二年,自洛
阳水路经江、淮赴潮州。其年冬,至潮阳,又贬崖州司户。至三年(849年)
正月,方达珠崖郡。十二月卒,时年六十三。"[①]李德裕的确"死于海
南岛"。

唐代《太平广记》所引《松窗录》的记载,连同《舆地纪胜》以
及宋代的《宋会要辑稿·方域七》《岭外代答·海外黎蛮》《诸蕃志·海南》
《桂海虞衡志·志器》、苏轼《和陶诗·和劝农并引》、范正敏《遁斋闲览·海
南人情不恶》、陆游《老学庵笔记》及《宋史·高宗传》等等,所记"海
南"指的是海南岛无疑,但这些记述所列的"海南",都还是私家的
个人称谓,没有官方的权威性。

真正由政府以行政区划名义定名而权威的称谓,是在元朝至元
十五年(1278年)定的"海南"。

据《元史》卷六三《地理志六·雷州路学》载:

> 至元十五年(1278年),平章政事阿里海牙南征海外四州,雷州
> 归附,初置安抚司。十七年(1280年),即此州为海北海南道宣慰司
> 治所、改安抚司为总管府,隶宣慰司。户八万九千五百三十五,口
> 一十二万五千三百一十。[②]

同为《地理志六·雷州路学》有"乾宁军民安抚司"条记载:

> 乾宁军民安抚司,唐以崖州之琼山置琼州,又为琼山郡。宋
> 为琼管安抚都监。元至元十五年,隶海北海南道宣慰司。天历二
> 年,以潜邸所幸,改乾宁军民安抚司。户七万五千八百三十七,口
> 一十二万八千一百八十四。本路屯田二百九十余顷。领县七:琼山,下。

---

① (后晋)刘昫等撰:《旧唐书》第十四册,中华书局1975年版,第4528页。
② (明)宋濂等撰:《元史》第五册,中华书局1976年版,第1537页。

倚郭。澄迈，下。临高，下。文昌，下。乐会，下。会同，下。安定。下。[①]

上面所引的这两个材料综合起来看，元朝至元十五年（1278 年）设置海北、海南道宣慰司，这是一级行政机构。它在行政工作中起上传下达的作用：省有政令，宣慰司布于下级；州省请示，由它达于省。宣慰司只设在西南及南方少数民族聚居地区。

综上所述，"海南"一名，始于唐代，但以官方称谓则是从元代至元十五年（1278 年）。

---

① （明）宋濂等撰：《元史》第五册，中华书局 1976 年版，第 1538 页。

第二章　海南历史的发端

历史是人创造的。有了人，就有历史；人的行为模式和思维方式合起来成就了人类的文化；人与历史同步，人类社会的复杂结构因为有人也就开始了。史前的海南岛，最早活动的人，已经不是从猿演变的直立猿人，而是早期的智人。

第一节　无陶时期或称前陶时期

无陶时期或称前陶时期，是以目前海南的考古状况勉强的称呼。

一、昌化江流域发现旧石器

海南岛人类的历史，也跟其他地方一样，最早是石器时代。石器时代划分为旧石器时代和新石器时代（也有学者细分出中石器时代），这两个紧密连接的时代，又可以细分为早、中、晚三个阶段。一般说来，旧石器时代是以敲击、打制石器为标志，新石器时代以磨光石器为标志。制造石器工具和使用这些工具，让人类从动物群中分化出来而成为人。

就现有的考古材料加以证明，海南岛有人，是从昌化江流域开始的。

打开现在的昌江黎族自治县地图，可以清楚地看到县东依傍的是朱碧江，县西绵延入海的是昌化江；南部是雅加大岭的中部，以霸王岭为标志的高山峻岭；县中部是盆地；北部是冲积平原的沙丘海滨，江河溪流贯穿其间；中南部山脉连绵不断。这样的地势，构成了许多山间幽谷。在山间溪流的岸边，出现许多大大小小的石灰洞穴，洞穴中常常是洞中套洞。

在这样的自然环境中，无论是渔猎或是采集，食物资源都极其丰富，水源也充足，具备了早期人类生活的优越条件。距今二万年前的海南，就有人类生活在昌化江流域中。1998 年，发现了混雅岭信冲洞遗址。洞中含有爬行类和哺乳类动物化石，根据碳 14 年代测定，距今约为 19360 年。

在许多化石中，虽然没有发现人类牙齿、骨骼以及石器等遗迹，但是，考古学家们从化石的表面观察，有非常明显的人为砍砸痕迹和用火烧烤的痕迹。

然而，据郝思德介绍："在发现的大量动物化石中，一枚类似巨猿牙齿的化石引起了专家的注意。"[1]

二、昌化江流域的考古发掘

1. 混雅岭和燕窝岭遗址的地貌与地层

2006 年 5—6 月，在大广坝水利工程的化石和文物地点的保护和发掘中，由海南省文物考古研究所、海南省文体厅和中国科学院古脊椎动物与古人类研究所组成的野外考古发掘队对信冲洞化石地点进行了发掘。在考察信冲洞化石地点周边的地质和地貌时，中国科学院古脊椎动物与古人类研究所李超荣教授等在南阳溪第二级阶地的黄色黏土中发现了混雅岭和燕窝岭两处石器地点。

发现的石器地点位于昌江黎族自治县城正南 20 公里处，距离海南省昌江县七差乡保由村约 5 公里。混雅岭位于南阳溪的右岸，地理坐标为东经 109° 01′ 18.1″，北纬 190° 05′ 40.4″；燕窝岭位于南阳溪的左岸，地理坐标为东经 109° 01′ 20.1″，北纬 190° 05′ 36.1″，海拔 53 米。南阳溪是昌化江的一条支流，发源于昌江黎族自治县坝王岭一带，溪水从东向西沿遗址旁流过，大约经过 500 米汇入昌化江。

———————

[1] 《海南经济报》，2007 年 12 月 6 日。

遗址附近出露的基岩主要是二叠系灰岩。灰岩遭风化侵蚀后，有的裸露，有的被树木和河流沉积物覆盖。沿河两岸可以清楚地见到3级阶地和比较窄的河漫滩。在河漫滩的堆积中，砾石大小不一，磨圆度中等，岩性主要是灰岩、石英岩、花岗岩和灰绿岩等。第一级阶地高出河面5—7米，形成于全新世；第二级阶地高出河面10—15米，在其后部发现这两个地点；第三级阶地高出河面20—30米。

两个地点的堆积物可分为3层。

（1）腐植土，厚0.2—0.4米，未见文化遗物。

（2）粉砂黏土，厚2.8米，呈浅黄色，具有层理，干后坚硬，该层含石制品。

（3）砂砾层，以细砾为主，不见底。

发现的石制品有4件。其中，2件出自混雅岭，1件出自燕窝岭，另外1件采自革命洞外。

HNP0003，单台面石核，出自混雅岭。石英岩质，重1222克，长124厘米、宽129厘米、厚75厘米。台面为一节理面，剥片疤3个，大小不等；台面角95°。底端有砍砸使用的痕迹。保留60%的砾石面。

HNP0004，多台面石核，采集于南阳溪右岸革命洞外。重1800克，长100厘米、宽144厘米、厚3厘米。3个台面，包括1个打制和2个自然台面，台面角90°—102°，核身保留55%的砾石面。

HNP0001，多刃砍砸器，出自燕窝岭。重2188克，长176厘米、宽130厘米、厚69厘米，素材为石英岩砾石。上端由背面向腹面加工，形成一直刃，刃角为67°，刃缘匀称且直。右侧交互加工形成一凸刃，刃角较陡，为80°。左侧交互加工，形成一个较直的刃缘，刃角为70°。左侧的另一条边，也交互加工成一直刃。

HNP0002，双刃砍砸器，出自混雅岭。素材为石英岩砾石，重1550克，长149厘米、宽112厘米、厚88厘米。砾石的上端经交互打击加工成一个直刃，刃角为75°。砾石的下端经交互打击加工成一匀称的直刃，刃角为85°。保留70%砾石面。

从出土物的堆积情况和文化遗物分析，两个石器地点均为旷野遗址，是人类临时活动的营地。发现的石制品少，但有一些特点：原料均为石英岩，个体比较大；打片采用锤击法；石器仅有砍砸器类型。素材为砾石，加工采用交互方式。第二步加工比较规整，刃缘平齐；在石制品中都保留不同程度的天然面。石制品的特征显示，其石器工业与华南砾石石器工业有密切的关系。

在燕窝岭的地表还采集到有夹粗砂的红陶片。根据地质、地貌和石制品的特征，初步确定两个遗址的地质时代可能为晚更新世，即旧石器时代晚期。

虽然这两个地点出土的石制品数量少，但对今后工作提供了重要线索。今后应在海南省的南渡江、昌化江和万泉河三大河流进行广泛的史前考古调查，并在石灰岩地区的洞穴中寻找古人类化石和旧石器，这可能会为探讨古人类的活动与文化交流提供更多的研究材料。[①]

2. 石头崖遗址

2007 年 12 月，考古队在发掘燕窝岭旧石器遗址期间，又在昌江黎族自治县昌化江的支流南阳溪右岸新发现一处石头崖旧石器遗址，该地点距 2006 年发现的混雅岭和燕窝岭旧石器地点比较近。此次发现石制品十余件（有一些标本出自地层），其中有石核、石片、砍砸器和刮削器等。根据地质、地貌和石制品的特征，初步确定该地点的考古年代为旧石器时代晚期，地质时代为晚更新世。这是一处古人类活动的临时场所。这一发现对研究海南的史前历史和中国的旧石器文化具有重要意义，显示出古人类在该地区活动比较频繁。

3. 酸荔枝园遗址

2007 年 12 月，考古队调查时发现了酸荔枝园遗址。该遗址位于昌江黎族自治县昌化江的支流南阳溪右岸的第三级阶地。在工程施工的地层旁边发现一件用石英岩制作的砍砸器。根据地质、地貌和石制品的特征，初步确定该地点的考古年代为旧石器时代中晚期，地质时代为晚更新世。这也是一处古人类活动的临时场所，说明古人类在该地区活动

---

① 李超荣等：《海南省昌江发现旧石器》，载《人类学学报》第 21 卷第 1 期。

的时间比较长。

4. 叉河砖厂遗址

2007 年 12 月，考古队调查时发现的。该遗址位于昌江黎族自治县昌化江右岸的第二级阶地。叉河砖厂就在叉河镇附近。考古队发现大约有 10 件石制品，包括石核、石片和砍砸器。根据地质地貌和石制品的特征，初步确定该地点的考古年代为旧石器时代中期，地质时代为晚更新世初期。这也是一处古人类活动的旷野遗址，说明在昌化江流域也留下了古人类活动的文化遗物。①

5. 落笔洞遗址

落笔洞遗址，属旧石器时代晚期的古遗址洞穴址类。位于三亚市东北约 15 公里的一座石灰岩孤峰南壁下。洞口朝南，距地面高约 10 多米。岩洞略呈簸箕形，口宽 9 米，中宽 7 米，深 16 米，高约 12.5 米。洞穴面积约 145 平方米。左壁刻"落笔洞"三个约有 1 尺多大的大字，两旁小字为"至元癸未"（至元二十年，1283 年）及"维山云从龙"。还有元、明、清时期的诗词石刻。据考证，"落笔洞"因洞顶悬垂石钟乳形似落笔而得名。距今 1 万年左右，是海南岛迄今为止经正式考古发掘的年代最早的古代文化遗址，见证了早在 1 万年前，三亚就有人类生活居住的事实。

在 1983 年 4—5 月间的文物普查骨干训练班考察以后，又于 1992 年 10 月、11 月和 1993 年 11 月，考古工作者对该遗址进行科学考古发掘，出土人类牙齿化石 8 枚、石器 30 余件、骨器 51 件、角制品 39 件，以及华南虎、亚洲象、长臂猿、貘等动物化石，人类使用火的堆积和灰烬。2001 年 6 月 25 日，落笔洞遗址被国务院公布为第五批全国重点文物保护单位。

落笔洞遗址是我国晚期智人分布最南的一处重要文化遗存，该遗址对研究海南岛的古地理、古气候、古动物，特别是古人类的活动区

---

① 李钊、李超荣、王大新：《海南的旧石器考古》，载董为主编：《第十一届古脊椎动物学术年会论文集》，北京海洋出版社 2008 年版，第 167—172 页。

域有着极其重要的科研价值。

1992 年至 1993 年，对落笔洞进行过三次考古发掘。第一次是 1992 年 3 月中山大学人类学系教师李始文带领学员进行田野考古实习，复查了三亚市落笔洞遗址，在洞内后部左壁的灰色结层断面上，发现了 5 枚人类牙齿及少量鹿、麂、豪猪、鸟类等脊椎动物化石。同年 5 月，海南省文物保护管理委员会办公室麦穗、王亦平将发现的人类牙齿化石送往北京，经中国科学院古脊椎动物与古人类研究所顾玉珉鉴定，属晚期智人牙齿。在灰色胶结层堆积中采集的螺壳标本经中国社会科学院考古研究所实验室碳 14 年代测定为 10642±270 年，它表明，落笔洞遗址是石器时代文化遗址。[①] 距今约为 1 万年，是海南迄今为止所知年代最早的一处人类活动文化遗址。

第二次及第三次是在 1992 年 12 月及 1993 年 10 月至 11 月，考古发掘队又进行两次发掘工作，第一次发掘工作除采集包括亚洲象在内的一批动物化石外，最重要的发现是再次获得人类牙齿及其石、骨、角制品等生产工具。第二次发掘工作，除继续出土人类牙齿、距骨外，新发现虎、豹、豺等哺乳动物化石，还有较多的石、骨、角制器等遗物及用火遗迹。石制品多用火山岩和黑曜石为原料，以单面打击为主，多采用直接锤击法加工，分为砾石石器和石片制品两大类。器形有砍砸器、敲砸器、锤、刮削器、尖状器和石片等。加磨石器仅见穿孔石器一种，未见刃部加磨或通体磨光的石器。骨、角制品基本利用切割、打击和刮磨相结合的加工方法，器类主要有铲、锤、矛形器、锥、镞、尖状器等。少量骨锥为通体磨光。[②]

在所发现的文化遗址中，根据郝思德、黄万波编著的《三亚落笔洞遗址》一书所记载，有石制成品、半成品及废石料共 200 余件。这些文化遗物及动物化石，与广东西北部和广西东北部一带的广大区域内的岩洞所发现的文化遗物有相同之处，与广西柳州白莲洞遗址、大

---

① 郝思德、黄万波编著：《三亚落笔洞遗址》，南方出版社 1998 年版。

② 海南岛文物考古研究所：《海南省近五十年文物考古工作概述》，载 1999 年文物出版社编：《新中国考古五十年》，第 347 页。

龙潭鲤鱼嘴遗址、广东阳春独石仔遗址、封开黄岩洞遗址等地的洞穴遗址相比，在基本文化内涵上十分相近。因此，考古发掘者概括了下列几点看法。

（1）遗址中有大量螺壳和用火遗迹的堆积。

（2）人类化石均属晚期智人，与其共生的哺乳动物化石几乎全部是现生种类。

（3）文化遗物仅有石器、骨器和角器，而无陶片共存。

（4）石制品中打制石器居大宗，多为砾石石器，主要用锤击法加工，流行单面直接打击，少有双面打击，个别器物经第二步加工，器类基本组合包括砍砸器、刮削器、尖状器、石核和石片等。加磨石器仅见穿孔石器和磨刃石器，没有典型意义上的磨光石器。

（5）人们主要从事渔猎、捕捞和采集的经济活动。

从总体面貌上考察，落笔洞遗址与岭南地区较有代表性的广东封开黄岩洞遗址、阳春独石仔遗址，广西柳州白莲洞Ⅱ期遗址等在文化内涵上十分相近，之间存在较多相同或相似的文化因素。这表明落笔洞遗址的文化性质与岭南同类洞穴遗址有着直接的联系，应同属岭南砾石石器文化系统。同时也应看到，它们在一些文化内涵上也有着一定的差别，落笔洞遗址存在着某些自己的文化特点和地方风格，或许代表了不同地域的洞穴文化。在年代发展时序上，落笔洞遗址当处于旧石器时代末期至新石器时代早期的衔接阶段，凸显出较明显的文化过渡特征和性质。落笔洞遗址是我国目前分布最南的一处石器时代遗址，不仅丰富了人们对洞穴遗址文化分布区的认识，而且为探讨海南新石器时代文化的来源及其发展变化提供了一定的实物资料。[1]

考古发掘者认为，上述诸方面的共同特征，反映了落笔洞遗址与岭南地区的同类文化遗存有着一定的联系，但由于海南岛所处的特殊地理位置，孤悬海外，可能造成落笔洞遗址与岭南地区同期洞穴遗址产生的影响也不尽相同，各自的特征也是很明显的，反映了这类遗址

---

① 郝思德：《三亚落笔洞洞穴遗址文化初探》，载《南方文物》1997年第1期。

呈现出文化上的多样性和复杂性。但是从目前已发掘的考古材料看，应该说，同属于岭南地区早期洞穴文化的落笔洞遗址，是处于旧石器时代向新石器时代演变过程中的一个发展阶段，具有较明显的过渡文化性质。[①]

落笔洞有距今1万年左右的文化遗存，这是不是后来的长期居民遗迹呢？答案是否定的。

主要根据是：

第一，据发掘工作的研究报告，1992—1993年两次发掘清理，"基本搞清了洞穴内土状堆积物的层位关系，其中第二层灰色或灰黄色砂质土中含有人类牙齿及其文化遗存。这是海南省目前已知有明确地层关系的古文化材料，有着重要的学术意义"。

据笔者理解，明确这个洞穴层位关系的"重要学术意义"在于说明了这个洞穴的文化遗存，不是一次堆积的，而这"非一次堆积"的现象，正好解释了落笔洞人的范围亦不大，显示了部落规模小，居住时间不长，有时是临时性或季节性的居留。或者，第二层位说明由于某种因素而居留时间稍长。

第二，落笔洞遗址出土的45种哺乳类动物，其中诸如亚洲象、貘、虎、小灵猫、豺、猪獾、毛冠鹿、小麂、羚羊、普通鼯鼠、田鼠、板齿鼠是在海南都没有记载的。而这些哺乳动物化石，在江苏神仙洞遗址、广东封开黄岩洞遗址及广西柳州白莲洞遗址都有或大部分有出土。这并非偶然。

这足以说明，江苏、广东、广西这些洞穴人或者马来西亚人、印度尼西亚人，他们带着这些哺乳动物的肉，到落笔洞暂憩，吃了就继续上路。

海南是在全新世早期，即第四纪晚期，从1.5万年前，在老虎出现以前，形成了琼州海峡，故海南无虎。关于这一点，《汉书·地理志》早就指出海南"亡马与虎"。《方舆胜览》谓"今其地无虎"。唐胄《琼

---

① 郝思德、黄万波编著：《三亚落笔洞遗址》，南方出版社1999年版，第9—39页。

台志》记载海南"无马与虎",指出了"范石湖《虞衡志》称黎母之巅虎豹守险。则误传也"。[①] 本来无虎的海南,落笔洞遗址发掘出虎骨,这正好说明落笔洞人是外来的,携虎肉、带虎骨来充饥。

落笔洞遗址尚未发现坡鹿,这一点,可以排除这些游牧者来自泰国、缅甸或印度支那南部,而有可能是马来西亚人或印度尼西亚人。

当然,落笔洞这些游牧者,在暂憩地捕捞许多水产品,作为自己蛋白质的补充,这自有其不同于两广洞穴人的个性特征。

第三,落笔洞遗址与大陆岭南地区的几处有代表性的洞穴遗址,有较为一致性的趋向,在基本文化内涵上十分相近,存在较多相同或相似的文化因素。这也从一个侧面说明了当时落笔洞人的游牧性质,而非长期居民。

第二节　粗陶时期

"女烧陶,男勿近!"是海南省昌江县石碌镇保突村里流传的乡约民规。这从一个侧面说明,海南古代智人最早发明陶器的是妇女。陶器的发明,是原始社会一项巨大的进步。这项发明,不仅显示人类能利用特定的泥土烧制出各种器物,而且说明了当时社会的生产有了剩余,需要有器皿来储备;人们也学会了取火,并能长久地保留火种以应炊煮之需;熟食也使人的体能得到提升。生产力的提高,是社会的一次飞跃。

一、海南最早的陶器是夹砂粗陶

现在黎族聚居地的山岗洞穴遗址和台地洞穴遗址中,都不同程度地有夹砂粗陶出土。这些遗址中的文化遗存,多数都还没有作年代的测定。有少数测定的,如昌江县的皇帝洞遗址,在原王下乡牙迫村东南约 500 米的五勤岭,是石灰岩溶洞遗址,北面约 120 米是昌化江支流南浇河。洞口朝西北,距山下平地高约 70 米,洞口高约 20 米,宽

---

① 唐胄纂:《琼台志》卷七《风俗》,海南出版社 2006 年版,第 140 页。

约 20 米；洞穴高约 30 米，宽 5—10 米，深约 110 米，面积约 570 平方米。文化堆积层东高西低，厚度不详。采集有新石器时代的夹砂灰陶罐残片，该遗址中出土的动物化石、贝壳和鸟骨化石，经碳 14 测定年代距今约为 10960 年。

在东方市四更镇下荣村北约 40 米的付龙园遗址，是新石器时代的台地遗址。1998 年进行发掘，文化层的下层属新石器时代，出土有双肩石斧、双肩石锛、尖状骨器，器形较小；陶器以夹砂灰黑陶为主，多器身和器盖。年代与皇帝洞遗址大致相当。

出土夹砂陶器的遗址多分布在昌化江、南渡江沿岸和沿海地区，主要分布在五指山、乐东、东方、昌江、白沙、儋州及沿海地区的文昌、三亚、陵水。

夹砂粗陶：以红色为多，也有少数灰色或黑色的，有的器表为红色或白色，胎为黑色或灰色。陶土一般未经淘洗，多加砂粒、蚌末、石末为羼和料。火候一般比广东大陆的要稍高。陶壁有厚有薄。手制，表面抹平。有的器表加红赭色陶衣，部分有蓝纹，还有划纹。可辨的器形有罐、瓮、缶、豆、鼎等，有的颇类似甑，其中罐、缶的器形很大。口缘分敛口、折唇、敞口、卷口，耳有贯耳、乳钉和耳环等。底部多为圜底，鼎足呈柱状、角状。

在夹砂粗陶的遗存中，曾发现一些陶质工具或饰物。计有纺轮 7 件，作高身式和算珠式。陶饼 3 件，呈扁平圆形。耳坠 1 件，呈扁平椭圆形，顶端穿一孔；长 3.8 厘米，宽 2.5 厘米，厚 1.1 厘米。陶管 2 件，呈长柱形，中有一孔；长 4.3 厘米，直径 1 厘米。陶珠 2 件。以上各件的陶质，亦均为粗砂红陶。

另外，在一些遗址中，还出土有夹砂质的陶网坠，可分细腰、单孔、单槽、双孔单槽、十字槽等式，均作扁圆、椭圆或长梭圆形。

泥质软陶：泥质红色，火候较砂陶为高，亦有手制，表面多素面抹平，少数饰有方格纹。在通什第一号遗址的 T1 第二层中，会发现有表面磨光的口缘着红色陶衣的陶片。这系的陶片，器形可辨的有罐、鼎、豆等，器形较小，口缘可分敞口和敞口折唇，不见附耳，有角状形器足。

发现的泥质软陶有豆:1件。大口,深腹,矮圈足上有对称的四孔,表面磨光,为红色软陶,火候不高,手制。通高10.2厘米,口径14.5厘米。

几何印纹硬陶:多为灰色,也有少数红色的,胎表与里颜色均同。陶土较净,有的细砂等为羼和料,火候较高,陶壁厚,手制或部分轮制。纹饰有方格纹、米字纹、水波纹、条纹、菱形纹和篦纹等,在广东大陆常见的夔纹、雷纹和几种花纹组合的纹饰,这里均未发现。器形可辨的有罐、碗等类。口缘有敞口折唇、卷口、敞口等。底有平底和圜底。

发现的几何硬陶有罐:1件,为无颈敞口折唇,深腹平底的陶器,肩部有四个贯耳,口部抹平,腹饰划纹数圈,腹下部饰方格纹,色灰质硬。通高31.6厘米,腹径31.5厘米。

此外,在一些遗址中还出土有红色硬陶的十字槽式网坠,作圆球状,纵横各有凹槽一周,直径4.2厘米。[1]

二、粗陶时期的贝丘遗址和沙丘遗址

贝丘遗址和沙丘遗址距今约5000—4000年。

海南岛周边的海滩上分布着众多的贝丘(考古学上又称贝冢或庖厨垃圾堆)遗址。沙丘遗址一般在岛湾边。

沙丘遗址,北面是大海,东西长约4950米,南北宽约50米。1992年第一次发掘,文化堆积厚0.5—1.5米,共6层,其中第3—6层为新石器时代文化遗存,发现房屋、柱洞和灰坑等重要遗迹,出土石器、陶器、贝壳和动物骨骼等。陶器以夹砂红陶为主,发现施红陶衣、陶片,主要器形有罐、釜、碗、钵、盆,多为素面;石器有磨制的凿、梯形斧、双肩锛以及石核、石片等。

第二次发掘在2006年2月25日至3月26日。这次发掘,断定遗址为新石器时代中期文化遗存。此次发掘共掘探方5个,总面积达

---

[1] 以上内容均见广东省博物馆:《广东海南原始文化遗址》,载《考古》1960年第2期。

200 平方米，专家在探方中发现了七八处当时居民使用灶的遗迹，3块摆成品字形的石头上有烟炱，旁边还有做饭用的陶釜残片。另外，发现有大量陶片堆积和面积达三四平方米的石块堆积，排列整齐，其用途还有待进一步研究。

这次发掘，出土遗物中陶片最多；出土的石刀、石璧在海南是首次发现。此次考古发现石器几十件，磨制技术较成熟。磨制石器有石锛、石凿、石斧、石刀和石璧等。石璧是以石制成的装饰物，为环形。打制石器有砍砸器、刮削器、石核等。出土陶片的数量很大，约有上千件。大部分为夹砂陶，以红褐陶为主，也有少量黄褐、灰褐、褐色的红衣陶，大部分为泥片贴铸而成，火候较低。器形不规整，有罐、釜、杯、碗、钵等，大部分为环底器，部分为圈足、高圈足和平底器。纹饰有刻划和拍印的菱形纹、方格纹、水波纹、弦纹和绳纹等。另外，还发现少量的贝壳兽骨。[①]

这些遗物说明，当时人们的经济生活仍然是以采集、捕捞和狩猎为主。石刀说明了沙丘的居民比起山岗洞穴人和台地洞穴人来，制造工具和使用工具的能力大大提高。同时，石璧的出现，也说明了当时人们有朴素的审美意识。

三、桥山遗址为深化古陶文化研究提供重要线索

正如海南省文物局局长王亦平所说的，和其他兄弟省区市相比，海南的考古基础工作相对落后，现在开展的这些工作，对于海南考古学文化的建设和打造独立的考古文化体系，都具有极大的促进作用。海南史前人类的历史正在不断探索发现中，今后将有更多的新发现来完善对海南古代文明的研究。目前，考古界对陵水桥山遗址开启了又一轮大规模探寻的发掘。但这次考古工作，还仅仅是发掘、记录、检测、粘贴和复原等程序，虽然看到了 23 件新出土的已经复原的文物，其中包括有钻芯、石锛、网坠、砺石、双肩石斧、夹砂红褐土陶罐和炊具等，但对整个桥山遗址作出研究的考古报告还没有发表。所以说，

---

① 《陵水出土 4000 多年前石刀石璧》，《海南日报》2006 年 4 月 4 日。

这里仅是一种学术性的报道而已。

2014年1月22日，《海南日报》记者开始在报上公布中国社会科学院考古队对陵水桥山遗址的发掘消息，振奋人心，多少年来关注海南古代文明的学者们的诸多推测、探求，将从实地考古发掘得到的出土实物中，得出确切的结论。

早在20世纪60年代，海南就曾对陵水石贡遗址进行首次发掘。当时，海南还没有建省，是中山大学牵头对海南行政区的遗址进行过首次发掘，当时与国际考古学界接触很少，这种类似于"初步调查"式的发掘最终没有留下多少详细的资料，发掘完毕后也只是出具了一份简报。后来，海南又对石贡遗址进行第二次发掘，有很重要的遗物出土，但遗憾的是考古学者们却没有出具报告。这些造成陵水考古遗址现存的资料十分缺乏，也直接影响了桥山遗址发掘的基础性工作的开展。2012年，海南再次对陵水石贡遗址进行发掘，随着考古发掘工作一次又一次深入开展，海南岛古人类未破之谜，一层又一层被揭开。

经过将近一年多的桥山遗址出土文物发掘，一批新的文物已经复原，呈现了令人惊叹的面貌，从这些石器、陶器中，隐隐可见古人生活的点滴痕迹。

桥山遗址出土文物的复原在现阶段有23件。在这23件复原中，有9件是比较大型的生活器皿。中国社会科学院考古研究所研究员傅宪国解释说："这个罐体较高的陶器，体积较大，陶肚较深，我们推测这应该是古人用来装食物的器皿；这个像一个大碗形状的口沿陶片器皿，口大形浅，推测应该是古人类生活用的炊具"。他接着说："这种网坠的形状与我们在大陆地区考古发掘中多次出现的纺轮十分相似，但因为海南特殊的地理位置，以渔业为主，经过深入研究，我们最终还是认为，桥山遗址出土的这些纺轮状石器，作为海南古时渔民出海用渔网的垂坠的可能性更大。"

关于过去学者们对海南黎族族源的"南来说""北来说"还是"西来说"的众多争论和猜想，傅宪国说，这次陵水桥山遗址不断发掘和复原，将为构建陵水乃至海南地区史前文化的发展演化序列提供重要资料，并且为探讨和研究海南地区史前文化与南岛语族的关系提供重要资料。

根据考古学者的调查，陵水目前已探明的遗址有 6 处，分别是：走客遗址、桥山遗址、石贡遗址、莲子湾遗址、陆仔湾遗址、六量岭下遗址。又如移輋遗址，这是 2007 年海南省文物考古研究所发掘的一处新石器时代沙丘遗址，考古工作者对移輋遗址出土陶器进行了一系列的物理与化学测试实验，其中陶器孔隙率、吸水率和植硅石测试均在海南文物保护实验室独立完成，陶器烧成温度和化学原料分析又分别委托中国科技大学和中国文化遗产研究院开展。这一系列的考古研究，都对深化中国古代陶瓷科技及岭南新石器时代制陶文化研究和研究南岛语族文化提供了重要线索和科学依据。[①]

目前海南有近 1500 处不可移动文物遗存，其中古遗址 558 处，占不可移动文物遗存的 1/3。从目前几处文化遗址的勘察情况来看，海南很可能存在着和内地迥异的独立的史前文化体系，而这些文化和马来西亚、越南、泰国、柬埔寨等国家有着密切的关系，一旦实现突破，对于我国史前文化将会是一种填补空白般的贡献。[②]

四、石贡遗址：房屋和私有财产初露端倪

陵水县南湾半岛西北角的石贡遗址，南临浅海湾，背靠南湾岭，贝类、鱼类很丰富，捕捞方便；山岭上可供采集的资源很多。遗址中清理出半地穴式房址、柱洞、灰坑和红烧土等遗迹。这说明这里的人们已经过上定居生活，而且有半地穴式的住房。陶器可以储备劳动所得的剩余食品。

在同一个遗址中，仅在 5 个探方，总面积 200 平方米的地方，发现了七八处当时居民使用灶的遗迹，三块摆成品字形的石头上有烟炱，旁边还有做饭用的陶釜残片。[③]这七八处居民的三脚灶以及所营造的

---

① 杜颖、程范淦：《桥山遗址：求解琼岛三大未破之谜》，《海南日报》2014 年 1 月 22 日。

② 戎海：《海南考古：有多少惊喜可以期待》，《海南日报》2014 年 1 月 30 日。

③ 《陵水出土 4000 多年前石刀石璧》，《海南日报》2006 年 4 月 4 日。

长期居住的房屋，对比广东石峡的房址，那里较大的一座残长40米，中间有隔墙，叫作"长屋"。按当时的条件，这种长屋估计可住数十人，可能是氏族内一群血缘亲属的居所。这是广东当时母系氏族社会氏族部落的民所。其年代在距今6000—5500年之间。而在海南，距今4000年左右，推想当时社会是母系中心向父系中心过渡期的一个一夫一妻的家庭，七八个家庭汇聚在一起，共同捕捞和采集，但却是"分灶吃饭"。这可能是私有制的端倪。

纵观海南的无陶、粗陶两个时期，属于旧石器到新石器过渡期或者是新石器时期，人们可以概括地窥视到器物的一般现象。

海南岛新石器时期遗址分布简表

单位：处

所属市县	遗址名称或所在地名称	合计
琼山市	仙沟岭下沟村	1
三亚市	落笔洞、河头村、高村沟口、高村三村、卡巴岭、塘园村、藤桥1—2号、大茅村、新茔公路边、走马园、番岭坡、东方红、新村、大兵坡、长忱、大弄、二弄、烟墩、黄流至望楼一带X、牙龙湾X	21
文昌市	昌田坡、排田坡、西边坡、石仔山坡、白土坡、福土洞山坡、昌桐、土沙小肚、土沙大肚、宝树山、牛路园、下寨、白石岭、牛桥岭、德保	15
琼海市	百花岭、排岭、沙坡X、兰山园、蓬莱、罗凌、东苏、龙池、长岭、土吉尾西、加菜沟、土吉尾、溪边、军猪坡	14
万宁市	文昌园、镜门岭、旧州岗、龙保X	4
儋州市	马蝗岗、排浦乡西北、水井村、排浦小村、沙地村、掘钱地X、马劳地X、干冲X、新英港X、粪箕肚、日草、南和、打牌冲、求水岭、中英华、沙井地X、田权、大青砍、时坟地、老市地、和朗、罗白、南加陆、郑宅、粉根墩、新村、那大、牙拉、塘源村、老市地、东拉村、大成乡、松涛水库、看蕊地、鸡头岭、海田坡、养爹地、狗牙潭、徐浦、那姑地、小村地X、马蝗岭X	42
东方市	广坝AB点、大戴桥B点、德对岭、水庆乡、县城河西岸、解放路、旧村、大铁桥A点X、陀烈乡X、板桥、稻坝、付龙园、玉道、冲南、新街、牙炮、东方、杂旺、玉龙	21
五指山市	牙开、番茅、什芬、什保、空程、毛阳、空洪、什守、毛阳北、冲山东、南门岗、畅好河、桥北、桥西、桥南	15
澄迈县	那宋、仁兴东、仁兴南、仁兴西	4
定安县	谷溪、海棠沟、鸡姆陆、南新塘沟、中瑞、蹲虎岭、永丰、佳笼、牛底园、下寨、粟坡、前坡、佳龙坡	13

续表

所属市县	遗址名称或所在地名称	合计
屯昌县	石冲岭、坎井、青梯、西昌、双冠岭、吉安	6
临高县	官田旧村、博德坡、鱼池、兰麦、蓖麻园、车田村、昌棋村 X、伴康村 X、兰堂村 X	9
乐东县	县城沿江、人民广场、边强乡、头塘乡窑地、南木乡、志强乡、冲茇村、人民医院、昂炸村、头塘乡一号、县城小学、抱湾河床、头塘乡二号、光明、山荣、凤田、抱由、广场南、黄流、旧塘园、新坡、新庄、潭培、乐罗	24
陵水县	坡落岭、新华村、高士村、坡湾、各拥村、大港村 1－4 号 X、东华村、宝墩村 X、万福村 X、南烂村 X、港尾 X、新村、宾墩村墓地 X、文英、坡村、彭谷园、老包园西、水流坡、古田崇、南平、石贡、九所、什项、古楼、老山、南口高土、三拖岭、土墩、花丛、格择、坡落岭、米埇、坡尾、古楼坡、合口、移輋	36
昌江县	信冲洞、下皇帝洞、钱铁洞、皇帝洞、油岭、布盖岗、子用岗、打刀洞、上苗洞、洪玛坡、刀大岗、叉河、叉河口、下干沟、大风、白石岗、大章、破罐岭、昌化、纳凤	20
白沙县	打箭岭、坡生村、坡好村、大限村、道隆村、番伦村、蚊园、合口村、坡对园、石述山、罗筑、坡生南、南巴、南开、福门、印妹、其托、志针、对俄、保家、南北吉、道拉、红岭、那查、番印、大村、打堆、打立、智在、新丰、力保、什庄、什才、萌芽、方通、什造岭、牙狮、什谋岭、牙南、方佬、中麦方雅、高大、子雅、长龙、什百儋岭、合流、王琴、南丁、花道、可任、力坡、高看、那来、南松、向民、南三、新村	57
保亭县	老山村、南平广场、加茂圩、北赖村、亲近村、三拖岭、南口村、保亭人民医院、合口村、土墩村、石建、祖连奋、新政北、新政、新政西、什冲、草寨、什南立、什隆、什赤、新政镇中	21
琼中县	荒堂坡、什况、什扭、毛项、封岭、南几	6

　　说明：广东省博物馆编：《广东海南岛原始文化遗址》，载《考古学报》1960 年第 2 期；杨式挺：《海南自治州文物普查散记》，载《广东文博》1983 年第 2 期；海南省文物考古研究管理委员会：《海南省的考古发现与文物保护》，文物出版社 1990年版；海南文物考古研究所：《海南岛近五十年文物考古工作概述》《新中国考古五十年》，文物出版社 1999 年版。有些市县遗址的增补是据文物普查资料所得。

　　注：X 为沙丘遗址。

　　在这些遗址中，属于无陶时期的，出土大量的各种石器；粗陶时期则是石器与粗陶并存。琼山市仙沟岭下沟村新石器遗址，采集的石器有石锛、石刀、石斧、石铲、石锄、石凿等，石器为沉积岩磨制而成，器形简单，制作粗糙，一些石器上还留有手握、手抓的痕迹。这一遗址属于新石器时代晚期。定安县谷溪新石器时代遗址，发现新石器时代的石斧11件，其中7件为双肩石斧，1件为半成品，还有1件为圆柱形砍砸器（已遗失）。

这些石器是古人类的劳动生产工具。考古人员在佳笼坡新石器时代遗址，收集了夹砂陶器碎片20余片，砾石及砍砸器数件。中瑞遗址，采集有双肩石斧、圆柱形砍砸石器。潭榄村采集到双肩对称石斧。永丰遗址采集到4件石斧。蹲虎岭遗址出土大石铲和双肩石锛。海棠沟遗址采集有双肩石斧、夹砂红陶釜、泥质灰陶罐、碗残片等。鸡姆陆遗址采集有双肩石斧、夹砂红陶罐、刻划纹泥质灰陶碗残片等。南新塘沟遗址采集有双肩石斧、双肩石铲等。牛底园、下寨、粟坡、前坡等遗址均发现有双肩石斧、梯形石斧、双肩石锛及夹砂红陶釜残片等等。又如文昌的昌田坡、陵水的大港村、三亚市的河头村、昌江县的大风、乐东的抱湾河床等处，都发掘了遗址，其中石器以有肩的较少，斧比锛多，陶器全为夹砂粗红陶，也有少数夹砂粗灰、黑陶。文昌市的西边坡县，临高县的昌枓村，三亚市的旧塘园村，儋州市的那大、求水岭，琼中的荒堂坡和白沙县的合口村等处，出土石器以有肩的比较普遍，锛比斧多，有肩石铲较多见，陶片绝大部分为夹砂粗红陶，也有少量的几何印纹硬陶伴出。另外，如三亚市牙龙湾、陵水县港尾等处，未见石器，出土以几何印纹硬陶为主，有的陶片在方格上还施有青绿色透明釉，也有一些夹砂粗陶片共存。

新石器时代晚期遗址大都属于台地和山坡类型，广布于全省江河及其支流的阶地或附近的坡地、山岗上，数量明显增加，但遗址面积一般不大。沙丘遗址相对说来较少。这类遗址主要有陵水县古田崇、老包园西、古楼坡，白沙县什才、新村、保家、道拉，保亭县老山村，乐东县旧塘园、抱湾河床，三亚市河头村、卡巴岭、高村沟口，东方市广坝，文昌市西边坡、昌田坡，儋州市求水岭、那大等。经初步分析，这类遗址的文化特征有以下几点。

（1）磨制石器增加，多为通体磨光，器类很多，常见的有斧、锛、铲、凿、镞，另有少量犁、矛、戈、网坠、砺石、纺轮和杵等。斧、锛流行长身和有肩两种，部分锛为有段或有肩有段式。典型器物主要有长身斧、双肩斧、有肩锛、有段锛、大铲、长身铲等。

（2）陶器分夹砂陶和泥质陶两种，夹砂粗陶为主，手制，器形多见釜、罐、盆、碗，另有纺轮、网坠、陶拍、陶饼等。釜、罐流行敞口和盘口，多为圜底，碗、盆为圈足，少见平底器、三足器。盛行素面陶。器耳有环状、桥状和乳钉之分。盘口釜、板沿口釜、敞口罐、圈足盆是代表性器物。泥质陶陶色有红褐、灰褐、黄褐之分，手制或轮制，器表磨光。除蓝纹、划纹和素面外，出现简单的几何印纹，如方格纹、水波纹、米字形纹、菱形纹、篦纹等，未见曲尺纹、云雷纹、夔纹、复线长方格纹等典型的几何印纹。器形仅有罐、钵、鼎、碗、杯等。

（3）部分遗址发现骨、角器，器形有锥、针、凿、匕、纺轮、梭等，其中以锥居多，有的通体磨光。

（4）发现的装饰品有石珠、石环、陶珠、陶坠饰、骨管和石璧等。

总之，从海南的无陶、粗陶时期的出土文物，人们不难看出：

首先，海南新石器晚期遗址的文化内涵同两广地区基本相近。如部分遗址与珠江三角洲同类遗存相比，石器多为通体磨光，器形主要为锛和斧，两地的锛均比斧多，其中有肩锛、双肩锛、有肩有段锛等似一脉相承。陶器都为夹砂陶和泥质陶，流行圜底器、圈足器，多见罐、釜，板沿口陶釜是典型器物。海南出土大石铲的遗址与两广地区以大石铲为特征的新石器晚期遗存的遗址在文化面貌上大致相同，都属台地、山坡类型的遗址。这类遗址主要分布在广西南部地区的扶绥、钦州、隆安、邕宁、合浦、北流、玉林、贺县、德保、靖西等地和海南部分市县，广东封开、德庆、兴宁也有少量发现。其中广西邕江的三角地区遗址最密集，出土遗物也最典型；海南则发现了大石铲及平肩长身石铲、双肩斜柄石铲等；其他地点的石铲种类单调，器形多发生变异。这说明海南当时与岭南同时期文化有交流。

其次，从这些出土遗物所呈现的特征中我们可以推测到，史前海南岛人类的经济活动主要是进行原始农业生产和狩猎。

最后，海南岛四面环海，人类居住在滨海临岸地带，或者是沿河而居，因此石制或陶制的网坠被大量发现，且形式多样，说明古人类的生活中，也从捕捞取得生活资料，可以看到捕捞业的繁盛。从文明发展的时序上看，是新石器时代产物。

第三节 史前文化的孑遗

目前，学术研究界一般认为有两种史前史：一是，史前人类所生存的原生态的历史，当时人类真实的生活面貌，后人永远不会全面知道，要想复原十分困难；二是，目前的史学工作者，包括考古工作者所构想出来的史前史，对于这种史前史每个人都会有自己的不同意见。

根据考古的出土文物，结合历史文献和三重证据法的论证以及对现实生活中人们实际实践的田野调查，探讨在海南岛存在的史前人类生活的某些侧面的近似表现，即在现实生活中仍有某些史前文化的孑遗。现略述如下。

一、烧土陶

笔者曾经多次深入昌江黎族自治县石碌镇保突村，对那里妇女烧土陶作田野调查。[①] 而最近一次是 2013 年 2 月 26 日下午，到昌江县石碌镇孔车村调查那里的妇女烧土陶。

这里所记的是，保突村羊拜亮老人用的泥条盘筑法制陶：首先，制陶所用的陶土，是千百年经验累积起来的固定的在一个田埂上挖出的土；其次，制陶工艺，根据传统，是女性的专任，男性不得介入；最后，制陶的工艺流程十分规范，技艺要求很高。

第一步，选取黏性泥土，放在阳光下晒干；第二步，将晒干后的泥土舂碎，用米筛筛 5 至 7 次；第三步，用水调匀细泥粉，摔成泥团，水与泥粉的比例约为 1:2。水多或少都不行，这一步是制作陶器的关

---

① 周伟民、唐玲玲：《黎族数千年前的土陶器皿是怎样制成的》，《今日海南》2005 年第 9 期。

键；第四步，制陶坯。先捣泥直至完全均匀后，将泥团铺成薄饼状做器底，并移到一个倒扣的粗孔竹筛上，然后用螺壳和小木拍等工具，将陶坯做成各种生活用具，如碗、钵、锅、罐、盆、蒸酒器、水缸等。经上述过程制作好的陶坯要晾晒6至8天，完全晾晒干后，才择日烧陶。

为使烧陶过程顺利，按黎族传统习俗，点火烧陶之前，要由年长的和有技术的妇女祈祷和赶鬼。接着一名青年男子钻木取火，再由一位老年妇女接过火种点燃柴架底的易燃物。当木柴烧成炭时，妇女们便从四面八方把一堆干稻草扔向正燃烧的陶器上面，加助火力。稻草烧完后，陶器上形成厚厚的火灰，这时火渐渐由表入里，持续着小火状态。

经过两个多小时的烧制，方可小心翼翼地用长竹竿从火堆里慢慢挑出烧好的陶器。为了增加陶器的坚硬度，黎族妇女立刻将一种黎语叫"塞柴涯"的植物树皮捣烂后，取其汁液与一种叫"柴构仁"的植物放在一起浸泡，并用树叶将浸泡液淋在刚出火的陶器上，使之起到加固作用。经过淬火后的陶器马上变色，陶器即制作成功。

烧制土陶是史前文化的孑遗之一。中国的典籍中早有记述。宋代赵汝适在《诸蕃志·海南条》中云："按《隋志》谓：'（黎族）人性轻悍，椎髻卉裳，刻木为符，力穑朴野，父子别业……着绁缏，以土为釜，瓠匏为器……'"[1] 清代顾炎武在《天下郡国利病书·广东备录下》里也有记载："妇人绣面，服緫缏，绩木皮为布，陶土为釜。"[2] 史前以来，黎族日常所用的器皿是"以土为釜""陶土为釜器，用瓠瓢"，这种古老的泥条盘筑法的制作工艺在黎族族群中代代传承，相传已经有数千年的历史。从我国的考古发掘来看，裴李岗文化、磁山文化、仰韶文化、马家窑文化等，都有精美的彩陶出现。刘子劳的《竹园陶记》

---

[1] （宋）赵汝适原著、杨博文校释：《诸蕃志校释》，中华书局2000年版，第217页。

[2] （清）顾炎武撰、黄珅等校点：《天下郡国利病书》，上海古籍出版社2012年版，第3383页。

云："中国有陶，始于神农，至舜而术益进。"余戟门的《增补古今瓷器源流考》也云："舜陶于河滨，夏昆吾为桀作陶，此陶之见于古者也。"史前陶器，传说舜时已开始有记载。黎族的制陶技术，从考古发现的陶片分析，应该是史前就有。联系到近年来海南考古新发现的古代土陶残片的遗存，印证了黎族手工制陶的传统工艺。据《海南省近五十年文物考古工作概述》一文中叙述，海南在新石器时代早期，在东方、乐东等市县，发现陶器均为手制夹砂粗陶，灰褐色为主，未见泥质陶；器类单一，器形仅有圜底罐和圜底釜，均敞口、鼓腹。到新石器中期，陵水、定安等地也有夹砂粗陶，器类明显增加，器形有罐、釜、钵、碗、盆等。① 新石器晚期出土的土陶制品则更多。由此推测，今天黎族人民制作土陶器皿的工艺是从新石器中期传流至今，至少也有4000年。因此，我们今天目睹黎族制陶工艺，是史前黎族生活习俗。相传，古代黎族制陶有一种泥片贴筑法，是手捏法之后、泥条盘筑法之前的一种广泛流行的制陶技术，相当于我国八九千年前初期的制陶技术，因为当时留下不少泥片贴筑法的遗物。在此基础上，才出现了慢轮加工和泥条盘筑技术。

二、树皮布和石拍 ②

新石器时代海南先住民已有布纺织的手工艺。

在海南的考古发掘中，陶质纺轮传递出古代黎锦纺织诞生的讯息。据1960年第2期《考古学报》，五指山市冲山镇海榆中线通会大桥东北约50米冲山遗址处，采集到新石器时代的陶纺轮。又1978年第2期的《广东文物》，报道了陵水县英州镇什项村西北约1公里什项遗址处，也采集到新石器时代的夹砂红陶纺轮。海南地上文物陶质纺轮的出现，显示了新石器时代岛上的先住民已具有纺织的能力。

战国时代《尚书》中的《禹贡》篇载："岛夷卉服，厥篚织贝。厥

---

① 郝思德、王大新：《海南省近五十年文物考古工作概述》，载《新中国考古五十年》，文物出版社1999年版，第348—349页。

② 周伟民：《海南岛黎族聚居地树皮布石拍的文化价值》，载厦门大学、香港中文大学合编：《东南考古研究》，厦门大学出版社2003年版。

仓橘柚锦贡，沿于江海，达于淮泗。"这段文字是中国古籍中最早提及黎锦存在的时代，折射出远古年代海南先住民的织贝已是佳品。

所谓"岛夷卉服"，汉代《孔安国尚书传》中说："南海岛夷，草服葛越。"唐孔颖达疏："传：南海至葛越。《正义》曰：上传：海曲谓之岛，知此岛夷是南海岛上之夷也。释草云：卉草，舍人曰：凡百草一名卉，知卉服是草服葛越也。葛越，南方布名，用葛为之。左思《吴都赋》云：蕉葛升越，弱于罗纨是也。"这里解释的是《尚书·禹贡》中所说的"岛夷卉服"，西汉孔安国已明白的解释为"南海岛夷，草服葛越"。唐代孔颖达解释为"此岛夷是南海岛上之岛夷也"。此"岛夷"即指海南岛的先民。又《尚书·禹贡》中有对"淮泗"的解释：《周礼·介章氏》："斗牛女，当扬州之域。"《史记·天官书》："斗，江湖；牵牛、婺女，扬州。"《魏》《晋》书谓，卢江以南，尽于珠崖，皆扬分域。信乎！广东海南，皆古粤地也。不过在"禹贡时代"，海南岛上的先住民，尚未有"黎族"的称呼。至于"厥篚织贝"，"篚"，盛物之竹器，"厥篚织贝"，孔颖达疏"纤细纭"，"以篚盛之，为衣服之用，知是细纭，谓细纭布也……郑玄云：贝，锦名。《诗》云：萋公斐兮，成是贝锦，凡为织者，先染其丝，乃织之则文成矣。"这里的释文，明白地告诉人们，"岛夷"指海南岛的先住民，"织贝"是有纹彩的织品。在战国时代，远在南方的海南岛上的土著，已经有提供"织贝"作"卉服"的丰富原料。

上文说过，新石器时代的遗址上，海南岛上的先民已遗留下制作纺轮的编织工具，到了战国时代，经历了难以计数的漫长岁月。而海南在无纺织布（树皮布）之后，曾经先后出现过有纺织布如蕉布、葛布、吉贝木棉。屈大均在《广东新语·葛布》写道："禹贡曰：岛夷卉服。传曰：岛夷，南海岛上夷也。卉，草也。卉服，葛越也。葛越，南方之布，以葛为之，以其产于越，故曰葛越。"[①]这为先民生活中积累经验。

---

① （清）屈大均撰：《广东新语》卷十五《葛布》，中华书局 1985 年版，第423 页。

在南方的自然生态环境中,利用蕉、葛、木棉的植物纤维,纺织成各种有纺织布,并用山地的植物染料,使纺线色彩斑斓,织出各色卉服来。

这是战国时代为海南先住民留下的记录。

树皮布又称榻布、答布、都布、纳布、楮皮布、谷皮布。在古代文献中所称的楮谷、冠皮布,就是由树皮制成的衣冠制品。台湾凌纯声教授认为:"树皮布文化在中国的起源甚古,可能早至石器时代,与印纹陶同时存在"。他的判断,在海南及台湾近年的考古发现中,可以证实。

树皮布的存在情况,早在《史记》《汉书》等古籍里已有记载;中国的华北、华中、江南、华南都有树皮布文化流传。公元前6世纪,孔子的弟子原宪,就曾戴楮冠,柱黎杖。汉初韩婴《韩诗外传》卷一载:

> 原宪居鲁,环堵之室,茨以蒿莱,蓬户瓮牖,桷桑而无枢,上漏下湿。匡坐而弦歌。子贡乘肥马,衣轻裘,中绀而表素,轩不容巷而往见之。原宪楮冠黎杖而应门,正冠则缨绝,振襟则肘见,纳履则踵决。子贡曰:嘻! 先生何病也。

可以证明,春秋末期战国初期,不仅在未开发地区的穷乡僻壤存在树皮布,连孔门弟子的知识分子圈里,孔子的弟子原宪的打扮,也是"楮冠黎杖"。《后汉书》的《南蛮西南夷列传》中所记载的南蛮之布,是"织绩木皮,染以草实"。

在中国的南方,取树皮以为布的树皮文化,在没有文字记载的中国史前时期,早已存在。而后在古籍里的记载,已经可以说是历史的补述。以此昭示人们,海南岛上先住民黎族关于无纺布即树皮布的历史现象,是真实的。

北宋乐史撰《太平寰宇记》卷一六九"儋州"条:

> 《山海经》曰:儋耳,即离耳也……山岭为黎,人居其间,号曰生黎……弓刀未尝离手,弓以竹为弦,绩木皮为布,尚文身。[1]

《太平寰宇记》卷一六九"琼州"条:

---

[1] (宋)乐史撰:《太平寰宇记》第七册,中华书局2007年版,第3233页。

有夷人，无城郭，殊异居，非译语难辩其言。不知礼法，须以威服，号曰生黎，巢居深洞，绩木皮为衣，以木棉为毯。[1]

《太平寰宇记》卷一六九"万州"条：

女人以五色布为帽，以斑布为裙，似袋也，号曰"都笼"；以斑布为衫，方五尺，当中心开孔，但容头入，名之曰"思缠"。[2]

宋代赵汝适《诸蕃志》"海南"条：

按《隋志》谓"人性轻悍，椎髻卉裳……着绅缠，以土为斧，瓠匏为器"[3]。

元代马端临撰《文献通考》卷三三一"黎峒"条：

黎洞，唐故琼管之地，在大海南，距雷州泛海一日而至。其地有黎母山，黎人居焉。旧说五岭之南，人杂夷獠，珠崖环海，豪富兼并，役属贫弱。妇女服缌缠，绩木皮为布。[4]

元代脱脱等修《宋史》卷四九五《蛮夷传·黎峒》：

黎洞，唐故琼管之地，在大海南，距雷州泛海一日而至。其地有黎母山，黎人居焉。旧说五岭之南，人杂夷獠，朱崖环海，豪富兼并，役属贫弱。妇人服缌缠，绩木皮为布。[5]

清代张庆长撰《黎岐纪闻》：

生黎隆冬时取树皮槌软，用以蔽体，夜间即以代被，其树名加布皮，黎产也。[6]

清代顾炎武《天下郡国利病书》第十九册《广东下·黎峒》：

妇人绣面，服缌缠，绩木皮为布。[7]

---

① （宋）乐史撰：《太平寰宇记》第七册，中华书局 2007 年版，第 3236 页。
② （宋）乐史撰：《太平寰宇记》第七册，中华书局 2007 年版，第 3240 页。
③ （宋）赵汝适原著、杨博文校释：《诸蕃志校释》，中华书局 2000 年版，第 217 页。
④ （元）马端临撰：《文献通考》，中华书局 1986 年版，第 2598 页。
⑤ （元）脱脱等撰：《宋史》第四一册，中华书局 1975 年版，第 14219 页。
⑥ （清）张庆长撰、王甫校注：《黎岐纪闻》，广东高等教育出版社 1992 年版，第 119 页。
⑦ （清）顾炎武撰、黄珅等校点：《天下郡国利病书》，上海古籍出版社 2012 年版，第 3383 页。

以上是自宋朝至清朝部分古籍的记载，到了 20 世纪 30 年代，德国人类学家史图博于 1931 年和 1932 年先后两次到海南黎族聚居地进行田野调查，著有《海南岛的黎部族——华南民俗研究》一书，书中也记录了海南的树皮布：

非常有趣的是在海南更早的时候至少制作做铺盖的材料是用古老的捶打而成的树皮。①

他在注文中还特别说明，德国柏林民俗博物馆的海南岛藏品中的一具铺盖，该物 1909 年入馆，没有更详细的地址。由此可见，1909 年柏林民俗博物馆已关注到历史存在这种树皮布。在 1954 年至 1955 年间，中南民族学院组织教师及学生对黎族地区进行社会调查，在《海南岛黎族社会调查》一书里，记录了番响村及儋州村两种树皮布。儋州村的记录更为典型：

当他们的先祖住在南溪乡（符姓）或阜忙乡（陈姓）的时候，男子结鬖在后，上身赤裸，下体有一条由树皮打织而成的包卵布（前阔后窄）……②

由此可见，树皮布在 20 世纪 50 年代还出现在白沙县白河乡儋州村。到了 20 世纪 90 年代，北京学者李露露于 1993 年年初和 1994 年年初先后两次到海南岛的 8 个市县 39 个村落，在她的《热带雨林的开拓者——海南黎寨调查纪实》一书的第十章中，有关于树皮布的采访记录。不过，她在书中说，在黎村居住期间正是春天，不是制作树皮布的季节，也没有看见几件树皮布，只是在白沙县青松乡见到多件，所以书中所记关于树皮布的加工程序，是听来的，不是亲眼见的。

笔者在 2003 年 10 月到昌江黎族自治县七叉镇机告村，访问制作树皮布的符亚劳，观察他制作树皮布；2006 年 1 月又做第二次访问。2004 年 12 月，笔者还到白沙黎族自治县元门乡元门村委会道顺村，观察 75 岁高龄的王政记制作树皮布。而笔者最近的一次是访问树皮

① ［德］史图博:《海南岛的黎部族——华南民俗研究》，海南出版社 2017 年版，第 423 页。

② 本书编辑组:《海南岛黎族社会调查》，广西民族出版社 1992 年版。

布制作的第三位制作人，他是国家级海南树皮布制作的法定传承人黄运英。2010 年 6 月 22 日，笔者跟海口电视台摄制组一道到保亭黎族苗族自治县三道镇首弓村委会什定村的一个深山上的山寮见到他，并在山上为笔者等一行做一次树皮布制作的全过程演示。没有想到的是，过了 3 年再到保亭县时，他已经去世了。

怎样实证树皮布存在的历史阶段？

用植物纤维打制成的树皮布，容易破损腐烂；只有从拍打工具上去追寻。拍打树皮布的工具是用木棍或石头，现在遗存的石制树皮布打棒称为石拍或石棒，可以作为古代树皮布存在的证据，也是我们今天追踪研究树皮布文化的珍品。

在海南发现的石拍中，有海南省民族博物馆里陈列品中的两件石拍，即昌江黎族自治县洪玛坡遗址发现的新石器时代的石拍。

1963 年 6 月，昌江县太坡镇尼下村村民刘亚乐在此出土点拾到有肩石拍一件。石拍表面光滑，磨制工艺精细，石拍左右两侧各有 7—8 条沟，石拍总长 22 厘米，拍身长 11 厘米，把柄长 11 厘米，拍厚 2.8 厘米，拍肩宽 1.5 厘米。此石拍应为制作树皮布的石拍。在陵水县、白沙县也发现有石拍。这些文物的出土，说明海南岛在远古时代早已出现了树皮布及其制作工具——石拍。

考古学者认为，考古出土是静态的遗物，它与民族学活生生的资料如何互相印证，是近年来民族考古学讨论的关键所在。在中国台湾，台湾大学藏有宜兰、苏澳、新城出土的树皮布石打棒、菲律宾的树皮布石打棒，鹿野忠雄曾记述在中国台湾高雄某一收藏家处有树皮布石棒。不论是海南岛上出土的石拍，还是台湾岛上的石棒，都属于树皮布文化。据凌纯声父女研究所示，树皮布文化的地理分布甚广，以环太平洋为其主要地区，分为东南亚、大洋洲、中南美、东北亚、中国5 个地区。在这些地区中，相继发现在中南半岛上的越南、老挝、泰国等地的安南山脉或北部地区的树皮布，马来半岛上的原始民族、霹雳州的 Sakai 人在面包果树上割树皮做树皮布。太平洋地区在波利尼西亚的多岛群岛上多制作树皮布 Tapa，用作衣料。美拉尼西亚在梭罗门群岛中的 ysabel 岛，也有槌打楮树皮造 Tapa。树皮布文化在南美洲特别发达，分布在亚马逊河上游一带；日本的国分直一于 1953 年，发表过《东亚古代 Tapa 文化》一文，研究日本的树皮布。凌纯声教授又创太平洋区树皮布文化起源于中国一说。①

中国古代在华南、华北存在树皮布文化。凌纯声在《中国古代的树皮布文化与造纸术发明》一文中指出："树皮布文化在中国的起源甚古，可能早至石器时代，与印纹陶同时存在，在用麻丝纺织之前，如在史前考古学上能找到槌打树皮布的石棒（Stone Beater），则今分布在整个太平洋区的树皮布文化，可以假定是起源于中国的。但在目前我们至少可以说，如前引文献上的原宪'楮冠黎杖'，在公元前 6 世纪，尚在用树皮布做衣冠，且此一文化在中国境内继续存在，不过自华北逐渐向南经华中而至华南，直至 20 世纪初叶，在中国的边徼地区及沿海岛屿还能找到这一文化的特质。"②

2002 年 9 月，笔者参加台湾大学举办的"台、琼两岸少数民族学术交流研讨会"，有幸认识台湾先住民研究专家、台湾邹族的浦忠成教授。会后，浦忠成教授赠给了笔者一顶树皮帽，并作题词："台湾台东县东河乡都兰部落（阿美族），2002 年 7 月份收集。2002 年 8 月 10 日台北遇周教授，周教授发表有关台湾、海南岛树皮布、石拍研究文章，故特此相赠。巴苏亚（浦忠成教授的族名——作者注）于台北。"③

2009 年 9 月，笔者到台湾史前博物馆参观，发现台湾的树皮布及树皮帽，与海南岛的树皮布及树皮帽极为相似。

海南树皮布、石拍的研究，是世界人类学、考古学很重要的环节。东南亚一带石拍的出现，诸如越南石拍是距今 2000 年左右，珠江三

---

① 凌曼立：《台湾与环太平洋的树皮布文化》，载《台湾中央研究院民族学研究所专刊之三》；凌纯声：《树皮布印文陶与造纸印刷术发明》，台湾"中央研究院"民族学研究所 1969 年版，第 230 页。

② 凌纯声：《树皮布印文陶与造纸印刷术发明》，载《台湾中央研究院民族学研究所专刊之三》，第 11 页。

③ 时笔者应邀参加少数民族学术文化交流会，在台湾大学的会场上发表演讲，时浦忠成任主管中国台湾少数民族的高级官员，到场演讲。

角洲石拍距今 6000 年左右 ①，海南石拍是距今 4000 年左右，恰好构成一个历史的过渡，说明中国石拍是从珠江三角洲到海南岛再到越南蔓延传到东南亚一带，佐证树皮布文化来源于中国的历史，而海南正是承传树皮布文化的过渡阶段。

此外，据香港中文大学考古艺术研究中心主任邓聪教授对树皮布石拍的研究，认为环珠江口文化的树皮布石拍，流行于距今约 6000 年前，由珠江口南向经海南，海南的树皮布石拍，距今约 4000 年，越南北部的冯原文化距今 3500—4000 年之间，泰国及马来半岛的树皮布文化稍晚，距今 3500 年前稍后。笔者认为，如果以树皮布石拍的研究成果推论，那么，岑家梧等认为黎族在史前时代，是由南洋安南一带渡海而来，再后过琼州海峡雷州半岛，沿着海岸到了香港和海丰一带，这种推测，就值得商榷。应该说，迁徙的路向是相反的，从海南迁徙到安南、南洋一带，或者，双向互流也是可能的。

三、文身的习俗

黎族妇女文身，是古老的习俗。历代记述黎族妇女文身的典籍不少，里面所述多是客观记载，不加褒贬。但是，对于这种承传几千年的习俗，自东汉以来，时有主政者认为是陋习，规劝黎家妇女革除。东汉永平十七年（74 年）春二月，"儋耳慕义贡献"。据黄佐的《广东通志》载，同年，明帝拜僮尹儋耳太守，僮尹在规定"官吏毋贪珍赂"的同时，"劝谕其民毋镂面颊"。显然，僮尹将老百姓的文身与官吏贪赂等同，都在革除之列，不同的是"劝谕"与"戒敕"罢了。但"劝谕"的效果并没有达到僮尹的目的，文身的习俗并没改变，一直延续下来。到了明代，俞大猷在《黎族图说》中，也提到当时有"禁文身"的建议。民国初年，政府一再下令禁止文身，但屡禁不止："自 1924 年以来，官厅布告禁止，违者科罚，于是黎族青年妇女涅面者渐少。但在远山穷谷地区，涅面文身者依然如故。"20 世纪 30 年代，抚黎公

---

① 邓聪、黄韵璋：《大湾文化试论》，载《南中国及邻近地区古文化研究》，香港中文大学出版社 1994 年版。

署又严格禁止文身，也收效甚微。直到现在，在黎族聚居地的某些方言区，个别健在的老年妇女中，还有的在脸上、胸上、手上和腿上文着传统的图案。最为突出的个别现象，是东方市西方村有妇女在 1963 年还进行文身。作为黎族传统文化，文身历史悠久，也有其相对的稳定性。

最早记载"雕题国"习俗的是《山海经》；后来是司马迁的《史记》。《史记》卷四三《赵世家》在论到"圣人观乡而顺宜，因事而制礼，所以利其民而厚其国"时，引称海南岛上黎族文身，说"剪发文身，错臂左衽"，是"瓯越之民"。《索隐》引刘氏的话说："珠崖、儋耳谓之瓯人，是有瓯越。"这里，当时是以肯定的语气，用文身这种特例来说明，对于"礼服"，不能强求一律，不同的地域，因为"乡异而用变，事异而礼易"。[①] 地域环境所形成的风俗，差异极大，无可厚非，包括文身。

东汉时，杨孚在《异物志》中说："儋耳，南方夷，生则镂其颊皮，连耳匡，分为数支，状如鸡肠，累累下垂至肩。"这段记载是典籍中第一次将文身的线条及所文的部位加以描述。由此可知，在杨孚以前，这种复杂的文身艺术已经有悠久的传统。但杨孚说人们文身发生在出生的时候，这与后来的说法不同。北魏的郦道元在《水经注》中引晋代王范的《交广春秋》记载，说朱崖、儋耳二郡（按：当时实指整个海南岛），"皆殊种异类，被发雕身"。文中没有指明文身是在人出生的什么时候，但接着说："女多娇好，白晳，长发，美鬓。"这显然是说女子到了青春期。宋代周去非的《岭外代答》说文身时"女年及笄"，指女子可以盘发及笄的年龄，即成年。范成大的《桂海虞衡志·志蛮》也肯定了"女及笄黥颊"。赵汝适的《诸蕃志·海南》同样认为"女子及笄即黥颊"。明清两代的典籍，说法与宋代相同，只不过像清代屈大均在《广东新语》中换了一个说法："女将俗字人"，或者像张庆

---

① （西汉）司马迁：《史记》第六册《赵世家》，中华书局 1959 年版，第 1808—1809 页。

长的《黎岐纪闻》中说"女将嫁，面上刺花纹，涅以靛"。[①] 这样看来，东汉杨孚说黎族是出生时文身，是不对的。

宋代的典籍里，提出了文身的另一个问题：以文身别贵贱。宋代乐史首先提出，文身时，豪富文多，贫贱文少，"但看文之多少，以别贵贱"。周去非说"婢使不绣"。关于这一点，清代屈大均在《广东新语》中反驳说：过去以为黎女文身是美，多绣为贵，婢媵不得绣。这些说法"皆非也"。

黎族文身，历史悠久，这在世界民族中是一种罕见的文化现象。

文身，作为一种传统文化，是黎族母系氏族社会的遗存，是原始宗教——自然崇拜、祖先崇拜、图腾崇拜的艺术结晶，是黎族历史上凝聚力、号召力、生命力的标志。从根本上说来，文身是黎族族群为了克服近亲繁殖而实行远源遗传的一种最有效的办法，即同一母系的男女不能通婚。今天，黎族少数老年妇女身上还保留着文身的历史印痕，这些用血肉彩绘出的斑斓图画，为黎族的历史增添了璀璨的色彩。

对黎族文身的记载，始自《山海经》和司马迁的《史记》。自《史记》成书后2000多年，对黎族文身习俗，历代封建政府都明文禁止；然而，禁了2000多年也禁而不止。可以推想，自《山海经》《史记》记载上推2000年，海南全岛的黎族妇女皆文身。那么，文身的习俗起码流传了4000年。这是史前文化的孑遗！

第四节　从现存的石器及几种文化孑遗引起的思考

上面所记述的海南地下文物的发掘及海南史前文化孑遗的几种文化现象：烧土陶、树皮布石拍、织锦以及文身习俗，都是史前古人类延续至今的史前文化，这些文化现象说明了海南岛远古史前文化的历

----

① （清）张庆长撰、王甫校注：《黎岐纪闻》，广东高等教育出版社1992年版，第119页。

史孑遗。这些文化孑遗，从一个侧面证明了史前古人类于远古自由航海的航运中，在南海早已开辟了一条海上交通海道。

从这几种原始文化现象考察，在地球上尚未形成国家范畴之前，在广阔的太平洋群岛直至南海海面上，史前古人类已经开始在自由的航海运行中。人类此时以独木舟为海上交通工具，在漫长的岁月里，小心翼翼地沿着海岸向较远的未知水域与彼岸前进，通过一个又一个的海岛作为中间站陆陆续续地运行，开辟了一条海上交通海道。虽然，远古年代，尚未形成后来历史上所称的海上丝绸之路。不过，地下文物的发掘以及原始人类文化孑遗，昭示了这一点。

南海，是最大的太平洋边缘海，位于中国海区的南部，南北长2970公里，东西宽1670公里，几乎为渤海、黄海和东海三大海区总面积的3倍。南海连接太平洋和印度洋，是中国通往东南亚、南亚、西亚、欧洲、大洋洲、中美洲以及南美洲的海上交通要道。

中国沿海岛屿林立，总计有6000多个岛屿，岛岸线1.4万公里。主要岛屿有：台湾岛及其附属的澎湖列岛、钓鱼岛等，海南岛、崇明岛、舟山群岛、庙岛群岛，以及东沙、西沙、南沙和中沙群岛组成的南海诸岛。这些近岸星罗棋布的岛屿，以及环抱中国东部的岛链，给生产力低下的上古先民由近及远的海上活动创造了航海的地理条件。[①]

在距今1.2万—1万年前，中国进入新石器时代，人们开始有定居生活，他们以独木舟自由运行，沿海海岸线甚至沿海岛屿都可以跳跃式的迁徙，甚至十分频繁。上古时期我国东南沿海及岭南地区各先民所创造的文化，是中国南方沿海地区的早期文明。

这条古老的海上通道的遗迹，通过地下静态文物的发掘及史前古人类遗存的生活特征可以证实。

一、通过有段石锛的发现，追寻史前古人类的踪迹

考古学家们通过有段石锛的发现，追寻史前古人类的踪迹，从而

---

① 张炜、方堃主编：《中国海疆通史》，中国古籍出版社2002年版，第2页。

证实海南岛原始文化遗址上的有段石锛与太平洋群岛的有段石锛的史前古人类的历史遗迹极其相似乃至相同。

林惠祥在《中国东南区新石器文化特征之一：有段石锛》中认为："有段石锛是国际性科学问题"，南太平洋诸岛广大地方有很多，其形状与中国东南区的很相像，两相比较，可以解决东南亚以至太平洋新石器时代文化的来源问题，同时也牵涉人种迁移的问题。

有段石锛是国际性的科学问题，是研究我国东南亚以至太平洋诸岛的国际性重要古文物，可以了解我国东南亚与太平洋诸岛的史前状况。格尔顿氏提出有段石锛的名称，据他说有段石锛散布于波利尼西亚的很多岛屿上，如夏威夷、马奎萨斯、社会岛、库克群岛、奥斯突拉尔岛、塔布地岛、查森姆岛、新西兰等群岛，波利尼西亚诸岛的有段石锛形状和菲律宾的很相像，甚至和相隔很远的中国大陆及东南亚的很相似。[①]

有段石锛在苏拉威西及北婆罗洲也有发现，中国台湾也发现有段石锛。在中国东南区如中国香港、广东、福建、浙江、江苏、安徽等地，都发现有段石锛，这些已发现的石锛，各地都很相像。

有段石锛的分布领域，说明中国南方地区的原始文化对东南亚、太平洋诸岛的影响。

进一步深入到海南岛上发掘的有段石锛，据广东省博物馆 1957 年在海南岛地区进行的文物调查，在文昌、琼东、陵水、崖县、昌感、儋县、临高、那大、定安、屯昌、琼中、白沙、东方、乐东、保亭、通什等市县内，发现了原始文化 135 处。其中文化遗物有关石器部分，发现石锛 138 件，有段式石锛 24 件，有肩有段式石锛 4 件，这些石锛，与南方地区发掘的石锛相吻合。

考古学界从以上对石锛资料中分析，断定有段石锛起源于中国东南沿海，后经史前人类漂航传播到太平洋各岛，史前先民在海上的活

---

① 林惠祥：《中国东南区新石器文化特征之一：有段石锛》，载《考古学报》1956 年第 3 期。

动，主要是随着洋流漂航，他们并不知道所漂洋流的起止和去向，也没有预定的目的和航线，只是为了寻取生活资料，随波逐流而行，一个海岛又流入另一个海岛。而今天发现他们遗留下古文物的地方，恰好是古代先民漂流经过太平洋的航线，这条海上古航线，证实了史前人类的智慧，他们创造了上古时代卓越的海洋文化，为后代社会发展开辟海上丝绸之路提供了可贵的启示。

有段石锛地下文物的发现，是属于静态的文明考察。

二、文身、树皮布与石拍、制陶等是史前人类遗传至今的动态"活化石"

文身、树皮布、石拍、制陶等是史前人类遗传至今的动态"活化石"，这些宝贵的文化遗产，在无史可考的石器时代，"人种的迁徙，亦上古无史时代，东西交通之一证也"。[①]

史蒂夫·吉尔伯特所编的《文身的历史》以及崔西亚·艾伦著的《夏威夷文身传统》这两册书，与黎族文身传统相互比较研究，显示了这条史前海上通道的古老，也凸显了史前人类远程迁徙的真实历史。

文身，放在史前原始社会的精神历史发展过程中去考察，便可以看出，它确实是人类的一项了不起的史前文化，作为地球上能产生精神的人类，在实物世界上建立了一个观念，世界作为人的最高生存根据，标志着史前人类在自身发展过程中，作为精神的人的正式形成。

岑家梧在《海南岛黎人来源考略》一文中说："南来说者为史图博（H. stüble）及刘咸氏。史氏著有《海南岛之黎族》（Die-li-Stawwe derlnsel Hainan, Eiu Beitrag Zur Volkskunde Sudehinas）一书，以黎人之风俗习惯，多与波利尼西亚人（Polynesian）有关。刘咸氏于1934年间深入五指山考察，最先于科学杂志发表《海南岛黎人口琴之研究》一文，能以口琴一物为海洋蒙古系或印度尼西亚系人所发明，而海南岛黎人之口琴，恰与太平洋群岛土人者类似，故认为黎人居于海洋蒙

---

① 张星烺编注、朱杰勤校订：《中西交通史料汇编》第一册，中华书局 2003 年版，第 10 页。

古系。其后又发表《海南岛黎人之文身》一文，就黎人文身一语与南太平洋群岛土人发音相同，乃曰黎人南来说得到旁证。"[①] 岑家梧得出其结论："百越民族，不过其地理上的一个总名称，内里包含的种族必甚多，今日分布于南洋群岛的巫来由族，广东琼州的黎族，广西的瑶族，皆由当时百越民族组成的分子。"又说："马来群岛、印度支那半岛、雷州半岛、海南及香港附近岛屿，史前时代之地形及其文化亦自构成一系。此种文化之主持人即为亚洲南部之古生人种。今日南洋群岛之土人、印度支那半岛之泰族及海南岛之黎人，皆其孑遗。是故海南黎族的来源传说，尚有南来之痕迹可寻。"[②] 这是岑家梧从海南黎族来源这一条线所提出的看法。

而台湾"中央研究院"的凌纯声在太平洋科学会议上演讲时说："南洋的土著，和我们南方的中国人，有亲密的系裔关系。"他从古代人类移民路线说明现代南洋的土著，大部分来自中国大陆，中国古籍上记载的百越民族，便代表南洋土著之古代在大陆上的祖先，因为"南洋"二字，包括中南半岛和马来半岛在内，更广义地说，还包括整个大洋洲，指美拉尼西亚、波利尼西亚和迈克罗尼西亚，所以凌纯声提出南洋土著起源于中国大陆，其民或渐纳入华夏，或逐渐南退，汇入其在南洋群岛的先支。此即现代南洋群岛印度尼西亚系土著的来源。[③]

环太平洋群岛及东南亚的海上岛屿上的史前人类的孑遗，都有文身、树皮布、制陶及后代所见的各类织锦，与海南岛上的这些文化孑遗大同小异，如树皮布文化，凌纯声说："树皮布文化在中国的起源甚古，可能早至石器时代，与印纹陶同时存在，在用麻丝纺织之前，如在史前考古学上能找到槌打树皮布的石棒，即今分布在整个太平洋

---

① 岑家梧：《海南岛黎人来源考略》，载《边事研究》1940年第6期。
② 岑家梧：《海南岛黎人来源考略》，载《边事研究》1940年第6期。
③ 凌纯声：《南洋土著与中国古代百越民族》，载《中国边疆民族与环太平洋文化凌纯声先生论文集》。

区的树皮布文化，可以假定是起源于中国的。"①

凌纯声解释太平洋上的中国史前文化，是指星罗棋布分散在太平洋上的许多岛屿，统称为太平洋区的海洋文化，在广大的区域之中，近代考古学上发掘出的古物和民族学上发现的各种现象，可说是十之七八起源于中国。如航海的伐排、方舟、戈船、楼船、武器、有段石斧、有肩石斧、乐器、榻布（树皮布）、社庙、犬祭等，其分布广及整个太平洋区。②

从以上资料来看，关于史前人类遗存与海南黎族的关系，可获得下列几点看法。

（1）海南岛上的史前人类，在海洋的迁徙中，早已开辟了一条从中国岛屿至太平洋群岛的一条海上通道。当然，这不同于后代的海上丝绸之路已形成了一条海上航线，但史前人类在漫长的岁月中，从一个岛屿又迁移到另一个岛屿，这条海上通道已为后代海上丝绸之路的形成给予了启示。

（2）海南岛上的有段石锛的发掘，以及太平洋群岛上有段石锛的出现，以静态文物证实了太平洋文化区的古代人类历史。

（3）文身、树皮布、制陶等古代孑遗，是动态式的文化活化石。时至今日，环南海区太平洋群岛的原始民族的文身，已多数进入历史。笔者曾经亲自寻觅台湾、马来西亚的沙捞越州、夏威夷等环太平洋群岛的文身，都已经逐渐消失。在中国台湾，由于人类学家的抢救，留下了一些图片，记录了台湾高山族各支系文身老人的生活片段记载在《永不消失的荣耀记忆》③一书中。在马来半岛，也只能零星地留下文身老人的个别信息；在夏威夷岛，多次被人类学家提起的波利尼西亚

---

① 凌纯声：《树皮布印文陶与造纸印刷术发现》，载《台湾中央研究院民族学研究所专刊之三》，第11页。

② 凌纯声：《东南亚古代文化研究发现》，载《中国边疆民族与环太平洋文化凌纯声先生论文集》，第333页。

③ 刘德兴主编：《永不消失的荣耀记忆》，2016年，台湾"文化部"文化资产局。

人的文身，也已进入历史。笔者只能从书本上获得文身的踪迹。在日本，有王晓东对于中国和日本文身习俗的研究的书籍。世界各地的岛屿关于原始人类的文身遗留的痕迹，已逐渐付之阙如，而在海南岛上，还可以找到3000多位黎族文身老人，可谓是一大奇迹。但这些老人也随岁月的流逝而迅速减少，很快就要进入历史。因此，海南岛上3000多位文身老人，是辉煌的历史遗产。

附：

海南史前遗迹最早发现者——韩槐准、岑家梧

一、韩槐准在文昌凤鸣村搜集的新石器时代遗物

韩槐准是东南亚一位著名的文物考古学家和历史学家。他于1951年在新加坡《星期六周刊》第85期上发表《在海南搜得的石器》一文时作自我介绍说："我自1915年来南洋谋生后，至1933年因一机缘而读史，由是而癖于搜罗我国古代输来南洋市易之客货陶瓷，因此，乃得与研究人类学及史前史之林惠祥教授熟稔，且得读其所著之《文化人类学》一书，始知所谓雷公斧、雷公凿者，乃远古未有钢铁器时代人类生活用具之遗物。复因我研究古陶瓷癖，时至莱佛士博物院，得与研究史前史之高陵氏及兑帝氏过从，且常到该院史前陈列室参观其所搜之石器，故对此种远古人类之遗物，再加认识。"韩槐准于1915年到南洋，1929年回归故里再次去南洋谋生，21年后，1950年年底又再回归故乡省视高龄老母；"为念念不忘前拾得与我乡历史有关的雷公凿所在之旷野"，所以抵家不久，即到该处搜罗，结果在其附近得十余件，再依其理想，在村子四周，被雨水冲去泥土所致成的倾斜旷野，力为搜罗，续有所得，总共60余件。回抵香港时，有一位研究石器的学者看到这批石器后对他说："得此60余件海南岛初发现之史前人类遗物，不虚此行。"1951年，韩槐准又回北京，将其一生累积400多件古代外销陶瓷献给北京故宫博物院，得到嘉奖；被聘为北京故宫博物院瓷器部顾问，并任中国文史馆馆员。他在新加坡还是一位颇有声望的园艺家。曾在新加坡引进红毛丹果树获得成功，深受海外人士钦佩。

韩槐准在故乡所搜得的新石器时代石器60余件，揭开了海南岛考古发现的序幕，对于海南黎族历史研究，第一次提供了实证性的对象。这批石器，后经考古学家研究，大约有4000年的历史。在史前时代，

今文昌市凤鸣村周围十余里，应是一些大大小小古人类聚居地。

韩槐准发现海南文昌凤鸣村石器之后，掀起了一次研究海南石器的热潮。

笔者开始接触这一课题时，在中国大陆无法寻觅到韩槐准撰写的《在海南搜得的石器》一文，因此在 2000 年托曾任新加坡南洋理工大学图书馆馆长林鸿图先生代为搜索，林先生又恭请李金生主任在公私藏书家查找。林先生为此事写信给李金生先生，信中说："恭请在公私藏书家查找；如能查得并影印，则弟等三生有幸矣，于海南文物研究善莫大焉。"终于，在那年年底，林先生影印传真 1951 年《星期六周刊》第 85 期刊载的原文。如此曲折获此宝贵资料，又进一步增强笔者研究这一课题的责任感。据韩槐准的文章所提供的线索，才能进一步了解到当时发现这批石器之后，海内外考古界所引起的强烈反响。

1. 新加坡、中国香港的中外学者反应

《在海南搜得的石器》一文说："查海南俗称之雷公斧，在学术上名为肩斧（Shoulderedadzes），据饶宗颐先生所述，海丰、香港、台湾及安南，均有发现。又据《马来亚史》所述，南洋亦有此类肩斧之发现，但其数量甚稀等语。兑帝氏曾着一文研究关于我所搜得之石器，据称，此种肩斧，为新石器时代较进步者云云。海南俗称雷公凿，在学术上称为石锛，或石楔，或石凿。华南及南洋群岛所发现者几相类，据兑帝氏所述，此形式之石器，广布于东南亚等语。"韩槐准对这批石器作出精细研究后，与兑帝氏切磋而获得共识。韩槐准说："在学术上最有研究之价值者，为我所搜得之二半月形石锯，此类型之石器，我国发现甚稀，郑德坤博士指为石刀，兑帝氏认为远东在新石器时代，广为应川之石环（Stone Ri）……（按：复印件缺一行）合，并非环状，且中央凹陷之处，再磨成小弯，而加工制成锯凿状，用以截竹，适而且速，似可名为石锯。我在搜得肩斧附近之地带得一石矢镞（Arrow Ffead），因经久风化或被土壤酸侵蚀，故棱砾斑然。"韩槐准所指出的这次石器的发现，引起了中国香港、新加坡考古学者的重视，学者们纷纷认为，这些石器的形状，广布于东南亚各地。由此线索，可以探测远古时代海南先住民与东南亚各地先住民的密切关系，进而研究海南先住民族群的来源。韩槐准也说："近代世界学者，关于此种石器之研究，皆公认为远古人类加工造成，在生活上所必需之工具，亦是世界人类进化过程中所必经之一阶段，今在澳洲及新几尼亚未开化之人类，尚应用此类石器，尤为学者研究之借镜。"

2. 印证了中国古籍中关于此种石器的记录，为后来考古学家提供重要的研究线索

中国唐以后的古籍中，已经有发现此种石器的记录；因为史学界从未探究石器的来源，"不明其自来"，所以从来多是从迷信的角度去推测，认为这种石器是雷霹的产物。如唐代封演的《封氏见闻记》、刘恂的《岭表录异》、李昉的《太平广记》卷三九〇"雷公庙"条、沈括的《梦溪笔谈》卷二十"神奇"条、李时珍的《本草纲目》和屈大均的《广东新语》等书，都认为是被雷电霹雳的石块。古代人们从天象方面推测之后，进而推测其用途，认为多用于孕妇催生、小儿压惊、治惊邪之病等。这次文昌石器的发现，从科学的角度引起人们对于新石器时代遗物的研究，具有特殊的启示作用。正如韩槐准所说的："我此次在故乡所搜得新石器时代历史遗物之石器60余件，曾请亚历山大教授鉴别其矿质，据所报告，各石器风化已久，有以滑石、拓榴石片岩、斑岩、沉泥片岩、石版岩、云母片岩、石莫及刚玉石等磨制而成，由此亦可知我乡有此矿物。此种远古人类应用之石器，均在我世居之乡村（凤鸣村）四周附近之旷野寻得，其地点约在北纬19°53′，东经110°55′之间，即海南岛之东北部，距琼州府城150华里，距文昌县城50华里，距东海岸35华里，在昌洒市之西8华里之所在。"他详细记下发现古人类石器的地点及方位，为后来学者的研究提供了重要的线索。

韩槐准对海南岛新石器时代石器的发现，启发了考古学家进一步的采集和鉴定，成为半个世纪以来对海南岛史前考古的第一次具有开拓性历史意义的研究成果。

二、岑家梧再次采集新石器时代的遗物

韩槐准于 1950 年 11 月到广州市，曾亲自向琼籍人类学家、史前考古学家岑家梧教授谈及此事，并将遗物的全部照片交给他。因此，1951 年 9 月 10 日，岑家梧作为中央访问团第二分团副团长到海南访问时，即偕同中山大学人类学家梁钊韬教授及冯健雅、范信平等到凤鸣村考察。经过两天的工作，调查该村附近的新石器时代遗址 4 处（即土沙小肚、土沙大肚、宝树山坡和石子山坡 4 处），采集新石器 80 余件，陶片数件。他们把这次调查结果，写成《海南岛凤鸣村新石器时代遗迹调查》一文。

调查报告中对于这次调查的结果，提出了四点结论和两点意见，比较韩槐准所写的文章显得更为明确和具体。岑家梧、梁钊韬等教授认为：

（1）凤鸣村周围十余里，沿着一条小河的两岸，都有新石器时代遗物出土，遗物多分布于倾斜的山坡。这一带地方，在史前时代，当是一些大小村落。

（2）从石器的形式上看，最特别的是带肩石斧，这类遗物，在马来西亚，安南，中国香港和广东的海丰、高明，都有发现，不过数量较少。凤鸣村除了这次发现的三件外，前次韩槐准也拾得四件，可见这里包含带肩石斧的数量，实在不少。其次，细型石斧、石锛和石凿，形式上和海丰出土的完全相同，显示出浓厚的南方色彩，而和黄河流域新石器时代遗址出土的石器大不相同。[①]

（3）这次未经过系统的发掘，地层和遗物间的关系，都未明了，遗物的年代，颇难断定。不过中国香港、海丰出土的遗物，一般都相信它的年代在 4000 年前左右，文昌石器的年代，应该相同。

（4）黎族迁入海南岛的时间比汉族为早，直到现在，黎族还称汉族为"客人"，即可证明。汉族迁来海南的时间，据文献记载，约在

---

① 《海南岛凤鸣村新石器时代遗迹调查》，广东人民政府民族事务委员会印，1951 年 11 月。

秦汉之间，黎族的迁入，则当在秦汉以前。黎族究竟从什么地方迁来海南？岑家梧等认为，黎族在史前时代，从南洋安南一带渡海而来，似属可能。特别是从这次文昌发现的石器形式和马来、安南以及海丰出土相同，便更有理由提出这样的假说：即是在史前时代，南方的一支人类，他们使用和黄河流域一带人类不同的石器工具——细型石器，包括石斧、石锛、石凿，从南洋、安南渡海到了海南，以后再渡海到雷州半岛，沿着海岸到了香港和海丰一带，这就是黎族的祖先。这一支南方人类，后来和北方南下的汉族接触，长期受到了汉族的封建统治，在大汉族主义的压迫之下，广东沿海一带的黎族，即是历史上的"俚"族，大都逐渐汉化了，剩下海南的一部分，便被迫退到山地，形成了现代的黎族。

从 1950 年韩槐准发现文昌新石器，到 1951 年岑家梧等再次调查，所得出的结论是相同的，即史前时代海南岛的人类，是从南洋、安南一带渡海而来的。这种论说，虽然只是一个假定，尚未有更多的出土文物作为佐证，以作有力的判断，所以他们提供了一个希望，即"希望最近的将来，在文教当局的领导和协助之下，来一次科学的发掘"，并提出两点建议：第一，广东史前遗物，非常丰富，未经发现的自然很多。希望各地多留意偶然的发现，如修公路、掘壕沟、开辟广场，都有发现的可能。尤其是向来传闻"雷公斧""雷公凿"发现的地方，如果有所发现，希望报告有关当局，设法从事科学的调查发掘。第二，希望海关当局密切注意，不要再让这些东西流到国外。金玉书画等古物，大家已经注意了，像史前遗物的一些烂石头、烂陶片，往往会被忽视，这就要加倍留意。

岑家梧说："等到将来遗迹遗物发现多了，我们掌握到充分的材料，海南黎族而至整个华南史前时代劳动人民的历史，便可更加详细说明了。"

韩槐准发现文昌新石器时代的石器之后，岑家梧等继韩槐准之后的第二次发现，更加证明了韩槐准以科学家的视野发现文昌新石器的历史价值。这是 19 世纪 50 年代初期的一次令人振奋的考古发现。

50 多年前，韩槐准在自己的家乡找到了中华民族文化上的认同感和心理上的归属感；他在久违了的故土上，将这一精神上的超越转化成现实的超越，为海南的考古事业做出了开拓性的贡献，造福桑梓，功在千秋。在这个世界上，他似乎没有比找到文昌田野的文物及其埋藏地更让他感到兴奋的事了。此后，海南出土文物的不断发现，对海南岛史前文明的状况的推测越来越明朗，从所发现的文物遗址的遗物鉴定来看，多是新石器时代或以后的物品。而在韩槐准以后所发现的多处遗址，呼唤我们直面历史的遗产，让研究海南岛史的学者们突破传统的围墙，在雾霭中追索海南历史的踪迹，揭开层叠的历史画卷。

这次新石器时代出土文物的发现，仅仅是海南考古工作的开端。他们对遗物年代的测定，也只作了模棱两可的判断，广东省这份调查报告中说："这次我们未经过系统的发掘，地层和遗物间的关系都未明了，遗物的年代颇难断定。不过香港、海丰出土的遗物，一般都相信它的年代在 4000 年前左右，文昌石器的年代，应该相同。"① 这 4000 年前的历史，似乎并未能让现代研究海南的学者们认同。因此，这里只能把韩槐准的发现以及岑家梧等做的田野调查，作为 20 世纪 50 年代初期，海南考古工作的先声。

自从韩槐准、岑家梧等发现新石器时代的出土遗物之后，引起了广东省历史学家和考古工作者的莫大兴趣，因此在 50 年代以后，凡是到海南岛进行田野调查的学者，都不断对海南原始文化有所发现，逐步揭开海南史前文明的面纱。

1957 年 4 月，曾广亿等人随同广东省文物巡回展览会在海南岛各县、市进行巡回展览的同时，并进行了考古调查工作。5 月下旬在黎、苗族自治州的首府通什市西北一带的无名矮山丘上，发现 5 处散布着很多新石器时代的遗址，面积最大的约有 400 平方米。共采集石器 12 件，附后片 200 多件，瓷片 30 多件。石器有用灰色砂岩磨制而成的斧、锛、砥石，也有用天然的灰色石条经过简单加工而成的石杵、石磨盘

---

① 《海南岛凤鸣村新石器时代遗迹调查》，广东人民政府民族事务委员会印，1951 年 11 月。

和打击用的石锤等。陶器有夹粗砂灰褐陶（陶土未经淘洗，内掺有大量的石英和金色矿物；陶片闪闪发亮，硬度很大）、朱红陶、夹砂黄陶、黑陶、灰色硬陶等的残片、器物残足和灰色纺坠等。陶片以夹粗砂褐陶为最多，占总数的 61%，黑陶最少，仅占 3%。陶片中仅两件有划文，余均素面。从陶片和残足推测，器形有平底器、大口器、圆足器、方足器等。形制一般都很端正，厚薄均匀，造型式样比广东东北部新石器时代遗址内采集的遗物稍为简单，也没有柄、耳和流一类的附件。这些遗物在海南黎族、苗族自治州的发现，尚属初次。[①]

---

① 曾广亿：《海南黎族自治州发现古代文化遗物》，载《文物参考消息》1958 年第 1 期。

第三章　黎族、临高语族和仡隆语族　先后迁入海南

第一节　海南先住民黎族的源流

海南的先住民是黎族，据2011年5月10日公布的第六次人口普查统计，黎族人口有127.74万人，占全省总人口的近14.73%，分别住在海南岛三亚、东方、五指山市和白沙、陵水、乐东、昌江黎族自治县，琼中、保亭黎族苗族自治县，部分散居在儋州、万宁、琼海、屯昌等市县的12个民族乡镇。黎族分布地区的面积广阔，占全省陆地面积的55.02%。

一、黎族五种方言的分布状况

在黎族当中，根据语言和文化特征的差异，分为哈、杞、润、美孚、赛五种方言。每个方言内的土语往往与该方言自称或峒相适应，人口状况不一。

1. 哈方言

哈方言过去作"侾"。哈方言在黎族五种方言中人口最多，分布最广。历史典籍中，哈方言有"遏""霞""夏"等名称。哈方言主要分布在乐东、陵水、昌江、白沙四个黎族自治县和三亚、东方两市，其内部又有许多种自称，主要有"罗活""抱怀""哈应"三种称呼。"罗活"分布在乐东盆地及盆地边沿与哈方言其他类型杂居部

分，少量还分布在东方、白沙等地，有罗活、抱由、多港、抱漫、志强、南唠等自称，大多是以居住地（过去的峒）命名的。"抱怀"主要分散在望楼溪中游的千家镇永益村、福报村等地，在三亚、东方也有少量分布，人数较少，自称"抱怀"。"哈应"，又作"哈炎"，在哈方言三个土语中，人数最多，分布最广，主要分布在黎族地区边缘地带的三亚、陵水、东方等地，与汉族相邻或杂居，受汉族文化影响较深。

2. 杞方言

杞原作"岐"，使用人口仅次于哈方言，主要分布在保亭、琼中、五指山2县1市。五指山地区到20世纪50年代初期仍保留着合亩制度。

3. 润方言

润方言过去又称"本地"黎，是汉称，意思是"土著的黎族"，自称为"赛"，"润"是其他方言的黎族人对其的称呼，居住在白沙黎族自治县东部、鹦哥岭以北的广大地区。1950年以前，男子结髻在后，下穿"犊鼻裤"，上衣已改汉装；妇女文面文身，上衣宽阔，为"贯首式"，筒裙极短。润方言擅长造型艺术，妇女的织花与绣花和男子的骨刻与木刻，十分精致美观。居住在南渡江发源地——南溪峒的润方言过去普遍保留着"上人下畜"的高架船形屋。润方言内部方言土语相当复杂，主要土语有白沙土语、元门土语。

4. 美孚方言

"美孚"一词，是其他方言的黎族人，尤其是哈方言对其称呼的汉语译音。美孚方言主要分布在昌化江下游两岸，居住地一般有较宽广的平地与肥沃的水田。过去男子结髻在后，戴耳环，下穿左右各一块相掩的黑色短裙，上穿黑色开胸对襟无纽扣的短衣。妇女上衣与男子的无区别，但用黑白相间的头巾缠头，下穿长及脚踝的长筒裙，文身文面。说美孚方言的黎族人不懂制陶，但擅长纺织和木工。

5. 赛方言

赛方言过去称"德透"黎，又称"加茂"黎，自称为"赛"。使用赛方言的人口较少，主要分布在保亭黎族苗族自治县、陵水黎族自治县和三亚市交界的地区。男子已全部改穿汉装，妇女上衣类似传统的汉装，下穿长筒裙。

尽管黎族内部在语言、习俗、服饰等方面存在着某些差异，但黎族作为一个民族共同体，其统一性是主要的。黎族内部虽有方言与土语之区别，但互相之间可以进行语言交流，其中，赛方言与其他方言差别较大。至于文身、婚姻、饮食、居住、宗教信仰等习俗则大同小异，基本相似。[①]

二、学术界对黎族族源的五种论述

黎族古代先民的历史，至今还是一个谜。

黎族称为"黎"，最早见于唐代，《新唐书·杜佑传》有"朱崖黎民三世保险不宾，佑讨平之"。[②]唐代刘恂撰《岭表录异》卷上载："紫贝，即砑螺也，儋、振夷黎海畔采以为货。"（唐）刘恂在《岭表录异·上》中记载《钦定四库全书》史部十一地理类八《杂记之属》。到了宋代，乐史的《太平寰宇记》、范成大的《桂海虞衡志》、周去非的《岭外代答》、赵汝适的《诸蕃志》等书，均称之为"黎"，如《桂海虞衡志》曰："岛之中有黎母山，诸蛮环居四旁，号黎人。"[③]到了清代，顾炎武又有新说："按俚讹为黎，声之转也久矣。"[④]以"俚""黎"音相近，因而"俚"转为"黎"。虽然，族称为"黎"始于唐代，但黎族作为海南岛上的先住民，却在史前年代早已存在。

关于黎族族源的争辩，自 20 世纪 30 年代至今，仍在继续。究竟黎族是生长于本土海南岛，抑或是从内地或东南亚地区迁徙而来的，各持己见，莫衷一是。

各类论证综合起来，有下列数种。

---

① 王学萍主编：《中国黎族》，民族出版社 2004 年版，第 2—3 页。
② （宋）欧阳修、宋祁撰：《新唐书》卷一六六《杜佑传》，中华书局 1975 年版，第 5087 页。
③ 《范成大笔记六种》中《桂海虞衡志》五，中华书局 2002 年版，第 156 页。
④ （清）顾炎武：《天下郡国利病书》卷一〇四，上海古籍出版社 2012 年版，第 3412 页。

1. 黎族是海南岛上的土著

此说见于王兴瑞的《海南岛黎人来源试探》[1]一文。他认为此说比较科学。

他指出，在美丽的海南岛上，有一座富于浓厚神秘色彩的黎母山，山上的住民，号黎人。他列举的证据说明宋人皆持此说。

宋代范成大的《桂海虞衡志》中的话，元代马端临中《文献通考》卷三三一《四裔八》引出了这段文字：

　　黎，海南四郡岛土蛮也。岛直雷州，由徐闻渡，半日至。

　　岛之中有黎母山，诸蛮环居四傍，号黎人。内为生黎，外为熟黎。山极高，常在雾霭中，黎人自鲜识之。久晴海氛清廓时，或见翠尖浮半空，下犹洪濛也。山水分流四郡。熟黎所居已阻深，生黎之巢深邃，外人不复迹。黎母之巅，则虽生黎亦不能至。相传其上有人，寿考逸乐，不与世接，虎豹守险，无路可攀，但觉水泉甘美绝异尔。[2]

按范成大的说法，在宋代以前，海南岛上的黎母山深处所住的土著，被称为"黎"。

宋人赵汝适也持此说，其所著《诸蕃志》中载："黎，海南四郡岛上蛮也。岛有黎母山，因祥光夜见，旁照四郡，按《晋书》分野属婺女分，谓黎牛婺女星降现，故名黎婆，音讹为黎母。诸蛮环处，其山峻极，常在雾霭中，黎人自鲜识之。"[3]而后来清代顾炎武也持此说："琼州府黎人，后汉谓之俚人，俗呼山岭为黎，而俚居其中，于是讹为黎。"又文曰："古昔伊尹正南方献令，有所谓'里'焉。里者，蛮之别落，后汉时谓之俚人，南裔。《异物志》谓俚在广州之南，俗呼俚为'黎'。义取山岭则生黎，自古居琼崖之中者是也。"[4]这些记载均

---

　　① 王春煜等编选：《王兴瑞学术论文选》，长征出版社 2007 年版。
　　② （宋）范成大：《桂海虞衡志》五，载《范成大笔记六种》，中华书局 2002 年版，第 157 页。
　　③ （宋）赵汝适原著、杨博文校释：《诸蕃志校释》卷下《海南》，中华书局 2000 年版，第 219—220 页。
　　④ （清）顾炎武：《天下郡国利病书》卷一〇四，上海古籍出版社 2012 年版，第 3381 页。

说明黎族人最早是海南本土的原住民。当然，论者的本意，并不是科学意义上人类演变的历史，仅为一种传说。而后来一些故事传闻，也与此说互相补益。张庆长在《黎岐纪闻》中曰："黎之种，旧无所考。或云：黎母山有女，自卵中诞生，适外来番男与之配，遂为黎种所自出，故名其山曰黎母。"[①] 清代陆次云在《峒谿纤志》中也载："相传太古之时，雷摄一卵，至山中遂生一女，岁久有交趾蛮过海采香者，与之相会，遂生子女，是为黎人之祖。"[②]《宋会要辑稿》云："黎峒，唐故琼管之地，在大海南，去雷州岸泛海一日。其地有黎母山，黎人居焉。"[③] 此类资料在有关黎族书籍中广为流传。这些以神话、传说的方式，说明在草莱初辟的古老年代，海南岛上深山老林中有原始人类黎族。而这批深山中的原始黎人，不是"从猿到人"发展而来的那种最原始的人类，而是最早、最古老的一支黎族族群。因年代久远，人们无法解释，因而产生上述这些说法。

2. 海南岛黎人源出百越族

持此说者以罗香林的论述为最完备。他于 1939 年发表了《海南黎人源出越族考》[④]，从人类学人种测验的角度，说明黎人的特性，与古代越族相同。

罗香林认为"黎人为古代骆越一部分"。他考证黎人与古代越族的共同点，如文身、铜鼓、地理环境、风俗习惯、语言以及黎族文化与考古学印证、中土民族远古海外移殖等方方面面，论证黎人为骆越族一部分。他的结论说："要之，即就种人源流与雷公关系各传说分布之广言之，亦可推知高雷等地昔日亦为黎人居域。唯海南岛黎地，西

---

① （清）张庆长撰、王甫校注：《黎岐纪闻》，广东高等教育出版社 1992 年版，第 116 页。

② （清）陆次云：《峒谿纤志》，载《历代文人笔记中的海南》，海南出版社 2006 年版，第 214 页。

③ （清）徐松辑：《宋会要辑稿》第一百九十八册，中华书局 1957 年版，总第 7788 页。

④ 罗香林：《海南黎人源出越族考》，载《青年中国》季刊创刊号（1939 年），转引自詹慈编：《黎族研究参考资料选辑》。

汉以前，为骆越一部分，骆越基本地域，本在越南与广西及广东西南部。""而骆越又为百越一部分，百越基本地域，本在皖、浙、闽、赣、粤、桂、滇、黔等省之一部分或全部分，自殷周以至春秋战国，百越有逐渐南徙痕迹，则黎人之分布状况，似亦先宅住于粤、桂与越南等内地，而后始聚于海南岛，以失去自由发展之机会，遂滞阻于浅化境地。"①

罗香林此说是学术上的误判。详见下文论述。

持黎人为古越族的一部分当然也有历史证据。《汉书·贾捐之传》有记载："骆越之人，父子同川而浴，相习以鼻饮，与禽兽无异，本不足郡县置也。颛颛独居一海之中，雾露气湿，多毒草虫蚊水土之害，人未见虏，战士自死，又非独珠厓有珠犀玳瑁也。"②《资治通鉴》卷二八《汉纪》"骆越之人"句中胡三省古注曰："余谓今安南之地，古之骆越也。珠厓，盖亦骆越地。"③这些地方所指的"骆越"，是指地域范围以及后来的移民路线而言。说明有史以后，从岛外移民而来的族类，已逐渐与岛上原有的黎族相融合了。

3. 黎出多源

刘咸与史图博等人通过田野调查而提出的多源说。他们认为黎族渊源于百越族中的一支骆越，但在长期的历史发展过程中，通过多种途径，在本岛先住黎族土著之后，已先后吸纳或融合其他种族成分，混血的途径多种多样。所以今天的海南黎族族群，在漫长的生活历程中，已成为一源多流的融合体。这是近一个世纪以来人类学家及民族学家经过艰苦的田野调查及进行科学研究之后所提出的新的观念。

刘咸在《海南黎族起源之初步探讨》一文中，通过多方论证所得出的结论是："总之，由种族名称、体格性质、文化因素，在表示黎人之起源，一方面与大陆之俚族有密切渊源，另一方面与南洋群岛之

---

① 罗香林：《海南黎人源出越族考》，载《青年中国》季刊创刊号（1939年），转引自詹慈编：《黎族研究参考资料选辑》，第18页。

② （汉）班固撰：《汉书》卷六四下《贾捐之传》，上海古籍出版社1986年版，第627页。

③ （宋）司马光编著、（元）胡三省音注：《资治通鉴》第三册，中华书局1956年版，第904页。

诸民族有显然关系。且三种探讨方法之间，彼此相阐发，相辅相成，故现今居住海南岛之黎族，可信其一部分系由大陆迁往，一部分系由海道而来，一部分系有史以后迁往，一部分似在有史以前移入，更益于后来汉人因素及影响，互为激扬，遂形成今日黎族之状况。"

刘咸的论据，根源于史图博所著《海南岛之黎族》一书，史图博是刘咸的崇拜者，20世纪30年代刘咸在上海时，曾两次与史图博共同讨论。刘咸说："近来上海，得识国立同济大学史图博教授，史教授曾两次赴海南采访，所得资料极多，关于文身问题，曾有讨论，获益滋多。"[1] 又说："以海南岛之黎族而论，国立同济大学史图博教授，曾先后两次莅临海南调查，所著《海南岛之黎族》一书，实空前巨著，不仅详其部族概况、文化生活，而体质描述，甚为详尽，允为科学的研究，确实可靠，惜所作人体测量，为数太少，不足以与他族比较。"[2] 因此，刘咸对黎族族源的探讨资料，除自己在田野调查中所得，实质上是与史图博的田野调查的记录相印证。

刘咸的探索分为：一是由历史上探讨黎族之起源，二是由体质上探讨黎族之起源，三是由文化上探讨黎族之起源。从这三个方面，提出在"远古朝代，由于海上交通的漂流，与太平洋附近诸岛之初民所显示之关系与源流，经分析之后，其来踪去迹，厘然可寻"。太平洋诸岛屿如密克罗尼西亚人、波利尼西亚人以及美拉尼西亚人这些民族，在体格测量、肤色观察及文身、语言、婚俗、妇女装饰、吹筒箭、口琴、织绣等文化生活各方面，均显示出相互的关系与源流，所以他提出黎族族源的多元说。

史图博的立论是海南岛原有的本地黎族，其他支系的黎族是后来从其他地方移来的黎族，他这一说法是比较客观的。不像过去有些学者在争论中所出现的情况，不就是笼而统之坚持海南黎族是土生土长的本地黎，不就是认为海南黎族是从内陆地带或海洋移民而来的。而

---

① 刘咸：《海南黎人文身之研究》，载《民族学研究集刊》第1期，第197页。

② 刘咸：《海南黎族起源之初步探讨》，载《西南研究》第1期，引文见詹慈编：《黎族研究参考资料选辑》，第42页。

史图博经过田野考察之后，提出综合的论证。他在《海南岛民族志》中写道："黎族四个支系之间的差异，导致了这四个支系并非同一起源的结论。宁可抱着信心来确认，海南岛是接受了相继而来的几个不同民族的移民浪潮的冲击而被开发出来的，黎族分成本地黎（原有的）和从其他地方移来的黎。他们的这种传说，亦是符合上述结论的。从大陆移居海南岛最近的路程，是从中国海沿岸的南端即雷州半岛，过渡到海南岛北岸很浅的约 15 米阔的河口地方的海南水路。所以要探讨海南岛的开发史，对于雷州半岛的民族学上的状况具有正确的知识是重要的。原来不是土著的黎族——美孚黎、岐黎、侾黎等，都不是从雷州半岛那边渡航过来的；无论从黎族各支系在岛内的分布情况以及他们祖传的说法也都说明这一点。"[1] 史图博通过他在东南亚如马来西亚、加里曼丹、苏门答腊、中国台湾地区等地的少数民族的考察，从农业生产、农具、水田耕作、住宅建造、生活习俗、民族服装、纺织技术等细微观察，认为所有这些地区与海南岛黎族，全都与黎人相似，尤其是纺织技术，"全都有着互相酷似的纺织品"，"其相似的程度令人惊奇"。

史图博还提及黎族生活其他的方方面面，如染色技术、装饰品、编织手工艺、使用的武器、海南岛的口琴、鼻箫、木鼓、木琴等。黎族所有的文化财富，"正显示出东南亚中等文化层的特征"。他肯定地说："从海南所处的位置来看，这种情况是可以预料的。"至于海南岛与台湾岛的先住民的族源，史图博说："我在旅行海南岛之前，曾经跑遍了台湾，对于两个岛的土著居民在许多方面的相似，曾为此而感到惊奇，特别是美孚黎与台湾南部的百宛族之间，有着明显的一致，尤其是衣服方面，看来几乎是完全一样的。更进一步在肉体的特征方面也有一致的地方。可以假定他们之间有着密切的关系。"[2] 史图博

---

① ［德］史图博：《海南岛民族志》，《关于黎族移居海南岛及黎族与东南亚其他民族的新近性问题》，1964 年 6 月中国科学院广东民族研究所编印，第 330 页。

② ［德］史图博：《海南岛民族志》，《关于黎族移居海南岛及黎族与东南亚其他民族的新近性问题》，1964 年 6 月中国科学院广东民族研究所编印。

的结论是在他对东南亚地区和台湾岛的考察基础上与黎族相比较而得出的!

4. 黎族源流"北来说"和"南来说"

徐松石是民族学研究的著名学者之一。他所著的有关民族学研究的著作有:《粤江流域人民史》《东南亚民族的中国血缘》《泰族僮族粤族考》《日本民族的渊源》及《百粤雄风岭南铜鼓》等。中山大学的蔡鸿生、陈春声教授等人,为他在广东人民出版社印行《徐松石民族学研究著作五种》。徐松石对于中国历史研究的贡献,提出了中华民族各部族为多元一体论。这一论点,也适用于考察黎族族源。徐松石在《粤江流域人民史》中说:"黎人居海南岛,有黎母山,高大险峻,生黎居于山中,熟黎环绕山麓。"徐松石又考证出黎人在古代散布两广和越南地方,种族问题与两广关系十分密切。他认为"黎人在古代散布两广和越南地方",并从地名来考证其根源。他指出:《太平御览》引《南州异物志》:"广州南有贼曰俚,此贼在广州之南,苍梧、郁林、合浦、宁浦、高粱五郡中央,地方数千里,往往别村,各有长帅,无君王,依山险,不用城。"从"往往别村"一语,可见他们采用村字甚早。如今,南海有黎坤,顺德有黎村,中山有黎村,三水有黎坑,台山有黎村黎峒,清远有上黎村下黎村,花具有黎村,英德有黎峒墟,河源有黎峒……文昌有黎璧铺(海南岛上,黎村黎峒的名称尤众)……我们所须知道的,就是两广几乎处处都有黎村。他又另举一例证明黎人原是广义的僚僮,因为他们的地名完全属于僮人的系统。《广东新语》说:"自阳春至高雷廉琼,地名多曰那某罗某多某扶某过某牙某我某陀某打某,黎岐人姓名亦多曰那某抱某扶某,黎岐人地名多曰那某湳某婆某可某曹某爹某落某番某。"其实"那"就是僮语的"田","湳"就是僮语的"水","陀"就是僮语的"河",其余每一个字都有僮义。又以铜鼓为证说:"又《隋书·地理志》谓俚人有铜鼓的,群情推服,尊为都老。今海南出土铜鼓颇多,而僮人区域亦多铜鼓出土。黎即僮族部落之一,更为可信。"

徐松石又从语言来考究黎族的种族问题。他说:"黎人的黎字原是僮音拳字或土山的意思。《太平寰宇记》说儋州俗呼山岭为黎，人居其间，号曰山黎。《广东通志》谓黎乃后汉的俚人。粤俗叫山岭为黎，所以称这些山居的土著为黎为俚为里。在广西的也称为俚。其实这黎字在僮语并非专门指山，有时乃指山上的峯。广西武缘县图经有按语，谓僮语'礌'音垒，乃土山低而平的。桂省左右江僮人现在仍呼'礌'，'垒'为'黎'字音。黎字乃指土山，于此可以证实。"①

他在《东南亚民族的中国血缘》一文中，又从另一角度论述马来族形成之后倒流传入中国的问题，即"南来说"。他指出："同时马来人在林邑南方与苏门答腊和爪哇等地的发现，也相当早。但他们形成马来族于这些地方，也断不能早于公元前第五或第四世纪。因为在公元前第五世纪，这些地方还是波利尼西亚族的势力地。既然马来族先人肯定是去自浙闽地方，那么在公元前第五世纪至公元前第一世纪这个时期内，古大越族居民的自动大规模横向外迁徙，就必定是在楚威王击杀越王无疆，越族分散于江南海上的时候了。大约当时的大越遗民，大批乘船出海，漂流到苏门答腊去。他们逼走当地的波利尼西亚人，又征服当地的小黑人，吸入了他们的血素，遂形成了一个棕色的马来民族。于是一部分马来人再经由林邑而与中国岭南的居民接触。"②

林惠祥的《中国民族史》中，对于百越族及黎族的考察，也为"南来说"提出进一步的佐证。他在阐述越族文化时，除说及"断发文身""契臂""食异物""巢居""语言不同""铜器"等特点外，其中有一条论及"使舟及水战"，他说："越人因在中国东南近水之区，故与水狎，交通以舟楫，战斗亦以水胜。"并引《汉书·严助传》中淮南王上书中言及越人的事为证，越人"习于水斗，便于用舟"。又，《淮南子·齐俗训》中有"胡人便于马，越人便于舟"。由此而说明越人从水路乘舟移居

---

① 徐松石：《民族学研究著作五种》（上），《粤江流域人民史》，广东人民出版社 1993 年版，第 147—150 页。

② 徐松石：《民族学研究著作五种》（下），《东南亚民族的中国血缘》，广东人民出版社 1993 年版，第 760—761 页。

海南以及太平洋群岛等地的可能性。[①]

5. 黎族和南岛语族有密切的联系

2002 年 11 月 22 日，海南大学受海南省台湾事务办公室委托，曾经举办一次"海南·台湾少数民族族源理论研讨会"。在这次会上，中国社会科学院语言学家欧阳觉亚、郑贻青从语言学的角度，考证南岛语与黎语相同或有关的词，由此说明黎族与南岛语系的密切联系。这篇文章对于海南黎族的族源研究具有重要的学术价值。现录下也作为一说。

南岛语系（Austronesian Family）又称马来—波利尼西亚语系，分布于西自非洲东南的马达加斯加岛，东至智利的复活节岛，北至中国台湾地区和夏威夷,南至新西兰。包括 300 多种(也有细分为 1000 多种) 语言，使用人口超过 2.5 亿人。该语系分四个语族：印度尼西亚语族、波利尼西亚语族、美拉尼西亚语族、密克罗尼西亚语族。印度尼西亚语族包括中国台湾地区的高山族诸语言、印度尼西亚语（马来语）、菲律宾的他加禄语、越南和柬埔寨的占语（包括海南三亚的回辉话）等。分布在中国海南和广西、云南、贵州的壮侗语族诸语言（包括壮语、傣语、布依语、侗语、水语、仫佬语、毛南语、黎语、村语，临高语等），国内一般认为属于汉藏语壮侗语族（如包括国外的泰语、老挝语等习惯叫侗台语族或侗泰语族），但国际上有不少学者认为壮侗语族与南岛语系的印度尼西亚语族有渊源关系。近年来，还有人干脆把汉藏语系和南岛语系联系在一起，划成一个更大的语系。不管怎样，黎语以及壮侗语与南岛语一些语言的关系还是明显的。在这方面已经有人做了一些研究，从黎语与印尼语找到一些互相类似的词。[②] 其中有一些彼此的确非常近似，如果它们不是有共同的来源，很难用"偶然相同"来解释。

下面选择了印尼语（马来语）、高山族各语言同黎语、壮语以及傣

---

① 林惠祥：《中国民族史》上册，商务印书馆 1996 年版，第 112—115 页。

② 倪大白：《南岛语与百越诸语言的关系》，载《民族语言》1994 年第 4 期；蒙斯牧：《印尼语与侗泰语的关系》，载《民族语文》1990 年第 6 期。

语几十个比较明显相同的词来作对比，在备注里有时添加回辉话或其他语言作旁证，它们的关系大概可以看出一些眉目了。

语言对照表

词义	印尼语（马来语）	高山语	黎语	壮语	傣语	备注
蚂蚁	semut		Put7	Mot8	Mot8	
鸟	manuk		N:k9	Yok9	Nko8	
头虱	kutu	Kutu（布）	Fou1	Yau1	Hau1	
月亮	bulan	Bulan（卑）	Na:n1	Dw:n1	Dyn1	
水		Danum（布）	Nom3	Yanm4	Nam4	
火	api	Apui（卑）	Fei1	Fai2	Fai2	
孩子	anak		Lw:k7	Lwk8	Luk8	
眼睛	mata	Mata（阿、布、卑、耶等）	Tsha1	Ya1	Ta1	
腿	paha		Ha1	Ka1	Xa1	
屁	Kentut（放屁）	??tut（排）	Thu:t7	Yot8	Tot7	
屎		?aki（布）	Ha:i3	Hai4	Xi3	
肩膀	bahu	Vau（布）?afala（阿）	Tswva2	Ba5	Ba5	
田	tanah	Tsanaa（卡）?umah（阿）	Ta2	Na2	Na2	
芝麻		Ta?ka（阿）	Tswgew1	?a2	?a2	
谷糠	sekam		Gom1	Yam2	Ham2	
船	pevahu	?ava?w（沙）	Va1	Yu2	H?2	
箭	panah	Pana?（阿）		Na5		
枕头	Pu?an（菲）		?a:n1			
吃	makan	Mekan（赛）Kan（耶）	Khan5	Kwn1	Kin1	
退后	Surut（推迟）		ru:t7			
落	dzatoh	Mat?rak（阿）	Thok7	Tok7	Tok7	
吸(烟)	sedot		Ru:t7	Dot7	Dut7	
洗(衣)	basoh	Fatsa?（阿）	To:k7	Θak8	Sak8	
哭	Mena?is	Ta?is（布）	?ai3	Tai3	Hai3	
飞	T?rban	Ma?f?r（阿）	Ben1	Bin1	Bin1	
死	mati	Mati（阿）	——	Ta:i1	Ta:i1	

续表

词义	印尼语（马来语）	高山语	黎语	壮语	傣语	备注
深	Djeluk（凹）	?ilizo（萨）	Lo:k7	Lak8	L?k8	
黑	hitam	Burnan（卑）	Dom3	Dam1	Dam1	
你	damu	Imu（耶）	Mew1	Mu?2	Mw?2	Maw2
我	aku	Kaku（阿） Ku（卑）	Hou1	Kau1	Ku1	Ku1
这	ini	Eni（邹）	Nei2	Nai4	Ni3	
二	dua	Tusa（阿） Su ua（沙）	Lau3			
十	puluh	Puluk（鲁） Pulu?（卑）	Fu:t7			
五	lima	Rima（阿、赛）	Pa1	Ha3	Ha3	

注：

（1）从上面的词汇材料可以看出，黎语与印尼语或高山族各语言是有一定的渊源关系的，但由于所发现的材料不算很多，看不出它们之前明显的语音对应规律，但至少可以说黎语与印尼语、高山族各语言表现为相同或相近的词不是偶然的相同。因此可以说，在若干千年前黎族跟高山族或马来人的先民曾经有过接触。从语言方面来看，黎语与壮侗语族诸语言的关系比它与高山族各语言接近得多。如果说黎语与壮侗语族的分离已经有3000多年之久，那么黎语与高山族各语言或马来语分离的时间至少要增加一倍或者更多。

（2）引用者注：此表中多处使用"?"，未明白缘由，暂且保留，存疑。

说明：

（1）印尼语的材料经林莲云女士校正过。

（2）高山族各语言的材料引自陈康：《台湾高山族语言》，中央民族学院出版社1992年版。

（3）材料出现高山族的泰耶尔语、赛德语、邹语、沙阿鲁阿语、卡那卡那布语、排湾语、阿眉斯语、布农语、鲁凯语、萨斯特语、卑南语、邵语、耶眉语时，分别用每个语言名称头一个字代替。

（4）词表备注中的回辉话材料引自郑贻青：《回辉话研究》，上海远东出版社1997年版。

（5）欧阳觉亚、郑贻青制表并加注。

近年来，学术界又不断有新的论述提出。

以上这些探索，都是有一定贡献的！这些论述，作为思想材料，在学术史的意义，是应该肯定的。

三、黎族并非全部源于骆越族，与骆越族有共同起源

黎族的族源问题，考古学、人类学、民俗学、民族学乃至于次级

学科的地名学，都已经提出了有价值的证据。然而，要确证黎族的族源，其中包含有诸如黎族的起源、族群的产生之后彼此之间的关系、他们的迁徙时间、混合和族群规模的变化等问题，完全依靠上述学科中现在仍存在的证据去证实或推测，都是因为有许多困难而只好各说各的话，也都没有在科学的意义上得出可靠的结论。

笔者也为探讨黎族族源而多次到过马来西亚的马来族村寨、加里曼丹的原始民族馆、美国夏威夷寻找波利尼西亚族的遗迹等处，进行过考察。

笔者认为，近些年，生物学界所作的通过遗传学的手段研究民族群体的系统结构和迁徙过程，这对于黎族族源的探索是极具关键性价值的，特别是 20 世纪 80 年代发现了纯母系遗传的线粒体；但因线粒体上携带的遗传信息有限，未能理想地解决问题。到 90 年代开始，Y 染色体的发现，这是男性遗传的，除了有线粒体的优点之外，还拥有极丰富的信息量。

上述研究，笔者看到两项成果。

一是 2007 年，海南医学院分子人类学家李冬娜和上海复旦大学生命科学院现代人类学教育部重点实验室李辉等，共同承担国家自然科学基金项目，发表了《海南岛土著民族的父亲遗传多态性差异分析》。他们通过对 Y 染色体单倍群分布及基因多样性分析，"结果显示：黎族五个支系有共同的起源，在黎族五个支系中 01a* 和 02a* 是主要的单倍体群。但在大陆占主导地位的 03 却非常低，这表明黎族群体与大陆的隔离。海南黎族与大陆的其他群体隔离在 2.6 万—1.8 万年前，这正好是最后的冰川期结束的年代。黎族五个支系有共同的起源，虽然与百越族群有共同的特征，但分离较早"。

这项研究的成果，后来在《中国热带医学》2007 年第 7 卷第 9 期上发表了《Y-染色体单核苷酸多态性对中国黎族起源的研究》一文，这是海南医学院的专家与第三军医大学专家合作的。这篇论文进一步扩充了上述简报的论点：

　　从黎族的 Y-SNP 单倍型结果中我们还可以看出，黎族五个支系 95% 以上都属于同一个单倍型 0*—175，这一比率远高于其他人群，因而黎族支系间的亲缘关系非常接近，他们有共同起源毋庸置疑。这一点在聚类分析和主成分分析结果中也有体现。同时，我们还发现，代表台湾原住民的阿美族、排湾族人群属于 0*—175 单倍型的比率占 100%，这显示，黎族与台湾原住民的起源很亲近，这一点与他们文化、体质的相似以及考古学证据能够相互印证。

这项成果，又以《Y-SNP 多态性揭示的海南岛黎族、回族和仡隆人群的起源》为题于 2007 年 11 月发表研究论文，提出了一些与研究成果相关的有价值的讨论。

二是 2011 年 2 月 15 日公开发表的《昆明动物研究所揭示人类史前移居海南岛》，由中国科学院昆明动物研究所张亚军院士指导的研究生彭旻晟、贺军栋和刘海昕对来自 3 个群体的共计 285 份黎族样本的线粒体 DNA（mtDNA）遗传多样性进行了分析的结果。

这项研究，结合之后发表的数据研究结果显示，海南岛人群与广西人群的遗传关系较为密切；来自大陆的近期移民对海南岛人群有着较大的贡献。

研究报告进一步指出：更为细致的研究发现，mtDNA 单倍型类群 M12、M7e 和 M7c1* 是揭示人类早期移居海南岛的候选标记；而基于 mtDNA 全序列测定的系统地理学分析表明，早期移民发生在大约距今 2.7 万年至 7000 年前。这个时间范围内，海南岛与大陆处于连接状态，因此提供了人类移居海南岛的有利条件。同时，近期在海南岛的考古学工作中发现的一些旧石器遗迹，时间推测在晚更新世，也对该研究结果提供了支持。

这项研究成果，在 2011 年 2 月 15 日发表于国际开源刊物《生物医学中心——进化生物学》（ BMC Evolutionary Biology ）。

这两项研究，可得出以下共同的结论：

第一，黎族迁徙到海南岛是距今 7000 年至 2.7 万或者是距今 1.8 万年至 2.6 万年，即是地质学的最后一次冰川期——大理冰期（1.8 万至 1.2 万年前），由于海平面的下降，海南岛与大陆相连，在这之前的历史时期，便于黎族群体通过陆桥顺利进入海南岛；这个冰川期在距今 1.2 万年左右结束，冰川融化，海平面上升，形成了琼州海峡。距今 1 万年左右，黎族稳定在海南岛上，形成了一个非常好的隔离群。

第二，黎族五个支系有共同的起源。

第三，黎族与百越族有共同特征，但两者分离较早，故不能说黎族起源于百越族，而是与百越族有共同的起源（下文详论）。

第四，黎族与汉族、苗族、瑶族的遗传关系较远，黑矮人 Negrito 没有参与黎族的组成。

第五，黎族与代表台湾原住民的泰雅族、阿美族和排湾族的起源极为亲近，有极大的同源性。

上述的五个结论，引发笔者对以下议题进行讨论。

第一，黎族不单是起源于百越族，而是与百越族有共同的起源。

黎族起源于百越族的一支——骆越，这是学术界长期以来的一个主流观点。

这一看法，忽视了历史的层递关系，导致有片面性。

所谓"百越"族，是到秦代才出现的。是吕不韦在当时为秦国统一天下、治理国家提供思想武器而提到的。它首见于《吕氏春秋·恃君篇》："扬汉之南，百越之际。"高诱注："越有百种。"《汉书·高帝纪》颜师古注"百越"曰："非一种，若今言百蛮也。"《汉书·地理志》师古注引臣瓒亦言："自交趾至会稽七八千里，百越杂处，各有种姓。"由此看来，"百越"不是一个单个的族称，而主要是泛指我国东南和南部地区众多民族的泛称。[1] 那么，"百越"族都有哪些呢？罗香林在《中夏系统中之百越》一书中最早提出包括有于越、瓯越、闽越、东鳀、扬越、山越、西呕、骆越、越裳、掸国、腾越、滇越、越嶲、僰国、夜郎、西越等 16 个族。但对这些族是否都是百越所属，不同的专家也有不同的说法。近年来一般研究者大致认为百越民族大致有勾

---

① 蒋炳钊：《百越族属中几个问题的探讨——兼论南越及其来源》，载中国百越民族史研究会主编：《百越史研究》，贵州人民出版社 1987 年版，第 20—21 页。

吴、于越、东越、闽越、南越、西越、骆越，以及三国时期的山越和台湾的东鳀人、夷洲人等，其中骆越分布在今广西左江流域至越南红河三角洲一带。

因此，在研究海南岛黎族迁徙过程中，史前时期的海南黎族族源，自然是来自于百越族了。

综上所述，联系到上文所述黎族族源的遗传学研究的结果，有两点值得讨论：（1）吕不韦提出百越到现在也不过2000年！而黎族是距今1万多年以前，从广西迁徙到海南的，怎么可以说黎族起源于百越族？（2）百越族的骆越一支，连同罗香林说的其他16个族群，都是后人在文明时期据史书记载而提出的，1万多年前肯定是没有称为"骆越"族的族群的！我们可以这样说，从历史的层递关系来说，在1万年以前，广西有族裔是黎族先民的祖源，黎族迁到海南之前是这个族裔的后裔。因此，在黎族迁徙到海南岛后的七八千年才出现的"百越"，与黎族有同源的关系，而不是黎族起源于百越族。

第二，考古的发现，印证遗传学关于黎族迁徙时间是正确的。

2006年5至6月，在大广坝水利工程的化石和文物地点的保护和发掘中，由海南省文物考古研究所、海南省文体厅和中国科学院古脊椎动物与古人类研究所组成野外考古发掘队对信冲洞化石地点进行了发掘。在考察信冲洞化石地点周边的地质和地貌时，中国科学院古脊椎动物与古人类研究所李超荣教授等在南阳溪第二级阶地的黄色黏土中发现了混雅岭和燕窝岭两处石器地点。

这两个石器地点均为旷野遗址，是人类临时活动的营地。发现的石制品少，但有一些特点：原料均为石英岩，个体比较大；打片采用锤击法；石器仅有砍砸器类型。素材为砾石，加工采用交互方式。第二步加工规整，刃缘平齐；在石制品中都保留不同程度的天然面。石制品的特征显示，其石器工业与华南砾石器工业有密切的关系。

在燕窝岭的地表还采集到有夹砂粗陶。根据地质、地貌和石制品的特征，初步确定两个遗址的地质时代可能为晚更新世，即旧石器时代晚期。

晚更新世，即旧石器时代晚期，这个时期距今大约是 1 万年至 1.2 万年，恰好也是黎族最后一批进入海南岛的时间。

第三，黎族不同时期分批进入海南岛后，走的是多元扩散路径。

黎族的先民自广西进入海南后，从现有的新石器遗址看，落笔洞是古人类的一个较早的遗址，但洞穴中的文化堆积，"非一次性堆积"，说明落笔洞人是游牧性质，而非长期居住。

测定旧石器时代晚期到新石器时代初期过渡的距今 1 万年左右，海南岛的遗址还有很多，中西部都有石灰岩溶洞遗址、山岗遗址、台地遗址等，分布广泛，又有如陵水南湾的石贡遗址等沙丘遗址和贝丘遗址。

据目前所掌握的材料，海南岛发现属于新石器时代遗址有 300 多处。主要分布在昌化江、南渡江、万泉河、文教河、陵水河、宁远河、文澜河、光村江流域和沿海地区，其中昌化江中游、南渡江上游、万泉河下游、光村江、陵水河和宁远河密度较大。可见，这是早期海南岛人类活动较为密集的地方。远古人类沿海、沿河而居，取其交通方便以及便于获得渔猎之利。

这些考古材料证明，史前黎族聚居地分布在海南岛全岛范围；这也说明，上述两项研究成果的材料来源是在全岛。因此可以肯定，黎族先民迁徙到海南岛以后，是多元扩散开来而繁衍生息的。

第四，考古出土的材料证明，黎族先民是从广西迁来的。

从上述 300 多处新石器时期的遗址可看出，文化内涵与两广地区基本相同，特别是与广西更为接近！如海南出土大石铲的遗址与广西地区以大石铲为特征的新石器晚期遗存在文化面貌上的大致相同，都属台地、山坡类型的遗址。这类遗址主要分布在广西南部地区的扶绥、钦州、隆安、邕宁、合浦、北流、玉林、贺县、德保、靖西等地，其中广西邕江的三角地区遗址最密集，出土遗物也最典型；海南则发现了大石铲及平肩长身石铲、双肩斜柄石铲等；其他地点的石铲种类单调，器形多发生变异。这说明海南岛当时与广西同时期文化的密切关系。由此我们可以判断，黎族先民是从广西上述地区迁徙到海南岛的!

第五，笔者经过田野调查所得，印证海南岛的黎族与台湾原住民族的泰雅、排湾和阿美等族群是有相同的起源的。

笔者带着探讨黎族族源问题，先后 8 次访问台湾。其中最难得的一次是 2001 年 11 月中下旬应邀访问台湾时，恰好台湾"中央研究院"历史语言研究所考古学、民族学专家陈仲玉教授的一个课题研究刚结题，需要休息。于是，由他驾车，他夫人作陪，一行 4 人，11 月 22 日到 24 日一连三天到泰雅族做田野调查，在花莲县秀林乡富地村停留时，并得泰雅族文面文史工作室田贵实夫妇接待。后来又进入太鲁阁国家公园内观看在此定居的泰雅族部落，接着探访了排湾族和阿美族等少数民族。

笔者还将这次田野调查和在 2002 年 9 月应邀访台，在台湾大学举行"台、琼两岸少数民族学术交流研讨会"以及会后对台湾少数民族聚居地的调查相结合，写成论文。[①]从文身、树皮布石拍的民族学解读中，论证台湾少数民族、特别是泰雅族和排湾族等几个族群，跟海南岛的黎族十分相像。而至今笔者在中国台湾和海南做田野调查时，还能看到大量的文身、树皮布的历史印痕，而这也只有台湾原住民和黎族共有的历史现象。

四、在多元视角下探讨海南黎族和台湾少数民族是同源而异流

台湾的少数民族，过去的高山族统称，实际上台湾的土著族共有泰雅、赛复、布农、曹、鲁凯、排湾、卑南、阿美、雅美等九族（现在有更多的族称）。台湾目前设有九族文化村，集中重现各族的风俗与特色。台湾的原住民群体迁移到台湾最早的已有 6500 年，最晚也有 2000 多年。台湾土著种族的来源也是多元的，而且台湾土著与海南黎族族源是相同的，可以说是同源而异流。

---

① 详见唐玲玲：《用血肉彩绘的民族》和周伟民：《树皮布石拍的民族学解读》，二文均载《寻根》2004 年第 2 期。

台湾"中央研究院"的凌纯声教授在《古代闽越与台湾土著》一文中写道：

第一，以台湾之方位、气候、地形、特产、古迹等与《临海水土志》所记之夷州相似。第二，以台湾土著民族之文化物质：①干阑；②崖葬；③猎头；④凿齿；⑤木鼓；⑥犬祭，与盐海郡之安家民族之文化特征相似。第三，安家民族为古越濮民族，今称之印度尼西亚或原马来族；原居大陆东南沿海者，古称百越；散处于西南山地者，古称百濮。而据《汉书》《宋书》《太平寰宇记》，列举越人早已从事航海；并言："中国政府经略台湾，始于东吴；而汉、夷民间往还更早于此；至于越人的移殖台湾，则在远古。"[①]

凌纯声以客观的考证而得出结论，在台湾的历史上，最早记录台湾岛先住民的生活形态的，可追溯到3万年前旧石器时代后期的右镇人。根据史籍记载，台湾最早居民的称呼，田哲益的考证指出：

秦朝时代所谓岛夷、东夷、海夷或夷州、东鲲等，指的大概就是目前的台湾，上述名称出现在中国的典籍里，泛指大陆沿海一带包括台湾岛在内的岛屿，且有形容岛上居民之原始生活形态的记载，由此可以证明，在汉民族从大陆移殖到台湾之前，原住民的祖先早已定居在台湾本岛了。

汉朝时称台湾为夷州，称居民为东鲲或东番；《后汉书》称东夷；三国时代称夷州人：三国沈莹《临海水土志》称山夷；《隋书》称流求（琉球）土人。隋代，台湾与澎湖、琉球并称琉球。《文献通考》云："琉球国在泉州之东，有岛曰澎湖，烟火相望，水行五日而至。"琉球即台湾。后来经过唐代的融合，成为明代的"东番夷"。[②]

记载这段历史的最初书籍是沈莹撰《临海水土志》，三国吴丹阳太守沈莹撰，这是一部记载有台湾历史的最早著作。其内容有二：一是

---

① 李汝和主修、张炳楠监修：《台湾省通志》卷二《氏族篇》，台湾省文献委员会编印1969年版，第10页。

② 田哲益：《台湾原住民的社会与文化》，武陵出版有限公司2001年版，第12—13页。

关于夷州民、安家民等古代民族的史志，为研究高山族史和古越族史的重要资料；二是关于鳞介、虫鸟、竹木、果藤等动植物资料，这部分内容不仅是我国古代农业科学知识的一部分，而且从中也可以或多或少地了解到古越人的生产知识和生活状况。[①]

《临海水土志》写于264—280年吴主孙皓在位之时，吴置临海郡时已先有临海县。孙皓即位于264年，《临海水土志》成书必在此后，因著者沈莹卒于天纪四年即晋太康元年（280年）之前。

著者为东吴的沈莹，自隋、唐、宋以来皆无异说。

沈莹在《吴志》无传，唯在《孙皓传》中有"丹阳太守沈莹等，所在战克"一语。又《吴志》引《襄阳记》有"晋来伐吴，皓使悌督沈莹、诸葛靓帅众三万渡江逆之至牛渚"。据凌纯声考证，沈莹应去过台湾，其所著《临海水土志》中的内容与台湾实况相同。

沈莹《临海水土志》一卷《隋书·经籍志》《旧唐书·经籍志》《新唐书·艺文志》皆著录。尔后，《通志·艺文略》、《玉海》十六、《太平御览》经史图书纲目、《国史经籍志》、《本草纲目》序例，清代所补《后汉艺文志》《三国艺文志》《补晋书艺文志》，以及《文选理学权舆》"注引群书目录"等，俱加著录。《宋史·艺文志》已不再著录《沈志》。宋以后此志失佚，世人不见其书已1000年。

后来有陶宗仪、杨晨两个辑本，又不够完善。1979年，由张宗根重新辑录，并加考证，与陶辑本并诸家考证，宋编成册，供研究台湾高山族史、古越族史与古代农业科学参考。

台湾古称夷州，《临海水土志》中写道："夷州在临海东南，去郡二千里，土地无雪霜，草木不死。四面是山谿。众山夷所居。山顶有

---

① 《临海水土志》一书，宋后已佚，据凌纯声教授所考证，书中记载夷州（即台湾）的文字，节录在《太平御览》卷七八《叙东夷条》中，但早于《太平御览》而保存的有，《后汉书·东夷传》所指沈莹的《临海水土志》，后《太平御览》所节录的部分，已被宋代李昉所篡改。凌纯声云：传抄本大同小异，如《隋书·经籍志》又名《临海水土物志》一卷沈莹撰，《太平御览》卷九四六一名沈莹《临海异物志》，《御览》卷六九八又作《临海水土记》，卷六九八又作《临海水土记》，卷八六一作《临海水物志》，一书四名称，书名稍异实同为一书。

越王射的正白，乃是石也。此夷各号为王，分画土地人民，各自别异。人皆髡头穿耳，女人不穿耳。作室居，种荆为藩障（蕃郶），土地饶沃，既生五谷，又多鱼肉。舅姑子妇男女卧息共一大床，交会之时，各不相避。能作细布，亦作斑（班）文布，刻画其内，有文章以为饰好也。其地亦出铜铁，唯用鹿觡矛以战斗耳。磨砺青石以作矢镞、刀斧、镮贯、珠珰。饮食不洁。取生龟肉，杂贮大器中以滷之，历日月乃啖食之，以为上肴。"①在这些记载中，可以看到，上古时代的夷州人还处于原始社会母系氏族公社阶段，在社会生活中没有统一的组织，而是以母系氏族公社为单位从事生产和生活；生产力十分低下，喜食腌制物等等，这些习俗，与古越人十分相似，这是台湾高山族先民属于古越人一支的佐证。

《临海水土志》是研究台湾先住民的历史和古越族史的较为完整的最早文献之一。以此与黎族在海南岛上先住民的古老文化习俗相比较，有异曲同工之趣。因为两者之间的族源均属于古越族，可谓同源而异流。

历史上，宋代以前有所谓黎族分生黎、熟黎之别，台湾先住民有生番、熟番之分。黄叔璥在《台海使槎录》卷八中所描述的生番、熟番的生活环境及性格特征，也颇相似。台湾的土著诸族，与海南黎族的族源一样，反映了当时百越民族的各个支系的流向，从各自存在的文化特质上反映出来。台湾连横所著《台湾通史》云："或曰楚灭越，越之子孙迁于闽，流落海上或居于澎湖。"②林惠祥在《中国民族史》中，也论及黎族与台湾番族的关系，并提出研究的路径。他说：

> 黎人之起源因海南系属海岛其人自必由外移入，唯究系何时由何方移入？属何种人？则未有确论。学者有以黎人为属于掸族者，如J.G.Scott谓"居于海南岛之黎人谓其为纯台族，虽乏直接证据，然由外形观之为极度可能"（见《中国西南民族分类》）。所谓台即谓

---

① （吴）沈莹撰、张崇根辑校：《临海水土异物志辑校》，农业出版社1981年版，第1页。又据凌纯声征引文字校改。

② 连横：《台湾通史》上册，商务印书馆1996年版，第2页。

掸族。按黎人在前汉即已有，然则其移入必在更古，大约在石器时代。黎人之来路有北方大陆及南洋两条，南洋远而大陆近，古代之黎人似以由大陆一路为是。由大陆则汉以前广东系南越族所居地，或即南越族所移居。且黎人有文身之俗，古越族亦有文身之俗，此亦一同点。若谓掸族有文身之俗黎族亦有之似即谓掸族，然台湾之番族亦有文身之俗，其文身之纹样与黎人甚相类，然而台湾番族乃马来族而非掸族。黎族种属及起源之问题与古越族极有关系，应合而研究之。研究之道宜兼用体质测量法，语言比较法，文化比较法，历史方法等方能有所发见也。①

台湾与海南一样，四面环海，孤悬海外，与大陆隔绝，所以，几千年来，岛上土著能长期保持原始生活状态。黎族在远古时候移殖海南与百越族移居台湾，散居于两个海岛，在叠嶂如屏、连峰插汉、深林密布间生活，在深溪峻岭间繁衍。直至今天，彼此之间尚保留着各自相似的古老习俗，如文身，黄叔璥在《番社杂咏》中云："绝岛中华古未通，生来惟斗此身雄。独余一面狰狞外，人鸟楼台刺自工。"②黎族的文身至为普遍，至今仍有 3000 多人，两岛的先住民仍保存传统的社会组织的遗迹。由此可证实，同源而异流之说是符合上古的文明传说的。

对于台湾少数民族族源问题的讨论，笔者认为，琼台少数民族的族源问题，长期以来，一直是人类学、民族学、民俗学学者们关注的问题。琼台少数民族的族源，有些是同属一个系统，有些是不属于同一个系统；在同一个系统里面，也有不同的族群或者不同的部落，他们在不同的时间和不同的地点迁徙来，进入海南岛和台湾岛的地点也不一样，特别是他们迁徙的目的差异很大，有些是刻意而为的，有些是在偶然中迁徙的，而登岛后定居和繁衍的方式也都不一样。因此，我们今天来探讨琼台少数民族的族源问题，应该用一种多元的视野来

① 林惠祥：《中国民族史》，商务印书馆 1996 年版，第 128 页。

② （清）黄叔璥：《番社杂咏》（24 首），此诗排行第一，载《台海使槎录》，商务印书馆 1936 年版，第 162 页。

加以观照。

海南岛的先住民黎族，他们的族源，润方言和其他如杞方言、哈方言、美孚方言和赛方言等四种方言的黎族，都是远古时越过琼州海峡迁徙到海南来的，他们最早掌握和积累了关于季候风、海流等自然知识，并且最早使用独木舟。他们跟南岛语系的先民进行交融，因此，这部分黎族和南岛语系的民族在史前时期就进行着血缘的双向互融。从这个角度来看，这部分黎族，就含有南岛语系民族的血统。因此，黎族在远古的时候进入海南岛，也是多元的。

至于台湾的先住民族，本身也是多元的。笔者把台湾"摄影天地杂志社"1998年9月在台北出版的马腾岳著的《泰雅族文面图谱》一书所介绍的最近100年来，中国和外国学者们把探讨台湾原住民族群的族源看法罗列出来，然后做一些分析：

（1）柯恩的中南半岛学说（Kern，1889）：荷兰学者柯恩认为古南岛民族大概居住在占婆、中国与越南交界处、高棉以及沿海的邻近地区。

（2）凌纯声的中国大陆学说（凌纯声，1950、1952、1954）：中国学者凌纯声，曾以东南亚古文化特质，如文身、缺齿、拔毛、竹簧片口琴、贯头衣、腰机纺织、父子连名制、猎首、灵魂崇拜、室内葬、崖葬等等，推定台湾土著民族，是中国古代越獠民族，并在纪元前迁至台湾。

（3）欧追古的亚洲大陆东南沿海地区学说（Haudricout，1954）：法国语言学家欧追古认为，古南岛民族的起源地是在亚洲大陆江南沿海一带，介于海南岛与台湾之间的区域，比柯恩的看法更北一些。

（4）戴恩的西新几内亚学说（Dyen，1965）：戴恩以苏瓦迪士所拟定的人类社会两个基本词汇，去除与南岛语族不适合或是不全的进行比较分析，发现整个南岛民族区域中，语言最歧义的三个地区为：①新几内亚—美拉尼西亚；②中国台湾；③苏门答腊及其西岸岛屿。

（5）布拉斯特的台湾学说（Blust，1985）：美国南岛语言学者布拉斯特认为，古南岛民族的老家就在台湾，整个南岛民族就是从台湾开始扩散的。

布拉斯特的论证建立在两个基础上：①台湾地区的语言占整个南岛语系的四大分支中的三支，语言最为分歧，也最有可能是原住地。②最新最全的语言资料显示，古南岛民族日常生活所接触的植物群，都见于台湾岛上的各种地形和气候。

（6）施得乐与马尔克的台湾学说（Shutler and Marek）：施得乐与马尔克认为，台湾是古南岛民族的发源地。原因有三点：①台湾烧山开林的时代最早，且有绳纹陶文化等考古证据。②傣、凯傣、南岛共同母语起源于公元前1万年的亚洲南部，即华南与中南半岛一带。有个共同母语社会在公元前9000年时分裂，其中一支，即古南岛民族向外迁出。施、马二人认为最有可能的迁居地便是台湾，因为台湾离亚洲大陆的傣与凯傣文化最接近，有地理上的最近相关性。③台湾是南岛语系、语言最纷杂的地区，语言证据显示台湾是古南岛民族起源地的最佳选择。

上面所列举的六种观点，有些是直接讨论台湾先住民的族源问题的，也有一些是从探讨南岛语言系统的形成而说到台湾原住民的族源问题的，不管出发点和角度如何，实际上都是讨论族源。我们把这六种理论概括成三类：

第一，台湾先住民的族源"西来说"，所引的资料为（1）（2）（3）项。（1）所说的占婆，就是现在的越南西贡附近，中越的交界处和柬埔寨，指的是中国的南方。（2）笼统说是中国大陆，在他申述的时候，讲到文化特质，所列举的项目里面，如文身、竹簧片口琴、贯头衣、腰机纺织、父子连名制和灵魂崇拜等，指的就是海南岛的民族。（3）就更加明确，说的是海南岛与台湾之间的区域。这样看来，"西来说"实际上就是指中国大陆的东南沿海地区，更集中的是指海南岛。

第二，"南来说"，所引的材料是（4），所讨论的是南岛民族与台湾的关系。他所说的是先住民从现在的印度尼西亚一带迁入的。中国学者吕思勉和蕲伯赞也持这种观点。

第三，"台湾本土说"，所列的材料是（5）（6）。所讨论的南岛语系是从台湾开始扩散出去的，这种观点今天台北顺益台湾先住民博物馆在陈列时也是采用这种观点。因为这里所讨论的是南岛语系的来源，那么，台湾先住民又从哪里来的呢？施得乐说得很明确，他根据考古学的绳纹陶文化来证明是从中国大陆华南传到中南半岛和台湾的。这样看来，实质上也认为，台湾先住民的族源是来自中国的华南地区。

以上是历史学家、语言学家和考古学家对史前文化与原住民考证所作的论证，这六项材料，有五项都没有证明史前文化与今天各族的明确关系，正如海南省三亚市落笔洞本来是黎族居住地，但是对落笔洞考古发掘出的人类遗骸作碳14测定，是10600年左右，那么"三亚人"是否就是今天的黎族？目前还没有获得非常明确的证据来加以证明。上述的"西来说"是笔者所同意的。以下试图从文化人类学和生活习俗方面来提供一些佐证，证明史学家、语言学家和考古学家所推论的台湾先住民的族源是"西来说"。

首先，海南岛和台湾岛至今3000年左右所使用的石拍和树皮布的关系来印证"西来说"。根据考古学家的发现，联系到中国古代的典籍，如宋代乐史的《太平寰宇记》第一百六十九卷《儋州》《琼州》《万安州》所作的记载，远古的时候，海南岛的黎族就使用石拍来制作树皮布。同样，台湾学者也指出，太平洋地区包括台湾也使用石拍来制造树皮布。台湾"中央研究院"民族学研究所的凌纯声指出："树皮布文化在中国的起源甚古，可能早至石器时代，与印纹陶同时存在，在用麻丝纺织之前，如在史前考古学上能找到槌打树皮布的石棒，则今分布在整个太平洋区的树皮布文化，可以假定是起源于中国的。"[①] 他的论断，在海南及台湾近年的考古发现中，可以证实。凌曼立说："树皮布文化是环太平洋区的古文化特质之一，亦即是中国古代的褟布（Taba）和嫁布（Kapa），且与中国发明造纸术有直接的关系。"[②] 她也提及台湾有关古文献上的树皮布文化。考古出土是静态的遗物，要把这些人类

---

① 凌纯声：《树皮布印文陶与造纸印刷术发明》，台湾"中央研究院"民族学研究所1963年版，第11页。

② 凌纯声：《台湾与环太平洋的树皮布文化》，台湾"中央研究院"民族学研究所1963年版，第211页。

的遗物跟民族学活生生的资料相印证，才充分显示出它的价值。香港中文大学考古研究所所长邓聪博士1999年发表了《台湾地区树皮布石拍初探》一文，综合讨论了台湾27处出土树皮布和石拍遗迹的资料，文中特别介绍了台湾白水溪和中冷的石拍。他指出，台南新营白河庄白水溪的石拍，是日治时期发现的。20世纪40年代，鹿野忠雄在《台湾考古学概观》一文中，首次描述了白水溪出土的石拍，这些石拍是用来制造树皮布的；1962年，凌纯声又指出：白水溪石拍是一种制作树皮布的"装柄打棒"。中冷是继白水溪以后第二次出土复合型石拍的遗址。这些材料，都给学者们提供了证据，证明了海南岛黎族的石拍和树皮布跟台湾先住民的石拍和树皮布是有着传承关系的。

其次，关于文面和文身。海南的黎族和台湾先住民中的泰雅族至今还能看到人们用血肉彩绘在人体上的斑斓图案。文面和文身，在中国的典籍里面，早期的如《礼记·王制》说：南方的民族"被发文身"。《史记·赵世家》里面说：南方"翦发文身，错臂左衽，瓯越之民也"。索隐："刘氏云：今珠崖、儋耳谓之瓯人。"[1] 这就是说，海南黎族的文身是非常早的。同样，在中国典籍里，最早记载台湾原住民族文身的是《隋书·东夷传》："流求国，居海岛之中……妇人以墨黥手，为虫蛇之文。"[2] "流求"即指台湾岛。后来有《桂海虞衡志·蛮志》、《岭外代答》卷十、《绣面》、《广东新语·黎人》、《黎岐纪闻》等典籍也记载了此事。在世界范围里面，美洲等地的文身，我们不加论述；就海峡两岸来说，大陆北方和长江流域据说也有文身，我们没有见过。而我们知道的是云南省的独龙族至今仍然保留着文脸和文身的习俗，而独龙族的文脸和文身，我们见到过的图片，只是一些散点。黎族和泰雅族的文身，却是非常壮观地刻在人身体上的"敦煌壁画"。这两个族群的文身，如关于文身起源的传说、文身的社会功能、文身的文素以及文身的仪式和过程等等，都有很多相同和相似的地方。当然，文

---

① （汉）司马迁撰：《史记》第六册，中华书局1959年版，第1808页。
② （唐）魏徵等撰：《隋书》第六册，中华书局1973年版，第1823页。

素以及图式，两族之间是有差异的；这种差异，也是由于文身的功能所决定的。所以，黎族和泰雅族的文身，在本质上是相同和相似的。

最后，我们还可以从生活习俗方面找到很多类似的地方。诸如饮食中的腌鱼和腌肉等，人居、节庆、婚葬、服饰、织锦、生产工具、狩猎方式、农作、手工艺品、伦理道德、民间信仰等方面，都有很多相同和相似的地方，而且相同是多数的，相似点不过是由于时代的发展和现代社会生活影响的程度不同而产生变异罢了。

综上所述，笔者认为，海南岛的黎族和台湾先住民之间在族源方面是相同或者是相通的。显著的例子，可举阮昌锐教授在1994年出版的《台湾土著族的社会与文化》和1996年出版的《台湾的原住民》里面所指出的："至今约7000年前，绳纹陶文化传入台湾，4500年前，又有三种文化从中国大陆传入，第一种是台湾龙山形成的文化，类似中国的龙山文化，有各种形式的彩陶、黑陶，主要分布在西南沿海平原。第二种是园山文化，以台北盆地为中心，有各种形式的陶器和磨制的石斧。第三种是泰源文化，它以巨石文化著称，在台湾东海岸和台东的纵谷，泰源文化和太平洋岛屿的巨石文化似有关联，有些学者也认为巨石文化与排湾族有关，也有学者认为与阿美族有关。排湾族和阿美族也许是巨石文化的后裔。距今2000年至3000年，有一种几何图形印陶传入台湾北部和西部临海地区，布农族和邹族到最近还能制作这种陶器。距今500年到800年，有一种坚硬、光面的无花纹陶器，分布在台湾东海岸和台湾北部，跟现在的凯达加兰、噶玛兰和阿美等族的陶器相似。总而言之，我们不能说全部台湾先住民都来自中国大陆或者来自南方海岛，而且迁来的时间也有先有后，大体上我们或许可以说，今天居住在山区的泰雅族、布农族等是早期的移入者，他们的文化比较接近大陆的系统，大约在6500年到4500年前之间，自大陆迁入，可能与绳纹陶和龙山形成期有关。至于居住在平地的诸族，如阿美族、卑南族、噶玛兰族等迁入较晚，其文化接近南岛语系；然而，南岛语系的民族，经考古学家和民族学家的研究，他们的祖居地也在中国华南地区。所以，无论是自中国大陆直接来台湾，或由大陆而南洋，再由南洋而台湾，台湾原住民的祖居地仍是中国大陆。总而言之，我们可以确定，台湾原住民是中华民族的一支。我们在上面所列举的文化人类学和生活习俗的大量材料，也是证明这样一个结论。"[1]

第二节　临高语族和仡隆语族迁入海南

一、临高语族迁入海南

临高语族在春秋战国时继黎族先民迁徙到海南岛。到了汉代，史志已经明确记录了大陆移民首先移入的地点是临高。据正德《琼台志》记载："郡志载，建武二年，青州人王氏与二子祈、律，家临高之南村，则东汉有父子至者矣。"[2] 这也证明，历史上有文字记载移民海南岛的，最早是移入临高。

临高语族，是指散落在海南岛北部，东起南渡江，西迄临高县的新盈港，南以琼山县的遵潭、澄迈县的白莲和儋州的南丰为界，包括临高全县和儋州、澄迈、琼山及海口市郊的一部分地区——这个地区在地域上连成一片。据史图博在《海南岛民族志》中描述，他在1931年到访过临高人的村子，也包括自儋州南丰以南，今白沙县的细水乡、元门乡和牙叉镇，约有50万人使用汉藏语系侗泰语族壮泰语支的一种语言——临高语。从语言、社会、风俗习惯等方面来看，他们显然是海南岛上的一个少数民族。[3]

由于历史上的种种原因，临高人没有自己的民族族称。他们或称为临高人，或以住地为名，称龙塘人、长流人、白莲人等。过去，有些人说他们是"汉化了的黎人"或"黎化了的汉人"，也有人认为他们是广西等地的"从征而来"的壮族军队的后裔。[4] 这些说法都是一

---

[1]　周伟民在琼台少数民族族源理论研讨会上的主旨发言。
[2]　（明）唐胄纂：正德《琼台志》卷三，海南出版社2006年版，第58页。
[3]　梁敏：《"临高人"——百粤子孙的一支》，载《民族研究》1981年第4期。
[4]　张介文：《透过地名看临高人在历史上的几个问题》，载《中国地名》1996年4月10日。

家之言。

关于临高人的人类学现象，早已引起国外人类学家的关注。1925年，中国政府勘察海南岛，聘请法国萨维纳做官方翻译。同时，当时印度支那总督法国远东学院，交给萨维纳一项任务，即调查海南岛的民族与语言。萨维纳在海南岛住了四年多，走遍了海南岛各个地方，带回大量的资料和珍贵文献，包括一幅百万分之一比例的彩色山体地图，以及福老话（海南话）—法语、临高语—法语和黎语—法语三本词典的手稿，附有福老语（海南话）—法语、临高语—法语和黎语—法语三本词汇集，另有关于海南岛内部山区部落风俗习惯、信仰行为、丧葬礼俗的笔记等。在辛世彪译注的《海南岛志》中，告诉了读者关于萨维纳对临高人的研究成果。[①]

萨维纳写道："村人（Ong-Be）（属台人部落）有40万，现今集中在西北部。黎人（Hiai-ao 或 Daiao）是岛上的原居民，人数约20万，自称过去曾占据整个岛，如今野宿于中部的山里，他们的地盘受到邻居们的不断蚕食。"[②]这里所说的村人，就是临高人。Ong是"人"的意思，Be是"村"的意思。Ong-Be读为"a η be"，音近"昂贝"不是"翁贝"，这是临高语东部方言海口西郊长流一带的读法。萨维纳调查过长流话，所编写的《临高语—法语词典》，经后人整理，成为《萨维纳的临高语词汇》，法国远东学院1965年出版。[③]

萨维纳是已知的第一个从语言角度把临高语族从黎族中区分出来并准确定位的人，他同时提出了临高人何时迁徙海南岛的问题。他写道："一个有趣而令人困惑的问题是：这些土著居民是些什么人？中国史书忘了告诉我们了。可以确信的是，在遥远的当时，黎人已经在岛上了。在这个问题上，传统与历史没有留下任何可怀疑之处。当时是否还有台族（Race Tai）和安南族（Race Annamite）的人群吗？传

---

① ［法］萨维纳：《海南岛志》前言，辛世彪译注，漓江出版社2012年版，第1—2页。

② ［法］萨维纳：《海南岛志》，辛世彪译注，漓江出版社2012年版，第1—2页。

③ ［法］萨维纳：《海南岛志》，辛世彪译注，漓江出版社2012年版，第1页。

统与历史在这方面默然无声。但是我们知道，在公元前 2 世纪汉人开
始征服南粤（Nan-ue）前，台人和安南人已经占据着中国的南部。这
两族的人当时难道就没有在大陆视而可见的海南岛北部出现并群居
过？这些人主要靠世界上最古老的两个行业——渔、猎为生，理当易
于迁徙，在汉族征服者到来之前，他们没有横渡狭窄的琼州海峡，这
倒是很特别。还有，汉人到达南粤，难道就不会驱使大陆南部的台人
和安南人逃难到邻近的海南岛上？"①萨维纳的设问，实际上隐含着他
的结论：临高语族群可能在公元前 2 世纪以前，已经在海南岛北部进
行以渔、猎为生的营生了！当然，这是对萨维纳文中应有之义的推测。

在 20 世纪 20 年代，对临高人的研究，的确"任何文献资料都不
可能对这些问题作出肯定的回答"，但是萨维纳相信，靠着语言学，
能够提出肯定的看法。萨维纳对临高人的推论，成为后人研究临高人
的先声。

比萨维纳的调查稍晚的，在 20 世纪 30 年代初，德国人类学家史
图博到海南岛黎族地区进行田野调查，完成了黎族的人类学和民族学
的研究，写成了《海南岛的黎族——为华南民族学研究而作》，在这
部书中，他也特别提到临高人这个特别的群体。

当时，史图博到过一些临高人住的村落。他说："我所见过的临
高人的村子有：儋州县的略湖村，靠近那大的横岭村，同县南丰之南，
在往白沙峒途中的临高人小村那婆村，白沙峒的商人村牙叉，在白沙
峒西部住着一半临高人与一半黎族的南哈特（Nam-hād）等一些村子，
从和舍到加烈的旅途中，亦经过临高人的村子。"②他详细地描述了沿
途见到的临高人的生活习俗、风土人情、宗教信仰的各种状况，从而
提出了临高语"可能是和泰、汉语的混合物"，对临高人认为是"海
南化了的黎人"。

史图博在田野调查中，详细地记录下临高人的生活状态，当他经

---

① ［法］萨维纳：《海南岛志》，辛世彪译注，漓江出版社 2012 年版，第 3—
4 页。

② ［德］史图博：《海南岛民族志》，未刊本内部印发，第 277 页。

过儋州到达白沙的牙叉时，说这里住着的一半是临高人，一半是黎族。也有的村子，如儋州冯圩峒南哈特村，全村 14 户人，临高人 13 户，另一户是黎族。史图博说当时他在白沙的细水峒、元门峒、白沙峒等地见到临高人住的村子也比较多。

根据史图博的调查，得出的结论是："临高人的语言并非汉语方言，在海南岛内，恐怕临高语是最接近泰语的。"所以临高语族不属于汉族。

但因为临高人长期和汉人混居，又与黎族和客家人住在一个村子里，所以临高人吸收了汉族和黎族的民族和宗教，生活方面又与客家人的习惯相似。

无论是法国人或德国人，他们都对临高人有着特别的关注。那么，临高人这一族群的族源族属的问题，现代中国学者又提出哪些研究成果呢？

1957 年，中国科学院少数民族语言调查第一工作队一行四人（梁敏、陆雄、王德理、朱玉熙）到海南调研，撰写了《海南村话和临高话调查简报》，肯定临高话是"发于汉藏语系侗傣语族壮傣语支的一种语言"。1980 年，国家民委派中央民族学院（今中央民族大学）四位民族语言学家到海南调研。1980 年春，临高人向广东省民委和国家民委正式提出民族识别和实行民族区域自治的要求，于是，各路民族学专家对临高人的族属问题纷纷撰文进行讨论。

作为中国古百越民族后裔的一部分的临高语族群，当时是从广西的东南部和雷州半岛一带迁到海南岛北部地区的。

关于临高人的族属问题，一直存在意见分歧。

1981 年，中共临高县委办公室印发《关于临高族属问题的讨论综合报告》。当时临高县正在召开县第六届人大会议，代表们讨论临高人族属问题。当时，多数人认为，临高县很多姓的祖宗都是从福建等汉族地区迁来，血缘关系密切，文化艺术、风俗习惯等方面无论过去还是现在，都具有显著的汉民族特点，临高人应属汉族，而不是少数民族。因为是六届县人大，于是决定临高人是汉族。

对于这样一个严肃的问题，当时，对于少数在场的代表，特别是会外民众、县外、省外的学术界人士的意见尊重不够；因为会上就有代表提出了很重要的不同意见，认为要进一步搞清楚临高人的历史，临高不少姓的族谱记载说是从福建迁来，但这些记录都说是宋元以后迁来的。其实，临高在隋大业三年（607年）即已置毗善县（县治在东英附近），唐武德五年（622年）改毗善县为富罗县，同年，从富罗县析出一部分置临机县（县治在马袅附近）。那时，这里居住的已经是临高人。因此，这两段历史要进一步搞清楚，是什么族应该定为什么族。这些不同意见被否定了。

现在看来，族属问题虽然尘埃落定，但客观地说，笔者认为，临高人定为汉族是缺乏学理根据的。特别是仅依靠那几个宋元以后才迁入临高的姓的族谱来定族属更是不可靠的。因为当时（1981年）在县六届人大会上是根据临高县林、谢、许、王等几个大姓的族谱，认定是从福建省迁来的，其中如美珠村王氏族谱记载，他们的祖先来自福建福州府闽县甘蔗园村。福建没有壮族，因而必然是汉族！其实，1980年11月临高县专门组织了一个访问团到福建几个县去"寻根究底"。12月回来报告说：成果不多。笔者也曾经到福建莆田县调查过，根本没有甘蔗园村的存在！何况这些姓都是宋元以后迁来的，没有更早的记载。

其实，1957年以后，学术界比较一致的意见是临高人的先民进入海南岛的年代约在前500年，是继黎族先民之后从广西南部和雷州半岛登上海南岛北部的一个族群，是骆越族的一支。公元前500年是在秦始皇于公元前221年统一中国之前的春秋战国时代。

第一，从语言学的要素看，临高方言源于古越语系。詹慈认为：临高话具有古越语的成分。古越人的民歌在《说苑》《越绝书》记载的古越语，在基本词汇尤其在语法结构上与临高话有许多共同点。如《越绝书》卷八称："朱余者，越盐官也。越人谓盐曰余。"[①] 这是形容词和名词后置的一种语法句型，即"余朱"（盐官）变为"朱余"（官盐）。

---

① 张仲清：《越绝书译注》，人民出版社2009年版，第187页。

这与临高话的语法完全相同。清光绪年《临高县志》载："其土语甚乖舛，即邻近不能通。每多倒用字义，如称甲乙曰乙甲。"[①]道光《徐闻县志》云："黎语，即琼崖临高之音。"而道光《琼州府志》卷三《舆地志·语音》篇云："黎语则虚上而实下。如鸡肉则曰肉鸡，县前则曰前县。"[②]直至现在临高人仍称三叔为"叔三"、大哥为"哥大"、上村为"村上"、手指为"指手"、脚趾为"趾脚"等等，这表明了临高话是古越语的一种遗存。它与壮侗语各族的语言同源。[③]

中国科学院少数民族调研分队等语言学家在临高调研的结论也提及临高话具有"古越语的成分"，"属于汉藏语系侗傣语族壮傣语支的一种语言"，"与壮语十分相近"。所以说，临高方言源于古越语系，是俚（黎）语、壮语、疍家话和汉语的混合物，是讲临高方言先民与后来的疍民、汉人长期交融的结果。

第二，临高人的先民与古代"骆越"和"俚人"有着密切的渊源关系。据《汉书·地理志》记载，汉武帝元封元年（前110年）在海南建立了珠崖、儋耳二郡。这是中原封建王朝正式统辖海南岛的开端。儋耳郡管辖儋耳县、至来县（今昌江县）、九龙县（今东方市），是骆越、俚人活动的地域。骆越、俚人早在汉置珠崖、儋耳郡治之前，就已经在那儿繁衍生息了。现在临高人聚居地区恰好是古属骆越、俚人居住之地。说明临高人先民在海南的历史是在西汉以前！而临高县的建置，自隋朝开始。据清代樊庶纂修的康熙《临高县志·古迹》载："富罗县，即今治西二十里之东塘都。本隋之毗善县，唐初更名富罗，南汉废而以其地析入临、儋，至宋始立今治。又按：元大德间，冼雷《县治碑》云：'在昔县于东塘都，而名富罗。'夫冼雷，邑人也。元去唐宋未远，必有所据。缘地连临、儋，故《儋志》载有富罗，然亦失其治之所在，

---

① （清）聂缉庆、张延主修，桂文炽、汪瑸纂修：光绪《临高县志》卷四《疆域类》，海南出版社2004年版，第100页。

② （清）明谊修、张岳崧纂：道光《琼州府志》，海南出版社2006年版，第99页。

③ 詹慈：《试论海南岛临高与骆越的关系》，载《中央民族学院学报》1982年第3期。

而临并失载。临机县，即今治东四十里之临机村。唐初置临机县，开元初更名临高，宋初始徙今治。"[①] 这是古代岛北各县，是古代临高人聚居地区的客观根据。

第三，地名是历史的活化石，地名首先是以语言来称呼，从地名的分布来看，也可以看出民族的族属。临高人不是"海南化了的黎人"，如黎语叫"田"为"什"，而临高人叫"田"为"那"，因此两者生活居住区的地名显然不同。[②]

又如透过"美"字地名来看临高人何时迁徙海南岛的问题。

以"美"为冠首字的地名，普遍存在于临高人地区。如儋州市有美扶、美龙、美里、美蔡（井）、美泉（井）、美塘；临高县有美珠、美良（镇）、美山（村）、美巢（即买愁）、美台（乡）、美台（村）、美夏（乡）、美夏（村）、美景、美敖；澄迈县有美玉（也有叫美儒，属老城镇）、美定（新中国成立前名美鼎）、美郎（买榔谐音）、美万、美桃、美玉（金江镇）、美厚、美造、美合；海口市有美俗、美新、美德、美喜（即今琼华）、美李、美楠；琼山市有美辉、美峰、美赤坡（村）、美朗、美仁坡（乡）、美宁、美柳、美敖、美安（镇）、美城、美龙、美党（圩）、美玉、美岳、美城、美本。按"美"为临高话的汉译。原语言为 mai^4，是母亲的意思。如美夏（$mai^4\ hja^2$）是母亲的茅草；美台（$mai^2\ tia^2$）是母亲的山岭，美敖（$mai^4\ au^4$）是母亲的稻子等等。这些地名都是打上"母亲"这一神圣的烙印。[③]

由此看来，以"美"为冠首的地名，从侧面透露了临高人的先民至迟在母系氏族社会时期，即相当于中原地区殷周之际进入海南岛。

第四，从考古的出土文物印证。

从考古资料来看，也可说明瓯（西瓯）为临高人的先民。在古

---

① （清）樊庶纂修：康熙《临高县志》，海南出版社 2004 年版，第 55 页。

② 张介文：《透过地名看临高人在历史上的几个问题》，载《中国地名》1996年 4 月 10 日。

③ 张介文：《透过地名看临高人在历史上的几个问题》，载《中国地名》1996年 4 月 10 日。

西瓯活动地区内，普遍发现北流型铜鼓，这种铜鼓是西瓯人创造和使用的。在海口五公祠陈列着一个高65厘米、直径100厘米的大铜鼓，而陵水县也收藏当地出土的4面铜鼓，都是这种北流型铜鼓。又临高的波莲文澜、昌江十月田等地也出土过这类北流型的铜鼓共4个。① 在1964年和1972年这两年间，广东省博物馆分别在临高县皇铜岭和抱才采集了3个铜釜，其造型基本相同，均为盘口、直身、平底或圜底，口沿附陶纹环形耳，并铸有人物或动物像。② 据考，临高人地区的铜鼓、铜釜与原两广骆越、俚人地区所发现的大体相同。

秦辟岭南，设桂林、象郡、南海三郡，史籍没有记载当时汉人已进入海南岛。而汉武帝元封元年（前110年）在儋耳、珠崖设郡的时候，临高人的先民早已定居在海南岛北部一带。③ 关于临高人在海南岛上这一特殊的问题，由于后来各族的互相融合或汉化，使临高人的迁徙及民族成分，成为众说纷纭的一个历史问题。虽然在19世纪50年代之后，中国科学院少数民族语言调查队等机构曾对临高人作了多次调查，但提出结论后仍然是众说纷纭，作为春秋战国至秦代的一种历史现象，值得历史学家们进行更深层次的研究。因此，海南籍学者叶显恩、符昌忠教授倡导开展"临高学"研究，对丰富海南文化的内涵，促进海南文化健康、繁荣的发展具有重大的意义，对临高本土文化与社会的提升来说，自然也是十分重要的。④

二、仡隆语族迁入海南

据2013年统计，在海南省昌化江下游南北两岸大约有10万多讲仡隆语的居民，分布在昌化江北岸昌江县的13个自然村和昌化江南

① 《考古》1964年第9期。
② 《考古》1964年第9期。
③ 梁敏：《"临高人"——百粤子孙的一支》，载《民族研究》1981年第4期。
④ 参见《临高学讲座活动资料汇编》，临高县文联等单位印，2011年10月；《一个族群曾经拥有的千年辉煌——临高学研究初集》，陈江主编，2012年12月出版；《首届临高学全国学术研讨会论文集：主宰文化历史一千年》，广东技术师范学院民族研究所编印，2012年12月。

岸东方市的 40 个自然村，生活在约 400 平方公里的区域里。

这些讲仡隆语的居民，他们是属于什么民族？海南岛解放初期，有人建议把他们归为黎族的一个分支。后来由于他们的语言与黎族语言差异太大，文化习俗也不一样，最后还是不得不把他们勉强归为汉族。

2010 年，海南医学院生物教研室与上海复旦大学生命科学院现代人类学教育部重点实验室联合进行了《海南岛土著民族的父系遗传多态性差异分析》项目的研究，对海南岛土著黎族五个支系、仡隆人、三亚占人等 7 个人群 480 个男性个体 Y 染色体 22 个双等位基因多态性位点进行检测，确定了黎族五个支系及仡隆人、三亚占人的单倍群分布，并对其主要单倍群进行 7 个 YSTR 基因位点的基因分型，与东南亚及周边地区不同群体的 Y 染色体单倍群分布及基因多样性进行了比较分析。

这项用 DNA 手段的研究证明，海南仡隆人基因属于贵州仡佬族。这一结果是在 2011 年 1 月 6 日复旦大学举行的新闻发布会上宣布的。

在新闻发布会上，复旦大学生命科学学院李辉副教授指出：这项研究主要通过检测 Y 染色体的遗传信息，并进行比对，来确认一个族群的民族起源。

但出于严谨的科学态度，专家还分别对仡隆人父系的 Y 染色体和母系的线粒体 DNA 做了民族来源的比较分析。其中，父系 Y 染色体分析显示，仡佬族成分占到 67.9%，汉族成分占到 27.2%，黎族成分占到 4.9%。而母系线粒体分析显示，仡佬族成分占到 37.6%，汉族成分占到 31.7%，黎族成分占到 30.7%。

这一结果表明，仡隆人的父系和母系的最主要成分都来自仡佬族。

据了解，此次复旦大学研究证明海南仡隆人基因上属于仡佬族，是世界范围内首次用科学手段确定出一个来源未知人群的民族血统。

复旦大学现代人类学教育部重点实验室与海南医学院联合对仡隆人的遗传基因作了详细的研究，研究结果发表在 2010 年 7 月和 12 月的人类遗传学著名期刊《人类遗传学报》上。该研究分别对父系的 Y 染色体和母系的线粒体 DNA 做了民族来源的比较分析，结果发现，仡隆人的父系和母系的最主要成分都来自仡佬族。复旦课题组负责人李辉博士表示，由此可以认定，海南的仡隆人是仡佬族的一个分支。

仡隆人所使用的语言，又称村语、村话、哥隆语。在仡隆语的语言识别分类上，出现不少转折。在 1957 年时，就有中国社会科学院民族研究所研究员梁敏在《海南"村话"和"临高话"调查简报》中，曾简略介绍过仡隆语。1983 年，东方县黎族干部符镇南与中国科学院少数民族语言研究所欧阳觉亚，在深入调查和研究之后，指出仡隆语不是汉语的方言，也不是黎语，而是与黎语很接近的一种语言。5 年后符镇南与欧阳觉亚联合发表《海南岛村话系属问题》，认为仡隆语属于壮侗语系黎语支下的一个语言。然而直到最近，仡隆人经过复旦大学现代人类学研究中心与海南医学院合作，认定仡隆人基因比较接近贵州的仡佬族，而其语言经过认定之后，认为是一种混合了仡佬语、黎语、壮语、海南话的语言，其分类也该从黎语支移至仡央语群，这和民族语分类的结果一致。

据推测，仡隆人迁入海南岛，大约在秦朝末年，或者是汉代。

三、海南——南岛语系的关键发散点和中转站

以上这三章重点是论述海南历史的发端及黎族迁入海南岛后的活动。史前的海南岛是一个还没有汉族迁入的海南岛，也就是说，还没有汉族的强势文化的加入。据考古出土的器物显示，当时黎族因为海南岛特殊的地理位置，利用季风和海流，往来漂流于海南岛的东南部方向的地区，包括台湾岛、马来（今印度尼西亚）、安南（今越南）、暹罗（今泰国）等地区以及南太平洋诸岛，古代黎族人与当地的土著们有着或多或少潜在的或明显的联系。

据西方学者施乐得与马尔克的多年研究，认为"台湾是南岛语系语言最纷杂的地区，语言证据显示，台湾是古南岛语民族起源地"。[1]

---

① 马腾岳：《泰雅族文面图谱》，台北 1998 年出版，第 29 页。

南岛语族沟通使用的是南岛语系，也叫马来—波利尼西亚语系，是世界上唯一一种主要分布在海岛上的语言。根据世界语言资料库统计，该语系包括 1262 种语言之多。

最早发现南岛语族这一特殊群体的是西方探险家。那时，他们无意间发现，在广阔的太平洋众多岛屿上，"许多话语不能相通的民族，对鲨鱼、乌贼、虾等动物的称呼却都一样"，这迹象引起了 16 世纪西方探险家们的好奇。后来，欧洲的一些学者相继来到南太平洋。通过调查研究，他们发现，在这些散布的小岛上住着的人群，竟有很多相似之处：不同岛上的居民不仅外形上极为相似，而且某些语言竟然也是相通的；很多词汇的发音和意思也几乎完全一致，包括航海方式如驾驶独木舟在太平洋上以"之"字形前行，以及航海的能力，甚至所造出来的船都是一样的。于是，世人便给这样一个有着共同海洋文化和关系纽带的特殊群体取了一个名字：南岛语族。

南岛语系的起源地是台湾岛，这个语族自北向东南散发，那么，海南岛因地缘关系，即是散发时关键的发散点、中转站。

以上这三章的许多论述证明了海南地区史前文化和南岛语族密切联系，并在论述中提供了重要资料：第一，出土器物中的有肩石斧、有段石锛、夹砂红褐土陶器等等；第二，所使用的史前做无纺布时用的石拍制造的树皮布；第三，原住民族的文面和文身；第四，许多生活习俗相同或相似；第五，有许多相像的民间传说：洪水与近亲通婚、人畜通婚等；第六，据欧阳觉亚和郑贻青研究，语言方面有许多相同或相通，所有这些说明了海南岛的先住民与南岛语族的土著是同源而异流！

笔者因受到刘咸在 1935 年发表的论文《海南黎人文身之研究》[①] 所说的"文身西文曰'打都'（Tattoo），语出太平洋波利尼西亚（Polynesia），训刺染"的启发，因而受到夏威夷大学的邀请，作为访问学者到夏威夷群岛专门考察波利尼西亚民族的文身习俗和树皮布制作的工具等，

---

① 原文载《民族研究集刊》第 1 期，1936 年 5 月。

又先后 8 次到台湾各个地区，特别是泰雅族和排湾族的聚居地做田野调查，印证了海南岛的先住民与南岛语族的土著是同源异流的结论。

历史是没有"假如"的，如果有的话，假如汉族的强势文化没有进入海南岛，海南岛就会是南岛语族的天下。

第四章　秦汉时期的海南

第一节　秦朝时期的海南

一、先秦典籍中关于海南的记载

《山海经·海内南经》谓："伯虑国、离耳国、雕题国、北朐国皆在郁水南。郁水出湘陵、南海，一曰相虑。"其中有"离耳国"和"雕题国"，"离耳""雕题"指的是耳垂穿孔后用耳坠拉长以及文面。儋耳，即耳垂，古代黎为儋耳；儋，古代作"瞻"，下垂义。而雕题，雕刻纹路在额头上。所以晋代郭璞注："镂离其耳，分令下垂以为饰，即儋耳也。在朱崖海渚中，不食五谷，但噉蚌及藷、芋也。"[①]秦始皇三十七年，南巡到会稽，欲隔绝越人对海外的联系并防止其民集结再起，便移越民于内地，迁罪民于海边以备外越。因此，《越绝书》卷八记载说，"是时，徙大越民置余杭，伊、攻□、故鄣。因徙天下有罪适（通'谪'）吏民，置海南故大越处，以备东海外越。乃更名大越曰山阴。"[②]指的这次大移民活动。又《汉书》卷九十五《南粤传》："秦并天下，略定扬粤，置桂林、南海。象郡以适徙民，与粤杂处。""南粤已平，遂以其地为儋耳、珠崖、南海、苍梧、郁林、合浦、交阯、九真、日南九

---

① 袁珂：《山海经校注》卷五《海内南经》，上海古籍出版社1980年版，第269页。

② 张仲清：《越绝书译注》，人民出版社2009年版，第193—194页。

郡。"① 都是这个意思。由此可知，"离耳国"在秦前是海南岛的儋耳郡地。而"雕题国"按郭璞注："点涅其面，画体为鳞采，即鲛人也。"雕题国有"以大环坠耳"插大耳环的习俗，文身的习俗，离耳、雕题这两国均在海南岛上。后来，南朝梁·萧绎《金楼子》卷一《兴王篇一》载："尧乃老，使舜摄行天子政，巡狩得举用事……缓耳、贯胸之民来献珠玑。"这里的"缓耳"即儋耳；而"贯胸之民"是指海南黎族传统穿的贯头服，都指古代的海南岛先住民。《后汉书·杜笃传》载："连缓耳，琐雕题。"唐李贤注："缓耳，耳下垂，即儋耳也。"② 这说明尧舜时海南岛土著居民已与中原王朝有多种多样的往来。

后来，到汉武帝时，司马迁在《史记·货殖列传》里也记载了这些珍异之物。当代史学家吕思勉指出，《史记》所记述的，"此语非汉时，可见陆梁（岭南）之地未开，蛮夷贾船已至交广者矣"。③

实际上，在秦以前，南海上渔民的活动已经很频繁。前 21 世纪至前 16 世纪的夏代，"夏禹声教，至南海交趾"（《通典》）。岭南造船技术，也是很早发展起来的。成书于战国时期的古书《逸周书·王会解》中记载：商代国王汤（前 1766—前 1754 年），汤问伊尹曰："诸侯来献，或无马牛之所生，而献远方之物，事实相反不利。今吾欲因其地势所有，献之必易得，而不贵其为四方献令。"伊尹受命，于是为四方令曰："臣请正东符娄仇州伊虑沤深九夷十蛮，越沤鬋发文身，请令以鱼支之？□鰂之酱鲛瞂支利剑为献。正南瓯邓桂国损子产里濮、九菌，请令以珠玑、瑇瑁、象齿、文犀、翠羽、菌鹤、短狗为献……"④ 这一条史料说明，那时候南海周边（函海南岛）居民，早在前 18 世纪就从事水产资源的开发，并以这些特产贡献中央王朝。据史图博在《海南岛黎族志》中描述，他在 1931 年到访过临高人的村子，也包括自儋州南

---

① （汉）班固撰：《汉书》第一一册，中华书局 1962 年版，第 3847、3859 页。
② （宋）范晔撰：《后汉书》第八册，中华书局 1965 年版，第 2600、2602 页。
③ 《吕思勉读史札记·官南方者之贪》（上），上海古籍出版社 1982 年版，第 525 页。
④ 《逸周书》卷七《王会解第五十九》，载《文渊阁钦定四库全书》第 370 册，台湾商务印书馆 1986 年版，第 50 页。

丰以南的水乡元门乡和牙叉镇。

二、秦始皇对海南的关注

前221年，秦王嬴政完成了统一中国的大业，在中华大地上建立了统一的大帝国。他成为中国的第一个皇帝——秦始皇，着手建立中央集权的秦皇朝。

秦始皇在位的时候，采取了一些有利于国家统一和政权巩固的措施，如统一货币、度量衡、文字以及车轨。为了加强中央和地方的联系，秦始皇征发劳役，修驰道，便利全国交通；修长城，阻挡北方少数民族的入侵；推行重农抑商政策，使农业得到恢复和发展。但是统一中国之后的秦始皇，为了巩固自己的统治地位，制定严酷法律，滥用刑罚，民不聊生，因此在前209年爆发了陈胜、吴广起义，前206年，刘邦一举灭掉秦朝，短短15年的封建王朝为汉朝所代替了。

是时的海南为南越外徼，尚未设置郡县，无正式行政区划。关于这一点，史志多有记载：《史记·南越传》："秦时已并天下，略定扬越。"[1]《汉书·南粤王》："秦并天下，略定扬粤。"[2]《旧唐书·地理志四》："南海，五岭之南，涨海之北，三代已前，是为荒服。秦灭六国，始开越置三郡，曰南海、桂林、象郡，以谪戍守之。"[3]明代欧阳灿在万历《琼州府志》谓："琼，唐虞以来为扬越荒徼，秦为越郡外境。"其注云："旧志：秦始略定，始属中国。"[4]明代唐胄在正德《琼台志·沿革考》云：琼州府，"唐虞三代为南服荒徼。旧志：古为扬越南境。《禹贡》不入，《职方》不书"。[5]清朝《一统志》："《禹贡》扬州西南徼外地。《汉书》贾捐之《谏伐珠崖疏》：珠崖非《禹贡》所及，春秋所治。春秋战国为扬越地，

① （汉）司马迁撰：《史记》卷一百一十三《南越列传》，第九册，中华书局1959年版，第2967页。

② （汉）班固撰：《汉书》第十一册，中华书局1962年版，第3847页。

③ （后晋）刘昫等撰：《旧唐书》卷四十一，中华书局1975年版，第1712页。

④ （明）戴熺、欧阳灿总裁，蔡光前等纂修：万历《琼州府志》卷二《沿革志》，海南出版社2003年版，第31页。

⑤ （明）唐胄纂：正德《琼台志》卷三《沿革考》，海南出版社2006年版，第43页。

秦末属南越。"①明代万历《儋州志·沿革》:"儋州,古为南服荒徼(注:旧志:古为扬越南境,秦为越郡外境)"②嘉庆重修大清《一统志》卷四百五十二《琼州府》一:琼州府,"《禹贡》扬州西南徼外地。"③《汉书》贾捐之《谏伐珠崖疏》:"珠崖非《禹贡》所及,《春秋》所治。"④清朝明谊、张岳崧等修道光《琼州府志》载:"唐、虞海南岛为南交之地。""三代海南岛为扬越之南裔,秦为象郡之外徼。"⑤《古今图书集成·职方典》卷一三七三《琼州府建置沿革考》:"府志:本府。琼在唐虞三代为扬越荒徼,秦为越郡外境。旧志:秦皇略定,始属中国。然秦于越置桂林、南海、象三郡。"⑥

由此可知,秦以前海南岛是外徼的蛮荒之地,尚未列入中国的版图。海南岛上的先住民黎族,由岛外迁徙来后,从史前到秦朝,一直处于原始的赤子状态。在那漫长的历史岁月中,海南岛的先住民即黎族在岛上繁衍、发展,已形成了一个具有独特民族风貌的民族群体。一直从夏、商、周、春秋、战国乃至秦朝,当中原地区的汉族族群已经处于金戈铁马地争夺土地、建立国家秩序的时代,海南岛的黎族仍然生活在无人管辖、自由自在的原始状态。然而秦始皇统一中国之后,他并没有无视孤悬海外的这一片乐土。

秦始皇一统天下,很重视开辟国境的事业。他着手进行三项工作:

一是进军岭南。前221年,秦始皇派军队平服百越,兼并天下,略定杨越。

二是移民。秦始皇三十三年(前214年),"发诸尝逋亡人、赘婿、

① (清)蒋廷锡纂修:《一统志·琼州府》,海南出版社2006年版,第29页。
② (明)曾邦泰等纂修:万历《儋县志》,海南出版社2004年版,第11页。
③ (清)穆彰阿纂修:嘉庆重修大清《一统志》,海南出版社2006年版,第172页。
④ (汉)班固撰:《汉书》卷六十四,第九册,中华书局1962年版,第2834页。
⑤ (清)明谊修、张岳崧纂:道光《琼州府志》,海南出版社2006年版,第11页。
⑥ (清)陈楚雷编纂:《古今图书集成·琼州府部》,海南出版社2006年版,第127页。

贾人略取陆梁地，为桂林、象郡、南海，以适遣戍"。① "逋亡"即逃亡者；"赘婿"是男子家穷而使就其妇家为赘婿，泛称妇仆、贫戍；"贾人"即做生意的商人；"陆梁"指南方，《史记·正义》解释："岭南之人多处山陆，其性强梁，故曰陆梁。"又"略定扬越……以谪徙民，与越杂处"②，这一批是 50 万人，包含家属人口。

次年，又"适治狱吏不直者，筑长城及南越地"。③ 这一批是有过失的官吏，人数不详，应有 3 万—5 万人。

还有一批是"（赵佗）求女无夫家者三万人，以为士卒衣补。秦皇帝可其万五千人"。④ 这是调妇人为军队婚配。

这三批移民，所移到的目的地即是后来赵佗建立的南越国，包括海南。由此可推出海南与秦的关系了。至于桂林、象郡、南海，即指南方的郁林、日南、广州等地。

秦始皇把这些人移民到岭南各地。"戍五岭与粤杂处"，而海南岛为象郡的境外，也包括在内了。而迁徙岭南的人数，正德《琼台志》卷三《沿革考》指出："徐广曰五十万人守岭南"，可见人数之多。贾谊《过秦论》曰："秦之威振四海，南取百越之地，以为桂林、象郡。百越之君，俛首系颈，委命下吏。"说的也是这段史事。

三是使监禄凿渠运粮，促进南北交通。秦始皇三十三年（前 214 年），秦始皇发兵 50 万到岭南，在今广西兴安县境内开凿了一条长约 60 里的运河——灵渠，沟通湘江和漓江，使长江和珠江水系相连接，保障了进军和开发岭南的需要。

灵渠的主要工程包括南渠、北渠、大小天平、铧嘴、陡门、堰坝、

---

① （西汉）司马迁：《史记》卷六《秦始皇纪》，中华书局 1959 年版，第 253 页。

② （西汉）司马迁：《史记》卷一百一十三《南越列传》，中华书局 1959 年版，第 2967 页。

③ （西汉）司马迁：《史记》卷六《秦始皇纪》，中华书局 1959 年版，第 253 页。

④ （西汉）司马迁：《史记》卷一百一十八《淮南衡山列传》，中华书局 1959 年版，第 3086 页。

秦堤。大小天平是建筑在海阳河上的拦河坝，衔接成"人"字形。铧嘴是大小天平顶端伸向江中的石堤，形似犁铧之嘴，用于分水。

灵渠全长 33.15 千米。整个工程朴拙，但设计科学，构造独特，至今保存完好。

灵渠的开凿，其目的是秦军伐百越时转运粮饷，而客观上成为南北交通的重要水路，促进了秦汉国外交通线的开辟，岭南地区的海上丝绸之路也由此通达，海南岛是中国海上丝绸之路的转运站，于秦朝可以视为秦通越新道。

秦统一中国之后，分全国为 36 郡，郡下设县、乡、亭、里，郡县制的设立，方便秦朝对全国进行统治。在秦朝，虽然尚未在海南设立郡县，海南也未明确进入秦朝版图，但属象郡界内之地。秦朝修通灵渠后，水路交通方便，各地可从长江、湘江经灵渠转入漓江、桂江、西江，到达两广乃至海南岛。

秦统一天下后，不断进行政治性的全国巡视，强化大一统的国家概念。秦始皇三十七年（前 210 年），秦始皇"上会稽，祭大禹，望于南海，而立石刻，颂秦德"。[1] 另据《图书编·南海考》："广东三面皆濒海地也，（禹贡）三江皆从会稽入于南海。"很显然，这里所说的南海泛指东海、南海以及中国南方大陆部分地区，而非指现在所指的南中国海。不过，秦始皇时代，中国疆域已大为扩张，遂分为 36 郡，郡又分为县，但在南部的几个郡的疆域问题，史书的记载尚含混不清，由此也涉及秦时海南岛的归属问题。

《淮南子》第十八篇《人间训》中，有一段关于秦始皇平南越的记载："又利越之犀角、象齿、翡翠、珠玑，乃使尉屠睢发卒五十万，为五军。一军塞镡城（今湖南靖州县西南）之岭，一军守九疑（今湖南宁远县南）之塞，一军处番禺（广东省会古名）之都，一军守南野（今江西南康县）之界，一军结余干（今江西省中，鄱阳湖之南）之水。三年不解甲弛弩。

---

① （西汉）司马迁撰：《史记》卷六《秦始皇纪》，中华书局 1959 年版，第 260 页。

使监禄无以转饷。又以卒凿渠而通粮道，以与越人战。杀西呕（西瓯）君译吁宋，而越人皆入丛薄中，与禽兽处，莫肯为秦虏。相置桀骏以为将，而夜攻秦人，大破之。杀尉屠睢，伏尸流血数十万，乃发适戍以备之。"①

这段记载说明，当时秦始皇派军向南方远征百越，即今福建、广东、广西以及越南一带，分为五军，统率主将名为屠睢。开始获得胜利之后，百越军队变更策略，躲入丛林中，不愿当秦虏。养精蓄锐后，夜攻秦军，杀死屠睢，秦军大败。这时，在秦军已占领的地区，非增兵不能防守及进取，所以发适戍以备之，这些适戍是逋亡人和赘贾人。

秦皇朝对南方的军事行动，是其统一中国的一次大战役。分全国为42郡，其中岭南边郡是南海郡、桂林郡和象郡。《史记》记载：秦"置南海郡，治所番禺（今广州）"。南海等三郡皆濒临南海北部和西部海域，东沙、西沙两群岛，即分别分布于这两个海域。这是南海诸岛（部分）正式列入我国版图的开始，也是三郡濒临的海区及活跃在海区和岛屿上的渔民，受到中央政府行政的正式管辖。前2世纪，番禺成了活跃在海南之上的我国渔民所捕捞的海产品的集散地。《史记·货殖列传》记载："番禺亦其一都会也，珠玑、犀、玳瑁、果布之凑。"②这些特产，均为海南岛产物。实际上秦朝已占领了岭南的地带，不过来不及派官吏建置而已。

可见秦始皇时代有关南海诸岛的构想，唐代仍然在流传着。③

---

① 《淮南子·人间训》卷一八，文渊阁《四库全书》第848册，台湾商务印书馆1986年版，第722—723页。

② （汉）司马迁撰：《史记》卷一百二十九《货殖列传》，中华书局1959年版，第3268页。引文中"果布"一词，有论者认为不是水果和葛布，而是马来语对龙脑香的音译，全称为"果布婆律"。近年广州汉墓出土的众多熏炉是用来燃烧香料器具的，这说明东南亚一带香料已从南海输入番禺，再转送全国其他地区，见司徒尚纪：《中国南海海洋文化史》，广东经济出版社2013年版，第65页。

③ 参见韩振华：《南海诸岛史地论证》中《从近代以前中国古籍记载上看南海诸岛历来就是中国的领土》，香港大学亚洲研究中心，第83—84页。

第二节　汉代开始在海南建置郡县

一、汉武帝元封元年（前110年）在海南建置珠崖、儋耳郡

海南岛有历史记载，始于汉代；汉武帝的政治统治开始进入海南岛。从此，开始演绎整个阶级社会的政治矛盾斗争和民族之间的对抗、融合的复杂局面。平静安谧的海南岛，像南海涌起的一阵又一阵的惊涛骇浪，掀起了一次又一次的政治波涛，海南的民众在历史发展的进程中，一步步地加入中华民族开发的行列。

汉武帝即位之后，汉王朝日益强大，汉代的统治政权随着也开始进入海南岛。

汉武帝元封元年（前110年），汉武帝派兵平定南越，置南海、苍梧、都林、合浦、交阯、九真、日南、珠崖、儋耳九郡。珠崖、儋耳郡就在海南岛上。《汉书·武帝纪》载："元鼎五年（前110年）夏四月，南越王朝吕嘉反，杀南越王赵兴、王太后和汉使，立术阳侯建德为王。元鼎五年（112年）秋，汉武帝调遣伏波将军路博德出桂阳下湟水，楼船将军杨仆下浈水，咸会番禺，诛佗去孙建德及相吕嘉遂定越地，以为南海，苍梧、郁林、合浦、交阯、九真、日南、珠崖、儋耳郡。"[1]海南建置郡县后，海南在史籍中开始列入中国版图。此后，海南虽然孤悬海外，但海南的黎族与从中原移入的汉族在族群的文化融合之中，开拓和发展了海南岛。同时西汉朝廷也派地方官员巡视南海一带水域，维系了在海南岛南部的西沙、中沙及南沙诸群岛及其邻近海域的主权，巩固了中国南疆的地域。

据《汉书·贾捐之传》载："初，武帝征南越，元封元年立儋耳、珠崖郡，皆在南方海中洲居，广袤可千里，合十六县，户二万三千

---

①（东汉）班固撰：《汉书》卷六《武帝纪》，中华书局1962年版，第186—188页。

余。"① 在海南设置郡县，说明中国封建王朝开始正式统治海南。

当时海南岛黎族的居民有 2.3 万余户，或者其中有秦时迁徙而来的汉族，不过其主要族群是黎族。据《汉书·地理志》记载："自合浦、徐闻南入海，得大州，东西南北方千里，武帝元封元年略以为儋耳、珠厓郡。"② 汉武帝元封元年在海南设置儋耳、珠崖郡时，海南的先住民仍处于原生态状态，男耕女织，并以畋猎为生。汉武帝设置郡县之后，对岛上的先住民的统治，设官治理。这一点从历史发展过程来看，是有重大意义的。首先，在政治上，让海南岛归入西汉的直接管辖之下；设置珠崖、儋耳两郡，加强了中央政权对地方的控制和管理。其次，在经济上，中原地区先进的生产工具、生产技术和某些物种，得以传入海南岛，而海南岛的特产也可以北运，促进了南北交流和生产力的提升。最后，在文化上，中原人民与海南先住民有机会互相接触，中原地区的文明逐渐进入海南先住民的生活。而两郡的设置对海南岛发展特别重要的一点是，从此以后中原封建制度，在军事威慑夹带着行政建置而强制进入黎族的原始民族之中，扭转了海南岛文化发展历史上由南岛语族文化一元局面转为多元文化构成的格局。但汉代法制松懈，官吏放纵，经常违法乱纪。因此，汉武帝对海南岛虽设置郡县，但并没有获得海南岛先住民的拥护和支持。

二、汉元帝罢弃儋耳、珠崖郡

汉元帝初元元年（前 48 年）和初元二年（前 47 年），关东地区发生饥荒，民多困乏。班固分析罢弃珠崖郡的原因时指出："六月，关东饥，齐地人相食。秋七月，诏曰：'岁比灾害，民有菜色，惨怛于心。'"③ 在这样的历史背景下，贾捐之提出"宜弃珠崖，救民饥馑"的主张。

---

① （东汉）班固撰：《汉书》卷六四下《贾捐之传》，中华书局 1962 年版，第2830 页。

② （东汉）班固撰：《汉书》卷二八下《地理志》，中华书局 1962 年版，第1670 页。

③ （东汉）班固撰：《汉书》卷九《元帝纪》，中华书局 1962 年版，第 282 页。

贾捐之回顾历史的经验教训，提出不宜大军进击的道理。

乐昌侯王诘问贾捐之说："珠崖内属为郡久矣，今背畔逆节而云不当击，长蛮夷之乱，亏先帝功德，经又何以处之？"

贾捐之大胆进言，认为既然你以汉代历史为据，说出兵之必要，那么贾捐之也从历史上历朝的经验教训作为依据，提出观点。

他认为国家的安宁，必然以仁德安抚放在首位。他说："臣闻尧、舜圣之盛也，禹入圣域而不优，故孔子称尧曰大哉，诏曰尽善，禹曰无间。以三圣之德，地方不过数千里，西被流沙，东渐于海，朔南暨声教，迄于四海，欲与声教则治之，不欲与者不强治也。故君臣歌德，含气之物各得其宜。武丁、成王、殷、周之大仁也。然地东不过江、黄，西不过氐羌，南不过蛮荆，北不过朔方，是以欲声并作，视听之类咸乐其生，赵裳氏重九译而献，此非兵革之所能致。及其衰也，南征不还，齐桓救其难，孔子定其文，以至乎秦，兴兵攻远，贪外虚内，务欲广地，不虑其害。然地南不过闽越，北不过太原，而天下溃叛，祸卒在于二世之末，《长城之歌》至今未绝。"这是从历史上诸代的政治策略，证明必须以仁政为上策。再从本朝来看，贾捐之曰："赖圣汉初兴，为百姓请命，平定天下。至孝文皇帝，闵中国未安，偃武行文，则断狱数百，民赋四十，丁男三年而一事。时有献千里马者，诏曰：'鸾旗在前，属车在后，吉行日五十里，师行三十里，朕乘千里之马，独先安之。'于是还马，与道里费，而下诏曰：'朕不受献也。'其令四方毋求来献，当此之时，逸游之乐绝，奇丽之赂塞，郑卫之倡微矣。夫后宫盛色则贤者隐处，佞人用事则诤臣杜口，而文帝不行，故谥为孝文，庙称太宗。至孝武皇帝元狩六年，太仓之粟红腐而不可食，都内之钱贯朽而不可校，乃探平城之事，录冒顿以来数为边害，籍兵厉马，因富民以攘服之。西连诸国至于安息，东过碣石以玄菟、乐浪为郡，北却匈奴万里，更起营塞，制南海以为八郡，则天下断狱万数，民赋数百，造盐铁酒榷之利以佐用度，犹不能足。当此之时，寇贼并起，军旅数发，父战死于前，子斗伤于后，女子乘亭障，孤儿号于道，老母寡妇饮泣巷哭，遥设虚祭，想魂乎万里之外，淮南王盗写虎符，阴聘名士，关东公孙勇等诈为使者，是皆廓地泰大，征伐不休之故也。"①贾捐之历数历史上治国策略的正负后果，主张必须施行仁政，才能使国家安宁富强。这是贾捐之当年主张罢珠崖的立足点。

反复衡量当时汉代所面临的国内困境，出兵当否？贾捐之说："今天下独有关东，关东大者独有齐楚，民众久困，连年流离，离其城郭，相枕席于道路。人情莫亲父母，莫乐夫妇；至嫁妻卖子，法不能禁，义不能止，此社稷之忧也。"而在此国内灾荒严重情况，汉元帝又一次要出兵镇压海南先住民的反抗，是不理智之举，于是，他又大胆批评国事："今陛下不忍恛恛之忿，欲驱士众挤之大海之中，快心幽冥之地，非所以校助饥馑，保全元元也。"认为出兵之举，不是保全天下处于饥饿状态的老百姓。他引用《诗经》的诗句加以劝告："《诗》云：'蠢尔蛮荆，大邦为雠。'言圣人起则后服，中国衰则先畔，动为国家难。自古而患之，久矣。何况乃复其南方万里之蛮乎！"贾捐之分析国内饥馑的困境之后，奉劝元帝不可用兵，更何况南方万里的蛮荒之地。

贾捐之详细分析海南岛上的情况，提出汉朝不必在海南岛上置郡。他以对蛮荒之地的海岛的鄙夷态度，来说服朝廷罢弃珠崖。他接着说："骆越之人，父子同川而浴，相习以鼻饮，与禽兽无异，本不足郡县置也。颛颛独居一海之中，雾露气湿，多毒草、虫蛇、水土之害；人未见虏，战士自死。又非独珠厓有珠、犀、瑇瑁也，弃之不足惜，不击不损威。其民譬犹鱼鳖，何足贪也！"他认为像如此荒野落后的海岛，当年汉武帝就不该在此地置郡，至于岛上的珠、犀、玳瑁等特产，也非此地所特有，因此，弃之不足惜。

贾捐之引用汉宣帝出兵西羌事例，说明出兵讨伐得不偿失。贾捐之认为："窃以往者羌军言之，暴师曾未一年，兵出不踰千里，费四十余万万，大司农钱尽，乃以少府禁钱续之。"丁羌的战事，发生于汉宣帝神爵元年（前61年），西羌反叛，汉宣帝发动兵力，朝廷反

---

① （东汉）班固撰：《汉书》卷六十四（下）《贾捐之传》，中华书局1962年版，第2831—2833页。

击，未及一年时间，距离不逾千里，费用40万万余，国库钱尽。贾捐之以此为引证，认为："夫一隅为不善，费尚如此，况于劳师远攻，亡士毋功乎！求之往古则不合，施之当今又不便，臣愚以为非冠带之国，《禹贡》所及，《春秋》所治，皆可且无以为。顾遂弃珠厓，专用恤关东为忧！"①

贾捐之以为，用弃珠崖的费用来补恤关东的灾祸，让民间消灾。他的出发点是，珠崖一岛，蛮荒尚未开化，于国家无益！他的这一看法提出后，汉元帝问及群臣，两派意见相左，其中御史大夫陈万年以为当击，而丞相于定国以为，前日兴兵击之，连年护军都尉、校尉及丞凡11人，还者2人，卒士及转输死者万人以上，费用3万万余尚未能尽降，今关东困乏，民难摇动，于是赞成贾捐之之议。

汉元帝在贾捐之的劝谏下，改变了出兵袭击的强硬态度，而对珠崖的治理根据各方面的不同意见，做出了中间缓和的抉择。他在诏书中说："珠厓虏杀吏民，背畔为逆，今廷议者或言可击，或言可守，或欲弃之，其指各殊。朕日夜惟思议者之言，羞威不行，则欲诛之；狐疑辟难，则守屯田；通于时变，则忧万民。夫万民之饥饿，与远蛮之不讨，危孰大焉？且宗庙之祭，凶年不备，况乎辟不嫌之辱哉！今关东大困，仓库空虚，无以相赡，又以动兵，非特劳民，凶年随之。其罢珠厓郡。民有慕义欲内属，便处之；不欲，勿强。"②不过，汉元帝与贾捐之对珠崖的态度略有不同。贾捐之认为"本不足郡县置也"，主张一弃了事；而汉元帝所采取的是逼于时困，从而采取一种"通于时变"的权宜之策，而且还希望珠崖的民众"有慕义内属，便处之；不欲，勿强"。不是以强硬的态度摒弃珠崖，对先帝置郡的决策尚留有余地。不过，诏书颁布之后，从汉武帝元封元年（前110年）至汉元帝初元三年（前46年），64年在珠崖置郡统治的历史，就宣告结束

---

① （东汉）班固撰：《汉书》卷六十四（下）《贾捐之传》，中华书局1962年版，第2834页。

② （东汉）班固撰：《汉书》卷六十四（下）《贾捐之传》，中华书局1962年版，第2835页。

一个段落。这也是中国历史上第一次统治者主动放弃自己应该治理的领地。这一点从历史过程来看，是一种历史的倒退！将原先的汉黎之间文化交会和碰撞中退回，从本土建置退到隔海遥领。

而海南岛脱离中央政权的管辖，一直至隋朝冼夫人的民族统一政策的感召，海南岛重新回到中央王朝的建置，这个过程有 580 多年！

汉代设儋耳、珠崖郡而复弃，应该是海南列入中国版图后的第一次严重的历史教训。

首先，汉王朝统治者在海南设立郡县之后，没有重视郡县的建设，"长吏之设，虽有若无"[①]，即使派了官吏管理，但在此"九甸之外，长吏之选，类不精核。汉时法宽，多自放恣，故数反违法"。[②] 由于立法不严，法制松懈，因此，对于一个新开拓的郡县，不能进行有效的管理。

其次，封建社会的贪官污吏，只顾自身攫取利益，对海南先住民黎族加以强暴盘剥，令民不堪扰。如薛综所说的一个例子："珠崖之废，起于长吏觊其好发，髡取为髲。"[③] 由于黎族妇女有一头美丽的头发，所以他们把黎族妇女的美发剃下来，作为自己的装饰品，以致引起黎族的反感。在汉代，有人以椰叶席献赵飞燕，清代屈大均在《广东新语·器语》云："粤人器用多以椰，其壳为瓢以灌溉，皮为帚以扫除，又为盎以植兰植竹，叶为席以坐卧，为物甚贱，而汉代赵合德以椰叶席献（赵）飞燕。"[④] 又《广东新语·木语》云："琼州多椰子叶，昔赵飞燕立为皇后，其女弟合德献诸珍物，中有椰叶席焉。椰叶之见重也自汉时始。"[⑤] 汉武帝末年，"珠崖太守会稽孙幸调广幅布献之，蛮不

---

① （晋）陈寿撰：《三国志》卷五十三《吴书·薛综传》，中华书局 1959 年版，第 1252 页。

② （晋）陈寿撰：《三国志》卷五十三《吴书·薛综传》，中华书局 1959 年版，第 1252 页。

③ （晋）陈寿撰：《三国志》卷五十三《吴书·薛综传》，中华书局 1959 年版，第 1252 页。

④ （清）屈大均撰：《广东新语》，《器语·491 椰器》，中华书局 1985 年版，第 457 页。

⑤ （清）屈大均撰：《广东新语》，《木语·775 椰叶》，中华书局 1985 年版，第 667 页。

堪役，遂攻郡杀幸"。① 官吏到海南之后，"中国贪其珍赂，渐相侵侮，故率数岁一反"。② 对于海南的特产，官吏恃其权柄，"县官羁縻，示令威服"，"远珍名珠、香药、象牙、犀角、玳瑁、珊瑚、琉璃、鹦鹉、翡翠、孔雀、奇物，充备宝玩"，大肆掠夺。③ 在海南岛上的先住民黎族，本来过着自由自在的原始生活，日出而作，日入而息，自从划入汉朝管辖之后，不堪官吏横征暴敛，物极必反，引起黎族的愤怒反抗。正如琼人王佐所说的："汉之失郡，由于任用非人，当守边之寄。"④

在汉朝，汉族的中原文化已进入封建时代；春秋战国时代百家争鸣、学术繁盛的风气过后，汉代独尊儒术，已建立起一整套政治制度和伦理体系，充满中国正统文化的优越感。而海南的先住民，他们长期生活在物产丰富的海岛，居闲随逸，随境豁达，平和宽松，自由自在。这两种文化在早期交融与碰撞中，必然产生强烈的冲突和矛盾。入琼的汉族以文明人自居，歧视尚处于原生态生活方式的先住民，视黎人为禽兽，如何能和睦相处呢？贾捐之在他主张弃珠崖的上书中说得很明白："骆越之人父子同川而浴，相习以鼻饮，与禽兽无异，本不足郡县置也。颛颛独居一海之中，雾露气湿，多毒草虫蛇，水土之害，人未见虏，战士自死，又非独珠崖有珠犀玳瑁也，弃之不足惜，不击不损威。其民譬犹鱼鳖，何足贪也。"⑤ 汉朝官吏，没有以宽厚仁慈爱民之心对待先住民黎族，而是为掠夺珠犀玳瑁等海外珍品而来，施威力于海南民众犹如对付鱼鳖，用这样的一种君其下而加以压榨的心态，如何能令先住民黎族折服呢！正如王佐所分析的："汉不择守者，因

---

① （宋）范晔：《后汉书》卷一一六《南蛮西南夷传》，中华书局 1965 年版，第2835 页。

② （宋）范晔：《后汉书》卷一一六《南蛮西南夷传》，中华书局 1965 年版，第2836 页。

③ （晋）陈寿撰：《三国志》卷五十三《吴书·薛综传》，中华书局 1959 年版，第 1252 页。

④ （明）王佐：《鸡肋集》卷四《进〈珠崖录〉表》，海南出版社 2004 年版，第116 页。

⑤ （东汉）班固撰：《汉书》卷六十四下《贾捐之传》，中华书局 1962 年版，第2834 页。

鄙夷其民，治之不以道，遂致郡县陷没，复为裔土。"①黎族为保护自身安全和生活安宁的自发的意识，必然会奋起反抗的。

因此，自汉武帝元封元年（前110年）至汉昭帝始元元年（前86年），"二十余年间，凡六反叛"。②汉昭帝始元五年（前82年），罢儋耳、真番郡，儋耳归属珠崖郡。③汉宣帝神爵三年（前59年），珠崖三县反。反后七年，甘露元年（前53年），九县反，夏四月，遣护军都尉张禄将兵击之。汉元帝初元元年（前48年），珠崖又反，发兵击之，诸县更叛，连年不定。按照贾捐之的分析，将汉朝统治海南的失误归咎于"其民暴恶，自以阻绝，数犯吏禁，吏亦酷之，率数年一反，杀吏，汉辄发兵击定之"。④双方的冲突十分尖锐，海南先住民黎族的性格刚强，并非他所说的所谓"暴恶"，而是"酷吏"的迫害，令处于弱势的族群不堪压榨而群起反抗，这本是人之常情。鉴于此，西汉在海南置郡县之举宣告失败，贾捐之"弃珠崖"的建议，被汉元帝批准，立郡64年遂弃。程秉钊在《琼州杂事诗》中云："穷兵极武漫相嗤，鞭挞方能御四夷。一罢珠崖成底事，平生不信贾捐之。"⑤

三、东汉遥领海南

唐胄在正德《琼台志》中云：珠崖，属合浦郡。《地理志》："建武十九年，始调立城郭，置井邑。《旧志》：光武朝，交趾二女子反，诸蛮皆应之。乃命马援讨克，海外慕义贡献，故复置。自初元三年弃后，

---

① （明）王佐：《鸡肋集》卷四《进〈珠崖录〉表》，海南出版社2004年版，第111页。

② （东汉）班固撰：《汉书》卷六十四下《贾捐之传》，中华书局1962年版，第2830页。

③ （东汉）班固撰：《汉书》卷六十四下《贾捐之传》，中华书局1962年版，第223页。

④ （东汉）班固撰：《汉书》卷六十四下《贾捐之传》，中华书局1962年版，第2830页。

⑤ （清）程秉钊原著、周济夫补注：《琼州杂事诗补注》，长征出版社2005年版，第7页。

至此凡八十六年。"①

欧阳灿等修万历《琼州府志》:"东汉光武建武中,复置珠崖县,属合浦郡,仍督于交州。"(注曰:《旧志》:光武时,交趾二女子反,诸蛮皆应之,乃命马援讨克,海外慕义贡献,故复置。自初元三年弃后,至此八十六年。)②

又:"明帝永平十年儋耳降附。"③

道光《琼州府志》:"僮尹丹阳人,举孝廉为郎,需次京师,永平十七年春二月,儋耳慕义贡献……适张纯子奋袭武始侯来朝,亦与焉。尹从奋引见便殿,应对合旨。显宗奇尹才美,因拜尹儋耳太守。尹至郡,敷政未久,下诏擢为交趾刺史。还至珠崖,戒敕官吏毋贪珍赂,劝谕其民毋镂面颊,以自别于峒俚,雕题之习自是日变。建初中,以尹能匡俗信民,厚加赏赐,迁武陵太守。"(黄佐:《广东通志》)④

范晔在《后汉书》中云:十七年,"甘露仍降,树枝内附,芝草生殿前,神雀五色翔集京师。西南夷哀牢、儋耳、僬侥、盘木、白狼动黏诸种,前后慕义贡献。"⑤

从上列几则记载中,我们可以了解到,海南自汉元帝采纳贾捐之的建议罢珠崖,后来王莽新政及至东汉初期,因南部交趾反叛,形成割据局面。因此,孤悬海外的海南,陷于无政府状态之中。至汉光武帝建武十九年(43 年),派遣伏波将军马援、楼船将军段志讨平交趾(今越南北部及中部部分地区),东汉将已废的珠崖郡改名珠崖县,使"珠崖"又出现在南方的领域上,直至永平十七年(74 年),儋耳"慕

---

① (明)唐胄纂:正德《琼台志》卷三《沿革考》,海南出版社 2006 年版,第 44 页。

② (明)戴熺、欧阳灿总裁,蔡光前等纂修:万历《琼州府志》卷二《沿革志》,海南出版社 2003 年版,第 32 页。

③ (宋)范晔:《后汉书》卷三十五《张纯传附子张奋传》,中华书局 1965 年版,第 1198 页。

④ (清)明谊修、张岳崧纂:道光《琼州府志》卷二十九《官师志》,海南出版社 2006 年版,第 1325 页。

⑤ (宋)范晔:《后汉书》卷二《显宗孝明帝本纪》,中华书局 1965 年版,第 121 页。

义贡献"，即自动降伏东汉，但东汉在统治海南 177 年中对于地方建置及行政规划，既无增县，也无设郡，海南岛上仅有一个空名的县治，隶属合浦郡。因此，实际上，自从"罢珠崖"之后，海南岛就脱离了汉朝的管辖。东汉时仅属合浦郡中的一个名分上的县而已。

四、两位伏波将军对海南的开拓之功

海南有伏波威武庙，自汉以来至今为岛上民众祭祀，并有伏波井和广泛流传着马伏波的故事，民间有一句谚语："伏波开琼"，即指西汉的路博德与东汉的马援两位伏波将军。

路博德，西汉西河平周人，他在汉元狩四年（前 119 年）因立功而被封为"邳离侯"，升迁"卫尉"。元鼎五年（前 112 年），奉汉武帝之命平南越，被封为"伏波将军"，偕同楼船将军杨仆南下讨伐，师分五路，路博德次于桂阳，下湟水（今连州），与杨仆会师于广东番禺（今广州）。南越素闻伏波将军威名，都向他投降，而南越与建德所属数百人，亡命于大海。伏波将军从投降者处得知吕嘉逃遁的消息，即派人追踪。到了第二年，元鼎六年（前 111 年）十月始斩获吕嘉首级，以此平定南越，为汉武帝在海南置郡奠定了基础。汉王朝为了嘉奖路氏平定南越之功，又赐封 600 户。后来连州一带及海南都建有伏波将军庙，用以纪念其开拓疆土的功绩。[1]

马援，字文渊，扶风郡茂陵人（今陕西茂陵），辅光武中兴，为虎贲中郎将。建武十七年（41 年），交阯女子征侧和她的妹妹征贰反，攻没其郡，九真、日南、合浦、蛮夷全都响应，他们掠夺了岭外 60 余城，交阯的征侧自立为王。汉光武帝于是玺书拜马援为伏波将军，以扶乐侯刘隆为副，督楼船将军段志等南击交阯，军至合浦，楼船将军段志病死。马援乃兼统水陆各军，沿海前进，一路逢山开路，从合浦向南分别前进，第二年到达泊浪，和征侧的主力遭遇，展开一场激战，斩数千首级，收降了 1 万多人，征侧向南逃亡，马援跟踪追击，一直追

---

① （清）明谊修、张岳崧纂：道光《琼州府志》卷二十九《官师志》，海南出版社 2006 年版，第 1323 页。

到禁溪，数次击败敌军。到第二年正月，斩征侧、征贰首级，捷报传到珠崖，于此慕义来归。光武帝立即传诏就军中封马援为新息侯，食邑 3000 户。那时交阯以南，还有征侧的余党未平，乃率兵乘胜南下，从无功（今越南宁平县）一直到居风（今越南清化县），又斩获 5000 多人，至此峤南悉平。援奏言西于县有 3.2 万户，远界去庭（庭县）千余里，请分为封溪、望海二县，许之。马援所过郡县，治城郭，穿渠灌溉，以便利百姓。条奏越律与汉律驳者十余事，与越人申明旧制以约束之，自此之后，骆越奉行马将军。建武二十年（44 年）秋，班师回朝，与他一起南征的将士官吏经瘴疫死者占十之四五。光武帝刘秀赐马援兵车一乘，朝见位次九卿。马援好骑，善别名马，于交阯得骆越铜鼓，乃铸为马式。当马援带领军队班师还朝的时候，故人都来欢迎慰劳。平陵人孟冀名有计谋，于座贺援，马援对他说："吾望子有善言，反同众人邪？昔伏波将军路博德开置七郡，裁封数百户，今我微劳，猥赏大县，功薄赏厚，何以能长久乎！先生奚用相济。"孟冀曰："愚不及援。"马援曰："方今匈奴、乌桓尚扰北边，欲自请击之，男儿要当死于边野，以马革裹尸不葬耳，何能卧床上在儿女手中邪！"孟冀曰："谅为烈士，当如此矣！"[1]

又黄佐《广东通志》尚有"立铜柱为汉之极界。往来南海，抚定珠崖，调立城郭，置井邑，立珠崖县"[2] 等句。又郝玉麟等编雍正《广东通志》有"后雷、琼二郡多祀路博德及援为伏波将军祠，迄今不废"[3] 两句。又伏波善相马，有《铜马相志》一书。

从以上史籍所记载的西汉伏波将军路博德和东汉伏波将军马援的传记来看，并没有明确点出两位将军在征服南越的战役中曾亲临海南岛，他们都是在统一岭南各地时的建郡设县中涉及海南而已。而

---

① （宋）范晔：《后汉书》卷二四《马援列传》，中华书局 1965 年版，第 827—841 页。

② （明）黄佐纂修：《嘉靖广东通志》，海南出版社 2006 年版。

③ （清）郝玉麟等总裁、鲁曾煜总辑：雍正《广东通志》，海南出版社 2006 年版。

东汉的马援是否到过海南岛呢？则传说纷纭，莫衷一是。由于马援在行军过程中宣扬汉朝法律，其受约束的"骆越之人"也包括海南的先住民，所以岛上建有不少伏波庙以兹纪念，后来，伏波庙又作为保佑海上交通航行的神灵。宋代苏轼被贬海南之后，写了《伏波将军庙碑》。

苏轼的碑文，肯定了两位伏波将军开拓岭南的功绩，前伏波有开九郡之功劳，后伏波有保之战绩，两人均被海南人建庙纪念，而且成为渡海的保护神，但是两位伏波将军是否亲临海南呢？苏轼也说："古今所传，莫能定于一。"从史载推测，路博德平南越时，出桂阳，下湟水，与杨仆会师于广东番禺，他平定南越后，汉武帝才开始在南越设置南海、苍梧、郁林、合浦、交趾、九真、日南、珠崖、儋耳等九郡。也正如苏轼所说的："南越自三代（夏、商、周）不能有，秦虽稍通置吏，旋复为夷。邛离始伐灭其国，开九郡。"[1] 说他有开琼之功是正确的，但他未必已登上海南岛。而后伏波马援是否到过海南岛一事，虽传说中没有记载，但海南的志书中却屡见记录。如：

正德《琼台志》中"白马井"条云："在州西南三十里抱驿都。《旧志》云：后伏波将军乘白马跑沙得泉，因为井，去海涛才四十五步。其味清甘。乡人于井上立伏波庙。又云：唐懿宗咸通五年，命辛、傅、李、赵四将部兵来，过滴滩港，适渴，其白马嘶噉跑沙得泉。未知孰是。"[2]

民国《感恩县志》卷二："白马井在城北六十里，十所村飞来庙侧，为感恩第一甘泉。相传马伏波凿，故名。按：井深四五尺，水甚清浅。村中数百家取汲于此，虽旱不竭，冬温夏凉。清乾隆二十六年（1761年），琼州镇解逊立碑，题曰'汉马伏波之井'。今村民于井西建庙祀伏波，移碑立于庙门。"[3]

---

① （宋）苏轼：《苏轼文集》第二册，中华书局1986年版，第505页。

② （明）唐胄纂：正德《琼台志》卷六《山川下》，海南出版社2006年版，第109—110页。

③ 周文海重修，卢宗棠、唐之莹纂修：民国《感恩县志》卷二《舆地志·山川》，海南出版社2004年版，第63页。

宋代王象之在《舆地纪胜》中载："初马伏波之平海南也，命陶者为瓦器，大者数石，小者二三斗，招到黎人，即以遗之；任其所择；黎人惟取二三斗之小者，云来时皆悬崖，缘木而下，取其大者不能归耳。"①

正德《琼台志》卷三十三又载："路博德，西河平州人，以右北平太守从霍去病，封邳离侯。去病死，以为卫尉。元鼎五年，拜伏波将军，讨平南越，立儋耳、珠崖郡……马援，字文渊，茂陵人，建武十七年，交趾女侧反，拜伏波将军，击平之，抚定珠崖，调立城郭，置井邑，立珠崖县。"②

此条唐胄有按语云："《平黎记》称邳离侯焚艓③海岸，袁潭又谓其饮马儋耳，皆无所稽。若仆则史明称其摧锋陷坚之功。《方舆志》又载其筑儋城诸事，恐其至此。如新息则有传未尝书其至琼，所谓调立城郭，置井邑，盖亦威令远及尔。"④

王佐《平黎记》中云："昔汉武元鼎五年始以王师创定海南者，前伏波将军邳离路侯也……后伏波新息马侯特以隔海立县招抚功，未尝一卒渡海。"⑤

从这些正史及文士的著作中均认为马援也未到过海南，民间的传说却从分陶器、建伏波井等事都说马援来过海南。正如唐胄指出的，饮马儋耳等说，皆无所稽，不足为据。就目前所能看到的史料判断，应以马援"抚定珠崖"之说较为准确，既是"抚定"，说明马援部下的军队来过海南。从初元三年（前46年）汉元帝（刘奭）罢珠

---

① （宋）王象之撰：《舆地纪胜》卷一百二十四，中华书局1992年版，第3563页。

② （明）唐胄纂：《琼台志》卷三十三《名宦》，海南出版社2006年版，第691—692页。

③ 按：此处应作"楼"，唐胄用"艓"。

④ （明）唐胄纂：正德《琼台志》卷三十三《名宦》，海南出版社2006年版，第692页。

⑤ （明）王佐：《鸡肋集》卷三十五《平黎记》，海南出版社2004年版，第142页。

崖，至汉光武帝（刘秀）建武十七年（41年）这段时间里，这支东汉的由马援带领的军队，在西汉罢珠崖87年之后重新登上海南岛，当然是历史上的大事，海南的黎民也为此大书特书，并感谢其开郡之功。但马援本人是"抚定"珠崖，可以对海"抚定"，主帅并未亲临海南。所以，两位伏波将军对海南建立了"开郡之功"，这是历史的功绩，海南岛的开发史，也由二位伏波将军开始，后人历代建庙祭祀以示纪念，或作为海上保护神崇拜，说明了海南民众对开发海南功臣的敬仰。

对伏波将军的纪念，2000多年来，在海南岛广大民众中，已形成一种广为传颂的伏波文化。

宋代继苏东坡作《伏波将军庙碑》之后，南宋的李纲贬谪海南后，在抄录苏轼《伏波将军庙碑》的同时，又撰写了《武威庙碑阴记》，与东坡碑记互相呼应。

武威庙碑阴记

故翰林学士承旨苏公，谪儋耳，既北归，作《汉伏波将军庙碑》言：两伏波皆有功于岭表，庙食海上，为往来济者指南。辞意瑰玮。自作碑迄今凡三十年，未克建立，盖阙典也。

余以罪谪万安，行次海滨疾作，不果谒祠下，遣子宗之摄祭，病卧馆中，默祷于神，异时倘得生还，往返无虞，当书苏公所作碑，刻石庙中，使人有所观考，以答神贶。时建炎三年十一月二十有五日。既得吉卜，夜半乘潮南渡，诘旦次琼管，恬无惊忧。后三日，祗奉德音，特恩听还。夜疾良愈，躬祷行宫，卜以十二月五日己卯北渡不吉，再卜六日庚辰吉；己卯之昼，风霾大作，庚辰乃息，日中潮来，风便波平，举帆行舟，安如枕席，海色天容，轩豁呈露，不一时已达北岸。乃知神之威灵，肸蚃昭著若此，苏公之言，信不诬也。次雷阳，书碑施金，委郡守董侯总其事，大书深刻，垂之无穷，且叙所以蒙神之庥者，志于碑阴，式告观者。

正庙新息马侯也，初封忠显王，宣和中，加佑顺号；别庙邳离路侯也，宣和中，进封忠烈王。皆在苏公作碑之后，故并记于此。

岁次己酉季冬十二日，武阳李某记。①

他在贬谪海南途中，又写了《祭伏波庙文》，文曰："年月日，具位李某。谨遣男宗之，以牲酒香币之奠，致享于忠显佑顺王之神。惟神功施一方，血食千载，英爽如在，人赖庇庥。而某负罪明时，远谪绝岛，假道鲸海，实仰威灵。属若疮痏，阻造祠下，聊致薄礼，神其鉴之。尚飨！"②

到了地角场，李纲因疮痏不果谒伏波庙，写诗以纪之。诗序并诗：

次地角场俾宗之摄祭伏波庙

次地角场，以疮痏不果谒伏波庙，俾宗之摄祭，期以二十五日渡海，一卜即吉，夜半乘潮解桴，星月灿然，风便波平，诘旦已达琼管。东坡谓"斯游奇绝冠平生"，非虚语也，作二诗纪之。

威信昭然汉两公，旧于青史擅英风。

戈舡下濑勋猷壮，马革裹尸心胆雄。

顾我迂疏成远谪，赖神正直鉴孤忠。

病躯阻造祠庭下，幽显虽殊此意同。

夜半乘潮云海中，伏波肯借一帆风。

满天星月光铠碎，匝海波涛气象雄。

大舶凭陵真漭沆，寸心感格在精忠。

老坡去后何人继？奇绝斯游只我同。③

这两位文化名家在海南所写关于伏波将军的诗文，历代流传。

2000多年后，人们为了纪念马援这位汉代英雄，在儋州白马井镇建伏波将军庙并设伏波井。

宋代王象之《舆地纪胜》载："伏波威武庙，即汉两伏波也，乃

---

① （宋）李纲著、王瑞明校点：《李纲全集》卷一百三十三《记下》，岳麓书社2004年版，第1282页。

② （宋）李纲著、王瑞明校点：《李纲全集》卷一百六十四《哀辞》，岳麓书社2004年版，第1515页。

③ （宋）李纲著、王瑞明校点：《李纲全集》卷二十四，岳麓书社2004年版，第318页。

前汉邳侯路博德及后汉新息侯马援也。苏文忠谓两伏波庙食岭南均也。其铭云：至险莫测海与风，至信可恃汉两公，寄命一叶万仞中，生为人英殁愈雄。"①

唐胄在正德《琼台志》中记载："伏波庙，在郡城北六里龙岐村，宋建，祀汉二伏波将军。又威武行宫，旧在星轺驿背，建炎四年移于大英盐场山下。宋乡贡进士陈奎有记。按史，二伏波虽未至琼，然以开郡复县之功，郡人感而祀之，不止斯二祠。况宋来渡海者，尤专乞祐，故东坡还至徐闻，记彼庙曰'至险莫没海与风，至幽不仁此鱼龙，至信可恃汉两公'，盖为是也。又李纲书《雷州庙碑阴记》云，建炎三年十一月二十四日，夜半乘潮南渡，翌日次琼管，恬无惊忧。后三日，祇奉德音，蒙恩听还，疾良愈，躬祷行宫，卜以十二月五日己丑北渡不吉，再十六庚寅吉。己丑之昼，风未霾大作，庚寅乃息。日中潮来，风便波平，举帆行，安如枕席。"②

此记载始于宋代，说明在宋代在海南已建有伏波庙。唐胄在记中也说："二伏波虽未至琼，然以开辟复县之功，郡人感而记之，不止斯二祠。"

北宋建成的两座伏波祠位于今海口市海府路167号北边的龙岐村，明万历三十三年（1605年），庙圮毁于大地震。第二年，副将邓钟在参将公署旁，又创建祭祀两位伏波将军的庙宇，并改称为祠。

清康熙五年（1666年），马援的远孙、分巡海南兵备道兼摄学政按察副使马逢皋复建于龙岐村，并捐银置香灯田以供祀事，还刻碑立于庙中。清康熙二十二年（1683年），琼州知府佟湘年主持了一次重修，并将伏波庙改为"汉圣侯庙"。从此，庙中又请进一位更加显赫的人神——关圣帝君，使原来祭祀两位伏波将军的庙变得名不副实了。但不久，随着琼州府城内专祀关羽庙的形成，才又恢复了原有的建筑功

① （宋）王象之撰：《舆地纪胜》卷一百二十四《琼州》，中华书局1992年版，第11页。

② （明）唐胄：正德《琼台志》卷二十六《坛庙》，海南出版社2006年版，第536页。

能。清雍正八年（1730 年），总兵李顺与琼州府等人又一次主持了大修，这一次还将雷州伏波庙内的苏轼《伏波将军庙记》和李纲的《伏波将军庙碑阴记》碑文刻立于龙岐村两座伏波祠的庙门，从此，奠定了汉朝两座伏波祠的规模。

两座伏波祠在清雍正八年（1730 年）、道光二十九年（1849 年）、咸丰三年（1853 年）、同治十年（1871 年）多次修葺。到 1917 年，又从龙岐村迁往五公祠重建。

五公祠内的伏波祠门外对联是：

> 两汉将军辅国丰功昭万古，
>
> 二朝人物安民大德耀千秋。①

在海南岛上，各地都有伏波庙，东方市十所村有伏波祠，儋州市的抱驿、临高、澄迈和琼山等处皆建有伏波庙。两位伏波将军抚定海南的事迹，延续了 2000 多年，虽然他们是踏浪南海抚定南越，但其队伍威武事迹在南越各地广为传播；汉在南越地方设立了儋耳、珠崖、交趾、南海、苍梧、郁林、合浦、九真、日南九郡，其中有海南岛上的珠崖、儋耳二郡，由此开始了中央政权对海南的直接统治。因此，其名字扬威海南岛上。他们的战功在海南岛历史上显名，是历史上对英雄人物的敬仰。因此，两位伏波将军作为一种"军魂"的文化，成为海南人民对英雄人物永远瞻仰的象征。

相传，东汉马援南征途中来到海边，兵饥马渴，伏波将军的白马四蹄掘沙出水，供水使队伍解渴，后世在此建伏波将军庙及挖伏波井。1961 年，郭沫若游览白马井时，写下《马伏波井》诗四首。

马伏波井（四首）

井在东方县十所，滨海。井颇大，直径八尺以上。闻本系方井，后人扩大而为圆井，以砖砌成。近处原有伏波祠，久废。墙上嵌一石碑，题"汉马伏波之井"，署"乾隆辛巳"，乃清高宗二十六年（1761 年），

---

① 参见阎道衡、羊文灿：《见证千年——海南五公祠研究》，海南出版社 2008年版，第 54 页。

殆据民间传说而云然。汉有两伏波将军，均曾有功于海南。一为汉武帝时之路博德，一为光武帝时之马援。马援定交趾在建武十九年春（43年），以十八年夏出师，二十年秋还师。其经略海南当在十九年期内。故十所井如确为"马伏波之井"，则至今已一千九百二十年矣。

（一）

水泉清冽异江河，古井犹传马伏波。

想见当年师驻日，三军朝汲定如梭。

（二）

海盐含量百之三，饮此倍知水味甘。

十所于今沾惠泽，胜标铜柱在天南。

（三）

薏苡烹来可作糜，军行用以止朝饥。

功成人竟明珠视，古井无波水自知。

（四）

王者之师谁嗜杀？汉廷误把二征诛。

祀征祀马皆民意，各有千秋莫漫诬。[①]

郭沫若这四首诗，表达了他对历史上马援战功的缅怀，不能作为史料考证。但从历代文人的碑文及诗篇中，可知马援在海南岛民间已结下不解之缘，伏波文化已遍布岛上。

杨仆（？—约前108年），西汉宜阳（今河南省宜阳）人。曾任御史、主爵都尉。西汉元鼎五年（前112年）秋，被封为楼船将军，协同伏波将军路博德率大军平定南越国丞相吕嘉叛乱。次年冬平定，封将梁侯。据传文昌北岸的焚楼山是其最初登陆海南岛的地方。道光《琼州府志》卷六《建置·城池》载，汉儋耳郡城为其所建。

---

① 陈波、陈海编注：《郭沫若海南诗文注》，南海出版公司1982年版，第33—34页。编注者对这四首诗作如下说明：这组诗作于1962年2月8日，发表于同年2月18日《南方日报》。作者借写古井来表达他对马援的缅怀。

第三节　汉代海南郡县建置的沿革

一、西汉海南郡县沿革

海南岛郡县的起源，开始于汉武帝元封元年（前 110 年）。

元鼎六年（前 111 年）冬，伏波将军路博德及楼船将军杨仆讨平南越，于元封元年始在海南岛的西南部置儋耳郡，在海南岛的东北部置珠崖郡，并设郡治，属交趾刺史部。是时交趾刺史部辖南海、苍梧、郁林、合浦、交趾、九真、日南、珠崖、儋耳九郡。其中珠崖、儋耳属海南境地。《汉书》卷六《武帝纪》注引臣瓒曰："《茂陵书》珠崖郡治瞫都，去长安七千三百二十四里；儋耳去长安七千三百六十八里，领县五。"①《贾捐之传》云："儋耳、珠崖郡皆在南方海中洲居，广袤可千里，合十六县，户二万三千余。"②

根据此说，二郡共领 16 县，儋耳 5 县，珠崖 11 县。

1. 珠崖郡

瞫都：《汉书》卷六《武帝纪》注引臣瓒曰："《茂陵书》：珠崖郡治瞫都。"③宋代乐史《太平寰宇记》卷一百六十九舍城县条："舍城县，旧崖州郭下县，旧三乡。汉瞫都县地。瞫都故治在今琼山县南。"④

玳瑁：王象之《舆地纪胜》卷一百二十四引《元和郡县志》："本汉玳瑁县地。"⑤故地在今琼山府城南。雍正大清《一统志》卷三百五十"琼山故城"条："按：汉玳瑁县无考。晋志合浦郡有毒质县，疑即玳瑁，盖晋亦省珠崖入合浦也。"⑥

---

① （东汉）班固撰：《汉书》卷六《武帝纪》，中华书局 1962 年版，第 188 页。

② （东汉）班固撰：《汉书》卷六四（下）《贾捐之传》，中华书局 1962 年版，第 2830 页。

③ （东汉）班固撰：《汉书》卷六《武帝纪》，中华书局 1962 年版，第 188 页。

④ （宋）乐史撰：《太平寰宇记》，中华书局 2007 年版，第 3237 页。

⑤ （宋）王象之撰：《舆地纪胜》，中华书局 1992 年版，第 3558 页。

⑥ （清）蒋廷锡等纂修：雍正大清《一统志》，海南出版社 2006 年版，第 62 页。

苟中：王象之《舆地纪胜》卷一百二十四"澄迈县条"："在州西五十五里。"①宋代乐史《太平寰宇记》卷一百六十九云："汉苟中县地。"②故治在今澄迈县。

紫贝：王象之《舆地纪胜》卷一百二十四"文昌县条"："在旧崖州东南一百四十里。"《元和郡县图志》云："本汉紫贝县地。"③《太平寰宇记》卷一百六十九："汉紫贝县地。"④故治在今文昌县。唐胄正德《琼台志》卷三《沿革考》："文昌县，在府城东一百六十里，本汉紫贝县地。"⑤

临振（林振）：王象之《舆地纪胜》卷一百二十四"琼州条"："崖儋振三州，皆汉珠崖郡地也。"⑥故治在今三亚市北。

2. 儋耳郡领三县

儋耳：《太平寰宇记》卷一百六十九"宜伦县条"："宜伦县，二乡，汉儋耳县。"⑦《明一统志》卷八十二"儋州条"："在府城西南三百七十里，汉元鼎中，置儋耳郡。始元中，省入珠崖郡。"⑧

至来：《太平寰宇记》卷一百六十九"昌化县条"："昌化县，西一百八十里，二乡，汉至来县。"⑨《明一统志》卷八十二"昌化县条"："在州城南二百九十里。本汉至来县，后废。"⑩即元封年置，始元五年，省并属珠崖，初元三年废。故治在今昌江县西北。明谊、张岳崧《琼州府志》卷首："儋耳郡之至来县。元封元年置，始元五年省并，属珠崖，初元三年废。"⑪

① （宋）王象之撰：《舆地纪胜》，中华书局 1992 年版，第 3558 页。
② （宋）乐史撰：《太平寰宇记》，中华书局 2007 年版，第 3237 页。
③ 李吉甫撰：《元和郡县图志》下卷逸文卷三，第 1090 页。
④ （宋）乐史撰：《太平寰宇记》，中华书局 2007 年版，第 3237 页。
⑤ （明）唐胄纂：正德《琼台志》，海南出版社 2006 年版，第 52 页。
⑥ （宋）王象之撰：《舆地纪胜》，中华书局 1992 年版，第 3555 页。
⑦ （宋）乐史撰：《太平寰宇记》，中华书局 2007 年版，第 3233 页。
⑧ （明）李贤修：《一统志·琼州府》，海南出版社 2006 年版，第 2 页。
⑨ （宋）乐史撰：《太平寰宇记》，中华书局 2007 年版，第 3233 页。
⑩ （明）李贤修：《一统志·琼州府》，海南出版社 2006 年版，第 3 页。
⑪ （清）明谊修、张岳崧纂：道光《琼州府志》第一册《卷首》，海南出版社2006 年版，第 19 页。

九龙：《太平寰宇记》卷一百六十九"感恩县条"："感恩县，东至二百二十五里。二乡，汉九龙县地。"[1] 故治在今昌江县西北。

其他七县无考。

不过在《明一统志》及《钦定大清一统志》及其他志书中，有下列九地都说明在汉朝时已属珠崖或儋耳郡治，其中如琼山、感恩等处与上面的九龙重复，这些县治，说明在汉代已属珠崖、儋耳二郡。

万州：《明一统志》卷八十二"万州"条："在府城东南四百七十里，本汉珠崖郡地。"《大清一统志》卷三百五十"万州条"："汉珠崖郡地。"

定安县：《大清一统志》卷三百五十"定安县条"："汉珠崖郡地。"

琼山县：《大清一统志》卷三百五十"琼山县条"："汉初朱崖郡地，后置朱卢县，属合浦郡，后汉曰朱崖县。"明谊、张岳崧《琼州府志》卷首："珠崖郡之玳瑁县，元封元年置。初元三年，罢珠崖，省玳瑁县，置朱卢县。建武十九年，改置珠崖县，属交趾部合浦郡。"

会同县：《大清一统志》卷三百五十"会同县条"："汉珠崖郡地。"

乐会县：《大清一统志》卷三百五十"乐会县条"："汉珠崖郡地。"明谊、张岳崧《琼州府志》卷首："珠崖郡之玳瑁县，初元三年，罢珠崖郡，省并朱卢县。建武十九年，改置珠崖县。"

临高县：《大清一统志》卷三百五十"临高县条"："汉珠崖、儋耳二郡地。"

陵水县：《大清一统志》卷三百五十"陵水县条"："汉珠崖郡地。"明谊、张岳崧《琼州府志》卷首："儋耳郡地，元封元年置，始元五年废。"

崖州：《大清一统志》卷三百五十"崖州条"："汉珠崖郡地。"

感恩县：《大清一统志》卷三百五十"感恩县条"："汉儋耳郡地。"[2] 明谊、张岳崧道光《琼州府志》卷首："儋耳郡之九龙县，元封元年置，始元五年省并珠崖郡，初元三年兼罢珠崖。"[3]

---

① （宋）乐史撰：《太平寰宇记》，中华书局 2007 年版，第 3233 页。
② （明）李贤等纂修：《一统志·琼州府》，海南出版社 2006 年版，第 3—34 页。
③ （清）明谊修、张岳崧纂：道光《琼州府志》第一册《卷首》，海南出版社 2006 年版，第 22 页。

山南县：《资治通鉴》卷二十八："宣帝即位之明年珠崖山南县反，发兵击之。"其注曰："海中洲上，以黎母山为主，环山列置诸县。山南县盖置于黎母山之南也。"

汉武帝在海南岛上建置28年以后，汉昭帝始元五年（前82年），把西部儋耳郡并入珠崖郡，这是第二次建置，海南仅以珠崖郡作为建成制代表。《汉书》卷七《昭帝纪》载：始元五年春"罢儋耳真番郡"。到了元帝初元三年（前46年），汉元帝采纳贾捐之建议而弃珠崖郡，《汉书》卷九《元帝纪》载："初元三年（前46年）春，珠厓郡山南县反，博谋群臣。待诏贾捐之以为宜弃珠厓救民饥馑。乃罢珠厓。"[1] 撤销珠崖之后，在今琼山县境内设一个朱卢县，归海北合浦郡遥领，这是第三次建置。《大清一统志》卷三百五十"琼山县条"载："朱卢县属合浦郡，后汉曰朱崖县。"又，古迹珠崖故郡条曰："《地理志》合浦郡领朱卢县，为都尉治，盖即改故珠崖郡所置。后汉志无朱卢而有珠崖县，仍属合浦郡。"《汉书》卷二十八（下）《地理志》（下）"合浦郡条"载："县五：徐闻，高凉，合浦，临允，朱卢。"[2] 这样，可以了解到，虽然设朱卢县，但治理机构不在海南岛上。

二、东汉海南郡县沿革

汉武帝建武十九年（43年）马援用兵交趾，"往来南海，抚定珠崖，调立城郭，置井邑，立珠崖县"。[3] 也就是说，在海南岛重新设置珠崖县，而撤销朱卢县。《后汉书》卷三十三《郡国志》载："合浦郡：五城，户二万三千一百二十一，口八万六千六百一十七。合浦、徐闻、高凉、临元、朱崖。"[4] 这说明珠崖县属于合浦县管辖。

西汉第一次建置（前110—前82年），珠崖郡、儋耳郡。

西汉第二次建置（前82—前46年），珠崖郡玳瑁县紫贝县苟中县。

① （东汉）班固撰：《汉书》第一册，中华书局1962年版，第283页。

② （东汉）班固撰：《汉书》第六册，中华书局1962年版，第1630页。

③ （清）明谊修、张岳崧纂：道光《琼州府志》第三册《官师宦绩·马援传》，海南出版社2006年版，第1324页。

④ （宋）范晔撰：《后汉书》第一二册，中华书局1965年版，第3531页。

西汉第三次建置（前46—前23年），当时海南已无郡建置，属合浦郡，郡治在雷州朱卢县。

东汉时代（23—220年），（合浦郡）珠崖郡。

第四节　秦汉时代海南的移民、物产与商业之间的关系

一、汉代黎族的反抗斗争

在秦汉时代，海南岛上的移民、人口、物产、商业之间的相互交错的交换和发展，是紧密联系在一起的。秦始皇时代，已开始移民海南，“始皇帝……三十三年（前214年）发诸尝逋亡人、赘壻、贾人略取陆梁地，为桂林、象郡、南海，以适遣戍”。[①] 秦徙中原人民于南方三郡，目的是“使与百粤杂处”，这象郡、百粤包括海南岛在内。详细情况至今已无可考。到了汉代，海南岛郡县的建置与废弃过程中，包含着诸多经济上的利益因素。由于经济上的利益而移民、而掠夺、而斗争、而退却，海岛上的先住民黎族，独居大海之中。汉代开始环海以为郡县，深峒中的先住民，时亦有羁縻编户者，当时贾捐之向元帝上奏治珠崖、儋耳的得失时，详细说及汉朝统治海南的斗争过程。元封元年（前110年）立儋耳、珠崖郡时，海南先住民“皆在南方海中洲居，广袤可千里，合十六县户二万三千余人”。汉代统治者认为“其民暴恶，自以阻绝，数犯吏禁”，官吏的镇压也十分残酷，由是十余年间凡六叛，斗争不息。贾捐之引《诗经・小雅・采芑》诗云：“蠢尔蛮荆，大邦为仇雠。”说明是时海岛上先住民对汉代统治的敌视，但统治者没有反省仇视的原因是在于他们自身的错误，当他们意识到政权力量必须管理海南岛时，其主观意图不是为岛上原住民谋利益，而完全是出自于贪婪的掠夺，正如贾捐之在奏议中所说的：“颛颛（即区区）独居一海之中，雾露气湿，多毒草虫虵水土之害，人未见虏，战士自死，又

① （西汉）司马迁：《史记》卷六《秦始皇本纪》，中华书局1959年版，第253页。

非独珠厓有珠犀、瑇瑁也。弃之不足惜，不击不损威，其民譬犹鱼鳖，何足贪也。"① 这种说法，固然表明了统治者对黎民百姓的蔑视，视民如鱼鳖，更重要的是由此透露了一个历史的讯息，汉朝首先在海南置郡，其目的是要掠夺海南的"珠犀瑇瑁"等特产。《汉书》应劭注云："（珠崖儋耳）二郡在大海中，崖岸之边产珍珠，故曰珠厓。"② 又《汉书》卷九十六（下）《西域传赞》云："孝武之世……天下殷富，财力有余，士马强盛，故能睹犀、布、瑇瑁，则建珠崖七郡。"③ 由于汉代文治武功之盛，因此，威力扩大到国土边缘，设郡之后，所派遣官员，注意力不在于治理民众，促进海南的发展；而是为统治者掠夺海南出产的财富，引起先住民黎族的反抗斗争。西汉一朝，从汉武帝元封元年置郡县，到汉元帝始元三年罢弃珠崖，前后共 65 年，据史书记载，这 65 年中规模较大的反抗斗争有 10 次。第一次反抗的起因是珠崖太守孙幸为调集黎民的广幅布作为贡品，爆发了历史上第一次轰动全琼乃至南越大地的"广幅布斗争"。海南岛上的"珍赂"为了献"贡品"而酿成杀太守的政治事件的广幅布，公元前 1 世纪，西汉"武帝末（前 87 年），珠崖太守会稽孙幸，调广幅布献之，蛮不堪役，遂攻郡杀幸"。④ 先住民族群的反抗的导火线，起于海南在汉代已有"广幅布"的精美产品。孙幸在海南搜集广幅布作为贡品向朝廷贡奉，而当黎族人反抗杀孙幸之后，又招来更大灾难，孙幸的儿子孙豹，卷土重来，史书上记载："幸子豹合率善人还，复破之，自领郡事，讨击余党，连年乃平。豹遣使封还印绶，上书言状，制诏即以豹为珠崖太守，威政大行，献

---

① （东汉）班固撰：《汉书》卷六四下《贾捐之传》，中华书局 1962 年版，第 2834 页。

② （东汉）班固撰：《汉书》卷六《武帝本纪》，中华书局 1962 年版，第 188 页。

③ （东汉）班固撰：《汉书》卷九六下《西域传》，中华书局 1965 年版，第 3928 页。

④ （宋）范晔撰：《后汉书》卷八六《南蛮西南夷传》，中华书局 1965 年版，第 2835 页。

命岁至。中国贪其珍赂，渐相侵侮，故率数岁一反。"① 这些来珠崖郡的官吏，为了"贪其珍赂"而侵侮海南原住民。

何谓"广幅布"，《尚书·禹贡》云："岛夷卉服，厥篚织贝。""岛夷"包括海南岛的黎族先民，《尚书·禹贡》成书于春秋时代，由此可见，在春秋时代海南岛上就已经有"织贝"，也即称之为"吉贝"，是一种用木棉树籽中的棉丝织成的布。宋代赵汝适在《诸蕃志》中云："妇媪以织贝为业"，琼州"女子用裙，以纺贝为生。""海南土产，诸番皆有……惟槟榔、吉贝独盛。"可见吉贝是海南的特产，特别宝贵，成为统治者掠夺的贡品的对象。海南的土产很多，诸如"沉香、蓬莱香、鹧鸪斑香、笺香、生香、丁香、槟榔、椰子、吉贝、苧麻、楮皮、赤白藤、花缦、黎幕、青桂木、花梨木、海梅脂、琼枝菜、海漆、荜拨、高良姜、鱼鳔、黄蜡、石蟹之属"。② 这类特产被视为奇珍，因而官吏为"贪其珍赂，渐相侵侮"，这是封建社会必然的现象了。

二、汉朝对海南用兵频繁，花费巨大

汉王朝为了统治海南岛，"连年护军、都尉、校尉及丞凡十一人，还者二人，卒士及转输死者万人以上，费用三万万余，尚未能尽降"。③遂弃郡，可见当年汉朝渡海军队人数之多，花费之巨，但还是被尚未开化的先住民部落打得落花流水，最后弃郡而归。

当年汉军渡海征服海南岛黎族时，以破釜沉舟的决心也不能见效。海南岛上现有一个地名叫焚楼岭，是路德博部下杨仆渡海登岸之处，据唐胄在正德《琼台志》卷五《山川》中所载："焚楼岭，在县北（指文昌县）一百五十里迈犊都海旁。世传汉楼船将军杨仆初渡海至此，即焚其楼船，此示士卒必死，要其灭贼。即孟明焚舟、项羽沉船破甑

① （宋）范晔撰：《后汉书》卷八六《南蛮西南夷传》，中华书局1965年版，第2835—2836页。
② （宋）赵汝适著、杨博文校释：《诸蕃志校释》卷下《海南》，中华书局2000年版，第216—221页。
③ （东汉）班固撰：《汉书》卷六四下《贾捐之传》，中华书局1962年版，第2835页。

之意。"① 又有"烈楼港"条，其注云："在县（指琼山县，该港现属海口市）西北三十里烈楼都，水自五原铺下田涧流出成溪，至此与潮会成港。"②（按：琼山烈楼乃汉军渡海楼船布列之处，本县都名作烈楼，又似焚楼之意。）在这两条记载中，可以知道当年路德博派杨仆攻上海南岛时战斗的惨烈，先住民部落誓死抵抗，汉军焚船背水而战，断绝归路，只好拼死夺取儋州。清人程秉钊《琼州杂事诗》云："儋耳城南故址存，将梁平越此留屯。（汉儋耳郡城，在今儋州城南，将梁侯杨仆所筑）楼船一弃无回顾，想见争先夺石门。"③ 虽然暂时得到胜利，终于在海岛上建置郡县。但历史证明，使用武力镇压的手段最终还是要失败的。再加上用武力登岛之后，所派官吏又以政治暴力统治，这是致使汉朝置郡而终弃的重要原因之一。

三、汉族移民与人口

海南岛自古以来是南海交通必经之地，且物产丰富，必为商家所向往。

秦时已有汉族商人来海南岛。在经商过程中，人员的来往与交流早已开始。汉武帝将海南岛归入版图，设立了郡县。所设的二郡16县的任职官员都是汉族移民。除了这些官员到琼任职之外，也还派了驻军。据史书记载，珠崖太守孙幸及其子孙豹，还有东汉时的儋耳太守僮尹。这些人都是史有明文的。至于黎族不堪官员的残暴起而抗争，汉王朝派军队镇压，据《汉书·贾捐之传》载，因海南岛诸多条件，汉军死伤严重：其中包括"护军都尉、校尉及丞凡十一人，还者二人，卒士及转输死者万人以上，费用三万万余，尚未能尽降"。④ 是故，明代唐胄有所议论并记述。"珠崖与徐闻对岸，舟仅日夕可至，地多诸异产，而人有不乐向乎！且观秦置桂林、南海、象郡以谪徙民，与越

---

① （明）唐胄：正德《琼台志》卷五《山川上》，海南出版社2006年版，第102页。
② （明）唐胄：正德《琼台志》卷五《山川上》，海南出版社2006年版，第89页。
③ （清）程秉钊：《琼州杂事诗》，长征出版社2005年版，第65页。
④ （东汉）班固撰：《汉书》卷六十四下《贾捐之传》，中华书局1962年版，第2835页。

杂处，又史志越处近海，多犀象、玳瑁、珠玑、银、铜、果、布之凑，中国往商贾者多取富焉，则秦有至者矣。又称凡交阯所统，虽置郡县而人如禽兽，后颇徙中国罪人，使杂居其间，乃稍知言语，渐见礼化，则汉郡后又有至者矣。郡志载：'建武二年，青州人王氏与二子祈、律，家临高之南村，则东汉有父子至者矣。'"[1]唐胄所论这一段话，明白地告诉人们，秦代已有商贾来海南岛，到了东汉，不仅有商贾登岛贩卖珠宝果布等特产，而且在光武帝建武中元二年（57年），已开始有移民进入海南，青州人王氏与二子移居临高南村，这是见诸史籍、有具体姓名和移居地点的最早移民记录。汉代的移民活动，已开始与商业活动纠结在一起了。在这段极其简短的文字记载中，让后代人看到了海南岛移民的端倪。

汉代移民中还有"罪人"和"善人"，也都是汉族。明代王佐《琼台外纪》记载："武帝置郡之初，已有善人三万之数。"所谓"善人"，其中一部分是在当地经商的汉族商人。汉武帝设立郡县后，"颇徙中国罪人杂居其间"。[2]目的是让这部分汉人在当地引导黎族人"学书"，然后"粗知言语"，最后看到他们"礼化"。到西汉末年，王莽辅政，也"颇徙中国罪人，使杂居其间"。[3]在汉代，汉族的移民是陆续移入海南岛的。

关于汉代人口，据《贾捐之传》中所说的，元封元年（前110年），海南岛"合十六县，户二万三千余"，司徒尚纪根据葛剑雄的《论西汉时期人口的地理分布》作出统计，"若以每户6口计算，为13.8万人，密度为每平方公里4人"。[4]上文所引王佐在《琼台外纪》里所

---

① （明）唐胄纂：正德《琼台志》，卷三《沿革考·感恩县》，海南出版社2006年版，第58页。

② （晋）陈寿撰：《三国志》卷五三《吴书·薛综传》，中华书局1959年版，第1251页。

③ （宋）范晔撰：《后汉书》卷八六《南蛮西南夷传》，中华书局1964年版，第2836页。

④ 司徒尚纪：《海南岛历史上土地开发研究》，海南出版社1992年版，第81页。

言，海南还有一批特殊的人物，即所谓"善人"，什么叫善人呢？王佐说："班固作《前汉书》云：珠崖之民，无地可着，而置之南蛮传中，以其无罪见弃而谓之'善人'。"具体说来，指的是在当地经商的汉族商人。在西汉，海南岛上的善人有多少呢？"善人乃武帝置郡之初，已有三万之数。此皆远近商贾兴贩货利，有积业者及土著受井受廛者，通谓之'善人'。"[①] 司徒尚纪说，如果从事商业的所谓"善人"有 3 万之数，仍以每户 6 口计算为 5000 户，则占全岛户数 22%，这个比例对汉代海南显然过高。的确，如果说，汉代的海南岛上有 3 万人（占岛上人口的 1/4 弱）活跃于商品交换的队伍中，在今天是一件不可想象的事了。到了东汉，人口的统计更不完善，据《后汉书》载："合浦郡，武帝置。雒阳南九千一百九十一里。五城，户二万三千一百二十一，口八万六千六百一十七。"[②] 合浦郡含合浦、徐闻、高凉、临元、珠崖五县，在这 86617 人中，珠崖能占有多少呢？西汉时海南岛上有户籍可统计的有 13.8 万人，那么，到了东汉，整个合浦郡五县才有人口 86617 人，简直无法与西汉相匹配，究其原因，是东汉已经撤离在海南岛上建立郡县，珠崖一县，也名存实亡，由合浦管辖遥控，汉朝政权没有在海南统治，因而人口的统计，仅限于收税的商人人数，故列出人口数额锐减。正德《琼台志》论曰："古今天下，牧民者之增户口，皆在于休养，而琼独加招徕焉。何也？内黎峒而外省地是也。汉武开郡，遂有二万三千余户，《外纪》所谓皆商贾有积业，土著受井廛及夷虏历世久远，冒产供役者，其商贾、土著入版籍为生养之胎，夷虏冒产供役者，即招徕之由也。孙氏父子牧养违道，多至叛悖。始元乃省儋耳入朱崖，至初元并弃之，则非惟不能招徕，且与生养者并失之。建武立朱崖县，合合浦、临元、徐闻、高凉、珠崖五

① 彭元藻、曾友文修，王国宪总纂：民国《儋州县志》卷一《舆地志》，海南出版社 2006 年，第 37—38 页。

② （宋）范晔撰：《后汉书》卷二十三《郡国志》，中华书局 1965 年版，第 3531 页。

城，户只二万三千余，则减杀不啻十八九矣。"①唐胄这一段话，说明了从西汉到东汉，史籍上所记载的人口锐减的原因。其中"孙氏父子牧养违道，多至叛悖"一事，指的是孙幸、孙豹父子对海南先住民黎族的逼害而造成历史上闻名的"广幅布"事件。由于东汉政权已绝大部分退出海南岛，仅收缩为受到遥控的朱崖一县，先住民对汉朝的反抗情绪剧烈，因而商贾人数相对减少，编户的人口也远远比西汉少得多了。

第五节　古老而又独特的民俗

班固曾给"风俗"下一定义。他说："凡民函五常之性，而其刚柔缓急，音声不同，系水土之风气，故谓之风；好恶取舍，动静亡常，随君上之情欲，故谓之俗。"②海南岛在汉代初期，乃是孤悬海外的化外之地，其风俗习惯，与中原地带殊异。《汉书·地理志》记载海南汉代民俗，其生活是非常简朴的：

> 自合浦、徐闻南入海，得大州，东西南北方千里，武帝元封元年略以为儋耳、珠崖郡。民皆服布如单被，穿中央为贯头。男子耕农，种禾稻纻麻，女子桑蚕织绩。亡马与虎，民有五畜，山多麈麖。兵则矛、盾、刀、木弓弩、竹矢，或骨为镞。自初为郡县，吏卒中国人多侵陵之，故率数岁一反。元帝时，遂罢弃之。③

又《后汉书·南蛮西南夷列传》记载：

> 珠崖、儋耳二郡在海洲上，东西千里，南北五百里。其渠帅贵长耳，皆穿而缒之，垂肩三寸……凡交趾所统，虽置郡县，而言语各异。重译乃通。人如禽兽，长幼无别。项髻徒跣，以布贯头而著之。

---

① （明）唐胄：正德《琼台志》卷十《户口》，海南出版社2006年版，第231页。

② （东汉）班固撰：《汉书》卷二十八下《地理志》下，中华书局1962年版，第1640页。

③ （东汉）班固撰：《汉书》卷二十八下《地理志》下，中华书局1962年版，第1670页。

后颇徙中国罪人，使杂居其间，乃稍知言语，渐见礼化。①

两种《汉书》中这两则有关先住民的风俗记载，仅就服饰、耕种、织绩、民器、语言各项作了简单的记录，也未提及文身等其他习俗。但在黄佐的《广东通志》中，提及汉明帝欣赏僮尹才美，正值永平十七年（74年）春二月儋耳慕义贡献，明帝任命僮尹为儋耳太守，"尹至郡敷政未久，下诏擢为交趾刺史，还至珠崖，戒敕官吏毋贪珍赂，劝谕其民毋镂面颊，以自别于峒俚雕题之习，自是日变。建初中，以尹能匡俗信民，厚加赏赐，迁武陵太守"。可见汉代黎族的文面习俗，十分普遍，而且由来已久，虽然僮尹劝谕"毋镂面颊"，但2000多年以来，文身文脸代代相传，成为黎族刻在人体上的敦煌壁画，是黎族的特征和骄傲。

在汉代，仍保留着自由结合婚俗。古代海南岛黎族人民的婚姻形式异于汉族人，黎族人一直保留着自由结合婚俗。史载，汉武帝诛吕嘉，开九郡，设交趾刺史以镇监。到后来，锡光为交趾，任延为九真太守，"为设媒官，始知聘娶"。薛综说："自臣昔客始之时，珠崖徐州县嫁娶，皆须八月引户，人民集会之时，男女自相可适，乃为夫妻，父母不能止。"②

汉代黎族先民除文身外，还有耳垂戴环作为装饰的习俗。《汉书·武帝纪》载：珠崖儋耳郡，"应邵曰，二郡在大海中，崖郡在大海中，崖岸之边出珍珠，故曰珠厓……言珠若崖矣。儋耳之云，缕其颊皮，上连耳匡，分为数支，状似鸡肠，累耳下垂"。③《后汉书·南蛮西南夷列传》载："其渠帅贵长耳，皆穿而缒之，垂肩三寸。"④大耳环习俗，在汉代已很流行，一直到现在，在海南的黎村里还可找到老年妇女戴

① （宋）范晔撰：《后汉书》卷八六《南蛮西南夷列传》，中华书局1965年版，第2835—2836页。
② （晋）陈寿撰：《三国志·吴书·薛综传》卷五三，中华书局1959年版，第1251—1252页。
③ （东汉）班固撰：《汉书》卷六《武帝纪》，中华书局1962年版，第188页。
④ （宋）范晔撰：《后汉书》卷八六《南蛮西南夷列传》，中华书局1965年版，第2835页。

大耳环的装饰。

在《汉书·贾捐之传》中，还提及"骆越之人，父子同川而浴，相习以鼻饮"。[①]关于"鼻饮"一说，黎族学者谓当时汉人对黎族集体对着酒缸用嘴含竹筒吸酒，作较远距离观看，因而误记，此一误传的习俗，也延续至今。

汉代风俗，除贯头衣外，尚有树皮布。据《后汉书·南蛮西南夷列传》记载，南蛮人"织绩木皮，染以草实"。[②]其实，在《史记》《汉书》等文献中都有记录。当初《韩诗外传》卷一记述了孔子的弟子原宪穿戴是"楮冠黎杖"。《山海经》说："山岭为黎，人居其间，号曰生黎……绩木皮为布。"[③]就是用树皮捶打成布，这是无纺布，一直沿用到现在。

第六节　海域与海外交通

秦汉以来，随着岭南地方建置的发展，南海广大海区先后归入中国版图。

在汉代，人们根据南海潮水涨退的自然现象，把南海和南海诸岛称为涨海、涨海崎头。东汉杨孚《异物志》载："涨海崎头，水浅而多磁石。微外大舟锢以铁叶，值之多拔。"[④]此处"磁石"之意即稳没水下不深的礁滩，航船遇之如被磁石吸住难逃脱。《异物志》也载有南海诸岛产海龟和玳瑁。[⑤]以后，随着经济技术的发展，人们的活动

---

① （东汉）班固撰：《汉书》卷六四下《贾捐之传》，中华书局1962年版，第2834页。

② （宋）范晔撰：《后汉书》卷八六《南蛮西南夷传》，中华书局1965年版，第2829页。

③ （宋）乐史撰：《太平寰宇记》第七册，中华书局2007年版，第3233页。

④ （汉）杨孚的《异物志》，原本早已失传，而《琼台志》在卷九"土产·药之属"条下加以转引，得以保存下来，海南出版社2006年版，第197—198页。又（清）曾钊辑《异物志》卷二，载《南越五主传及其它七种》，广东人民出版社1982年版，第38页。

⑤ （汉）杨孚的《异物志》，原本早已失传，而《琼台志》在卷九"土产"条下加以转引，得以保存下来，海南出版社2006年版，第195页。

范围也不断扩大，认识也逐步深入。

汉武帝时代，中国已通过南海与东南亚、印度、斯里兰卡等国家进行海上交通和贸易，汉朝的官员来往越南时，"皆从涨海出入"。《汉书·地理志》载："自日南障塞、徐闻、合浦船行可五月，有都元国。"[①] 谢承《后汉书》曰："汝南陈茂尝为交阯别驾，旧刺史行部，不渡涨海，刺史周敞涉海遇风，舡欲覆没。茂拔剑诃骂水神，风即止息。"[②] 而涨海，即指南海诸岛在内的南海。据记载，汉武帝刘彻派遣使者偕同翻译人员，从广东的徐闻出发，经南海、马来亚半岛、苏门答腊，再经缅甸到达黄支国（今印度东南部马德拉斯略南的康耶弗伦）。自汉武帝至汉平帝刘衎这段时间，前汉王朝屡次派遣使者航行南海，途经南海诸岛，前往东南亚和印度尼西亚各国。《太平御览》卷七六九引用《汉宫殿疏》的资料"汉宫殿疏曰：武帝作大池，周匝四十里，名昆明池。作豫章大舡，可载万人，舡上起宫室"。[③]

罗香林在《百粤源流与文化》一书中，谈及他发现的广州汉代城砖上，绘有楼船的形象，虽是当时工匠随手所刻画，但从中可窥见其大概。据楼船图形所示，楼船头低尾高，船尾有一大舱，船身左边，连船舱共计可有 10 层。船中央有一大钟，船右边有一桅上张挂帽形的帆和旌旗，船边水中似还有浮木和档木造成的边架。参照广州地区出土的两艘大型木船模型，广州汉砖的楼船图形绝非随意虚构。这两艘木船模型，因经历 2000 多年，部分腐朽，船体散乱不全，但以残存的船板彩画看，不难想象到它结构复杂、装饰华丽及其雄伟的身姿。这种楼船，有帆张挂，有边架可使船只平稳，又能经受风吹浪打，适宜于近海航行。正是这些船舶，沿着海岸，穿梭于南海西南岸

---

① （东汉）班固撰：《汉书》卷二八《地理志》下，中华书局 1962 年版，第 1671 页。

② （宋）李昉等撰：《太平御览》卷六十《海》，中华书局 1960 年版，第 287 页。

③ （宋）李昉等撰：《太平御览》卷七六九《舟部二》，中华书局 1998 年版，第 3409 页。

的孤岛各地。广州是楼船制造中心之一。东汉伏波将军马援在讨伐交趾的战役中，率领的楼船竟达 2000 余艘之多。[1] 充分反映了汉代造船能量之巨大。

1974 年，在广州中山四路西段发现的秦汉造船工场遗址，表明秦至西汉初期番禺的造船工场规模巨大，船台的结构形式先进，木料的选择加工讲究，具有很高的造船能力和技术水平。据船台的宽度推算，1 号船台宽 1.8 米，2 号船台宽 2.8 米，可分别建造身宽 5—8 米、载重 25—30 吨的木船。[2] 这些资料说明汉代的造船业已很发达。汉代使者乘坐中国制造的海船，经南海诸岛，前往南亚各国进行国际交往和贸易活动。《汉书·地理志》云："所至国皆禀食为耦，蛮夷贾船，转送致之。"由此可见，中国船舶到达上述地方，才由当地商船来往转驳货物。中国使者和航海家航行南海，发现南海诸岛；东南沿海各省市渔民相继而至各岛并居住开发，历代不断。[3]

与海南岛有关的记载，在《古今图书集成·方舆汇编·山川典·海部汇考二》中，与汉代有关的有下列几则：（1）"琼山县海口渡在县北十里，北达徐闻踏磊驿，顺风半日可至……凡渡舟达徐闻者有三处：海口官渡，白沙古渡，烈楼渡，自烈楼咀达车轮浦较近。"[4]（2）"烈楼港在县西二十里。自徐闻那黄渡开船，小午可到。乃汉军渡海之处。海边有大石一，所生出海北三墩，名曰烈楼嘴。海南地接徐闻，此最近，舟一朝可到。"[5]（3）"焚楼岭在城北一百三十里迈犊都海傍。世传汉楼

① （宋）范晔撰：《后汉书》卷二四《马援列传》，中华书局 1965 年版，第 839 页。

② 广州市文物志编委会：《广州市文物志》，广州岭南美术出版社 1990 年版，第 99 页。

③ 参见广东省地名委员会编：《南海诸岛地名资料汇编》，广东省地图出版社 1987 年版，第 153 页。

④ （清）陈梦雷编纂：《古今图书集成》，载《地理志·海南》，海南出版社 2006 年版，第 229 页。

⑤ （清）陈梦雷编纂：《古今图书集成》，载《地理志·海南》，海南出版社 2006 年版，第 146 页。

船将军杨仆初渡海至此，即焚其船，以士卒必死。"①

宋代赵汝适《诸蕃志》："武帝平南粤，遣使自徐闻，渡海略地，置朱崖、儋耳二郡。"②可见汉代已建立水师，承担着巡视海域的任务，东汉时期，中央政府常派官员巡视南海海域及各部。杨仆渡海至焚楼岭，都足以说明这一事实。

在汉代，由于南海地区的海上贸易活动起步很早。在这之前，擅长航海的百越民族与东南亚地区进行沿岸交往的历史可以追溯到商、周时代；秦始皇经略岭南，凿灵渠，建郡县，使番禺地区成为珠玑、犀、玳瑁、果布之凑的海外贸易中心。是时，海南岛是广东属地，离番禺（现广州）不远，这些土产物品，多数也产自于海南岛。当时的海岸线，已有可能与东南亚、南亚地区建立航海贸易关系。汉武帝在统一东南沿海以后，即大力开拓南海对外交通与贸易活动，扩大汉王朝与南海各国的经济与文化联系，这样就导致了中国史籍记载的第一条远洋航行到印度洋的航路的产生。由于当时中国对海外的航运货种以"杂缯"——各种丝绸织物为主，因此，这条远洋航路相对于陆上丝绸之路经济带，又称为"海上丝绸之路"。

班固所撰的《汉书·地理志》中记载，该航路情况如下：

> 自日南障塞、徐闻、合浦，船行可五月，有都元国；又船行可四月，有邑卢没国；又船行可二十余日，有谌离国；步行可十余日，有夫甘都卢国。自夫甘都卢国船行可二月余，有黄支国，民俗略与珠崖相类。其州广大，户口多，多异物，自武帝以来皆献见。有译长，属黄门，与应募者俱入海市明珠、璧流离、奇石异物，赍黄金杂缯而往。所至国皆禀食为耦，蛮夷贾船，转送致之，亦利交易。剽杀人，又苦逢风波溺死；不者，数年来还。大珠至围二寸以下。平帝元始中，王莽辅政，欲耀威德，厚遗黄支王，令遣传献生犀牛。自黄支船行

① （清）陈梦雷编纂：《古今图书集成》，载《地理志·海南》，海南出版社2006年版，第156页。

② （宋）赵汝适原著、杨博文校释：《诸蕃志校释》卷下《海南》，中华书局2000年版，第216页。

可八月，到皮宗；船行可二月，到日南象林界云。黄支之南，有已程不国，汉之译使自此还矣。[1]

这是一条沿岸渐进的印度洋远洋航线，2000多年前所用的地名，有的已与现在不同，此略。

不过，上古人类所陆陆续续开通的海上航线，经过多少年的古人类的开辟一直至汉代，由于汉代已经过了夏、商、周、秦四朝的建立及各国之间的商品贸易的交流，南海的海路交通，才被命名为"海上丝绸之路"。

这条海路的通航，都通过"涨海"，即指南海诸岛在内的南海，因此可以说，自古以来，海南岛是"海上丝绸之路"上重要且必经的中转站。

第七节　汉代出土文物

近半个世纪以来，在海南的文物发掘中，出土的文物已证明先秦时期，北方大陆文化的影响已波及海南岛。如，1994年，昌江县燕窝岭出土9件战国青铜绳纹环形器（铜环外径8.7—11.4厘米、环宽1—2厘米、厚0.2—0.3厘米，外缘为齿状，齿长0.25—0.7厘米，环面有6—8圈绳纹，器重50—125克。同样器物20世纪80年代中期在东方市曾出土1件。这一类器物用途不明，在海南乃至国内尚属首次发现，有很高的研究价值。该器物于1994年11月经全国馆藏一级历史文物确认专家组杜乃松、王海文、郝本性、高至喜鉴定确认。[2]

海南因孤悬海外，文化发展比中原地区明显滞后，当中原地区进入青铜时代的奴隶社会，海南仍处于原始社会晚期。不过，在秦汉时期，已有某些青铜时代文化传入海南。据海南省文物考古研究所由郝思德、王大新执笔写的关于《海南省近五十年文物考古工作概述》中所介绍

---

① （东汉）班固撰：《汉书》卷二八下《地理志》，中华书局1962年版，第1671页。

② 文物出版社编：《新中国考古十年》，1999年版，第351页。

的材料，人们可以了解到海南岛在秦汉时代的某些掠影。

一、海南的汉代墓葬

海南曾发现多处两汉时期的瓮棺葬，以岛的西部和南部较为多见，如 20 世纪 70 年代在陵水县和三亚市交界的土曲湾沿海沙滩发现了面积很大的瓮棺墓群。① 从已发掘的 12 座墓的结构（即葬具的组合）分析，有 4 种不同的形式，即分别用 2 件、3 件、4 件、5 件陶器相套而成，中间的陶器器底凿穿。葬具有夹砂粗陶釜、甑，刻画纹四耳陶罐（其中 2 件施酱褐釉）。夹砂粗陶釜均为敞口、圆腹、圜底，外壁均有一层很厚的烟炱，多素面。甑器形与釜近同，只是底部镂孔。四耳陶罐都是高身平底，肩部或上腹一般刻画水波纹、弦纹、镞首纹和斜方格纹等。多数瓮棺内尚存小孩牙齿和碎骨。随葬品有棺内的琉璃珠、琥珀珠和棺外的小陶釜，有两座瓮棺上各放置两块烧裂的大石块。这批瓮棺均侧置于沙土中，距地表 0.2—0.71 米，瓮棺通长 0.5—1.8 米不等，主要埋葬小孩，也有个别为成年人。从葬具和随葬品的特点看，均属东汉。②

还是在陵水，人们发现在距军屯坡汉瓮棺墓群不远处的三才镇后港村西，埋藏有孟坡汉代瓮棺墓。经过清理可以看出，其葬具多为二瓮一釜，瓮釜相套，中间一瓮底部打通。瓮为灰黑硬陶，高 50 厘米，口径 30—35 厘米，腹径 45—60 厘米，底径 30—40 厘米，敞口，肩有四横耳或三角状耳，纹饰有水波纹、弦纹和曲尺形纹；釜为敞口、圜底、素面，夹砂粗陶，高 40 厘米，口径 50 厘米，底径 52 厘米。无随葬品。

1998 年 2—3 月，海南省文物考古研究所的考古人员在对海南岛西部的东方市荣村遗址进行发掘时，意外地在遗址的第二层即南朝文化堆积中发现了一座古墓葬。经鉴定这是一瓮棺墓，故名东方市荣村瓮棺墓。经过清理，发现墓坑为椭圆形竖穴，口径 53—70 厘米，距

---

① 曾广亿：《海南岛东汉瓮棺墓发掘考略》，广东《文博通讯》1979 年第 10 期，第 300 页。

② 海南省文物考古研究所：《海南省近五十年文物考古工作概述》，载文物出版社编：《新中国考古五十年》，1999 年版，第 351 页。

地表深 42 厘米，在墓坑内放置两件夹砂灰褐陶釜作为葬具，陶釜内口沿相对，呈东西向摆放，总长 44 厘米。在陶釜内发现有残肢骨、一件泥质陶片和几件蚌壳。根据葬具和地层分析，该瓮棺墓应为汉代儿童瓮棺墓。

位于白沙县牙叉镇志针村西南的志针瓮棺墓群，是目前在海南岛腹地发现的唯一一座汉代瓮棺墓群。墓群共有瓮棺墓 4 座，墓间距约10 米，墓群距地面较浅，仅有 60 厘米深。出土的陶瓮高 39 厘米，口径 14.5 厘米，腹径 32 厘米，底径 18.5 厘米。陶瓮为灰胎轮制，斜肩有四耳，平底，刻有水波纹。出土时瓮口盖有石块。[①]

汉代发现的遗址至今大多未进行科学系统的考古发掘，出土遗物多为采集品。在《中国文物地图集·海南分册》中，有一份海南岛两汉遗址一览表：

地点	遗　　址
海口	沟岭遗址、仙民遗址
定安	栗坡遗址、前坡遗址
文昌	石仔山遗址、西山坡遗址
儋州	徐浦遗址、打牌冲遗址、掘钱地遗址、麻黄岭遗址、达成遗址、塘源遗址、新坊遗址、小村地遗址
临高	兰堂遗址、皇桐坡遗址、宫花遗址、拥武遗址、文连遗址
三亚	亚龙湾遗址、长枕遗址
五指山（通什）	番茅遗址、冲山遗址、南山岗遗址
陵水	港尾遗址、古楼坡遗址、保墩东遗址、万福遗址、新村遗址、究所遗址、南湾遗址
乐东	旧塘园遗址、头塘遗址、抱由遗址、黄流遗址
东方	冲南遗址、玉道遗址、荣村（付龙园）遗址、稻坝遗址
昌江	破罐岭遗址、昌化遗址、纳凤遗址、尼下遗址
白沙	花道遗址、坡对园遗址、合口遗址、可任遗址、石述山遗址、对俄遗址、红新遗址
琼中	荒堂坡遗址、什空遗址、福加遗址

资料来源：转引自丘刚：《海南古遗址》，南方出版社、海南出版社 2008 年版，第 54—55 页。

---

① 海南省文物考古研究所发掘记录，载《新中国考古五十年》，第 351—352 页。

　　1998 年试掘了东方四更镇荣村遗址，发现有灰坑、灶、柱洞及瓮棺墓等遗迹。遗址发掘出的炭灰堆积坑（沟）结构较为特殊。该类坑（沟）多呈长条状，长 0.9—2 米、宽 0.2—0.6 米、深 0.06—0.15 米，直壁，平底，壁及底都用火烧过，较硬；坑内堆积物为草木灰、泥炭、木炭及碎陶片。遗址发现石器甚少，仅有斧、锛、敲砸器、磨制石片和打制石片。陶器以夹砂陶和几何印纹陶为主。夹砂陶陶色有灰褐、红褐、黑褐，器形为釜、钵、罐、瓮及陶拍、陶算子等，手制，多素面。印纹陶中刻画纹多于拍印纹，主要为刻画水波纹、弦纹、篦点纹、锥刺纹、菱形纹和方格纹等，器形有罐、钵、盆及陶饼，多为轮制。出土骨器较多，有锥、针、匕、凿、纺轮和管形器等，反映了当时的渔猎经济仍占有很大的比重。此外，遗址还出土个别残铁器和红铜环。初步分析，遗址的年代应当在汉代。[①]

　　与岭南地区相比，海南也发现不少含磨制石器、夹砂陶器，并伴出土几何印纹陶的遗存。[②] 这类遗存主要分布于海南西部和南部。一些遗址以印纹陶为主，纹饰主要有拍印方格纹、方格纹底加小戳印、米字纹、刻画水波纹、弦纹、篦纹等。对照岭南地区几何印纹陶的分期看，拍印米字纹、方格纹多属于印纹陶已逐渐衰落的战国中晚期，刻画水波纹、弦纹则又晚些。据研究，几何印纹陶是由北向南向西传播的。在广州地区出土的西汉墓葬中的几何印纹陶纹饰主要是方格纹、刻画纹、弦纹、米字纹，甚至延续到西汉中期。[③] 而与海南隔海相望的广西合浦、广东湛江地区（如徐闻县的华丰村、槟榔垱村等）的东汉遗址和墓葬中，方格纹加小戳印是最普遍的陶器装饰花纹。[④] 从海南已发现的印纹陶遗址和墓葬看，既不见几何印纹陶的早期纹饰，也

　　① 　海南省文物考古研究所：《海南省近五十年文物考古工作概述》，载文物出版社编：《新中国考古五十年》，1999 年版，第 351—352 页。

　　② 　广东省博物馆：《广东海南省原始文化遗址》，载《考古学报》1960 年第 2 期，第 123、129 页。

　　③ 　彭适凡：《中国南方古代印纹陶》，文物出版社 1987 年版。

　　④ 　广东省博物馆：《广东徐闻东汉墓——兼论汉代徐闻的地理位置和海上交通》，载广东省博物馆编：《广东文物考古资料选辑》，第二辑，1989 年 10 月，第 23 页。

不见鼎盛时期的夔纹、雷纹和组合纹饰，而仅见印纹陶衰落期的米字纹、方格纹等。此外，儋州马劳地、临高昌拱村等几何印纹陶遗址还伴出两汉五铢钱。看来，海南几何印纹陶文化遗存的年代大多应当在两汉或稍晚。①

二、汉代的青铜器

汉代青铜器在海南也有一定发现，主要有铜锅（釜）、铜鼓，散见于岛的西部和南部一些地区。大型青铜锅（釜）较有特色，已出土7件，其中临高3件、东方2件、儋州和陵水各1件。②釜造型奇特，体形硕大，有的外表附一层烟炱，当属炊器。均为盘口，直身，平底或圆底，口沿上附二、四或六只陶纹耳。其中临高调楼乡抱才村出土的一件为平底，六耳，每只耳上端均铸有一对人、畜像，共三组，北流型铜鼓间有牛、骑马武士和戴冠穿短裤人像等，并锅（釜）口沿上铸有一个骑马武士和两头牛，器腹中部铸箍状纹（或称弦纹）三匝。此器为同类器中最大者，通高74厘米，口径93厘米，腹径81厘米，厚0.2厘米，合范铸成，外壁留有两道明显的合范痕迹。海南出土的青铜锅（釜），其总体造型与广西合浦西汉木椁墓中所出土的铜锅（釜）相近，只是体形较硕大，附加的饰件多且复杂。③此外，它们与广州东汉墓出土的铜釜和云南昭通桂家院子出土的东汉墓铜釜也很接近。④

近50年来，在临高、昌江、东方、陵水、乐东等地相继出土了9面铜鼓⑤，多为两广地区汉代北流型，少数为东汉—唐代的灵山型。昌江县出土的一件北流型铜鼓较完整⑥，其面径94.5厘米，高55厘米，鼓面大于鼓身，有突出唇边，胸、腰、足三部分不明显，下胸

---

① 杨式挺：《海南自治州文物普查散记》，《广东文博》1983年第2期。

② 梁明燊：《广东临高县出土汉代青铜釜》，《考古》1964年第9期；杨耀林：《海南岛发现汉代铜釜》，《文物》1979年第4期。

③ 广西壮族自治区文物考古写作小组：《广西合浦西汉木椁墓》，《考古》1972年第5期。

④ 广东省文物工作队：《云南昭通桂家院子东汉墓发掘》，《考古》1967年第8期。

⑤ 王克荣：《海南省的考古发现与文物保护》，载《文物考古工作十年》，文物出版社1990年版。

⑥ 参见海南省民族博物馆藏品资料。

部有两对绳纹小圜耳，腰曲不甚。鼓面有 4 个立体蛙饰，无主晕，腰部无划分方格。遍体饰以细晕，三弦分晕，多而密。鼓面饰云雷纹，腰部饰重菱形纹。鼓中央的光体小，八芒，其中对称的四芒有三道分岔。①

三、"朱庐执刲"银印

1984 年 5 月，乐东县志仲镇潭培村的农民在山上种植橡胶树时，在离地面约 30 厘米的地下挖出了一枚篆体白文"朱庐执刲"银印。印面呈正方形，通高 1.9 厘米，边长 2.4 厘米。印纽类似兽首蛇身，高 1.1 厘米，通体布鳞，尾部作须纹，呈曲身爬行状，无穿。乐东县位于海南岛的西南部，是少数民族较多的自治县，发现该印的地点离海岸线约 40 公里远，位于山区盆地内，未发现其他随葬物品和遗址。②

"朱庐执刲"银印出土之后，引起了学术界的重视，至今已有陈高卫、谭其骧、杨式挺、孙慰祖、黄展岳、（日本）吉开将人等人著文评述。认为这枚银印是汉晚期中央政府颁给有功的朱庐县守官的赐印，是研究汉代海南历史地理和政权设置的重要实物资料。

关于"朱庐执刲"的"执刲"含义是什么，陈高卫在《西汉朱庐执刲银印小考》中认为："白东汉至南齐，朱庐县时废时置。此印从印纽看，与 1956 年云南晋宁石寨山出土西汉'滇王之印'金印，1784 年日本福冈县志贺岛出土'汉倭奴国王'金印皆为蛇纽，三印文字书体也甚相近。'执刲'或作'执圭'，也作'执珪'。《吕氏春秋·知分》、《淮南子·道应训》皆以'执圭'为楚国爵位名，凡功臣赐以'执圭'。西汉沿袭古制，功臣曹参、夏侯婴、灌婴等，皆赐爵执。"③当时的"朱庐"的确是时废时置，清代李兆洛《历代地理志韵编今释》卷三载："庐"

---

① 以上资料均转引自《新中国考古五十年》，海南省文物考古研究所：《海南省近五十年文物考古工作概述》，第 352—353 页。

② 陈高卫：《西汉朱庐执刲银印小考》，载《海南自治州民族博物馆馆刊》1981 年总第 1 期。

③ 陈高卫：《西汉朱庐执刲银印小考》，载《海南自治州民族博物馆馆刊》1981 年总第 1 期。

字："朱庐。西汉，县，合浦郡。南宋，县，越州合浦郡。南齐，县，越州合浦郡。今广东琼州府琼山县东南三十。"[1]

杨式挺认为："执圭"是一种官爵名称，可能是由诸侯手执玉圭朝见天子演变而来。《周礼·春官典瑞》载："王执镇圭，公执恒圭，侯执信圭，伯执躬圭。"《说文解字》注："以封诸侯从重土。楚爵有执圭。"执圭爵名，大致始于春秋。执圭爵位究竟有多高，杨式挺援引十多条材料加以说明，如《吕氏春秋·知分》载："荆有佽非者，杀两蛟而救活舟中之人，荆王闻之，仕之执圭。"《战国策·楚一》载："楚尝与秦构难，战于汉中。楚人不胜，通侯、执圭死者七十余人，遂亡汉中。"《汉书·曹参传》又称，后曹参迎击秦将，"虏秦司马及御史各一人，迁为执珪"。[2]自刘邦初起至楚汉之争，还曾封夏侯婴、灌婴等功臣为执帛、执珪等等，这里不再详录。

日本的吉开将人认为，在探讨南越执圭爵的性质之前，首先考察一下执圭爵在当时所处的地位。他提出，文献中秦汉之际的"执圭"，都出现在秦末。

50多年来海南有关汉代考古的发现，初步揭开了汉代海南的面纱的一角，说明了海南岛在汉代已开始接纳汉族的移民，西汉的"朱庐执圭"银印，反映了汉代军事势力可能一度深入乐东盆地，同时也证明了汉武帝以后，中央政权确定派遣军队进入海南，汉代官员在对海南岛统治的成败过程中，开始把中原文明带进还处于原始生活方式的海南岛。

第八节 结 语

秦汉时期，中国结束了第一次地方分割纷争局面而走向大一统。

---

① （清）李兆洛：《历代地理志韵编今释》卷二，江苏广陵古籍刻印社1992年版。

② 杨式挺：《"朱庐执圭"银印考释——兼说朱庐朱崖问题》，载《岭南文物考古论集》，广东地图出版社1998年版，第358页。

海南岛也在这个时期归入版图。

秦始皇统一中国之后，他的统治势力还没有能到达海南岛，也并未明确将海南岛列入版图；但在设置儋耳、珠崖、南海、苍梧、郁林、合浦、交趾、九真、日南九郡时，海南岛已经在秦朝的视野内。秦始皇三十三年（前214年），将逋亡人、赘婿、贾人等移民到岭南，其中包括海南岛。这样，秦代的文化也就开始传入海南岛。明代唐胄在正德《琼台志》卷七载："秦以水德王，其数用六，今琼人行政使铜钱犹用六数，以六文为一钱，六十文为一两，六百文为一贯。又田禾以六把为半担，十二把为一担，亦用六数。皆秦旧俗也。"

中国南海中的南沙群岛，因为以环礁为主，故古称作"石塘"，这是秦始皇时开始以神话传说见诸记录的。《太平御览》卷五十一中转述了《三齐略记》一段"断桥"的传说。说是秦始皇要"过海看日出处"，于是，"始皇作石塘"。当时，"有神人驱石下海，石去不速，神辄鞭石皆流血，至今石悉亦"。[①] 这个传说一直盛传到唐代。唐代诗人张乔有诗《送朴充侍御归海东》，诗中有句"涨海虽然阔……秦皇有断桥"。"涨海"指的是南海，"断桥"即石塘。东汉杨孚在《异物志》中说"涨海……水浅多磁石"，就是这个意思。这个传说，里面透露出秦王朝已经有了关于南海的模糊构想。当然，传说归传说，还不能列入史事范畴。仅录以备一说而已。

海南岛在汉武帝元封元年（前110年）正式归入中国版图。历经64年的艰难前行后，于汉元帝初元三年（前46年）罢弃珠崖。归入版图和"罢弃之"，都是中国历史上第一次。

海上丝绸之路历经许多次的远洋航行之后，在汉代，总结出了载入《汉书·地理志》中的海上通道。这条海上通道，因所运货物中以"杂缯"——各种丝绸织物为主，故被称为"海上丝绸之路"。自西汉以后，历代的海南人民都积极参与建设海上丝绸之路。

汉以后，中央王朝对海南岛直接统治的开始，史籍中也开始了记

---

① （宋）李昉等撰：《太平御览》卷五十一，中华书局1960年版，第251页。

录汉族移民到海南岛，而且明确登岛地点是临高县，此为后来学术界所指称的临高语族。史籍中开始记载古代黎族的生活及习俗，并明确指出黎族在汉族强势文化的影响、特别是在"建立学校，导之经义"的教育下，"渐见礼化"，即在日常生活的各个方面都开始接受汉文化影响，足见汉黎的文化从汉代开始已经在碰撞中日渐磨合。

第五章　三国与魏晋南北朝——冼夫人促进汉黎民族融合

自三国至南朝宋、齐、梁、陈300多年间，因大陆王朝的繁复更迭，海南的行政建置也形同虚设，属于羁縻州。这期间海南的经济文化发展也很缓慢。直到冼夫人管辖岭南时期，才重新建置。是冼夫人把岭南地域，包括雷州半岛及海南岛等地，统一在中央政府的管辖下，使脱离大陆将近600年的海南岛，重新与大陆结合在同一政权下，为以后海南岛的发展奠定了基础。

第一节　三国时代吴国孙权进军海南

东汉末年的黄巾军起义虽然失败，但东汉政权也随之崩溃。赤壁一战，形成了三国鼎立的局面，曹操、刘备、孙权分别代表魏、蜀、吴三国。三国时期，海南岛为吴国的交州管辖。

孙权（182—252年），字仲谋，吴郡富春（今浙江富阳）人，次子孙坚14岁便随兄长孙策转战南北，参与平定江东。孙策去世后，孙权接掌江东。在周瑜的辅佐下于赤壁大战中大败曹操，使天下呈三国鼎立之势，并建立吴国，北拒曹操，西抗刘备，为一代明主。

一、孙权对海南的三次征讨

孙权统治吴国53年，他立国江东，因据江南富庶之地，又有高度发达的造船技术。孙权充分利用所割据地优越的海洋地理条件和东南沿海人民擅长航海的历史传统，组织了一次又一次的近海与远洋航行活动，出现了"舟楫为舆马""巨海化夷庚"的东吴航海盛世。建安十六年（211年），"岭南始服于孙权。"据司马光在《资治通鉴》中有说明："孙权以番阳太守、临淮人步骘做交州刺史，士燮率兄弟奉承节度。而刘表所设置的苍梧太守吴巨却外附内违，步骘把吴巨杀了，威声大震。孙权封士燮为左将军。这样，岭南才服从于孙权。"①同样的记述也见于《三国志·吴志·步骘传》。②吕岱作为孙权的幕府，做事及出主意，都非常合孙权的心意。就在这一年，吕岱"表分海南三郡为交州"③，他做了交州刺史。黄龙二年（230年），孙权遣将军卫温、诸葛直将甲士万人浮海求夷州及亶洲。嘉禾元年（233年）遣将军周贺、校尉裴潜等率兵万人浮海到辽东。④在此之前，黄龙元年（229年），孙权曾征询陆逊讨伐海南岛的意见。

陆逊（183—245年），本名陆仪，字伯言。吴郡吴县华亭（今上海松江）人，孙策之婿，三国时吴国大臣，著名的军事家和政治家。曾计擒关羽，后刘备出兵为关羽报仇，又被陆逊火烧连营而大败之。《吴书·陆逊传》载："权欲遣偏师取夷州及朱崖，皆以谘逊，逊上疏曰：'臣愚以为四海未定，当须民力，以济时务。今兵兴历年，见众损减，陛下忧劳圣虑，忘寝与食，将远规夷州，以定大事，臣反复思惟，未见其利，万里袭取，风波难测，民易水土，必致疾疫，今驱见众，经涉不毛，欲益更损，欲利反害。又珠崖绝险，民犹禽兽，得其民不足济事，无其兵不足亏众。'"⑤但孙权并未听取陆逊的意见。

---

① （北宋）司马光撰：《资治通鉴》卷六六《汉纪五十八》，中华书局1956年版，第2105页。

② （晋）陈寿撰：《三国志》卷五二《吴书·步骘传》，中华书局1959年版，第1237页。

③ （晋）陈寿撰：《三国志》卷六〇《吴书·吕岱传》，中华书局1959年版，第1385页。

④ （晋）陈寿撰：《三国志》卷四七《吴书·孙权传》，中华书局1959年版，第1136页。

⑤ （晋）陈寿撰：《三国志》卷五十八《吴志·陆逊传》，中华书局1959年版，第1350页。

二、赤乌五年（242年），孙权遣聂友、陆凯率兵进海南

孙权出兵海南岛，目的是为了向南海沿岸诸国开辟贸易航线，将海南岛作为中转站。

赤乌五年（242年），孙权遣将军聂友率兵3万讨珠崖、儋耳。吴国进兵海南岛，想利用海南岛的地理位置，到南海诸国去调查情况，扩大与南海诸国贸易的过程中，可以作为海路的中转站。据《梁书·诸夷列传》载：对南海诸国，"吴孙权时，遣宣化从事朱应、中郎康泰通焉。其所经及传闻，则有百数十国，因立记传。"①

康泰《扶南传》云："涨海中，倒珊瑚洲，洲底有盘石，珊瑚生其上也。"②又，《吴时外国传》云："扶南之东，涨海中，有大火洲。洲上有树。得春风雨时，皮正里；得火燃，树皮正白。纺绩以作手巾或作灯座用之不知尽。"③

当时到南海沿岸中的国家，皆经涨海。如到顿逊国，"顿逊国，入海中千余里，涨海无崖岸，船舶未曾得迳过也"。"又传扶南东界即大涨海，海中有大洲，洲上有诸薄国，国东有马五洲。复东行涨海千余里，至自然大洲。"④船舶通过的大海，都提及涨海，而涨海则是海南岛所处的南海地带。

朱应、康泰出使南海诸国，据考证，大约是在黄武五年（226年）至黄龙三年（231年）之间。⑤朱应和康泰这次出使，达到了预期的目的。他们所作的"记传"，后来亡佚，仅散见于《水经注》《通典》《太平御览》的《扶南传》《扶南土俗传》以及张守节《史记正义》的《康泰外国传》或《康氏外国传》等。这些记传对了解当时海外诸国的风俗、民情、贸易等情况，提供了极为宝贵的资料。而且，朱应、康泰对南

---

① （唐）姚思廉撰：《梁书》卷五十四《诸夷·海南诸国》，中华书局1973年版，第783页。

② （宋）李昉等撰：《太平御览》卷六十九。

③ （宋）李昉等撰：《太平御览》卷七百八十六。

④ （唐）姚思廉撰：《梁书》，卷五十四《诸夷·海南诸国》，中华书局1973年版，第787—788页。

⑤ 冯承钧：《中国南洋交通史》，古籍出版社2005年版，第10—11页。

海诸国的联络以及他们的"南宣国化"，对于开辟南海诸国的贸易往来做出了贡献。

在这样的背景下，海南岛在南海中，是到扶南、林邑等东南亚各地的必经之地，也是海路中最好的中转站。精明的吴国领袖孙权，必然重视对海南岛的开辟。因此，在赤乌五年（242年）秋七月"遣将军聂友、校尉陆凯以兵三万讨珠崖、儋耳"。

陆凯和聂友这两位率领3万大军攻打海南岛的将领，他们的生平事迹，在《三国志·吴书·陆凯传》有简略记载。① 至于聂友，史书中没有传，仅在《吴书·诸葛恪传》中叙述。② 另外，在王国宪民国《儋县志》有传③，嘉靖《广东通志》也有聂友传。④

---

① 《三国志·吴书·陆凯传》中载："赤乌中，除儋耳太守，讨朱崖，斩获有功，迁为建武校尉。"

② 当诸葛恪与魏军作战得胜之后，孙权进封诸葛恪为阳都侯，加荆、扬州牧，督中外诸军事。第二年春，复欲出军。"丹阳太守聂友素与恪善，书谏恪曰：'大行皇帝本有遏东关之计，计未施行。今公辅赞大业，成先帝之志，寇远自送，将士凭赖威德，出身用命，一旦有非常之功，岂非宗庙神灵社稷之福邪！宜且案兵养锐，观衅而动。今乘此势，欲复大出，天时未可。而苟任盛意，私心以为不安。'恪题论后，为书答友曰：'足下虽有自然之理，然未见大数。熟省此论，可以开悟矣。'于是违众出军，大发州郡二十万众，百姓骚动，始失人心……始恪退军还，聂友知其将败，书与滕胤曰：'当人强盛，河山可拔，一朝赢缩，人情万端，言之悲叹。'恪诛后，孙峻忌友，欲以为郁林太守，友发病忧死。友字文悌，豫章人也。"《吴书》注：《吴录》曰："友有唇吻，少为县吏。虞翻徙交州，县令使友送之，翻与语而奇焉，为书与豫章太守谢斐，令以为功曹。郡时见有功曹，斐见之，问曰：'县吏聂友，可堪何职？'"对曰："此人县间小吏耳，犹可堪曹佐。"斐曰："论者以为宜作功曹，君其避之。"乃用为功曹。使至都，诸葛恪友之。时论谓顾子嘿、子直，其间无所复容，恪欲以友居其间，由是知名。后为将，讨儋耳，还拜丹阳太守，年三十二卒。（陈寿：《三国志》卷六十四《吴书·诸葛恪传》，中华书局1959年版，第1437—1443页。）

③ 彭元藻、王国宪：民国《儋县志》的《地舆志二》沿革中也有注《聂友传》云：聂友，豫章人，初为县吏，虞翻引至吴都，诸葛恪相与友善。孙权将图珠崖，恪荐友为珠崖太守，加将军，与校尉陆凯同往。执馘奏捷，留友治之。友虑师久致疲，简其精锐自卫，余先遣归。孙权大悦。陆凯，吴郡人。赤乌中除儋耳太守，同将军聂友讨珠崖，斩获有功，迁建武校尉。（海南出版社2006年版，第29页。）

④ 《嘉庆重修一统志》卷四五三《琼州府》：《名宦·三国·聂友》："豫章人。初为郡功曹。孙权将图朱崖，诸葛恪荐为太守，诏加将军，与陆凯同往。既奏捷，留友治之。"

上述这些传记资料，说到吴国雄姿英发的最高统帅——孙权，大胆起用曾经在县里当过小吏、足智多谋、能说善辩的 30 岁的聂友率领军队征讨海南岛，同去的是校尉陆凯。

大军直捣珠崖，获得全胜。据王国宪的《聂友传》说是"执馘奏捷，留友治之"。孙权留聂友治珠崖。聂友考虑到大军在海南的时间长了，会疲惫，于是挑选了精兵强将自卫，其余的都遣回大陆。但聂友留下来有多久，史书没有明文。他"讨儋耳"之后即"还拜丹阳太守"，而且接着"年三十二卒"。可见他并没有在海南岛待下来，而是匆匆离开。道光《琼州府志·沿革表》云："吴赤乌五年，聂友、陆凯讨平儋州、珠崖，复置珠崖郡，治徐闻。"这样看来，孙权这次所派的军队即使是到了海南岛，也并没有在岛上站住脚。

三、赤乌九年（246 年），孙权对海南用兵

赤乌九年（246 年），孙权又要攻珠崖及夷州，并预先征求全琮的意见。《吴书·全琮传》载："初，权将围珠崖及夷州，皆先问琮，琮曰：'以圣朝之威，何向而不克？然殊方异域，隔绝障海，水土气毒，自古有之，兵入民出，必生疾病，转相污染，往者惧不能反，所获何可多致？'"[1] 但是，孙权不听全琮劝告，"军行经岁，士众疾疫死者十有八九，权深悔之"。[2] 可见，孙权对海南的用兵，都没获得成功。而聂友、陆凯带兵征讨朱崖之时，在用兵之前，孙权先任命陆凯为儋耳太守，任聂友为崖州太守，加将军。那么，聂友、陆凯在"斩获有功"之后，是不是到了海南岛呢？陆凯"迁为建武校尉"，聂友在奏捷之后，"虑师久致疲，简其精锐自卫，余先遣归。"史书没有记录他们在海南岛有任何作为。可见吴国没有在海南岛上建置，孙权所立的珠崖郡，不在海南岛上。谭其骧考证："是在雷州半岛的南端合浦郡的徐闻县

---

① （晋）陈寿撰：《三国志》卷六十《吴志》卷十五《全琮传》，中华书局 1959 年版，第 1383 页。

② （晋）陈寿撰：《三国志》卷六十《吴志》卷十五《全琮传》，中华书局 1959 年版，第 1383 页。

境内。"① 这一判断是正确的。谭其骧说："徐闻当为孙吴用兵海南的基地，故在用兵之前，先在此建立珠崖、儋耳郡。后来虽未能取得真正的珠崖、儋耳郡地，寄在合浦境内的这两个郡，其儋耳撤兵后当即废除，而珠崖却终孙吴一代被一直保留下来，到四十年后晋平吴，才又将这个徒有虚名的郡还并合浦。孙吴不仅设了个珠崖郡，还设了一个珠官县。设郡县的目的在于'招抚其人'，但其人'竟不从化'，其人即指海南岛上的土著。"他又引晋初王范《交广二州记》所提及的："朱崖在大海中，南极之外。吴时复置太守，住徐闻县，遥抚之。"所以，他得出结论："孙吴曾设置朱崖郡是事实，但并未改变汉元帝弃珠崖以来的版图，海南岛仍在域外。"②

由此可见，孙权不接纳全琮和陆逊的劝谏，虽派聂友和陆逊的族子陆凯进兵海南岛，但这次军事行动，也因军队疲惫而被迫撤军，只在雷州半岛上另立朱崖郡和朱庐、朱官两县，遥领海南。因此，清代道光《琼州府志·沿革表》引《通志》载："孙吴、刘宋置珠崖郡，只在徐闻遥统之耳。"③

孙权有意将海南岛重新收入版图，但几次用兵均以失败告终，一直未能对海南实行实际的统治。

① 谭其骧：《自汉至唐海南岛历史政治地理》，载《长水集续编》，人民出版社1994年版，第96页。笔者要补充指出，谭其骧这里说的徐闻县，不是他所指的"在雷州半岛南端的徐闻县"，而是今海康县。因为汉武帝元鼎六年（前111年）析置徐闻县于此，至隋始改徐闻县为海康县。而"雷州半岛南端的徐闻县"是唐贞观二年（628年）才改称徐闻县，今仍称徐闻县。

② 谭其骧：《自汉至唐海南岛历史政治地理》，载《长水集续编》，人民出版社1994年版，第96页。笔者要补充指出，谭其骧这里说的徐闻县，不是他所指的"在雷州半岛南端的徐闻县"，而是今海康县。因为汉武帝元鼎六年（前111年）析置徐闻县于此，至隋始改徐闻县为海康县。而"雷州半岛南端的徐闻县"是唐贞观二年（628年）才改称徐闻县，今仍称徐闻县。

③ （清）明谊修、张岳崧纂：道光《琼州府志》，海南出版社2006年版，第11页。

第二节　魏晋南北朝在海南的建置形同虚设

一、晋朝称海南为"朱崖洲"

到了晋代，称海南为"朱崖洲"。此称见于《太平御览》引王隐《晋书》："朱崖在大海中，遥望朱崖洲大如菌，举帆一日一夜至，洲周匝二千里，径度七八百里，可十万家，女多姣好，长发美鬓。"[1]郦道元《水经注》则指出当时朱崖、儋耳二郡"在大海之中，南极之外"，岛上居民"犬羊相聚，不服德教"等现状，书中载："朱崖、儋耳二郡，与交州俱开，皆汉武帝所置。在大海中，南极之外，对合浦徐闻县，清朗无风之日，遥望朱崖洲，如囷廪大。从徐闻对渡，北风举帆，一日一夜而至。周回二千余里，径度八百里。人民可十万余家。皆殊种异类，被发雕身，而女多姣好，白皙、长发、美鬓。犬羊相聚，不服德教。儋耳先废，朱崖数叛，元帝以贾捐之议罢郡。杨氏《南裔异物志》曰：儋耳、朱崖，俱在海中，分为东蕃。"据《山海经》记载："昔马文渊积石为塘，达于象浦，建金标为南极之界。"又引《林邑记》曰："建武十九年，马援树两铜柱于象林南界，与西屠国分，汉之南疆也。土人以之流寓，号曰马流，世称汉子孙也。"[2]可见当时中国的南疆，以马援所树的铜柱为界。

两晋时代王范在《交广春秋》里对海南岛的描述，只提到汉元帝从贾捐之议罢郡，并没说及吴与晋在海南设郡一事。《晋书·地理志》云："赤乌五年，复置珠崖郡。"[3]所置珠崖郡，是在对岸的徐闻县境。《舆地纪胜》则说："晋武平吴，省珠崖入合浦"（《晋志》），而珠官仍

---

① （宋）李昉等：《太平御览》卷六十九《地部·洲》，中华书局1960年版，第326页。

② （北魏）郦道元原注、陈桥驿注释：《水经注》卷三十六《温水》，浙江古籍出版社2001年版，第565页。

③ （唐）房玄龄等撰：《晋书》卷十五《地理下》，中华书局1974年版，第465页。

隶合浦，寻废珠官。（《晋志》有珠官，《宋志》有珠官，《齐志》无珠官，县恐废）到了南朝后期的梁代，《舆地纪胜》载："梁置崖州（《隋志》），又于徐闻县立珠崖郡，竟不有其地（此据《元和志》）。"①《隋书·地理志》载："珠崖郡（梁置崖州），统县十。"②《文献通考》载："梁置崖州"。因此，自"汉元帝以后大陆王朝重新在岛上设置郡县，实始于梁"，"梁代的崖州应确在海南岛上，不过它的性质属于唐贞观以后的羁縻州，不同于王朝的正式郡县。也就是说，名义上是王朝的郡县，而实际上王朝统治权还未能在这里建立"。③在陈朝，也有关于崖州的记录，《陈书·方泰传》载："太建四年，迁使持节、都督广、衡、交、越、成、定、明、新、合、罗、德、宜、黄、利、安、建、石、崖十九州诸军事、平越中郎将、广州刺史。"④（按：这里仅写了十八州，疑脱一州，或"九"当作"八"）其中最后提到崖州，可见梁陈时代崖州已经置郡了。但置郡之后，仍然处于遥领状态，仅属羁縻而已。

二、三国与魏晋南北朝时期在海南的政区沿革状况

1. 吴国对海南的建置

海南岛在三国时，属吴国统治，吴治海南岛的建置，自242—279年，是时珠崖郡属交州，郡治设在徐闻。现分述如下。

三国吴于赤乌五年（242年）复置珠崖郡后，有朱卢、珠官二县。

梁代沈约《宋书》载："合浦太守，汉武帝立，孙权黄武七年，更名珠官，孙亮复旧。先属交州。领县七。户九百三十八。去京都水一万八百。"⑤

---

① （宋）王象之撰：《舆地纪胜》卷一百二十四《琼州州沿革》，中华书局1992年版，第3555页。

② （唐）魏徵等撰：《隋书》卷三十一《地理志》（下），中华书局1973年版，第885页。

③ 谭其骧：《自汉至唐海南岛历史政治地理》一文的论断，载《长水集续编》，人民出版社1994年版，第98—99页。

④ （唐）姚思廉：《陈书》卷十四《昙朗传》，中华书局1972年版，第2138页。

⑤ （梁）沈约撰：《宋书》卷三十八《州郡志》，中华书局1974年版，第1208页。

万历《琼州府志》载:"三国吴大帝赤乌五年(242年),复置珠崖郡,有徐闻、朱卢、珠官县,隶交郡。"①

明谊、张岳崧在道光《琼州府志》载:"吴赤乌五年(242年)聂友、陆凯讨平儋耳、珠崖,复置珠崖郡,治徐闻领县三:徐闻、朱卢、珠官,属交州。"②

王国宪在《儋县志》的《地舆志·沿革》载:"吴赤乌五年(242年),遣将军聂友,校尉陆凯讨平朱崖、儋耳。"③《孙权传》:"于徐闻县立珠崖郡,领县三:徐闻、珠官(珠官县,汉合浦郡)、珠卢。又于其地立珠官一县,以招抚其人。(《舆地纪胜》引《元和郡县志》《旧州志》云:赤乌五年,改县为珠崖郡,隶交郡)。"

按:三国时吴国孙权于黄龙元年(229年)称帝改元,至赤乌五年(242年)始在海南设治,遥领海南。见下图:

$$
吴在徐闻所置之珠崖郡
\begin{cases}
徐闻县 \\
珠卢县 \\
珠官县
\end{cases}
$$

2. 晋朝对海南的行政建置

晋朝即西晋与东晋。西晋起于265年,亡于317年,建都洛阳。东晋起于317年,亡于420年,建都建康(今南京)。东晋朝十一帝,首尾凡104年,史称为两晋。两晋时代共156年。

这是中国历史上最混乱的时期,西晋世祖武帝司马炎,265年灭魏及蜀,于太康元年(280年)灭吴后称帝,是时北方民族矛盾迅速激化,汉族统治为了加强控制,补充劳动力,因此常招引和强制匈奴、鲜卑、羯、氐、羌等少数民族百姓迁居内地。但入居内地后,又受到汉族地主官僚的残酷压迫和剥削,使得民族矛盾更加激化。八王之乱

---

① (明)戴熺、欧阳灿总裁,蔡光前等纂修:万历《琼州府志》卷二《沿革志》,海南出版社2003年版,第32页。

② (清)明谊修、张岳崧纂:道光《琼州府志》卷首《舆地志·历代沿革表》,海南出版社2006年版,第11页。

③ 彭元藻、曾友文修,王国宪总纂:民国《儋县志》卷一《舆地志》,海南出版社2006年版,第29页。

期间，诸王又多利用少数民族贵族参加内战，终于导致了十六国分裂割据的局面。

西晋对海南岛的行政区划，史籍纷纭不一。

（1）《晋书·地理下》载："合浦郡（汉置），统县六，户二千"，有"合浦、南平、荡昌、徐闻、毒质、珠官"。[1]据清朝阮元撰《广东通志》云："毒质"县无可考，疑是汉之玳瑁县，误为"毒质"；或是晋并县时，改为"毒质"。[2]据萧应植编《琼州府志·沿革》表，已更正为"玳瑁"。

（2）王象之《舆地纪胜》载："晋武平吴，省珠崖入合浦（晋志），而珠官仍隶合浦，寻废珠官（《晋志》有珠官，《宋志》有珠官，《齐志》无珠官，县恐废）。"[3]

（3）唐胄的正德《琼台志》载："平蜀，以蜀建宁太守霍弋遥领交州。平吴后，省珠崖入合浦。"[4]

（4）明谊、张岳崧的《琼州府志》载："太康元年，省珠崖郡入合浦，改朱卢为玳瑁县，共领县六：合浦、南平、荡昌、徐闻、玳瑁、珠官、属交州。"[5]

（5）万历《琼州府志》载："晋平吴后，省珠崖，入合浦郡。"[6]

（6）王国宪的民国《儋县志》载："晋朝，武帝平吴后，省珠崖入合浦郡，改朱卢为玳瑁县，领县六（合浦、南平、荡昌、徐闻、珠官、毒质），属交趾。"按《晋书·地理志》载："合浦郡下有毒质、朱官二县，

---

① （唐）房玄龄等纂：《晋书》卷十五《地理下》，中华书局1974年版，第465页。

② （清）阮元总裁：《广东通志》，海南出版社2006年版，第14页。

③ （宋）王象之：《舆地纪胜》卷一百二十四《琼州》，中华书局1992年版，第3554—3555页。

④ （明）唐胄纂：正德《琼台志》卷三《沿革考》，海南出版社2006年版，第44—45页。

⑤ （清）明谊修、张岳崧纂：道光《琼州府志》卷首《历代沿革表》，海南出版社2006年版，第11页。

⑥ （明）戴熺、欧阳总裁，蔡光前等纂修：万历《琼州府志》卷二《沿革考》，海南出版社2003年版，第32页。

与《元和志》合。毒质县已无可考。今《通志》疑以为即毒瑁之误。"①

晋治海南的建置，属交州—合浦郡遥领。合浦是辖廉州、钦州、合浦、琼州全境，见下图：

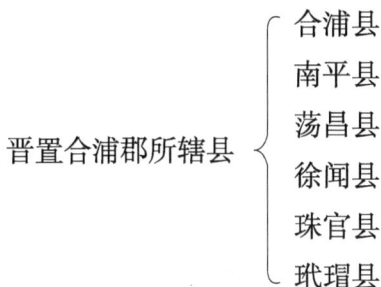

$$
晋置合浦郡所辖县
\left\{
\begin{array}{l}
合浦县 \\
南平县 \\
荡昌县 \\
徐闻县 \\
珠官县 \\
玳瑁县
\end{array}
\right.
$$

3. 南北朝的建置

南北朝，南朝从 420 年至 589 年，北朝由 386 年至 581 年。

刘裕灭东晋而建立宋王朝，而后有齐、梁、陈等朝，在历史上称为南朝，共 170 年。而北朝有北魏、东魏、西魏、北齐、北周，共 196 年。是时天下乱，统治者无法顾及海南岛的建置问题，仅是因循旧制。

4. 宋朝的行政建置

宋朝自 420 年至 479 年，刘裕（宋高祖武帝，史家称刘宋）于 420 年建立宋朝，422 年刘裕死，423 年北魏攻夺宋地，司州（治洛阳）全部，青州、兖州、豫州大部被北魏夺去。424 年宋文帝即位，长江流域在宋文帝统治的 30 年中，呈现东晋以来未曾有过的繁荣气象。南方经济和文化的发展，到元嘉（宋文帝年号）时期才真正开始。以后有宋孝武帝、宋明帝等共历八帝，至 479 年，萧道成灭宋，建立齐朝，宋朝八帝，首尾凡 60 年。②

宋文帝元嘉八年（431 年）春正月庚寅，于交州复立珠崖郡。③ 在《宋书·州郡志》中，写明朱崖属徐闻："合浦太守，汉武帝立，孙权黄武七年，更名珠官，孙亮复旧。先属交州。领县七。户九百三十八。

---

① 彭元藻、曾友文修，王国宪总纂：民国《儋县志》卷一《舆地志》，海南出版社 2004 年版，第 30 页。

② 范文澜：《中国通史》第二册，人民出版社 1954 年版。

③ （梁）沈约撰：《宋书》卷五《文帝纪》，中华书局 1974 年版，第 79 页。

去京都水一万八百。合浦令，汉旧县。徐闻令，故属朱崖。晋平吴，省朱崖，属合浦。朱官长，吴立，朱作珠……"① 又《宋书·夷蛮传》载："大明四年（460 年），遣前朱提太守费沈、龙骧将军武期率众南伐，并通朱崖道，并无功。"② 这说明宋朝曾做多方的努力，尚未能在海南岛上建置。

在宋朝，海南岛珠崖郡先属交州，郡治设徐闻，后来合浦郡属越州。

梁代沈约撰《宋书》卷五《文帝纪》："元嘉八年（431 年）未春正月庚寅，于交州复立珠崖郡。"③

《宋书·州郡志》载："合浦令，汉旧县。徐闻令，故属朱崖。晋平吴，省朱崖，属合浦。朱官长，吴立，朱作珠。荡昌长，晋武分，合浦立。朱卢长，吴立。"这里有"珠官长""朱卢长"之称，（按：当时地方行政建置，大县的长官称"令"，小县的长官称"长"）。④

万历《琼州府志》载："宋元嘉八年，复立珠崖郡。"⑤（后省，仍以朱卢、珠官属越州。南齐因之）

正德《琼台志》载："元嘉八年，复立朱崖郡。"⑥（《文帝纪》：于交部立珠崖郡）

明谊、张岳崧的道光《琼州府志》载："元嘉八年，复置珠崖郡，郡治徐闻。寻罢，以朱卢、珠官二县属越州。"⑦（按：《宋书》朱崖、朱卢、朱官皆无偏旁。自注云：朱作珠）

---

① （梁）沈约撰：《宋书》卷三十八《州郡志》，中华书局 1974 年版，第 1208—1209 页。

② （梁）沈约撰：《宋书》卷九十七《夷蛮传》，中华书局 1974 年版，第 2379 页。

③ （梁）沈约撰：《宋书》卷五《文帝纪》，中华书局 1974 年版，第 79 页。

④ （梁）沈约撰：《宋书》卷三十八《州郡志》，中华书局 1974 年版，第 1209 页。

⑤ （明）戴熺、欧阳灿总裁，蔡光前等纂修：万历《琼州府志》卷二《沿革志》，海南出版社 2003 年版，第 32 页。

⑥ （明）唐胄纂：正德《琼台志》卷三《沿革考》，海南出版社 2006 年版，第 45 页。

⑦ （清）明谊修、张岳崧纂：道光《琼州府志》卷首《舆地志·历代沿革表》，海南出版社 2006 年版，第 11 页。

宋武帝大明四年（460年），遣前朱提太守费沈龙骧将军武期率从南线，通朱崖道，并无功。由此可知，宋朝珠崖郡仍属交州及越州遥领。其图如下：

宋置朱崖郡所属县 ⎰ 朱卢县

⎱ 珠官县

5. 齐朝、梁朝的建置

齐朝由479年至502年，萧衍灭齐，建立梁朝。齐朝六帝，首尾23年。在齐朝，朱卢、朱官属越州，仍宋制。以朱卢、珠官二县属越州。梁朝由502年至557年，梁朝四帝，首尾凡56年。

王象之《舆地纪胜》载："梁置崖州（隋志），又于徐闻县立珠崖郡，竟不有其地。"[1]（此据《元和志》）

万历《琼州府志》载："梁复就儋耳，地置崖州。"[2]（时高凉冯冼氏儋州归附千余峒）

明谊、张岳崧：道光《琼州府志》载：齐："朱卢、朱官，属越州，仍宋制。"梁："大同中，就废儋耳地置崖州，统于广州。时儋耳归附冯冼氏千余峒，请命于朝，故置州。《通志》云，孙吴、刘宋置珠崖郡，只在徐闻遥统之耳。至是，置崖州于儋耳，而琼、崖、儋、万入焉。"[3]

正德《琼台志》载："广州都督领崖，崖治义伦。初，冯冼夫人世为南越首领，在父母家能谏止兄挺侵掠岭表，海南儋耳归者千余峒。后适冯宝。梁末，宝卒，岭南大乱。夫人怀集百越，崖赖以安。"[4]梁

---

① （宋）王象之：《舆地纪胜》卷一百二十四《琼州》，中华书局1992年版，第3555页。

② （明）戴熺、欧阳灿总裁，蔡光前等纂修：万历《琼州府志》卷二《沿革志》，海南出版社2003年版，第32页。

③ （清）明谊修、张岳崧纂：道光《琼州府志》卷首《舆地志·历代沿革表》，海南出版社2006年版，第11页。

④ （明）唐胄纂：正德《琼台志》卷二《沿革表》，海南出版社2006年版，第29页。

置崖州——珠崖郡所辖县朱卢县、珠崖县。由此可知,崖州及珠崖郡,系在梁中大同年间（546年）置。在梁代,因海南政局尚未安定,故由广州刺史兼都督而并统督崖州。其图如下:

$$
\text{梁置崖州——珠崖郡所辖县} \begin{cases} \text{朱卢县} \\ \\ \text{珠崖县} \end{cases}
$$

梁朝已在海南运行。《梁书》中对南海的记载,《诸夷列传》条云:"其南界三千余里有顿逊国。在海崎上,地方千里,城去海十里。有五王,并不羁属扶南。顿逊之档界通交州,其西界接天竺、安息徼外诸国,往还交市。所以然者,顿逊回入海中千余里,涨海无崖岸,船舶未曾得经过也。""扶南东界即大涨海。海中有大洲。洲上有诸薄国,国东有马五洲,复东行涨海千里,至自然大洲。其上有树生火中。洲左近人剥取其皮,纺绩作布,极得数尺以为手巾,与蕉麻无异而色微青黑。若小垢涴,则投火中,复更精洁。或作灯炷,用之不知尽。""盘况年九十余乃死。立中子盘盘,以事委其大将范蔓。盘盘立三年死,国人共举蔓为王。蔓勇健有权略。复以兵威攻伐旁国。咸服属之。自号扶南大王。乃治作大船,穷涨海。攻屈都昆、九稚、典孙等十余国,开地五六千里。"[1]

梁书这两条资料,在《南书》《夷貊列传》中也有相同的记载。

6. 陈朝的建置

陈朝从557年至589年。陈朝五帝,首尾凡33年。

陈朝对海南建置因袭梁朝。属广州刺史,以袁洪为朱崖太守。《陈书》卷十五《南康愍王传》:"陈宣帝太建四年（572年）,使南康王子（陈）方泰使持节,都督、广、衡、交、越、成、定、明、新、合、罗、德、宜、黄、利、安、建、石、崖等十九州诸军事平越中郎将广州刺史,以袁洪为朱崖太守。"[2]《太平寰宇记》云:"自汉元鼎开置珠崖、儋耳二郡迄今,

---

① （唐）梁思廉撰:《梁书》卷五十四,中华书局1973年版,第783页。
② （唐）姚思廉撰:《陈书》卷十四《南康愍王传》,中华书局1972年版,第211页。

疆域未改,非有他郡之地犬牙相错也。其地比于荒裔,自东汉下至梁陈,沿袭旧名,更置郡邑。或于徐闻,或入合浦,或入交广,恐非汉时境土。"故《元和郡志》云:"自吴及陈,不有其地耳。然罢郡之后,贡献归附,史不绝书,非听招抚,即受羁縻,人实常内属。"可见从史传记载中,仅能选择信而有征者加以比较论证,无法要求海南岛历史在这段能一线相传,否则便会陷于对史实的牵强附会了。

自从西汉政权在海南岛将珠、儋二郡定为地方行政建置的最高级——郡级之后,表明了中央政权计划将海南岛作为独立区域进行管辖。但是为时不到20年,始元五年(前82年),又撤销了儋耳郡,将之并入珠崖郡。至初元三年(前46年),又有贾捐之之议。珠、儋二郡的置之又撤,前后仅64年,自此之后,海南置于无政府状态,又持续了288年。到了三国吴赤乌五年(212年),吴国派聂友、陆凯"讨平"珠、儋两地,再次设立珠崖郡,但另由徐闻遥领。晋代对海南的管辖依吴制,岛上不设官衙;海南地区与大陆中央政权之间存在行政隶属关系。据《交广春秋》一书记载,这时岛上"人民可十万家"。这种统计数字,说明了当时海南人口的统计没有因官衙不在岛上而中断;相反,对海南的治理依然存在于中央政权计划内。中央政权为治理此地仍在收集有关信息。晋太康元年(380年)连珠崖郡也撤而并入合浦郡,属交州。这期间置郡有38年。朱崖道,但其结果"并无功"。[①]齐朝对海南的统治状况一如刘宋时期,只是对岛内时加征伐,"唯以贬伐为务",但也没有实现对海南的直接管辖。南朝后期梁、陈两代,中央政权与海南地方的关系有所变化。在梁政权统治时,海南岛内"儋耳归附冯冼氏千余峒请命于朝"。鉴于此,中央政权设立了崖州,"地置崖州,统于广州"[②],改变了大陆政权对海南的"遥领"统治。梁所设崖州以海南北部地区为主要管辖区域,其治下的地域面积相当大。梁政权能够在此地设立州治,主要是对沿海及海南岛地区进行开发的

---

① 《宋书》卷九七《夷蛮传》,中华书局1974年版,第2379页。

② (清)明谊修、张岳崧纂:道光《琼州府志·沿革表》,海南出版社2006年版,第18页。

结果，是在冼夫人组织俚人大联盟归附梁政权后的民族融合的具体体现。对海南进行开发和民族融合，为梁政权在海南建立政权统治打下了社会基础。崖州之设，名为梁朝国土，行政管辖权在中央，但管理方式并非郡县，实权仍为冼氏掌握。梁朝不过是通过岭南俚人首领实现了对崖州的间接统治。但崖州的设立，进一步密切了海南民族地区与中央王朝的关系。

综上所述，在6世纪以前，海南岛的开发仍局限于中原政权在这里建立政治统治的阶段，当地的社会发展程度很低，内地先进的生产技术尚未成规模地传入岛内，对海南地区的开发仅处在起步阶段。[①]

直到南朝梁大同（535—546年）废儋耳而置崖州，属扬州，陈朝因之。从汉武帝到魏晋南北朝，海南政权的建置或罢废，反复无常。在700多年的漫长岁月里，置郡时间零零星星综合起来也只有150年左右，就是在建置的150年里，所置郡县也形同虚设。即使如此，但对于海南的开发，从来没有停止过。

第三节　冼夫人促进汉黎民族融合

南北朝是中国历史上民族矛盾和阶级矛盾十分尖锐复杂的时期。冼夫人处于南朝梁至隋朝初年，正值南北朝政权在长期分立之后，逐渐趋于统一的时期。人们在经受长期的离乱痛苦之后，渴望政治统一，百越领袖冼夫人，顺应历史的潮流，推动民族团结和社会发展，维护了国家的统一。

一、冼夫人事略

关于冼夫人的传略，《隋书》卷八十有《谯国夫人》传，《北史》卷九十一有《谯国夫人冼氏》，两篇传略大同小异，《资治通鉴》卷一百六十三中也详细记载冼夫人的事略。

冼夫人（513—602年），南北朝高凉郡人，《隋书·谯国夫人》载：

---

① 参见张炜、方堃主编：《中国海洋通史》，中州古籍出版社2002年版，第106页。

"谯国夫人者，高凉冼氏之女也。"[1]《北史·列女·谯国夫人冼氏》载："谯国夫人冼氏者，高凉人也。"[2]高凉在广东省境内，据《读史方舆纪要》载："高凉山，在府东北九十里。志云：山本名高梁，群峰并耸，盛夏如秋，故改梁为凉。"[3]又载："汉置高凉县，其旧治在今高州高凉山下，吴为高凉郡治。"即今广东阳江、茂名一带。后汉末建安二十五年（220年），阳江是高凉郡治。冼夫人就出生和成长在这地方。

冼夫人是促进黎汉团结的第一人。自汉代以来，各朝以强权政策企图让海南黎族驯服，但适得其反。到了南北朝梁武帝年代，冼夫人以她贤明的人格力量和卓越的军事才能，劝宗族为善，结信义于本乡。535年，冼夫人与高凉太守冯宝结为夫妇，一方面，她帮助冯宝处理郡中事务；另一方面，在黎（俚）族人民中间传播汉族文化及汉族封建制度的礼教观念，推行各项政令。是时，"越人俗好相攻击，夫人兄南梁州刺史冼挺恃其富强，侵掠傍郡，岭表苦之。夫人多所规谏，由是怨隙止息，海南儋耳归附者千余峒"。[4]

陈武帝永定三年（559年），冯宝逝世后，岭南各地烽火遍起，一方面，冼夫人遣亲族一部分迁居海南岛，巩固后方；另一方面，游说各州人民，帮助陈朝统一岭南。当时，冼夫人在广东西南，拥有汉黎（俚）部落十余万户，兼在海南统领10县；在她的威望感召下，黎（俚）汉两族为共同开发海南岛做出了巨大贡献。

广州刺史欧阳纥，在569年叛变，他想拉拢冼夫人同反，570年欧阳纥以广州刺史总督十九州军事的名义，把冼夫人的儿子冯仆召去，冯仆一到就被胁逼同反。冯仆派人回高凉，把事情告诉母亲。当

---

[1]（唐）魏徵等撰：《隋书》卷八十《谯国夫人》，中华书局1973年版，第1800页。

[2]（唐）李延寿撰：《北史》卷九十一《列女·谯国夫人冼氏》，中华书局1974年版，第3005页。

[3]（清）顾祖禹撰：《读史方舆纪要》卷一百四《广东五》，中华书局2005年版，第4737页。

[4]（唐）李延寿撰：《北史》卷九十一《列女·谯国夫人冼氏》，中华书局1974年版，第3005页。

时冼夫人的处境是：一是同反，儿子可得救；一是反对，儿子可能被杀。在此情况下，她毅然对来人说："我精忠报国已有两代，不能为儿子辜负国家。"她随即发兵，保卫高凉边境，防止欧阳纥进犯。欧阳纥反叛后，陈宣帝派章昭达带兵讨伐，兵到岭南，冼夫人带兵前往迎战，两军会合，把叛兵打败，欧阳纥被擒处死，把冯仆从监牢里救了出来。这次欧阳纥的叛乱能够迅速平定，与冼夫人的努力分不开，冼夫人被封为中所将、石龙太夫人，冯仆被封为平越中郎将，转任石龙太宗。

590年，番禺首领王仲宣起兵抗隋，围困广州，守城主将韦光中流失身亡。隋朝又派裴矩安抚岭南。冼夫人听到广州被围，立即派孙儿冯暄带兵去救，被陈伟智阻挡，因为陈伟智与冯暄相识，又十分要好，冯暄因此逗留不进兵，冼夫人闻知大怒，立刻把冯暄逮捕入狱，另派三孙儿冯盎去救，冯盎力战，斩了陈伟智，进抵广州与隋军会合，打得王仲宣大败。平定叛乱后，70多岁的冼夫人，还披甲骑马跟随裴矩巡视安抚岭南各地。

讨平叛乱后，由于冼夫人精忠报国，屡建功勋，隋文帝追赠冼夫人的丈夫冯宝为广州总督，封为谯国公，封冼夫人为谯国夫人，并设置谯国夫人幕府，颁发印章，准许她调拨所辖地区的兵马；地方有急事，可以不待中央命令，由她先行处理。隋文帝还写了文字表彰她的功绩，同时，冯盎被任命为高州刺史，曾被冼夫人关起来的冯暄，也被任命为罗州刺史。隋文帝的皇后，赠给冼夫人很多珍贵首饰、服装等礼物。冼夫人把梁、陈、隋三朝所赠的礼物，分为三库贮存，每逢过年过节，便拿出来陈列庭中，对子孙们教育说："我经历三朝，一心为国，这些东西，就是证据。你们以后切不可辜负国家。"

广东番州①一些部落发生叛乱，晚年的冼夫人，受命招抚，她亲带诏书，历十余州，所到之处，都听命归顺。隋文帝赐冼夫人临振县（今三亚市）1500户为汤沐邑，追赐子冯仆为崖州总管，平原郡公。隋文

---

① 仁寿元年（601年），以避太子杨广讳，改广州为番州。

帝仁寿二年（602年），冼夫人逝世，享年91岁，谥诚敬夫人。[①]

冼夫人是俚（黎）人。她一生与汉人交好，并嘱亲族和汉族亲善友好，因此，过去在海南岛各地都设有冼夫人庙宇、牌坊等纪念物。在海南最著名的是琼山区新坡乡大坡梁山军坡。传说过去冼夫人曾在这里驻军设帐，后来当地百姓在此设谯国夫人庙，每年农历二月初九至十三日，一连5天，到庙中拜祀祈愿，还演戏庆祝，热闹非常。冼夫人对维护黎（俚）汉两族的友好共处与开发海南，都做出过巨大的贡献，是我国南方黎（俚）族杰出的女政治、军事领袖，在历史人物中占有重要的地位。

二、冼夫人与冯冼家族对于海南的历史功绩

冼夫人和冯冼家族，功业卓著，朝廷赏赐的次数很多，据官修正史的权威记载，她终其一生，也没有到过海南。朝廷封赏她和她儿子在海南土地上的称号，是《隋书·谯国夫人》最后说的两项："赐夫人临振县（今三亚市附近）汤沐邑一千五百户，赠仆（冼夫人儿子）为崖州（今海南岛北部）总管、平原郡公。"

冼夫人对于海南岛的历史功绩，概括起来有三项。

第一，汉元帝初元三年（前46年）罢弃海南郡县时起，经历过三国、晋、宋、齐、梁几个朝代，一共580多年，中央政权没有在海南实施统治。直到梁朝，冼夫人以她的政治影响，让海南渐次归附中央王朝。

第二，梁大同五年（539年），冼夫人请命于朝，置崖州。[②]到她的后裔冯世接在唐贞观年间（627—649年）任崖州都督府都督为止，其间有100多年。这期间，在海南岛，因冼夫人政治上推行民族团结政策，经济上推广中原的先进生产技术，文化上积极进行教化。在一个世纪的时间里，海南岛上没有发生过大的叛乱和动荡。

---

① 关于冼夫人存年问题，《隋书·谯国夫人》只载"仁寿初卒"。后人对其存寿考证，有多种说法：80岁（屈大均等）、83岁（吴晗）、90岁（谭应祥）、93岁（王兴瑞）、96岁（蒋绍伯）。

② 据海口市地方史志办公室编：《冼夫人研究文集》中的"冼夫人年谱"，海南出版社2009年版，第419页。

第三，黎汉文化的渐次融合，黎族的先民，也从过去被矮化而鄙称为僚，到了唐代，逐渐有了自己的族称"黎"。

三、海南各族人民敬祀冼夫人

因为唐代以前，汉族移民海南岛的极少，临高语族和仡隆语族的人口比例及所占地段也有限，海南岛整体上是黎族先民为主体。因为上面说到的冼夫人的功绩以及她的威望，黎族民众及后来的汉族，为感激冼夫人的功绩，都虔诚地祭祀冼夫人。

正因为唐以前海南岛大体上是黎族先民为主体，故在 2013 年笔者调查峒主庙时[①]，许多峒主庙不在今黎族聚居地而是在汉区。在所调查的峒主庙中，有许多是将冼夫人和黎族峒主放在一起，同在一个庙中享受香火。列举下列 19 个庙的供奉。

（1）陵水椰林镇里村村委会上溪村的村主庙即上溪西黎峒主庙，庙里供奉的神名有南朝侯王、统天护国西黎峒主、南天圣娘、南天闪电雷火圣娘、柔惠正顺懿美夫人（即冼夫人）。

（2）陵水新村镇盐尽村委会浅尾村浅水西黎峒主庙，供奉神名有：西黎峒主、五龙大王、南天圣娘、陈村娘娘（冼夫人）。

（3）陵水新村镇桐海村委会桐村和灶仔之间南天陈村圣娘庙，供奉南天圣娘娘及陈村娘娘（冼夫人）。

（4）琼海椰子寨小学椰子寨峒主庙里，右边圣母庙有冼太夫人、妈祖、南天。

（5）琼海岭口镇三加村委会（这里原属定安）南建石离峒主庙，庙里殿上神像有：王官峒主、两位将军峒主、两个保护神、敬懿夫人（冼夫人）。

（6）屯昌县境主庙有懿美火雷圣娘。

（7）澄迈县加乐镇加乐峒神殿上有南方闪电火雷娘娘。

（8）临高县博厚镇龙驾村祖婆祀奉的祖婆为冼夫人，全村姓冼，

---

① 唐玲玲、周伟民：《"凡俗"与"神圣"——海南黎峒习俗考略》，上海大学出版社 2014 年版。

建有冼氏宗祠，村民捧出家谱，说他们是承粤脉，根海南，是高州冼氏后代，现有 200 多户，近 2000 人。

（9）临高县博厚镇龙驾村楞严庙，是黎族六峒之主，与冼夫人庙毗邻，管庙人说，黎峒与冼夫人庙同辉。

（10）琼海石悻壁墟石壁峒主庙，俗名圣娘庙，神殿上有石壁峒主侯王、南天圣娘（冼夫人）。

（11）琼海市跃进人民路南端南崛村委会南崛庙。庙里神祇有：总督侯王、南崛太祖、关公、南天圣娘、陈村夫人等。

（12）屯昌县屯城镇加宝村委会旁加宝峒主庙。庙中神名有：玉封显应总察三司佐国救民、玉封灵应察御史威武济世明皇大帝敕封柔惠正顺懿美夫人、南方闪电火雷娘娘。

（13）屯昌县屯城镇屯昌村委会旁奇石峒主庙。神名中有敕封柔惠正顺懿美夫人。

（14）屯昌县南吕旧市墟婆祖庙。庙中神祇有：柔惠正顺懿美夫人、下冷峒主、冯元帅。每年三月，合祀冼太夫人和峒主公。

（15）屯昌县坡心镇南凯村委会南凯村南凯境主庙。庙中神祇有：柔惠正顺懿美夫人、南远峒主元皇大帝、南方闪电中口火雷娘娘。

（16）定安县黄竹墟黄竹公庙，庙中神名有：侯工、圣娘、关圣帝君、黄竹峒主、柔惠正顺懿美夫人、南天闪电火雷圣娘。

（17）宝安县龙何镇鸭塘村委会荷塘村荷塘境主庙，主祀神名有：懿美夫人、南建峒主元皇大帝。

（18）定安县龙门镇大山村委会大山村大山庙。主祀神祇有：懿美夫人、大山峒主、火雷圣娘。

（19）定安县龙门镇大山村委会大山村的大山庙，主祀神名有：懿美夫人、大山峒主、火雷胜娘。

还有好些庙都是，就不一一列举了。上列这 19 个庙的主祀神主，联系到这些庙的节期，一般都是军坡节，都有庄严的"穿杖"巡村。最为典型的莫过于处五指山西麓清代以前的 72 峒的红毛镇毛西村委会罗虾村峒主庙，这里是革命老区，是王国兴白沙起义的基地之一，庙里殿上供奉的七坊峒主大爷等神座，每年抬神巡游各村时，信男们都像汉区一样用脸颊穿杖等活动来祈求保佑平安。

总而言之，从峒主庙祀奉神的结构来看，黎区人民千百年来都对冼夫人祀奉与对峒主祀奉一样地进行。

第四节　移民与风俗

一、移民状况

魏晋南北朝时期，中原地区战乱频繁，但海南远离中土，交通阻隔，因此成为战争的避难所，特别是南朝梁陈年间，冼夫人的政治影响及其子孙治理海南的将近一个世纪时间里，海南岛没有发生过太多的叛乱，社会稳定地向前发展。在这个历史阶段里，不少中原仕宦、商贾、士卒乃至一般民户，避难逃荒到海南的日益增多。三国时有几万户迁居海南。东晋时移居海南的人口达 10 万户之多。[1]《三国志·吴书》记载："世相承有数万家"。[2] 晋代王范《交广春秋》曰："周回二千余里，径度八百里，人民可十万余家。"[3] 史籍的记载不精确，不过晋室南渡之后，中国历史上掀起了大规模的移民高潮，司徒尚纪在《海南岛历史上土地开发研究》一书中，曾侧重提及冼夫人的感恩对大陆俚人集群向海南的迁移。他指出："冼夫人世为南越首领，跨据山峒，部落十万余家，对海峡两岸俚人具有很大号召力，很多俚人纷纷归附在她麾下，其中最大一次是梁大同（535—545 年）时，海南儋耳千余峒俚人归附。如果以每峒 20 户计算，这就是一支 2 万余户，超 10 万人口的集群。儋耳仅海南一隅，没有这么多人口，这其中一部分是从

---

① 海南省地方史志办公室编：《海南省志·人口志》，南海出版公司 1994 年版，第 7 页。

② （晋）陈寿撰：《三国志》卷四十七《吴书·孙权传》，中华书局 1959 年版，第 1136 页。

③ （北魏）郦道元：《水经注》卷三十三《温水》引《交广春秋》，浙江古籍出版社 2001 年版，第 565 页。

大陆迁来的俚人。"① 冼夫人进而促成民族的团结和人口的迁移，黎俚不分。在黎汉两族融合的历史过程中，汉族的先进的经济、文化等各方面的影响日益扩大，海南岛的原始氏族社会状态开始逐步瓦解，为南北朝以后的中央政权统治海南奠定良好的基础。

正如丘濬在《南溟奇甸赋》中说的："是以三代以前，兹地在荒服之外，而为骆、越之域。至于有汉之五叶，始偕七郡而入于中国，南蛮之习未易也。椎结卉服之风未革也，持章甫而适之，尚懵而未之识也。魏、晋以后，中原多故，衣冠之族，或宦或商，或迁或戍，纷纷日来，聚庐托处，薰染过化，岁异而月或不同，世变风移，久假而客反为主，劘犷悍以仁柔，易介麟而布缕。今则礼义之俗日新矣，弦诵之声相闻矣。"② 从中不难看出，自从魏晋南北朝之后，汉族人口的迁移，使海南风俗世变风移，社会文化也有所发展。

二、风俗习惯及物产

《三国志》卷五十三《吴书·薛综传》载：吴国薛综曾任合浦、交趾太守，曾随士燮越海南出征到过九真。有一次，吕岱从交州召出，薛综惧吕继贷者非其人，上奏疏给皇帝，其中有谈及岭南和海南习俗，以及官吏侵虐百姓的情节，成为到目前为止史籍上的最早文字记载。疏中写道：

> 汉武帝诛吕嘉，开九郡，设交阯刺史以镇监之。山川长远，习俗不齐，言语同异，重译乃通，民如禽兽，长幼无别，椎结徒跣，贯头左衽，长吏之设，虽有若无，自斯以来，颇徙中国罪人杂居其间，稍使学书，粗知言语，使驿往来，观见礼化。及后锡光为交阯，任延为九真太守，乃教其耕犁，使之冠履；为设媒官，始知聘娶；建立学校，导之经义。由此已降，四百余年，颇有似类。③

---

① 司徒尚纪：《海南岛历史上土地开发研究》，海南出版社 1992 年版，第 83 页。

② 《丘濬集》第九册，《琼台诗文会稿》卷二十二《南溟奇甸赋》，海南出版社 2006 年版，第 4461 页。

③ （晋）陈寿撰：《三国志》卷五十三《吴书·薛综传》，中华书局 1959 年版，第 1251 页。

以上是叙述汉代的情况，而实际上，到三国与魏晋南北朝时代，海南一带的民俗及生活，与汉代相比已略有进步。薛综接着写道：

> 自臣昔客始至之时，珠崖除州县嫁娶，皆须八月引户，人民集会之时，男女自相可适，乃为夫妻，父母不能止。交阯糜泠、九真都庞二县，皆兄死弟妻其嫂，世以此为俗，长吏恣听，不能禁制。日南郡男女倮体，不以为羞。由此言之，可谓虫豸，有靦面目耳。然而土广人众，阻险毒害，易以为乱，难使从治。县官羁縻，示令威服，田户之租赋，裁取供办，贵致远珍名珠、香药、象牙、犀角、瑇瑁、珊瑚、琉璃、鹦鹉、翡翠、孔雀奇物、充备宝玩、不必仰其赋入，以益中国也。

对海南地区人民的掠夺，在隋朝也颇盛行。《隋书·食货志》云："岭外酋帅，因生口、翡翠、明珠、犀象之饶，雄于乡曲者，朝廷多因而署之，以收其利。历宋、齐、梁、陈，皆因而不改。"[①]

这是典籍中关于海南民俗及物产的记载。从汉到魏晋南北朝，因海南仍处于自然经济的状态，原住民的生活习俗，已较汉时略有改变。因自从汉代以来，大陆移民不断南来，带来了中原文化，他们对海南原住民"稍使学书，粗知言语"，在国家的使驿往来之间，也使原住民"观见礼化"，有的任职海岛的官吏，在农作物耕种上，也"教其耕犁，使之冠履"，在婚姻嫁娶的礼仪上，也传入中原礼节，"为设媒官，始知聘娶"；在文化教育的传授方面，也输入儒家的伦理教育，"建立学校，导之经义"。此种启蒙状况，延续了400余年之久。当然，文中所举，是指交阯的大范围而言，也包括海南岛在内。不过尽管如此，原住民的原始的习俗，在族群中仍然根深蒂固，男女婚适的自由选择，兄死弟妻其嫂的风俗，官吏也"不能禁制"。

至于海南物产，仍出自山野、海洋间亚热带、热带山珍及海上奇物，供封建官吏掠夺和享受。

---

① （唐）魏徵等撰：《隋书》卷二十四《食货志》，中华书局1973年版，第673页。

三、海上丝绸之路中转站在形成中

三国吴时，万震《南州异物志》记载："句稚，去典游八百里，有江口，西南向，东北行，极大崎头，出涨海，中浅而多磁石。"[①]当时，吴国的航海业已历经海南岛，并对海南岛以南南海诸岛航线十分熟悉。

吴时孙权黄武五年（226年），分交州为交、广二州，以南海、苍梧、郁林、合浦四郡为广州，州治番禺，广州之名自此始。海南岛及南海诸岛属广州管辖。

由于广州地位的提高，一方面与广州的政治、经济发展和地理形势有关；另一方面与海南岛南部、经西沙群岛、南沙群岛一带航线的利用和发展有着密切的关系。1975年，广东省的考古工作者在西沙群岛调查时，在北礁发现南朝的青釉半陶瓷六可罐，证明当时许多来往于海上"丝绸之路"的船舶航行在这条航线上。而且，还应认为并非到南朝时才开始通航，因为三国时已有明确记载。

226年，孙权命宣化从事朱应和中郎康泰出使东南亚各国，回来后分别写了《扶南异物志》和《吴书外国传》两本书，记述他们"所经及传闻，则有百数十国"的情况。自此以后，东南亚各国也先后派遣使者来东吴聘问，络绎不绝，其使船也必经海南岛。

宋、齐、梁、陈四个朝代，都重视发展海外贸易和友好交往，中国船舶自南海、印度洋西航，印度洋沿岸及东南亚国家船只也有往来。此时往来东西方船只统称"南海舶"。《宋书·夷蛮传》记载："各国商船，泛海凌波，因风远至。"[②]南北朝谢灵运《宋武帝诔》中写道："九有同悲，四海等哀。矧伊下臣，思恋徘徊。敢遵前典，式述圣徽。乃作诔曰……卢循负险，肆慝遏岭。殄我江豫，迫我台省。民既摇荡，国将迁鼎。乘驷归辕，式固皇境。弘危济险，弭难释殆。虎骑弩隰，舟师涨海。倾穴寻窠，穷幽测昧。昔去洛汭，息肩江沚。"[③]文中提及刘裕

---

① （宋）李昉等纂：《太平御览》卷七四〇《四夷部》，中华书局1960年版，第3501页。

② （梁）沈约撰：《宋书》卷九七《夷蛮传》，中华书局1974年版，第2399页。

③ 谢灵运：《宋武帝诔》，载《谢灵运集》，岳麓书社1999年版，第358页。

于元兴元年（402年）被起用为中兵参军，次年大败卢循起义，其舟师在涨海作战。《宋书·夷蛮传》还有一个总结性的判断："舟舶继路，商使交属。"①"商"与"使"是同类，实质上是一致的，所以商使们连接不断地通过海路进行交流。《南齐书·南夷林邑国》记载："各商舶远届，委输南州。故交广富实，牣积王府。"②《梁书·王僧孺传》载："海舶每岁数至，外国贾人以通货易。"③也同样说明海运发达的现象。

四、海上交通与海南的关系

《梁书·诸夷传》载："海南④诸国，大抵在交州南及西南大海洲上，相去近者三五千里，远者二三万里，其西与西域诸国接。汉元鼎中，遣伏波将军路博德开百越，置日南郡。其徼外诸国，自武帝以来皆朝贡。后汉桓帝世，大秦、天竺皆由此道遣使贡献。及吴孙权时，遣宣化从事朱应、中郎康泰通焉。其所经及传闻，则有百数十国，因立记传。晋代通中国者甚少，故不载史官。及宋、齐，至者十余国，始为之传。自梁革运，其奉正朔，脩贡职，航海岁至，踰于前代矣。"⑤这一则记载写下了魏晋南北朝这段历史时期南海丝绸之路的交通概况。

尽管魏晋南北朝时期处于分裂与混战的局势中，但各个朝代的统治集团对沿海疆域的开发和交通仍时断时续地进行。吴国孙权因占据了长达万余里的东南沿海疆域，所以在政策上注重海上交通的开拓与治理，也产生了重要的推动作用。南朝也由于地理优势和政治环境相对稳定，沿海的对外贸易也引起重视。据记载，在南海，"郡常有高凉生口及海舶，每岁数至，外国贾人以通货易。旧时州郡以半价旧市，又买而即卖，其利数倍。历政以为常"。在岭南地区沿海的外贸活动，形成了南朝交广地区"商舶远届，委输南州"的海上贸易景象。海南

---

① （梁）沈约撰：《宋书》卷九七《夷蛮传》，中华书局1974年版，第2399页。
② （梁）萧子显撰：《南齐书》卷五十八《东南夷·南夷林邑国》，中华书局1972年版，第1018页。
③ （唐）梁思廉撰：《梁书》卷三十三《王僧孺传》，中华书局1973年版，第470页。
④ 这里仅指"海之南"，指南海沿岸国家。
⑤ （唐）姚思廉撰：《梁书》卷五四，中华书局1973年版，第783页。

岛在这一历史阶段，由于冼夫人组织俚人大联盟归附梁政权，对海南进行开发和民族融合，因此，广东地区联及海南岛的海岸线上，在南朝刘宋时期，以广州为起点，通过海上航路与南洋各国进行贸易活动和文化交流的活动。从东南沿海出发的中国商船越过印度洋而到达波斯湾沿岸各地没有中断过，海南岛在南海各国的航海贸易中，由于广州港的兴起，也扮演了重要的中转站的角色。

晋代左思的《吴都赋》中即有"穷陆饮木，极沉水居"之句。唐代李善注："饮木，朱崖海中有渚，东西五百里，南北千里，无水泉。有大木，斩之，以盆瓮承其汁而饮之。"① 许多人普遍认为，李善注中这个大范围的岛群，应为南海诸岛。《酉阳杂俎》："木饮州，珠崖一州，其地无泉，民不作井，皆仰树汁为用。"② 实际上，与左思同时代的刘欣期在《交州记》已称"椰生南海"。③ 可见南海诸岛种植椰子树已很普遍。岛上也就会有我国人民临时居住。又据南朝沈怀远所记"涨海"中的海鸥曰："江鸥一名海鸥，在涨海中，随潮上下，常以三月风至乃还洲屿，颇知风云，若群飞至岸，必风，渡海者以此为候。"其时对南海海域的天气变化规律，也有了一定的认识。

这条繁荣的海上丝绸之路的通畅，在魏晋南北朝时的中转站都路经海南岛。船只在海南岛靠岸，补充淡水、粮食和蔬菜。

五、典籍

晋朝盖泓著《朱崖传》一卷，是海南岛最早一部地方志，已失传。

---

① （梁）昭明太子撰、（唐）李善注：《文选》第五卷《赋两京都》下，上海古籍出版社1986年版，第215页。

② （唐）段成式撰：《酉阳杂俎》，中华书局1981年版，第45页。

③ 刘欣期：《交州记》第一卷，清曾钊辑《岭南遗书》本，转引自司徒尚纪：《海南海洋国土》。

第六章　隋朝重置珠崖郡

隋朝国祚短暂，自 581 年至 618 年，共 38 年。帝传三代——隋朝高祖文帝杨坚、炀帝杨广、恭帝杨侑。

高祖文帝杨坚，陕西华阴人，是士族中的高门，原为北周相国，封为隋公。581 年，杨坚灭周称帝，改国号为隋。开皇九年（589 年），灭梁及陈，由此结束由两晋至南北朝数百年来分崩离析的政局，统一天下。

隋文帝开始执政时，厉行节俭，奖励良吏，恶惩不法官吏，改良统治术，对百姓比较宽平。隋文帝统一天下后，综合前代各种制度，有沿有革，厘定成隋制。自唐至清，基本上沿袭隋制。隋制与秦制一样，都具有划时代的意义。[①]

第一节　隋朝加强对海南的统治

隋朝使全国复归统一后，政权比较巩固，对边疆尤其是沿海地区的开发，十分重视。如隋炀帝招募能出使绝远地方的人，常骏、王君政等应募出使赤土国（马来半岛南部），607 年，常骏等带礼物从南海郡（现广州市）出发到赤土国，这一段海道航线，海南岛正是航行的中转站。由此可见，隋朝在海洋领域上的眼光已经关注到马来半岛，

---

① 参见范文澜：《中国通史》第三编《隋唐五代时期》，人民出版社 1994 年版。

何况沿海大岛海南岛呢?

一、隋文帝对海南采用开边定远政策

隋文帝开皇十一年(591年),冼夫人因清除番州总管赵讷的贪虐罪行,招抚十余州黎民百姓有功,文帝赐夫人临振县(今三亚市)汤沐邑1500户,赐冯仆为崖州总管,由是可见,隋朝已重视海南建立行政建置体制。到了隋炀帝执政时期,对海南的统治日益加强,大业年间(605—617年),复置郡县(一说大业三年,一说大业六年),改崖州为珠崖郡。隋朝在统一中国的同时,也将海南的建置,纳入中央政权的轨道。在隋以前,中央政权对海南仅仅是遥控管理。隋代吸取了前朝统治方法的经验教训,隋统治者采用了"开边定远""示柔海外"的恩威兼施的策略,对海南先住民采取了"怀柔"政策,这是由于冼夫人的努力。隋朝以海南"临振县汤沐邑1500户"及"崖州总管平原公"对冼夫人及其子冯仆的赏赐,已说明了隋文帝治琼方针的改变。前朝采用的征伐政策,一变而利用冼夫人的势力,以优抚的策略控制海南岛,并在海南岛上重新建立郡县,改变了历史上的羁縻局面,揭开了以后中央政权加强对海南行政控制的序幕。明人谢肇淛说:"高凉冼氏,以一蛮女而能付循部落,统驭三军,怀辑百越,奠安黎僚……其才智功勋,有马援、韦皋所不能望者。"[①]

隋王朝对海南统治仍经常出现危机。在隋炀帝大业六年(610年),朱崖民众还经常叛乱反抗,《隋书·韩洪传》载:"未几,朱崖民王万昌作乱,诏洪击平之。以功加位金紫光禄大夫,领郡如故。俄而万昌弟仲通复叛,又诏洪讨平之。"[②]以怀柔与镇压两手政策,对海南岛执行实力统治。

隋朝维持了仅38年。隋炀帝的奢侈生活和残虐政治愈来愈凶恶地驱迫民众陷入死地,更何况是对海南岛的黎民百姓。隋末的农民起义,动摇了隋王朝的统治,在起义军及各路军阀的混战中,彼此相互兼并,

---

① 谢肇淛:《五杂俎》卷八。

② (唐)魏徵等撰:《隋书》卷五十二《韩洪传》,中华书局1973年版,第1343页。

终于唐高祖李渊统一了中国，改国号唐。

隋朝末年政局的动荡，海南郡县的政权又一次脱离中央政府的管辖。当隋炀帝于618年3月被杀死之后，冼夫人之孙冯盎从北方任所回到岭南故里，拥有"二十余州，地数千里"，统领番禺、苍梧、朱崖等地。在短短的三年时间里，海南大部分地区为冯氏家族所控制。直至冯盎降唐之后，海南才又重新归复唐王朝统治。

二、政区的划分

政区是国家行政管理的区域组织系统，实施国土管治的空间组织形式。无论海陆国土，只要纳入政体之内，即为国家领土主权范围。而从制度文化而言，行政建置也是一种国土划分和行政管理制度，无论对大陆还是海洋，都具有同样重要的制度文化意义。[①]

隋朝在海南岛建立州县，并且把政区的建置直接由中央领导，一改过去羁縻州的局面。

唐代魏徵《隋书》卷三十一《地理下》载："珠崖郡（梁置崖州）。统县十：义伦（带郡）、感恩、颜卢、毗善、昌化（有藤山）、吉安、延德、宁远、澄迈、武德（有扶山）。"[②]

欧阳灿等纂修万历《琼州府志》卷之二《沿革志》载："隋开皇初，置临振郡。大业中改为珠崖郡，领县十：义伦、感恩、颜卢、毗善、昌化、吉安、延德、宁远、澄迈、武德。隶扬州司隶刺史。又析西南地置临振郡（据《一统志》）。"[③]

正德《琼台志》卷二《郡邑沿革表》载："朱崖改为郡，领义伦、感恩、颜卢、毗善、昌化、吉安、延德、宁远、澄迈、武德十县。临振析朱崖、延德、宁远县置。"[④]

---

① 司徒尚纪：《中国南海海洋文化史》，广东经济出版社2013年版，第78页。

② （唐）魏徵等撰：《隋书》卷三十一《地理志》（下），中华书局1973年版，第885页。

③ （明）戴熺、欧阳灿总裁，蔡光前等纂修：万历《琼州府志》，卷二《沿革志》，海南出版社2003年版，第32页。

④ （明）唐胄纂：《琼台志》卷二《沿革表》，海南出版社2006年版，第30页。

清代明谊、张岳崧道光《琼州府志》卷首《沿革表》："开皇九年，仍为崖州。大业三年，改为珠崖郡，领县五：义伦、感恩、颜卢、毗善、吉安。又析西南地置临振郡，领县五：延德、宁远、澄迈、昌化、武德，属扬州司隶刺史。"①

《儋县志·历代沿革表》载："大业三年，改崖州为珠崖郡，又析崖之西南地，置临振郡。"《通志》云："隋珠崖郡治义伦，即今儋州，故《隋书》义伦目下注曰：'带郡'。"②

《儋县志》卷之一《地舆志一·疆域》："隋开皇中，仍为崖州。炀帝大业三年（《通志》六年）改为朱崖郡，领县十：义伦（一名带郡，今儋州地）、感恩、颜卢、毗善、昌化、吉安、延德、宁远、澄迈、武德。又析崖之西南地置临振郡（据《一统志》)，又分珠崖置儋耳。(《通志》)。"

《元和郡县志》谓："置郡在大业六年，而《隋志》无儋耳郡，他书亦不载。置儋耳郡，唯《元和志》载此。按《唐志》：于儋耳下载'本儋耳郡'，然唐未尝置郡。《元和志》谓置郡在隋大业六年，《隋志》失载，亦未可知。又《琼管志》云：隋复置儋耳郡，领县五：毗善、昌化、吉安、感恩、义伦，与《元和志》合。"

故《舆地纪胜》云："炀帝又分儋耳郡、临振郡。"

注：按此二郡，《隋志》不载。《舆地纪胜》据《元和郡县志》，为炀帝置，又引高州《洗太夫人庙碑》，隋高祖赐临振县为夫人汤沐邑事，为炀帝未开珠崖前，已有临振之证据。此则隋时已有临振，而非炀帝所置。或改县为郡，亦未可知。至儋耳为大业间所置，《琼管志》与《元和志》合，则毫无疑义。特《隋书》失载耳。（旧《王志》)③

① （清）明谊修、张岳崧纂：道光《琼州府志》卷首《历代沿革表》，海南出版社 2006 年版，第 11 页。
② 彭元藻、曾友文修，王国宪总纂：民国《儋县志》卷首《历代沿革表》，海南出版社 2004 年版，第 23 页。
③ 彭元藻、曾友文修，王国宪总纂：民国《儋县志》卷一《地舆志》，海南出版社 2004 年版，第 32 页。

　　《儋县志》中所记载较为详细,注中所分析的临振为何隋书失载事,也在道理之中。总之,隋朝的海南行政区划,史籍记载不一,连究竟是大业三年或是大业六年建置,也各持不同说法。笔者这里依隋炀帝杨广执政后,于大业三年(607年),将海南境地复置两郡增立十县的说法。其实,笔者更加同意《元和郡县志》的"大业六年"说。自东汉至三国、两晋、宋、齐、梁、陈数代以来,海南均附别郡,仅在岛上设一二县而已。从隋朝起,始复郡增县而奠定海南之行政机构,可以说,隋朝的设置郡县之举,在海南历史上具有划时代的贡献,自此以后,海南的行政区划,永远列入中国行政区的基层单位,直接由中央所管辖了。

　　见下图:

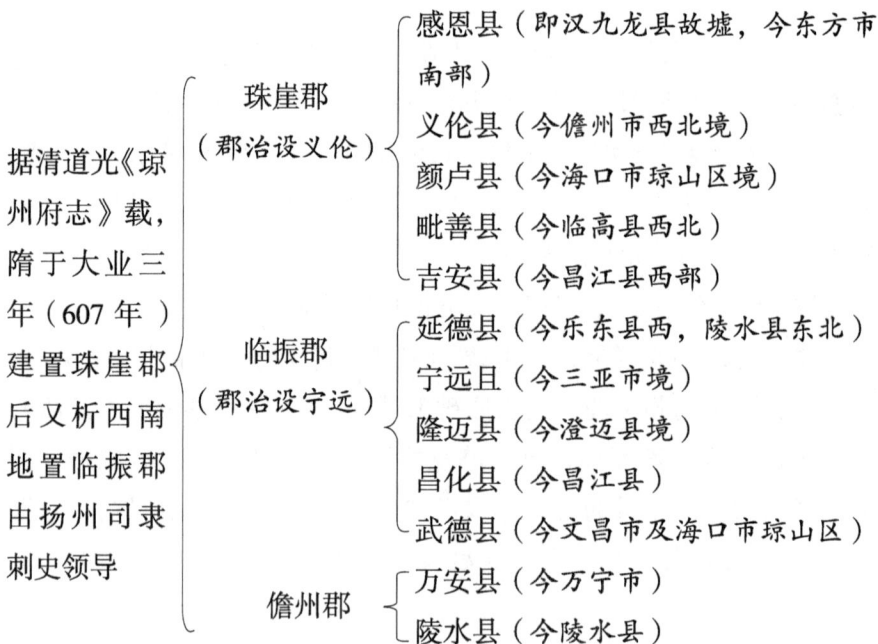

据清道光《琼州府志》载,隋于大业三年(607年)建置珠崖郡后又析西南地置临振郡由扬州司隶刺史领导

珠崖郡(郡治设义伦)
- 感恩县(即汉九龙县故墟,今东方市南部)
- 义伦县(今儋州市西北境)
- 颜卢县(今海口市琼山区境)
- 毗善县(今临高县西北)
- 吉安县(今昌江县西部)

临振郡(郡治设宁远)
- 延德县(今乐东县西,陵水县东北)
- 宁远县(今三亚市境)
- 隆迈县(今澄迈县境)
- 昌化县(今昌江县)
- 武德县(今文昌市及海口市琼山区)

儋州郡
- 万安县(今万宁市)
- 陵水县(今陵水县)

第二节　贬官、移民与民俗

一、贬官

海南岛是我国历史上第一个被辟为流放地点的岛屿，而第一个史籍可考的贬官是隋炀帝时代的杨纶。

据《隋书·滕穆王瓒》及杨瓒儿子《杨纶传》载，杨纶，字斌籀，滕穆王杨瓒之子。杨瓒是高祖杨坚的同母弟，他反对高祖杨坚称帝。开皇十一年（591 年）杨瓒暴死，年仅 42 岁。杨纶因穆王亡故，当高祖之世，每不自安。隋炀帝即位，杨纶尤被猜忌。杨纶忧惧不知所为，于是呼术士王琛祈福怯灾。有人诬告杨纶怨望咒诅，于是隋炀帝命黄门侍郎王弘穷治这一案件，王弘奏杨纶厌蛊恶逆，坐当死。杨素也趁机说杨纶怀恶之由，积自家世。父悖于前，子逆于后，非直觊觎朝廷，便是图危社稷，主张处死。隋炀帝以公族不忍，除名为民，流徙始安（今广西桂林），诸弟散徙边郡。大业七年（611 年），隋炀帝亲征辽东，杨纶欲上表，请从军自劾，为郡司所遏。不久，复徙朱崖。及天下大乱，林仁弘起义军直逼广东，丁是杨纶携妻子逃到儋耳（今海南省儋州市）避难。至唐朝建国后，被封为怀化县公。①

中国史书上记录第一个流放海南岛的贬官，是杨纶。被流放海南的杨纶，是隋炀帝对宗室王侯迫害的结果。

二、移民

隋朝人口的统计，只有户数而无人口数，根据《隋书·地理志》载："珠崖郡，统县十，户一万九千五百。"② 如果每户按 5.17 口计算③，大

① （唐）魏徵等撰：《隋书》卷四十四《滕穆王瓒》及《杨纶传》，中华书局 1973 年版，第 1222—1223 页。
② （唐）魏徵等撰：《隋书》卷三十一《地理志》（下），中华书局 1973 年版，第 885 页。
③ 《中国历代户口、田地、田赋统计》，第 69 页，转引自司徒尚纪：《海南岛历史上土地开发研究》，1992 年版，第 86 页。

约有 10 万人左右。较之以前各代，西汉有 23000 余户，东汉有 23221 户（86617 人），人口数仅略微增加而已。

三、民俗

在隋朝，冯冼家族势力控制了海南岛的大部地区，在萧梁时代，儋耳千余峒黎（俚）人归附冼夫人管辖。开皇十一年（591 年），隋文帝将临振县汤沐邑 1500 户赐予冼夫人，并赐冯仆为崖州总管。冼夫人的政治影响及其冯冼家族在治理海南期间，众多大陆俚人迁居到海南岛。① 海南岛的黎族与俚，应是同一族群。《北史·列女·谯国夫人冼氏》中提到："隋文帝开皇十一年辛亥（591 年），番州总管赵讷贪虐，诸俚僚多有亡叛。冼夫人招慰诸俚僚，历十余州，所至皆降。"这里所指的俚僚是泛指，应包括海南的先民黎族。因此，文帝才"赐夫人临振县汤沐邑 1500 户，赐子冯仆为崖州总管，平原郡公"。② 如果冼夫人所招慰的俚僚不包括先住民黎族的话，哪里会封赐给她海南岛的领地呢！在阮元《广东通志》中记载："隋炀帝大业十三年（617 年），汉阳太守冯盎以苍梧、高凉、珠崖、番禺地附林士宏。"由此可见，冯氏家族在海南的统治力量，已延及三代，俚人移入海南与先住民黎民融合为同一族群，也是很自然的事。

隋代海南习俗，当然也以黎（俚）族为主体，《隋书·地理志》记载："其人性并轻悍，易兴逆节，椎结踤踞，乃其旧风。其俚人则质直尚信，诸蛮则勇敢自立，皆重贿轻死，唯富为雄。巢居崖处，尽力农事。刻木以为符契，言誓则至死不改。父子别业，父贫，乃有质身于子。诸獠皆然。并铸铜为大鼓，初成，悬于庭中，置酒以招同类。来者有豪富子女，则以金银为大钗，执以叩鼓，竟乃留遗主人，名为铜鼓钗。俗好相杀，多构仇怨，欲相攻则鸣此鼓，到者如云。有鼓者号为'都老'，群情推服。本之旧事，尉陀于汉，自称'蛮夷大酋长、

---

① （唐）魏徵等撰：《隋书》卷八十《谯国夫人》，中华书局 1973 年版，第 1801 页。

② （唐）李延寿撰：《北史》卷九十一《谯国夫人冼氏》，中华书局 1974 年版，第 3007 页。

老夫臣'，故俚人犹呼其所尊为'倒老'也。言讹，故又称'都老'云。"①
这一段关于岭南风俗的记录，实际上也包括海南的先住民——黎民习俗。隋大业六年（610年），珠崖人王万昌起兵反叛，隋炀帝遣陇西太守韩洪带兵讨平，不久王万昌之弟王仲通又反叛，又诏韩洪讨平。

"黎"这个族称见于文献记载是在唐代后期，《新唐书·杜佑传》有"朱厓黎民三世保险不宾，佑讨平之"②的记载，这是唐德宗年间（780—805年）的事。至宋代，黎族这个专用名称才固定下来。

虽隋朝统治时间比较短暂，但隋朝是结束前一个历史阶段、开始一个新历史阶段的重要时代，这对海南岛这个地处南方一隅的治理者来说，隋文帝对黎族采取招抚政策，加上冼夫人的威信整治海南，重新划置海南的政治管辖权益，缓和了黎族与统治者之间的矛盾。隋朝政治上的统一，为南北合流创造了新的历史机遇，成就了政治的融合、文化的合流以及经济的开发的新局面，在海南岛上开始有了新的生机。但由于隋炀帝的失道，"四海骚然"，使人民无法忍受，很快隋朝在农民起义中灭亡，代之而起的是中国强盛时期的大唐王朝的兴起，使海南岛真正进入开发的重要历史阶段。

第三节　海域经济的开拓

隋炀帝十分重视海域的交往，《隋书·南蛮传》载："炀帝即位，募能通绝域者。大业三年，屯田主事常骏、虞部主事王君政等请使赤土。帝大悦，赐骏等帛各百匹，时服一袭而遣。赍物五千段，以赐赤土王。其年十月，骏等自南海郡乘舟，昼夜二旬，每值便风。至焦石山而过，东南泊陵伽钵拔多洲，西与林邑相对，上有神祠焉。又南行，至师子石，自是岛屿连接。又行二三日，西望见狼牙须国之山，于是南达鸡

---

① （唐）魏徵等撰：《隋书》卷三十一《地理志》（下），中华书局1973年版，第888页。

② （宋）欧阳修、宋祁撰：《新唐书》卷一百六十六《杜佑传》，中华书局1975年版，第5087页。

笼岛，至于赤土之界。"①虽然这里没有直接提到这条海上交通路线经过海南岛。从"南海郡乘舟"出发，渡过琼州海峡以后首靠的是海南岛岸，因为要补充淡水等补给品；而且，海南历来是中国与南海各岛交通的中转站，由此可知，隋炀帝在对海上交通的重视过程中，不会忽视海南岛的重要地位。

在隋代，南海海域不仅是中国通向东南亚各国的海上通途，而且还是亚洲大陆通往西亚、欧洲必经的海上通道。隋炀帝时，曾经派遣云骑尉李昱乘船经南海，过马六甲海峡，行经印度洋出使波斯。波斯随即遣使与李昱一同来华，与隋朝通商。隋炀帝时，还曾经派遣朝廷大员出使南亚，到达印度。据王仲荦所著《魏晋南北朝史》一书中引用阿拉伯人"古行记"的记载，"中国的商船从公元3世纪中叶开始向西，从广州到达槟榔屿，4世纪到达锡兰，5世纪到达亚丁，终于在波斯及美索不达米亚独占商权。"这一海上航道的开辟，为有隋一代海上贸易的大规模扩展创造了不可或缺的条件。随着国家统一的实现，各国纷纷来华寻求机会开展贸易，南海航路以及长江以南各沿海港口逐渐繁荣。在7世纪前后，在中国南海上进行航运贸易的船只，除去中国大陆以及少量来自罗马的商船外，多数都是印度及波斯的商船。波斯商船是从波斯湾沿岸港口起航，经印度、锡兰、马来半岛、苏门答腊和中国的海南岛，到达中国沿海各港口，如交州、广州、明州、扬州和密州港。其中又以岭南的交州和广州、长江流域的扬州到港停泊的外国商船为数最多。正因如此，交州、广州及扬州成为当时最繁荣的沿海港口。从地理分布来看，隋代时中国沿海自北向南都有重要的港口作为海外贸易的商品集散地。②

在《隋书》中，也已注意到海上交通给海南岛带来的经济开拓，《隋书·地理志》中在提及岭南经济开拓时有过记录："自岭以南二十余郡，

---

① （唐）魏徵等撰：《隋书》卷八十二《南蛮传·赤土国》，中华书局1973年版，第1834页。

② 张炜、方堃主编：《中国海疆通史》，中州古籍出版社2002年版，第135—136页。

大率土地下湿，皆多瘴疠，人尤夭折。南海、交趾，各一都会也，并所处近海，多犀、象、瑇瑁、珠玑，奇异珍玮，故商贾至者，多取富焉。"①五岭以南诸郡中，也包括海南岛，特别指出了南海，其中所指的奇异珍物，都是海南与南海的特产。海南及南海物产在商业流通的过程中，已开始显示出其特殊的作用与光彩。

226 年至 231 年，康泰奉东吴大帝孙权之遣，与朱应一起出使扶南（今柬埔寨）等国，航经南海诸岛。回国后，著有《扶南传》，对南海诸岛之地形及其成因作了准确的描述："涨海中，倒珊瑚洲，洲底有盘石，珊瑚生其上也。"②此处"珊瑚洲"指由珊瑚礁形成的岛屿，洲底之"盘石"指各种成因所形成的岛屿基底，即礁。他肯定地回答了有关珊瑚礁形成有没有石质基底的问题，这比达尔文至少要早 1500年。这是世界上最早科学地描述珊瑚岛成因的文献，也是我国古籍较早的关于南海诸岛的地理记载。晋代，裴渊在《广州记》中述及："珊瑚洲，在（东莞）县南五百里。昔有人于海中捕鱼得珊瑚。"这里提到的珊瑚洲，当为今东沙群岛一带。③

---

① （唐）魏徵等撰：《隋书》卷三十一《地理志》（下），中华书局 1973 年版，第 887—888 页。

② （宋）李昉等撰：《太平御览》卷六十九《地部三四》，中华书局 1960 年版，第 327 页。

③ （宋）乐史撰：《太平寰宇记》卷一百五十六《岭南道一》，中华书局 2007 年版，第 3019 页。

第七章 唐代——海南文明时代的开端

唐代由唐高祖李渊兴唐至唐哀帝李祝灭亡，从兴盛到衰亡，历经290年。

唐王朝在政治稳定的基础上，对边疆的经营和与少数民族的关系，也采取"优容"的政策，使领土大为扩展，超过西汉的极盛时代。海南的社会经济发展，在唐代达到了一个新的高度。汉族中原文化的影响不断加深。从唐代开始，汉文化主导着海南地域文化发展的方向，海南文化也开始肇兴。

第一节 唐代初期的海南局势

一、在海南黎族地区采取分置酋首、统其部落的政策

黎族先民族群的生活习俗中，已自然形成族群内部的基本组织——"峒"。"峒"，黎族称为 Kom，原意是指"人们共同居住的一定地域"。峒有大有小，有几丘水田的地方就可以称之为峒；一个包括村镇及周围盆地的地方也可称为峒。有的峒是以河流或山岭为界线，一个个的峒，就是一个个独立的生态环境。不同峒之间的族群，其语言、习惯、生产、生活都各有不同程度的差异。马端临在《文献通考》中说："黎峒，唐故琼管之地，在大海南，距雷州泛海一日而至。

其地有黎母山，黎人居焉。"① "峒"是黎族族群中最基层的社会组织，他们之间又是相对独立的。由于黎族所处的地区及其语言风俗的特殊性，所以各个时期的政权对海南黎族的统治，名义大于实际，只能在"夷汉分治"的框架下，采取"因俗而治"的办法，以二重管理体制的复合制政治结构进行统治，以招抚的政策进行统治。

唐代对黎族地区采取分置酋首、统其部落的招抚政策。唐太宗主张任用民族首领进行管理，推行"以夷治夷"策略，这是唐统一天下之后对黎族采用的二重管理体制。唐高祖李渊平定中原后，命李靖为岭南抚慰大使，检校桂州总管，引兵下96州，得户60余万。②唐太宗继位后，"以文德绥海内"。唐王朝一方面采用招抚政策，另一方面也通过设置行政机构加强武力进行统治。唐玄宗天宝元年（742年），"岭南五府经略绥静夷、獠，统经略、清海二军，桂、容、邑、交四管，治广州，兵万五千四百人"。③万历《琼州府志》也记载："唐采访使谕五州首领亲诣其境。"④唐代在海南岛设都督府，据万历《琼州府志》载："唐督府都督一名，都督府有二，即镇州都督府及琼州都督府。唐制五州各有戍兵，武则天时五州首领互相掠夺，岭南采访使宋庆礼罢五州戍兵各一千。后控兵十万，以四将统领，黎兵无额。勒连镇亦有屯兵，置都督府及五州招讨使领军。"⑤由此可见，唐代在对海南推行招抚政策的同时，也在海南加强军事设防。

唐代少数民族地区一般划为羁縻州，《新唐书》卷四十三下《地理七》下有羁縻州的记载："唐兴，初未暇于四夷，自太宗平突厥，西

---

① （元）马端临撰：《文献通考》卷三百三十一《四裔考八》，中华书局1986年版，第2598页。

② （宋）司马光撰：《资治通鉴》卷一百八十九《唐纪五》，中华书局1956年版，第5939页。

③ （宋）司马光撰：《资治通鉴》卷二百一十五《唐纪三十一》，中华书局1956年版，第6850页。

④ （明）戴熺、欧阳灿总裁，蔡光前等纂修：万历《琼州府志》卷八《海黎志》，海南出版社2003年版，第413页。

⑤ （明）戴熺、欧阳灿总裁，蔡光前等纂修：万历《琼州府志》卷八《海黎志》，海南出版社2003年版，第320页。

北诸蕃及蛮夷稍稍内属，即其部落列置州县。其大者为都督府，以其首领为都督、刺史，皆得世袭。虽贡赋版籍，多不上户部，然声教所暨，皆边州都督、都护所领，著于令式。"[1]但对于海南岛，则一破前朝旧例，在海南设置州县管辖，由朝廷直接派遣官吏担任，对于黎峒，则采取"以夷制夷""因俗而治"的二重管理策略。唐初设岭南道五府经略招讨使。至德元年（756年）改为岭南节度使，领广、韶、循、康、泷、端、新、封、春、勤、罗、潘、高、恩、雷、崖、琼、振、儋、万、安、藤二十二州兵。咸通三年（862年），分岭南为东西两道，改岭南节度使为岭南东道节度使。

789年，岭南节度使李复为了加强对海南的统治，派遣下属孟京会同崖州刺史张少逸领兵讨伐琼州不服从唐政权管辖的"俚峒酋豪"。他们在海南"建立城栅，屯集官军"，使海南岛及其周边的广大海域都处在唐朝军队控制之下。李复又将唐驻海南军队移往岛内的一个州——琼州，并自兼琼、崖、振、儋、万安"五州招讨游奕使"。784年，杜佑任岭南节度使，在他所著的《通典》中，专门以一节记述海南的情况。807年，岭南节度使赵昌绘著《海南五州六十二洞归降图》和广州司马刘恂著《岭表录异》，都是有关海南文献中最早记载黎族的著述。通过这些著作，可以了解唐代海南的开发与治理的部分状况。

唐代海南岛的社会局面基本上是比较稳定的。在海南已开始形成"汉在外围，黎在腹地"的格局。由于唐代以"绥抚"政策为主，在黎族地区不断推行温和策略，从而使唐代的统治势力渗透到黎族广大地区，对于汉黎的和谐融合，开始起到了一定的影响。

二、冯冼家族在海南的势力

冼夫人卒于隋文帝仁寿二年（602年），享年91岁。隋朝"赐夫人临振县汤沐邑一千五百户，赠仆为崖州总管平原郡公"。是时，海

---

[1]（宋）欧阳修、宋祁撰：《新唐书》卷四十三下《地理志七》下，中华书局1975年版，第1119页。

南岛大部分地区都归入冯冼家族势力范围。冼夫人子冯仆，死于陈后主至德年间，孙三人：长孙冯魂，次孙冯暄，满孙冯盎。冯魂先冼夫人而死，冯家的主要人物是冯暄及冯盎，而在政治上最活跃的是冯盎及其子冯智戴。

隋亡后，冯盎及其子冯智戴"奔还岭表，啸署酋领，有众五万"。冯盎趁隋末丧乱，吞并各路邻部，据有番禺、苍梧、朱崖等地，自号总管，有人对冯盎说："隋季崩荡，海内震骚，唐虽应运，而风教未孚，岭越无所系属。公克平二十州，地数千里，名谓未正，请上南越王号。"冯盎回答说："吾居越五世矣，牧伯惟我一姓，子女玉帛吾有也，人生富贵，如我希矣。常恐忝先业，尚自王哉？"①武德四年（621年）冬，唐高祖派李靖度岭，遣使分道招抚诸州，所至皆下，萧铣桂州总管李袭志帅所部来降，赵郡王孝恭即以李袭志为桂州总管，明年入朝。以李靖为岭南抚慰大使，检校桂州总管，引兵下96州，得户60余万。②至武德五年（622年）七月，冯盎始以地降，高祖析为高、罗、春、白、崖、儋、林、振八州。授冯盎为上柱国、高州总管，封越国公。拜其子冯智戴为春州刺史，冯智或为东合州刺史。冯盎徙封耿。③武德五年（622年），冯盎归附唐朝后，岭南局势稳定了，海南岛也在冯盎势力管辖之下。《旧唐书》卷一《高祖本纪一》载：武德五年，"秋七月丁亥……隋汉阳太守冯盎以南越之地来降，岭表悉定"。④

但是，冯盎的地方势力与唐王朝的统治经常发生矛盾，唐太宗李世民对他产生警惕。贞观元年（627年），冯盎与谈殿等迭相攻击，久未入朝，诸州奏称冯盎反，前后以十数；唐太宗命右武卫将军蔺谟等

---

① （宋）欧阳修、宋祁撰：《新唐书》卷一百一十《冯盎传》，中华书局1975年版，第4112页。

② （宋）司马光撰：《资治通鉴》卷一百八十九《唐纪五》，中华书局1956年版，第5939页。

③ （宋）欧阳修、宋祁撰：《新唐书》卷一百一十《冯盎传》，中华书局1975年版，第4113页。

④ （后晋）刘昫等撰：《旧唐书》卷一《高祖本纪一》，中华书局1975年版，第13页。

发江、岭数十州兵力讨之。魏徵上谏说："中国初定，岭南瘴疠险远，不可以宿大兵。且盎反状未成，未宜动众。"唐太宗说："告者道路不绝，何云反状未成？"魏徵回答说："盎若反，必分兵据险，攻掠州县。今告者已数年，而兵不出境，此不反明矣。诸州既疑其反，陛下又不遣使镇抚，彼畏死，故不敢入朝。若遣信臣示以至诚，彼喜于免祸，可不烦兵而服。"唐太宗接受魏徵的意见，派员外散骑侍郎李公掩持节慰谕，冯盎遣子智戴随使者入朝。唐太宗说："魏徵令我发一介之使，而岭表遂安，胜十万之师，不可不赏。"赐魏徵绢五百匹。[1]贞观五年（631年），冯盎入朝朝拜，宴赐甚厚。不久，诏冯盎师众二万为诸军前锋，讨伐罗、窦诸峒獠，得胜后，赏予不可计，奴婢至万人。冯盎卒，赠左骁卫大将军，荆州都督。

唐太宗贞观七年（633年）十二月戊午，太宗"从上皇（唐高祖李渊）置酒故汉未央宫，上皇命突厥颉利可汗起舞，又命南蛮酋长冯智戴（冯盎子）咏诗，既而笑曰：'胡、越一家，自古未有也'"。[2]

由于冯盎的归唐，冯家的地方势力和唐王朝的矛盾获得基本解决，但朝廷并未放松对冯氏家族的警惕。贞观二十三年（649年），冯盎死。次年（唐高宗永徽元年，650年），高州都督府的辖地就被分为高、恩、潘三州，以其子冯智戣、冯智戴及侄子冯子猷分任州刺史，显然是为了分散和削弱冯家的力量。冯盎的后代和岭南其他豪强家族一样，充任地方要职的越来越少。

但是，冯家在岭南地区已形成一支地方割据势力，成为岭南大部分地区的豪强。冯盎族人子猷，"贞观中，入朝，载金一舸自随。高宗时，遣御史许瓘视其赀。瓘至洞，子猷不出迎，后率子弟数十人，击铜鼓、蒙排，执瓘而奏其罪。帝驰遣御史杨璟验讯。璟至，卑辞以结之，委罪于瓘。子猷喜，遗金二百两，银五百两。璟不受。子猷曰：'君不取此，

---

① （宋）司马光撰：《资治通鉴》卷一百九十二《唐纪八》，中华书局1956年版，第6038—6039页。

② （宋）司马光撰：《资治通鉴》卷一百九十四《唐纪十》，中华书局1956年版，第6103—6104页。

且留不得归.'璟受之,还奏其状,帝命纳焉"。① 从《新唐书》中所记载的这一段史实可见,冯氏后代在地方上还是一方的豪强。又《新唐书》上还记录了冯盎的曾孙是高力士。冯氏的势力,从盛唐开元之后,日渐式微。

在海南岛上,冯氏家族的势力是十分强大的。当鉴真和尚遭风暴漂流到海南岛时,接待他的冯氏后代别驾冯崇债及州大首领冯若芳,其生活的奢华、财富的雄厚,为岛上之冠。

三、唐代对黎族的招抚政策及黎族的反抗斗争

唐代采用招抚政策统治海南岛,有相当好的成效。首先在海南岛上先后设置 5 州 20 县,加强对海南岛的统治。同时派官吏到岛上进行慰抚各黎峒。杜佑在《通典》中写道:"五岭之南,人杂夷獠,不知教义,以富为雄。朱崖环海,尤难宾服,是以汉室尝罢弃之。大抵南方遐阻,人强吏懦,豪富兼并,役属贫弱,俘掠不忌,古今是同。其性轻悍,易兴迷节。爰自前代,及于国朝(唐代),多委旧德重臣,抚宁其地也。"② 在《杜佑传》中,第一次以史书为"黎"正名。在海南岛上,不论是地方豪强,抑或不良官吏的暴政,都必然引起岛上先住民黎族的反抗。于是,唐王朝经常派遣官吏前往慰抚,如唐中宗时(705—709 年),派宋庆礼为岭南采访使前往海南俚僚地区慰抚。《新唐书》载:"时崖、振五州首领更相掠,民苦于兵,使者至,辄苦瘴疠,莫敢往。庆礼身至其境,谕首领大谊,皆释仇相亲,州土以安,罢戍卒五千。"③ 又唐贞观末,王义方贬吉安丞,召首领,稍选生徒,为之开陈经书,行释奠礼,清歌吹龠,登降跽立,人人悦服。④ 又《旧唐书·宪宗记》载:

---

① (宋)欧阳修、宋祁撰:《新唐书》卷一百一十《冯盎传》,中华书局 1975 年版,第 4114 页。

② (唐)杜佑:《通典》卷一百八十四《州郡十四》,(台湾)国泰文化事业有限公司 1977 年版,第 1580—1581 页。

③ (宋)欧阳修、宋祁撰:《新唐书》卷一百三十《宋庆礼传》,中华书局 1975 年版,第 4493 页。

④ (宋)欧阳修、宋祁撰:《新唐书》卷一百一十二《王义方传》,中华书局 1975 年版,第 4160 页。

元和"夏四月庚辰，岭南节度使赵昌进琼管儋、振、万安六州《六十二洞归降图》"。[1]道光《琼州府志》卷二十九《官师志》载："宪宗初立，诏加昌检校户部尚书，迁岭南节度使，降辑陬荒，琼管儋、崖、振、万安等州，峒俚来归，为图以献。往来鲸海，抚安备至。夷寇无复侵掠，琼人尤德之。"[2]唐代在海南岛设有都督及五州招讨使，各有戍兵，但并不轻易用兵。唐太宗曾说："夫兵甲者，国家凶器也。土地虽广，好战则民凋；中国虽安，忘战则人殆。凋非保全之术，殆非拟寇之方，不可以全除，不可以全用。"[3]唐朝统治者对海南政策非常慎重，以招抚为主，而又以武力作为威胁后盾。派往海南岛的官吏，也注意为政清廉的人选。但即使如此，也有贪官污吏虏人为奴婢，"竭夷獠之膏血以自厚"[4]，有的是本地土著富豪首领，如振州陈武振，家累万金，为海中大豪，犀、象、玳瑁仓库数百。[5]又如郡守韦公干，"贪而且酷，掠良家子为臧获，如驱术豕。有女奴四百人，执业者太半，有织花缣文纱者，有伸角为器者，有镕锻金银者，有攻珍木为什具者，其家如市"。[6]官吏及黎族内部的首领对黎族人民的压榨，令人民痛苦不堪，也即《旧唐书·宋庆礼传》中所说及的"崖振五州首领更相掠，民苦于兵"的情状。黎族人民在不堪忍受的情况下，也曾多次奋起反抗。如：

康熙《琼州府志》载："唐乾封（666—667年）初，琼东南诸乡没于山峒蛮。至德宗贞元庚午（790年），凡124年，岭南节度使李复

---

① （后晋）刘昫等撰：《旧唐书》卷一十四《宪宗纪上》，中华书局1975年版，第421页。

② （清）明谊修、张岳崧纂：道光《琼州府志》卷二十九《官师志》，海南出版社2006年版，第1330页。

③ （唐）吴兢编著：《贞观政要》卷九《征战》文渊阁《四库全书》，（台湾）商务印书馆，第530页。

④ （宋）李昉等编：《太平广记》卷二百六十九《韦公干》，中华书局1961年版，第2113页。

⑤ （宋）李昉等编：《太平广记》卷二百八十六《陈振武》，中华书局1961年版，第2282页。

⑥ （宋）李昉等编：《太平广记》卷二百六十九《韦公干》，中华书局1961年版，第2113页。

始收克之。"①

德宗贞元五年（789年，与上列贞元庚午790年时间有异）十月，岭南节度使李复收复琼州。是役，遭到黎人剧烈反抗。史称唐军"悉力攻讨，累经苦战，方克旧城"。②

《太平寰宇记》云：正元五年十月，岭南节度使李复奏曰："琼州自乾封元年，山洞草贼反逆，遂兹沦陷，至今百年矣！臣并力讨贼，已收复旧城，且令降人权立城栅，窃以琼州控扼贼洞，请陞为下都督府，加琼、崖、振、儋、万安五州招讨游奕使从之。"③

德宗时，"珠崖黎氏三世保险不宾，遣岭南节度使杜佑讨平之。"④

《旧唐书》卷一一二载："琼州久陷于蛮獠中，复累遣使喻之，因奏置琼州都督府以绥抚之。复晓于政道，所在称理，征拜宗正卿，加检校工部尚书。"⑤

唐懿宗咸通五年（864年），"命辛、傅、李、赵四将部兵擒黎峒蒋璘等于琼山南境（今定安），置忠州"。⑥

不过，与汉武帝至昭帝年间的"二十余年间，凡六反叛"相比较，黎族的"反叛"显然次数少多了。但反抗时间长久，如从乾封二年（667年）至贞元五年（789年）琼州东南诸乡都在黎族自己统治之下，唐代官吏无法进入，全李复收复琼州时，还是在"累经苦战"中才收克旧城。而在定安黎峒中，黎人蒋璘等虽被打败，置忠州，但忠州设置不久，也被迫撤销了。黎族反抗力量往往令唐王朝统治者束手无策，

① （清）焦映汉修、贾棠纂：康熙《琼州府志》卷八《海黎志》，海南出版社2006年版，第762页。
② （清）阮元总裁、陈昌齐总纂：道光《广东通志》卷二三四《宦绩录四·李复传》，海南出版社2006年版，第633页。
③ （宋）王象之撰：《舆地纪胜》卷一百二十四《琼州》，中华书局1992年版，第3556页。
④ （清）焦映汉修、贾棠纂：康熙《琼州府志》卷八《海黎志》，海南出版社2006年版，第762页。
⑤ （后晋）刘昫等撰：《旧唐书》卷一一二《李皋传附子复》，中华书局1975年版，第3338页。
⑥ （清）焦映汉修、贾棠纂：康熙《琼州府志》卷八《海黎志》，海南出版社2006年版，第762—763页。

只好在两手政策中，以派兵加以强制镇压及招抚策略交替进行。

第二节　大批官吏贬谪海南

虽然唐代已注意对海南岛建置的调整和提升，推行招抚安攘的政策，开发海南疆域及物产，但海南毕竟还是一片"化外之地，瘴疠之区"。从隋朝开始，已有贬官进入海南，到了唐代，已成为贬官流放地的热点。在唐代，贬官的数量远远超过以往各朝。由于唐代前期国力强盛，政治安定，统治者可以利用自己拥有的权力，对政敌进行控制。尤其是统治阶级内部的斗争，如中宗复辟、韦后擅权、安史之乱、永贞革新、牛李党争、反宦官等内部斗争中，许多失败者都被贬谪流放到边陲的蛮荒之地。唐代流放地主要是岭南地区，海南岛成为官吏的贬谪地点。

现据《旧唐书》及《新唐书》所载，列举唐代贬谪海南的部分官吏如下：

姓 名	被贬时间	贬地	被贬事由	典籍根据
王义方	太宗贞观二十年（646年）	儋州吉安丞	坐与刑部尚书张亮交通。	《旧唐书》卷187（上）《王义方传》；《新唐书》卷112《王义方传》
张 皎	太宗贞观二十三年（649年）	崖州	张亮之子皎，配流崖州，来依义方而卒。	《旧唐书》卷187（上）《王义方传》
韩 瑗	显庆二年（657年）	振州	李义府请奏瑗与褚良潜谋不轨，贬瑗为振州刺史，四年，官卒。	《旧唐书》卷80《韩瑗传》；《新唐书》卷105《韩瑗传》
郎余庆	高宗时永徽年间（650—655年）	琼州	郎余庆兄，因自恃甚高，被司马裴敬敷诬陷，余庆惧服罪，高宗诏放琼州，会赦当还，朝廷恶其暴，徙春州。	《旧唐书》卷198《郎余庆传》无此记载；《新唐书》卷199《儒学中·郎余庆传附》
李 津	龙朔三年（663年）	振州	因父李义府罪，坐其专恃权门，潜报机密等罪，罚其屏迹荒裔，除名长流振州。	《旧唐书》卷82《李义府传》

续表

姓　名	被贬时间	贬地	被贬事由	典籍根据
刘讷言	乾封中（666—667年）	振州	为太子侍读，尝集俳谐十五篇，为太子欢。太子废，高宗见怒，除名为民，复坐事流死振州。	《新唐书》卷198《刘讷言传》
李　茂	上元中（674—675年）	振州	因贪父徐王元礼姬赵氏美色，父病断药死。上元中，事泄，配流振州而死。	《旧唐书》卷64《高祖二十二子·徐王元礼》
武元爽	高宗朝武则天之后	振州	武承嗣子，则天之后，荣目夫人恨其畴日薄己，于高宗朝贬元爽自濠州又配流振州而死。	《旧唐书》卷183《武承嗣传》；《新唐书》卷206《外戚传·武士彟传》
王方翼	光宅一年（684年）	崖州	因方翼与程务挺连职素善，及程务挺被诛，方翼追赴都下狱，遂流于崖州而死。	《旧唐书》卷185（上）《王方翼传》；《新唐书》卷111《王方翼传》
李孝逸	垂拱二年（686年）	儋州	因武承嗣诬告其名"逸"字犯则天，则天以孝逸常有功，减死配徙儋州，寻卒。	《旧唐书》卷60《淮王壬神通传》附《李孝逸传》
李灵夔	垂拱四年（688年）	振州	高祖李渊第十九子，贞观十四年封鲁王。垂拱四年与兄元嘉子黄公撰结谋，欲起兵接应越王反抗武周政权，事泄，配流振州，自缢而死。	《旧唐书》卷64《高祖二十二子·鲁王灵夔》
李昭德	永昌初年（689年）	振州	永昌初年，坐事贬振州陵水尉。如意元年（692年），拜凤阁侍郎、同凤阁鸾台平章事。	《旧唐书》卷87《李昭德传》；《新唐书》卷117《李昭德传》
韦方质	则天初（约685年）	振州	为酷吏周兴，来子珣所构，配流儋州，仍籍没其家，寻卒。	《旧唐书》卷75《韦云起传》附；《新唐书》卷103《韦云起传》
阿史那献	如意元年（692年）	崖州	为来俊臣诬谋反被害，阿史那弥射子献，配流崖州，长安三年（703年）召还。	《旧唐书》卷194（下）《突厥下·阿史那弥射传》附；《新唐书》卷215《突厥》上
崔元综	长寿二年（693年）	振州	长寿元年（692年）任凤阁鸾台平章事，明年，犯罪配流振州，寻赦还。	《旧唐书》卷90《崔元综传》；《新唐书》卷114《崔元综传》
王弘义	延载元年（694年）	琼州	延载元年，俊臣贬，弘义亦流放琼州，妄称敕还。	《旧唐书》卷186（上）《王弘义传》
胡元范	文明元年（684年）	琼州	胡元范，申州义阳人，坐救裴炎流死琼州。	《旧唐书》卷187（上）《裴炎传》；《新唐书》卷117《裴炎传》

续表

姓 名	被贬时间	贬地	被贬事由	典籍根据
王敬晖	神龙元年（705年）	崖州	被三思陷害，贬晖到崖州，为周利贞所杀，睿宗即位，赠晖秦州都督，谥曰肃愍。	《旧唐书》卷91《敬晖传》；《新唐书》卷120《敬晖传》
薛季昶	神龙元年（705年）	儋州	劝敬晖杀武三思，晖等不从，竟以此败，薛季昶亦因是累贬，自桂州都督授儋州司马，及将之儋州，自制棺，仰药而死。	《旧唐书》卷185（上）《薛季昶传》；《新唐书》卷120《薛季昶传》
郑普思	神龙元年（705年）	儋州	坐妖遂罪配流儋州，其党并诛。	《旧唐书》卷88《苏环传》；《新唐书》卷125《苏环传》
姚绍之	中宗朝（705—709年）	琼山	坐赋及罪，获贬五千余贯。当会死，韦庶人妹保持之，遂黜放为岭南琼山尉。	《旧唐书》卷186（下）《姚绍之传》；《新唐书》卷209《姚绍之传》
李邕	唐隆元年（710年）	崖州	唐隆元年（710年），因与张柬之善，玄宗清内难，改户部员外郎，又贬崖州舍城丞。	《旧唐书》卷190（中）《李邕传》；《新唐书》卷201《李邕传》
杨炎	建中二年（781年）	崖州	以赃贿罪谪崖州，去崖州百里赐死。	《旧唐书》卷118《杨炎传》；《新唐书》卷45《杨炎传》
王定远	贞元十一年（795年）	崖州	谋杀李说，事败后坠城伤而不死，寻有诏削夺，长流崖州。	《旧唐书》卷146《李说传》
崔河图	贞元十六年（800年）	崖州	兴元严砺希监军旨，诬奏流人通州别驾崔河图，长流崖州，赐死。	《旧唐书》卷13《德宗下》
韦执谊	永贞元年（805年）	崖州	韦执谊任顺宗朝宰相，进行政治革新，及宪宗内禅，数月后贬崖州司户，卒于贬所。	《旧唐书》卷135《韦执谊传》；《新唐书》卷168《韦执谊传》
杨清	元和十四年（819年）	琼州	杨清者，蛮首也。象古为安南都护忌其豪，召为牙门将，郁郁不乐。不久，象古命清领兵三千讨邕管黄家贼，清与其子回戈袭安南，杀象古全家。朝廷命桂仲武为都护，赦清，以为琼州刺史。	《旧唐书》卷131《象古传》；《新唐书》卷80《象古传》
皇甫镈	元和十五年（820年）	崖州	十五年正月，宪宗崩，时天下怒皇甫镈之奸邪，穆宗即位之四日，宣诏皇甫镈，将杀之。时萧俛作相，讬中官救解，方贬崖州。	《旧唐书》卷172《令狐楚传》；《新唐书》卷168《令狐楚传》

续表

姓名	被贬时间	贬地	被贬事由	典籍根据
薛枢、薛浑	长庆时期（821—823年）	崖州	李宝臣孙子元，生于贵族，轻薄无行，士族子薛枢、薛浑俱得幸。后子元本被克礼幽禁，杖六十流象州，枢、浑因元本之故，杖八十，长流崖州。	《旧唐书》卷142《李宝臣传》附《元本传》
茅汇	宝历元年（825年）	崖州	因是武昭好友，茅汇不愿诬陷武昭，当武昭被李逢吉陷害杖死后，茅汇也流放崖州。	《旧唐书》卷17《敬宗》
顾师邕	太和九年（835年）	崖州	与李训关系密切，李训在"甘露之变"失败后，顾师邕流放崖州，至蓝田赐死。	《新唐书》卷179《顾师邕传》
欧阳秬	会昌四年（844年）	崖州	因刘稹子拒命得罪当政，秬被诬告积斥损时政，或言秬为之，诏流崖州，赐死，临刑，色不桡，为书编谢故人，自志墓，人皆怜之。	《新唐书》卷203《欧阳詹传》
李德裕	宣宗大中二年（848年）	崖州	因党争变白敏中，令狐绹陷害被贬，大中二年（848年），自洛阳水路经江淮赴潮州。其年冬，至潮阳，又贬崖州司户。至三年正月，方达珠崖郡。	《旧唐书》卷174《李德裕传》；《新唐书》卷180《李德裕传》
薛元龟	宣宗大中一年（846年）	崖州	薛元赏弟，宣宗立，罢李德裕，而元龟坐贬崖州司户参军。	《新唐书》卷197《薛元赏传》
杨知至	咸通十一年（870年）	琼州	知温弟，坐故府刘瞻罢相，贬官，知至亦贬琼州司马。入为谏议大夫，累迁京兆尹、工部侍郎。	《旧唐书》卷176《杨虞卿传》
李敬伸	咸通十三年（872年）	儋州	懿宗十三年五月，国子司业韦殷裕于阁门进状，论淑妃弟郭敬述阴事，于是上怒，贬有关官吏，其中有左金吾卫大将军、充左街使李敬伸贬儋州司户。	《旧唐书》卷19（上）《懿宗纪》
温璋	咸通十四年（873年）	振州	同昌公主病逝，懿宗怒，杀医官，其家属宗枝下狱者三百人。璋上疏切谏，以为刑法太深，帝怒，贬璋振州司马。制出，璋叹曰："生不逢时，死何足惜？"是夜自缢死。	《旧唐书》卷165《温造传》

续表

姓 名	被贬时间	贬地	被贬事由	典籍根据
路 岩	咸通十四年（873 年）	儋州	年三十始居平章事，坐边、郭案徙荆南节度使，道贬新州刺史，至江陵，免官，流儋州，籍入其家。	《旧唐书》卷 177《路岩传》；《新唐书》卷 184《路岩传》
韦保衡	乾符元年（873 年）	澄迈	为怨家白发阴罪，贬贺州刺史，再贬澄迈令，遂赐死。	《新唐书》卷 184《路岩传》附《韦保衡传》
田令孜	文德元年（888 年）	儋州	恃宠暴横，欺凌僖宗，僖宗病重时，广召削爵官长流儋州，然犹依敬瑄不行。昭宗即位（889 年），杀敬瑄及令孜。	《旧唐书》卷 184《田令孜传》中无长流儋州记载；《新唐书》卷 208《田令孜传》
朱友恭（即李彦咸，朱友恭名为朱温所赐，哀帝李柷祝复本姓名）	天祐元年（904 年）	崖州	帝东迁为左龙武统军，贬崖州司户参军。为朱温所杀。临刑曰："温杀我，当亦灭族"。	《新唐书》卷 223（下）《蒋玄晖传》附
柳 璨	天祐二年（905 年）	崖州	被全忠恚璨背己，贬登州刺史，而除名为民，流崖州，寻新之。	《新唐书》卷 223（下）《柳璨传》
王 搏	光化三年（900 年）	崖州	为崔胤所诬，时为特进、司空、门下侍郎、平章事、监修国史，王搏贬崖州司户参军事，寻赐死于蓝田驿。	《旧唐书》卷 20（上）《昭宗》；《新唐书》卷 116《王搏传》
刘崇鲁	乾宁元年（894 年）	崖州	因阻止韦昭度为宰相，景福二年（893 年）昭纬召李茂贞、王行瑜、韩建称兵入朝，杀昭度与李谿，其年太原诛王行瑜，昭纬贬官，崇鲁坐贬崖州司户。	《旧唐书》卷 179《刘崇鲁传》；《新唐书》卷 90《刘崇鲁传》
孙 乘	天祐三年（906 年）	崖州	甲辰，河阳节度副使孙乘贬崖州司户，寻赐自尽。	《旧唐书》卷 20（下）《哀帝纪》
独孤损	天祐二年（905 年）	琼州	辛巳，责授棣州刺史独孤损贬琼州司户。	《旧唐书》卷 20（下）《哀帝纪》
郑 賨	天祐二年（905 年）	崖州	朱全忠诬奏，三月辛巳，敕贬西都留守判官、左谏议大夫郑賨崖州司户，寻赐死。	《旧唐书》卷 20（下）《哀帝纪》

这 48 位流放者，并不是唐代贬谪海南官吏的全部。这其中上至宰相，下至各级官吏，各色人物均有，有因政见不合的政治人士，有因宫廷矛盾斗争的失败者，有民愤过大的酷吏因贪污受贿而获罪，有因政治改革失败的领导人，有因党争失败而流放……这些人都被统治者认为应给予严惩而流放到全中国最南端的、天涯海角的海南岛。所以流放到海南岛的官吏，都自感必死无疑，有的半路自杀，有的尚未踏上海南土地便被赐死，有的来到海南岛上也自认一定死在贬地。人们都把海南岛视为畏途，他们痛哭流涕而来，有幸获赦北归，则喜极而泣，有的客死海南岛上，繁衍子孙后代。

唐代贬官的急剧增加，可以征考的事迹远远超过前代贬官。这些贬官多数来海南岛之后，带来了中原文化，让南蛮之地尽快地接纳中原文化的陶冶，使海南岛上的原始文化与中原文化融合，逐步改变岛上的经济面貌和文化状态。

虽然唐代统治者对海南的统治和开发，已在隋朝建置的基础上迈开了一大步，但是当时海南岛内陆地区，仍是处于"刀耕火种"的蛮夷之地。

第三节　政区建置的改革

一、从总管到都督

唐高祖即位之初，因循隋制。是时群雄据地自立，官多民少，百姓不堪其扰。唐太宗继位后，因山川地形，全国分为十道：一关内，二河南，三河东，四河北，五山南，六陇右，七淮南，八江南，九剑南，十岭南。有效地调整了地方行政体系，减轻了人民的负担。唐太宗主张"轻徭薄赋，选用廉吏，使民衣食有余"，由于他实行一系列利民政策，"数年之后，海内升平，路不拾遗，外户不闭，商旅野宿"。[①]

唐代初期，在对内统治获得相对稳定的基础上，对于边疆也进行

① （宋）司马光撰：《资治通鉴》卷一百九十二《唐纪八》，中华书局 1956 年版，第 6026 页。

积极的经营，如对突厥、西突厥、东北各族、西南边疆的经营和政区的设置，大大地扩大了唐朝的疆域。对于海南的统治，也在隋末混乱的局面中逐渐趋于统一。海南岛隶属岭南道，唐初，冯盎在战乱中占据了苍梧、高凉、珠崖、番禺之地。在珠崖则分为崖州、儋州、振州三州。其中，崖州领县四：颜城、澄迈、临机、平昌，州治在琼州（今海口市琼山区）。儋州领县四：义伦、昌化、感恩、富罗，州治在义伦（今儋州市）。振州领县四：宁远、延德、临川、陵水，州治在宁远（今崖县），共3州12县。唐朝在边疆要地设总管府统领军事，海南岛隶属高州总管，赐封冯盎为总管。

海南局势由于冯盎归附而趋于安定之后，武德四年（621年），平萧铣；贞观元年（627年），置都督府，督崖、儋、振三州。以都督府代替总管，督率三州军事。《资治通鉴》载：武德七年（624年）二月戊午，"改大总管为大都督府"。[①] 都督府突破州县权限，加强了海南全岛的整体治理。这时海南已不设羁縻州，由唐朝直接派官吏前来统率。同全国各地一样，设州县管辖。

二、政区的七次建置改革

海南行政区域的建置，在《旧唐书》《新唐书》《舆地纪胜》《通典》《太平寰宇记》《琼州府志》《琼台志》以及其他史志典籍中，均有较详细的记载，现综合概括如下：

唐代的海南岛行政区域的划分，在不同的时期中不断改变和扩大，就州郡的改变来看，共有七次。

第一次，唐高祖武德五年（622年）开始，改郡为州，以隋置的珠崖郡改为崖州（州治在今琼山市），以临振郡改为振州等。《旧唐书》载："武德四年（621年），平萧铣，置崖州，领舍城、平昌、澄迈、颜罗、临机五县。""武德五年（622年），置儋州，领义伦、昌化、感恩、富罗四县。""武德五年（622年），置振州。"[②] 其他史籍、志书记载也

---

① （宋）司马光撰：《资治通鉴》卷一九〇《唐纪六》，中华书局1956年版，第5977页。

② （后晋）刘昫等撰：《旧唐书》卷四十一《地理志四》，中华书局1975年版，第1761—1764页。

比较一致，见下图：

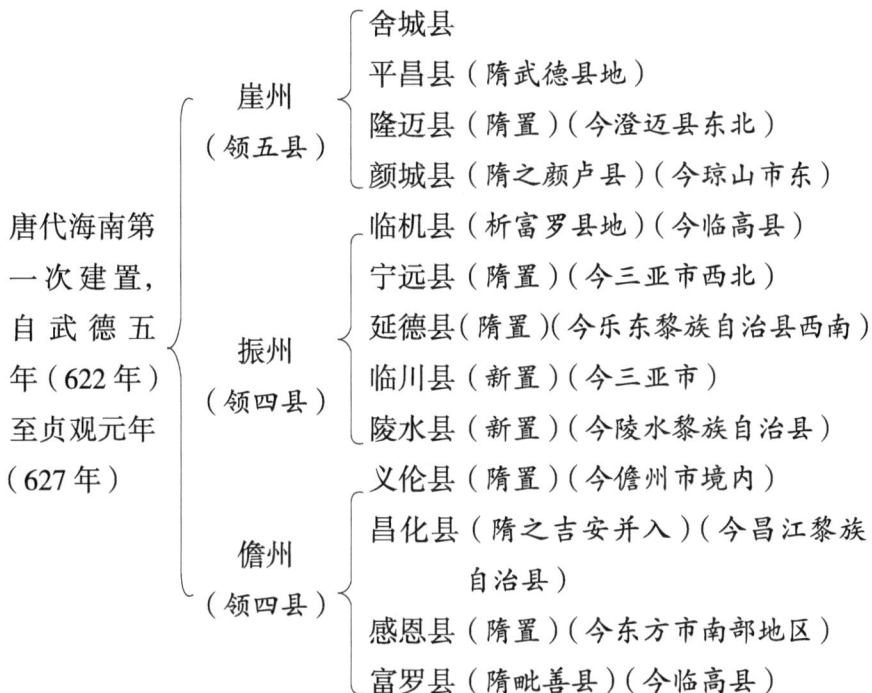

```
                       ┌ 舍城县
                       │ 平昌县（隋武德县地）
             崖州      │ 隆迈县（隋置）（今澄迈县东北）
            （领五县）  │ 颜城县（隋之颜卢县）（今琼山市东）
                       └
                       ┌ 临机县（析富罗县地）（今临高县）
                       │ 宁远县（隋置）（今三亚市西北）
  唐代海南第           │ 延德县（隋置）（今乐东黎族自治县西南）
  一次建置，  振州     │ 临川县（新置）（今三亚市）
  自武德五  （领四县）  └ 陵水县（新置）（今陵水黎族自治县）
  年（622年）
  至贞观元年           ┌ 义伦县（隋置）（今儋州市境内）
  （627年）           │ 昌化县（隋之吉安并入）（今昌江黎族
                       │         自治县）
             儋州      │ 感恩县（隋置）（今东方市南部地区）
            （领四县）  └ 富罗县（隋毗善县）（今临高县）
```

　　第二次，唐贞观元年（627年）二月，唐太宗命加大并省，因山川形便，分为十道：一曰关内，二曰河南，三曰河东，四曰河北，五曰山南，六曰陇右，七曰淮南，八曰江南，九曰剑南，十曰岭南。[1] 改革之后的地域，海南岛隶属于岭南道，因地建置也产生了变化，从贞观元年（627年）至贞观十三年（639年），州县的建置不断在调整之中，《旧唐书·地理志》："贞观元年，置都督府，督崖、儋、振三州。其年，改颜罗为颜城，平昌为文昌。三年，割儋州属广府。五年，又置琼州。十三年，废琼州，以临机、容琼、万安三县来属。"[2] 因为贞观元年在崖州置都督府，所以各州县建置也都作了一次调整，见下图：

---

　　① （宋）司马光撰：《资治通鉴》卷一百九十二《唐纪八》，中华书局1956年版，第6033页。

　　② （后晋）刘昫等撰：《旧唐书》卷四十一《地理五》，中华书局1975年版，第1761页。

唐代海南第二次建置，自贞观元年（627年）至贞观十三年（639年）

崖州（领三县）
- 舍城县（贞观元年，以颜城改名）
- 隆迈县（今澄迈县境内）
- 文昌县（原名平昌，贞观元年改名）

琼州（贞观五年新置领五县）
- 琼山县（贞观五年析舍城县置）
- 临机县（今临高县境）
- 万安县（贞观五年析）
- 富云县（贞观五年析）
- 博辽县（贞观五年析）

儋州（领五县）
- 义伦县（今儋州市境内）
- 昌化县（今昌化黎族自治县境内）
- 感恩县（今东方黎族自治市境内）
- 富罗县
- 吉安县（贞观元年析昌化复置）

振州（领五县）
- 宁远县（今三亚市西北）
- 延德县（今乐东黎族自治县西南）
- 临川县（今三亚市）
- 陵水县（今陵水黎族自治县）
- 吉阳县（贞观元年析延吉县置）

第三次，由贞观十三年（639年）至显庆五年（660年），在这段时期中，《旧唐书·地理志》载："贞观十三年（639年），废琼州，以临机、容琼、万安三县来属。"[1] 又："十三年（639年），废琼州，以属崖州。寻复置琼州，领琼山、容琼、曾口、乐会、颜罗五县。"[2] 正德《琼台志》载："显庆五年（660年），置琼之乐会县。"[3] 道光《琼州府志》载：贞观十三年，析琼山、澄迈置颜罗、曾口、容琼三县，以属琼。以万安、富云、博辽隶崖州。"显庆五年（660年），析容琼置乐会县，以属琼。"[4]

---

① （后晋）刘昫等撰：《旧唐书》卷四十一《地理志四》，中华书局1975年版，第1761页。
② （后晋）刘昫等撰：《旧唐书》卷四十一《地理志四》，中华书局1975年版，第1763页。
③ （明）唐胄纂：《琼台志》卷二《沿革表》，海南出版社2006年版，第30页。
④ （清）明谊修、张岳崧纂：道光《琼州府志》卷首《历代沿革表》，海南出版社2006年版，第12页。

增设县治达 22 个，为海南自建置以来县治最多的一个时期。见下图：

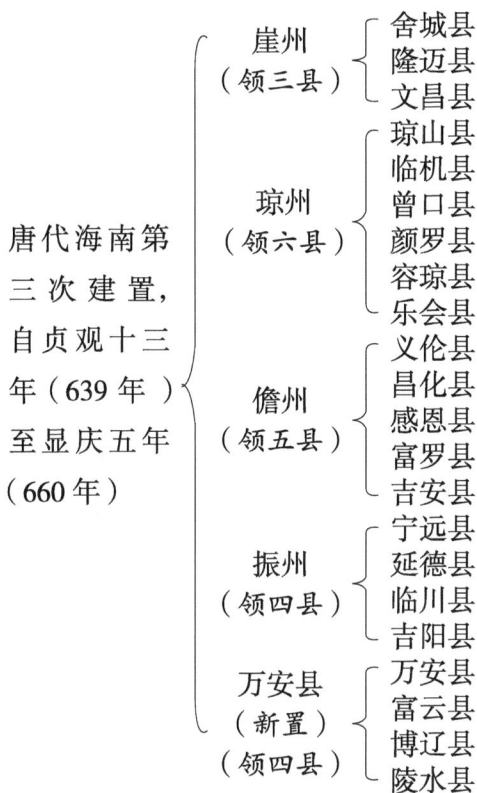

唐代海南第三次建置，自贞观十三年（639 年）至显庆五年（660 年）

- 崖州（领三县）
  - 舍城县
  - 隆迈县
  - 文昌县
- 琼州（领六县）
  - 琼山县
  - 临机县
  - 曾口县
  - 颜罗县
  - 容琼县
  - 乐会县
- 儋州（领五县）
  - 义伦县
  - 昌化县
  - 感恩县
  - 富罗县
  - 吉安县
- 振州（领四县）
  - 宁远县
  - 延德县
  - 临川县
  - 吉阳县
- 万安县（新置）（领四县）
  - 万安县
  - 富云县
  - 博辽县
  - 陵水县

　　第四次，由龙朔二年（662 年）至乾封二年（667 年），道光《琼州府志》："龙朔二年（662 年），析置万安州，领县四：万安、富云、博辽、陵水。"[1] 正德《琼台志》："龙朔二年（662 年），以崖之万安置万安州，领县四：万安、富云、博辽、陵水。乾封后琼州没山峒蛮，以临机归属崖州。"[2] 龙朔二年（662 年）增置万安州，拨崖州之万安县、富云县、博辽县及振州之陵水县属其管辖，至此，海南共有五州。为海南自开府以来，在建置史上最鼎盛的时期。见下图：

---

　　① （明）唐胄纂：正德《琼台志》卷三《沿革考》，海南出版社 2006 年版，第46 页。

　　② （明）唐胄纂：正德《琼台志》卷三《沿革考》，海南出版社 2006 年版，第46 页。

唐代海南第四次建置，自龙朔二年（662年）至乾封二年（667年）
- 崖州（领三县）
  - 舍城县
  - 隆迈县
  - 文昌县
- 琼州（领六县）
  - 琼山县
  - 临机县
  - 曾口县
  - 颜罗县
  - 容琼县
  - 乐会县
- 儋州（领五县）
  - 义伦县
  - 昌化县
  - 感恩县
  - 富罗县
  - 吉安县
- 振州（领四县）
  - 宁远县
  - 延德县
  - 临川县
  - 吉阳县
- 万安州（新置）（领四县）
  - 万安县
  - 富云县
  - 博辽县
  - 陵水县

第五次，由乾封（666年）到天宝元年（742年）。这一段时期里，琼州大部分被黎族占领，即史书所谓"峒蛮"。《新唐书·地理七上》："琼州琼山郡，下都督府。贞观五年，以崖州之琼山置。自乾封后没山峒蛮，贞元五年，岭南节度使李复讨复之。"[1] 正德《琼台志》："乾封后，琼州没山峒蛮，以临机归属崖州。"[2] 道光《琼州府志》："乾封后，琼州陷峒蛮，以临机属崖州。"[3]

由此可知，由于黎族的反抗，是时琼州所属各县的行政管理，已陷入瘫痪状态。唐代的所谓五州，实际上仅存四州而已。

---

① （宋）欧阳修、宋祁撰：《新唐书》卷四十三上《地理七上》，中华书局1975年版，第1100页。

② （明）唐胄纂：正德《琼台志》卷三《沿革考》，海南出版社2006年版，第46页。

③ （清）明谊修、张岳崧纂：道光《琼州府志》卷首《历代沿革表》，海南出版社2006年版，第12页。

各县建置见下图：

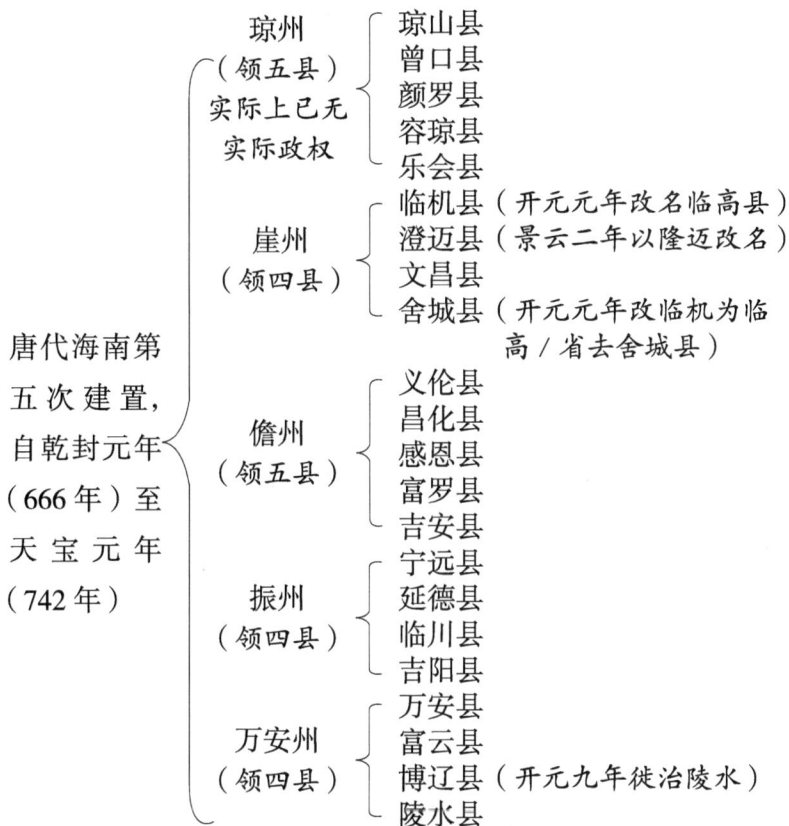

第六次，由天宝元年（742年）至乾元元年（758年），据道光《琼州府志》："天宝元年，改琼州为琼山郡，置落屯县以属振。乾元元年复为琼州，废吉安县，置洛场县以属儋。"[1] 正德《琼台志》："天宝元年，琼山，昌化，延德（又宁远），后又增置振州之洛屯县。"[2]《旧唐书·地理志》："万安州，天宝元年，改为万安郡。"[3]

各州、郡的建置见下图：

---

[1] （清）明谊修、张岳崧纂：道光《琼州府志》卷首《历代沿革表》，海南出版社2006年版，第12页。

[2] （明）唐胄纂：正德《琼台志》卷二《沿革表》，海南出版社2006年版，第31页。

[3] （后晋）刘昫等撰：《旧唐书》卷四十一《地理五》，中华书局1975年版，第1765页。

唐代海南第六次建置，自天宝元年（742年）至乾元元年（758年）	琼州郡（名义上领五县）	琼山县 曾口县 颜罗县 容琼县 乐会县
	珠崖郡（领三县）	临机县 澄迈县 文昌县
	昌化郡（领五县）	义伦县 昌化县 感恩县 富罗县 洛场县（新置）
	延德郡（领五县）	洛屯县 宁远县 延德县 临川县 吉阳县
	万安郡（领四县）	万安县 富云县 博辽县（开元九年徙治陵水） 陵水县

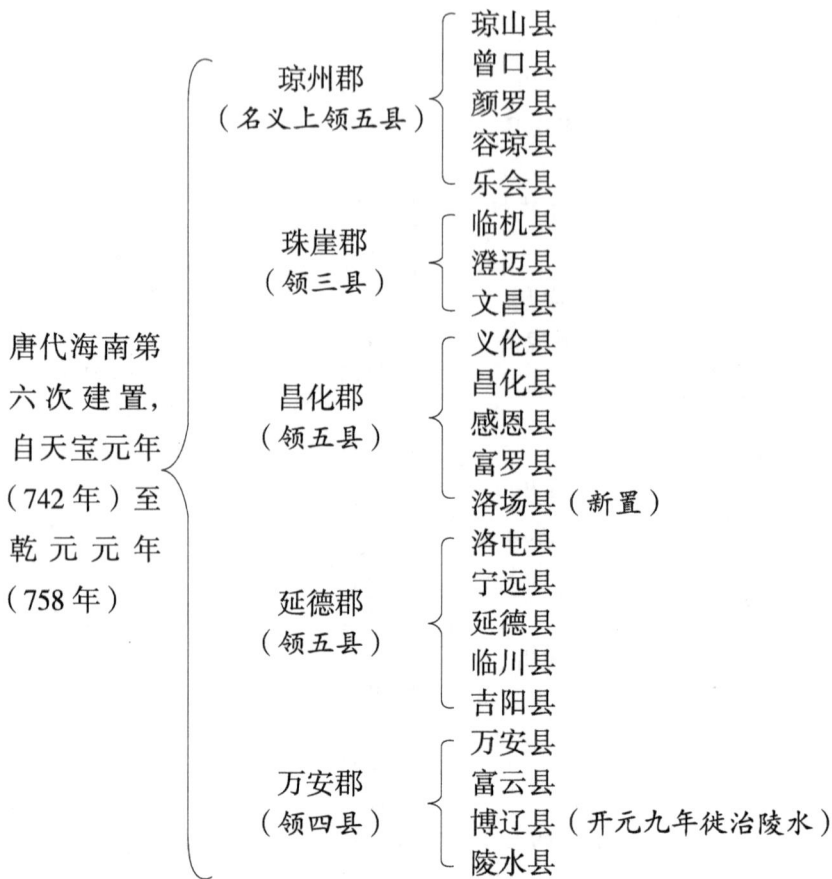

　　第七次，由乾元元年（758年）至咸通五年（864年），《旧唐书·地理志》：崖州"天宝元年（742年），改为珠崖郡。乾元元年，复为崖州，在广府东南……"儋州"天宝元年（742年），改为昌化郡。乾元元年（758年），复为儋州也……"琼州"天宝元年（742年），改为琼山郡。乾元元年（758年），复为琼州。贞元五年（789年）十月，岭南节度使李复奏曰：'琼州本隶广府管内，乾封年，山洞草贼反叛，遂兹沦陷，至今一百余年。臣令判官姜孟京、崖州刺史张少逸，并力讨除，今已收复旧城，且令降人权立城相保，以琼州控压贼洞，请升为下都督府，加琼、崖、振、儋、万安等五州招讨游奕使。其崖州都督请停。'从之"。振州，"天宝元年，改为临振郡。乾元元年，复为振州也"，万安州，"天宝元年，改为万安郡。至德二年，改为万全郡。乾元元年，复为万安

州"。[1]正德《琼台志》："乾元后，省儋之吉安县，增置洛场县。《一统志》以是年复琼、儋、振、万安为州者，恐非。贞元元年（785年），复移万全郡治万安。朱崖黎氏三世保险不宾，岭南节度使杜佑平之。万安，元年后复名，县亦复名万安。贞元五年（789年），岭南节度使李复讨复琼州，并琼山颜罗、曾口、容琼、乐会四县，临高仍自崖来属，置都督府，以抚绥其人。州陷至是共一百二十四年。贞元七年（791年），省琼之容琼县。咸通五年（864年），忠命辛、傅、李、赵四将擒黎峒蒋璘等，于琼山南境黎峒置忠州。"[2]其他各志书所载大体相同，不一一列举。见下图：

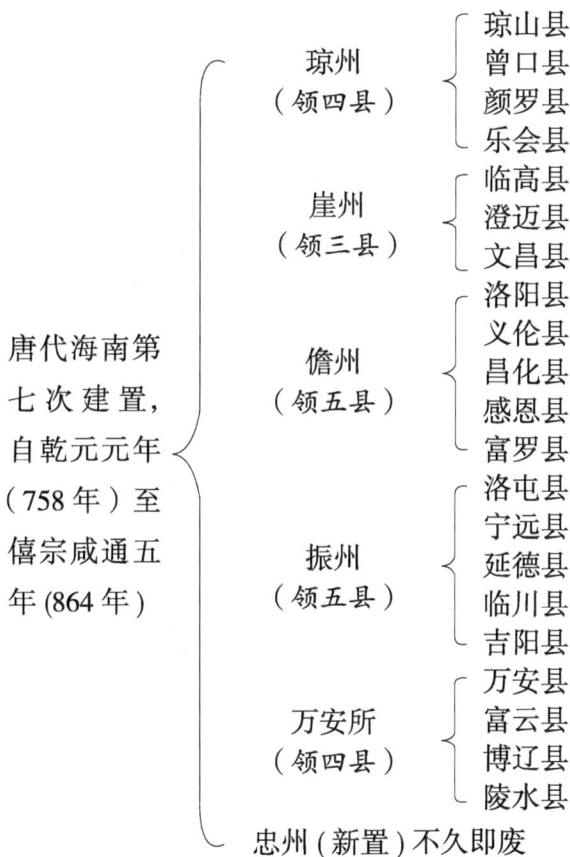

```
                          ┌ 琼州      ┌ 琼山县
                          │ （领四县）├ 曾口县
                          │           ├ 颜罗县
                          │           └ 乐会县
                          │
                          │ 崖州      ┌ 临高县
                          │ （领三县）├ 澄迈县
                          │           └ 文昌县
                          │
  唐代海南第              │ 儋州      ┌ 洛阳县
  七次建置，             │ （领五县）├ 义伦县
  自乾元元年            ─┤           ├ 昌化县
  （758年）至            │           ├ 感恩县
  僖宗咸通五             │           └ 富罗县
  年(864年)              │
                          │ 振州      ┌ 洛屯县
                          │ （领五县）├ 宁远县
                          │           ├ 延德县
                          │           ├ 临川县
                          │           └ 吉阳县
                          │
                          │ 万安所    ┌ 万安县
                          │ （领四县）├ 富云县
                          │           ├ 博辽县
                          │           └ 陵水县
                          └ 忠州（新置）不久即废
```

————————

① （后晋）刘昫等撰：《旧唐书》卷四十一《地理五》，中华书局1975年版，第1761—1765页。

② （明）唐胄纂：正德《琼台志》卷二《沿革表》，海南出版社2006年版，第31—32页。

唐代的行政区域建置，对比前朝有所增加，这是与海南岛当时的社会经济发展相适应的。唐代不断扩大行政区，其变动有七次，第一次于武德五年（622年），改郡为州，置崖州、振州、儋州三州。第二次于贞观元年（627年），在崖州设都督府，统率各州县军政，增置琼州。第三次在贞观十三年（639年），增设县治已达22个。第四次在龙朔二年（662年），又增置万安州。至此，海南共有五州。第五次为乾封元年（666年），由于先住民黎族反叛，占领了琼州所属大部分地区，因此琼州所属数县的行政管辖，停滞124年。第六次从天宝元年（742年）开始，以五州改为五郡，儋州改昌化郡，振州改延德郡，万安州改万安郡。第七次从乾元元年（758年）开始，至僖宗咸通五年（864年）新置忠州。郡县的设置，虽不断变更，但已逐渐从岛北沿海地带扩大至东、南、西沿海地带，并在黎峒设置忠州，虽然不久废弃，但也显现唐代对地方沿革的规划。

唐代的州县建置，已从沿海一带溯南渡江而上，扩大到岛南和岛东南沿海，同时向腹地和纵深方向推进，在历史上第一次完成环岛的建置，从而对世代产生深刻的影响，一些地名一直沿用至现在，如琼山、澄迈、文昌、临高、陵水等县名。

这里，我们还必须注意到一点，唐代海南岛上仍十分荒凉，虽设县治，但有治无城，在黎区，黎峒周围皆种棘竹，以此为界，外人卒不可攻。段成式曰："棘竹，一名笆竹，节皆有刺，数十茎为丛，南夷种以为城，卒不可攻。"[1] 唐代在海南岛上，到处都是黎峒，黎族种棘竹以为城。唐王朝虽然在岛上不断改变郡县设置，但大多是"有治无城"的，就是筑土城的范围也极小。

据宋人乐史《太平寰宇记》卷一百六十九载：琼州：风俗"有夷人，无城郭"。又据清代顾祖禹撰《读史方舆纪要》卷一五〇载：

（1）古崖州城：《城邑考》：今府城，唐贞观五年创置，筑土为城，

---

① （唐）段成式撰：《酉阳杂俎》卷十八《广动植之三·木篇》七四八，中华书局1981年版，第172页。

周仅三里。

（2）澄迈县：有治无城，至明朝成化初始筑土垣。

（3）忠州：有治无城，成化二年始议开筑。

（4）文昌县：唐武德五年，置平昌县，属崖州。贞观元年改曰文昌县，有治无城。至宋代仍然"县无城"。

（5）会同县：《城邑考》：县旧无城，周为栏闸。

（6）乐会县：唐显庆五年置县，无城。

（7）义伦县：唐为儋州治。有治无城，洪武六年始筑石城。

（8）昌化县：有治无城。

（9）万安县：贞观五年，析置万安县，属琼州。无城。《城邑考》：州城，宋绍定间筑，甃以砖瓦，广袤不过半里，历久倾圮。

（10）陵水县：县无城。

（11）崖州：大业中置临振郡，唐武德五年，置振州。宋改为崖州。无治无城。《岭表录异》云：自琼至振多溪涧，涧中有石鳞次，水流其间，或相去二三尺，近似天设，可躐之而过。

（12）宁远县：《城邑考》：州旧无城，仅以木栅备寇。宋庆元四年，始筑土城。

（13）感恩县：唐无城。至元正统五年，始筑土城。[①]

从《读史方舆纪要》所记载的史实可知，在唐代，海南岛上许多县城，屡设屡改，而且大多有治无城。在海南岛的大地上，一片荒凉，中西部到处是层峰叠嶂，林竹丛深。城治之设，有治无城，是普遍的现象。

三、职官的设置

唐代的总管、都督、节度使及其属官的设置，在海南岛也初具规模。

唐代统一天下之后，先在武德五年（622年）设总管。冯盎率所部归附唐朝之后，授冯盎为上柱国高州总管，辖包括崖、儋、振等8州。到了武德七年（624年）改总管为都督，总管、都督设在州，

---

① （清）顾祖禹编著：《读史方舆纪要》卷一百五《广东六》，中华书局2005年版，第4765—4782页。

州是地方行政的上级区划，而总管、都督大抵由刺史兼任，一般的刺史，不参与军事，而总管、都督的军事权，却广达好几个州。唐代在海南岛上设总管、都督、节度使、节度观察使、诏讨游奕使、判官、刺史、司马、司户参军、别驾、长史、参军、县令、县丞等职。

在唐代，都督府政军兼管，都督府设都督一员。五州各有戍兵。武则天时，五州首领相掠，岭南采访使宋庆礼罢五州戍兵各 1000 人。后控兵十五，以四将统率，黎兵无额，勒连镇亦有屯兵，置都督府及五州招讨游奕使率领。道光《广东通志·官绩录四》卷二三四《李复传》载：贞元间收复琼州后，"便令降人开薙荆榛，建立城栅，屯集官军"。[①]唐代在海南的驻军，目的是镇压黎族的反抗。

第四节　户口与移民

一、有关户口的记录

关于唐代的户口记录，各史籍所载不一致，现且录下作一比较。

书　名	崖州	琼州	振州	儋州	万安州
（宋）欧阳修、宋祁撰：《新唐书》	领县三，户 819	领县五，户 649	领县五，户 819，人口 2821	领县五，户 3390	领县四，户 2997
（后晋）刘昫等撰：《旧唐书》	旧领县七，户 6646	领县五，户 649	领县四，户 819，人口 2821	旧领县五，户 3956	领县四，无户口
（宋）乐史撰：《太平寰宇记》	领县五，户 6646	原领县五，今三。琼州唐管户 6646，丁户部牒不言户，只言丁。又别管蕃蜑二坊户在符江口东岸，不耕田，以捕鱼为业，官司差为水上驾船。	领县五，唐开元户 819	原领县五，今四。唐开元户 3300，皇朝管丁 685，不言户。	原领县五，唐旧户 121
（唐）杜佑：《通典》	珠崖郡 领县四，户 2500，人口 12000	琼山郡 户 640，人口 1680	延德郡 领县五，户 815，人口 2820	昌化郡 领县五，户 1390，人口 7300	万安郡 户 720，人口 1600

---

①　（清）阮元总裁、陈昌齐总纂：《广东通志·琼州府志》，海南出版社 2006 年版，第 633 页。

续表

书名	总数	崖州	琼州	振州	儋州	万安州
（明）戴熺、欧阳灿：万历《琼州府志》	共户8583，人口2821（疑错）	户819	户649	户819	户3309	户2987
（清）明谊、张岳崧：道光《琼州府志》	共户13067，户8593	领县七，户6646	户649	旧领县四，户819，人口2821	旧领县五，户3956	户2997
（清）焦映汉、贾棠：康熙《琼州府志》	口：2821 共户8593，人口2821（疑错）	户819	户649	户819	户3309	户2997
正德《琼台志》	共户8593	户819	户649	户819，人口2821	户3309	户2997

　　注：在上列表格中，各州户数有的记载不一，有的数字相符，可见各书所记录的都有不精确之数，现在已无法查考，只能录以备考，今人王江的《海南岛人口及演变》中，附有《唐代海南户口统计表》：

总数（户）	崖州（户）	琼州（户）	振州（户）	儋州（户）	万安州（户）	备注
8593	819	649	819	3309	2997	《新唐书·地理志》
11544	6646	649	819	3309	121	《太平寰宇记》
15067	6646	649	819	3956	2997	《旧唐书·地理志》

　　资料来源：《海南省第四次人口普查资料分析选编》（第一辑），海南省第四次人口普查办公室编印。

　　由此可知，唐代海南人口时增时减，从总体上来说，人口增长不快，人口最多的时候也只有7万—8万人。

　　唐代的人口，还存在一个严重的人权问题，即买卖人口。这一问题也并非始于唐朝。《隋书·食货志》已涉及此事，志书记载："岭外酋帅，因生口、翡翠、明珠、犀象之饶，雄于乡曲者，朝廷多因而署之，以收其利。历宋、齐、梁、陈，皆因而不改。"[1]这些地方首领可以将人口作为自我财富而获利。到了唐代，这种现象愈演愈烈。如冯盎之子冯智戴，唐太宗对他的"赏予不可计，奴婢至万人"。[2]唐代海

――――――――

　　① （唐）魏徵等撰：《隋书》卷二十四《食货志》，中华书局1973年版，第673页。
　　② （宋）欧阳修、宋祁撰：《新唐书》卷一百一十《冯盎传》下，中华书局1975年版，第4113页。

南岛万安州大首领冯若芳，"掠人为奴婢。其奴婢居处，南北三日行，东西五日行，村村相次，总是若芳奴婢之（住）处也"。[①]《新唐书·孔戣传》也提及"南方鬻口为货，掠人为奴婢，戣峻为之禁"。[②]唐宣宗大中九年（855年），宣宗下《禁岭南货卖男女敕》，其中说："闻岭外诸州，居人与蛮獠同俗，火耕水耨，昼乏暮饥。迫于征税，则货卖男女，奸人乘之，倍讨其利，以齿之幼壮，定估之高下。窘急求售，号哭踊时。为吏者谓南方之俗，夙习为常，适然不怪，因亦自利，遂使居人男女与犀、象、杂物俱为货财，故四方鳏寡高年无以养活，岂理之所安，法之所许乎！"[③]当时，买卖人口成风，因此，唐朝下令："自今以后，无问公私土客，一切禁断。"[④]在唐朝，因买卖人口的盛行，海南黎族人口被买卖出岛，成为通过买卖移民的一种特殊的形式，这也是造成海南岛人口减少的原因之一。

二、移民状况较前期更为复杂

唐代的移民状况，较前期更为复杂。

唐代移民的原因，首先是谪臣迁徙。陈铭枢说："海南孤悬海外，距中土辽远，在昔水土气恶，视为虫蛇所居，汉晋之间一再罢弃。洎至唐代，乃复置版籍，移军屯戍。而谪臣罪囚窜逐流配之迹，遂由是日繁。"[⑤]《五代史·南汉世家》载："是时，天下已乱，中朝士人以岭外最远，可以避地，多游焉。唐世名臣谪死南方往往有子孙者，或当时仕宦遭乱不得还者，皆客岭表。"[⑥]可见，海南户版，始于唐朝。唐

① ［日］真人元开著、汪尚荣校注：《唐大和上东征传》，中华书局2000年版，第68页。

② （宋）欧阳修、宋祁撰：《新唐书》卷一百六十三《孔戣传》下，中华书局1975年版，第5009页。

③ （宋）宋敏求：《唐大诏令集》（五）明抄本影印，王有立主编，（台湾）华文书局1968年版，第2270—2271页。

④ （宋）宋敏求：《唐大诏令集》（五）明抄本影印，王有立主编，（台湾）华文书局1968年版，第2271页。

⑤ 陈铭枢总纂：《海南岛志》第三章，海南出版社2004年版，第121页。

⑥ （宋）欧阳修撰：《新五代史》卷六十五《南汉世家》，中华书局1974年版，第810页。

朝移民，一是谪臣罪囚流寓海南岛，有的流入海南之后，子孙在海南岛繁衍，杂居在黎族之间而成为黎族后代，如裴度子孙留海南，明代丘濬有《盛德堂咏》诗，咏崖县水南乡裴度第十五代孙裴闻义家宅中的盛德堂。唐宰相李德裕被贬崖州后，虽然仅有一年时间就逝世了，但其后人遗留在海南岛。这一点，后代学者多有争议，但据明代王文祯《漱石闲谈》载："李赞皇之南迁也，卒于崖州，子孙遂为獠族，数百人，自相婚配。正德（1506—1521 年）间，吴人顾朝楚为儋州同知，以事至崖，召见其族，状与苗獠无异，耳缀银环，索垂至地，言语亦不相通，德裕诰敕尚存。"[1] 又清人张庆长说："唐相李德裕贬崖州，其后有遗海外者，入居崖黎，遂为黎人，其一村皆李姓，貌颇与别黎殊。唐时旧衣冠闻尚有藏之者。"[2] 张之洞任两广总督时，也曾致电崖州唐牧，寻找李德裕后裔，唐牧回电告知有李德裕裔孙十余人，已从黎俗。[3] 这些记载，虽非信史，但所录也可作史事参考。

其次，是到海南任官职而后代入籍海南的。如文昌符氏，据《文昌县文物志》载，文昌的古代墓葬中有唐代符元生墓，位于龙楼镇铜鼓岭南尖，占地面积 35 平方米。封土较小。墓前有一块石碑，高 120 厘米，宽 60 厘米，厚 10 厘米。碑文刻"唐始祖参议中书符元生公墓"，落款"清光绪十四年冬吉，宗孙福礼同众重修"。[4] 据《符氏族谱》和碑铭记载：元生，字安行，原籍河南宛丘（今河南淮阳）。于唐昭宗大顺二年（891 年）来琼抚管，后落籍文昌。死后被族人尊崇为迁琼始祖。这是文昌境内现存的唯一的唐代墓葬。此一墓葬，在《符氏族谱》中也可找到印证，《符氏族谱》三十九世载："元生字安生，原籍河南宛邱，授广东南雄太守，选任中书令，配陈氏诰封夫人，生男龙

---

① （明）王文祯：《漱石闲谈》。

② （清）张庆长撰、王甫校注：《黎岐纪闻》，广东高等教育出版社 1992 年版，第 117 页。

③ （清）张之洞：《张之洞全集》卷一百三十《唐牧来电》二封，河北人民出版社 1998 年版，第 5288—5289 页。

④ 文昌县政协文史资料研究委员会、文昌县文物普查办公室编：《文昌县文物志》1988 年版，第 27 页。

养，龙宣，龙本。后唐昭宗大顺二年（891年）奉谕同弟元先，元量渡琼抚黎有功，敕封五代，袭万户侯，因籍文昌居焉。考察铜鼓岭南尖地尖石山有碑，妣葬铜鼓岭北尖地坐东，仝男宣，本二媳莫，冯氏同地向三台岭。"①又如海南林氏自唐迁入海南，林氏渡琼始祖林裕公，调到海南琼山任县知事后，因中原多故，全家就留在海南了。《琼州林氏族谱》卷首（下）（十德堂）载《唐渡琼始祖裕公传略》云："公讳裕，字汝成，号柏庵，福建省福清县太平乡人，长牧端州刺史苇公之曾孙也。祖恕公任韶州平乐县主簿。父橘公，为福清县尉，生四子：仁偰、域、泰、裕，公其少也。唐昭宗乾宁间（894—898年）赐进士出身。光化二年（899年）授琼山县知事，以功累升琼郡同知，时中原多故，渡海为难，遂迁家于郡城之西关。安人陈氏，生子公堂，堂生辨，辨生五子：思范、思筠、思筵、思篇、思劝。所谓思派五房是也。"林氏家族，在光化二年（899年）渡琼之后，子子孙孙就在海南岛繁衍了，直至现在成为海南大宗族。②《乐会韦氏族谱》卷一《唐丞相执谊公考略》："据《新唐书》记载：韦执谊（767—814年）字宗仁，号文静，京兆（今西安）人，汉族。他与唐德宗李适诗文唱和，深受倚重……永贞年间，参与王叔文等人的政治革新运动，成为改革派的核心人物，执谊以聪明气势，急于褒拔，网罗贤秀：如柳宗元、刘禹锡等皆在门下。后由于顺宗皇帝病死，唐宪宗即位，保守派得势，王叔文等被黜，执谊公也被贬到崖州，后死于贬所，享年四十五岁。执谊贬所位于府城镇西南约二十四公里处（琼山县十字路区新联乡雅咏村），该村所在地，方圆四十五华里，唐代称郑都。执谊公于唐元和年（806年）九月被贬到崖州为参军司户摄理郡事。"③除贬官及调任官职的官员外，还有驻防军队及其家属，有来海南经营土特产的商人及手工业者，有被当地豪强劫持的海上外国商人及各地奴婢。如郡首韦

---

① 义阳堂编纂：《符氏族谱》卷四《实录》，海南书局印。
② 十德堂：《琼州林氏族谱》卷首（下），1988年续修，第24页。
③ 京兆堂：《乐会韦氏族谱》卷一《唐丞相执谊公考略》，1987年续修，第9页。

公干，有女奴 400 人，为他加工各类手工业产品，如织花缣纱的、伸角为器的、镕锻金银的、攻珍木为什具的，各式工种齐全，为他积累了大量财富。这各色人等，显然是从大陆移民而定居海岛的。①

最后，在唐代的移民群体中，还有一支重要的队伍，就是岭南俚人向海南岛迁移。俚人是隋唐时南方一些少数民族的泛称，并不专指以后的黎族。隋末唐代，冼夫人的势力控制海南大部分地区。隋开皇十一年（591 年）赏赐她以临振县 1500 户作为食邑，冼夫人为接管和经营隋朝这个最南的县份，必须派遣部分亲信随迁，这是进入海南岛南部的一支俚人。冼夫人的孙子冯盎，隋亡后奔回岭南，召集一支号称五万人马的队伍，渡海南征，扫荡地方割据势力，被唐朝任命为高州总管，揽取粤西、高、雷各州和海南岛的军政大权。追随冯盎的俚人，在海南岛上也成了一支移民大军。他们除分布在沿海以外，部分还深入内地，以往是汉人在北，俚人在南。环岛建置完成之后，初步形成了汉在外、俚在内的民族分布新格局。唐代以后，少数民族大量迁移海南的现象已经停止，他们主要是向海南岛的内部迁移。②

唐代移民海南的最后一个原因是战乱，安史之乱后直至唐末较之前期迁移规模更大，也更复杂，形成中原及北方人民南迁的又一浪潮，其中南迁的人流中也有的进入海南岛。

这种种原因，构成唐代海南岛移民的复杂状况。

第五节　唐代海南经济的发展

一、经济概况

唐代对海南的开发，仅限于环岛地带。设置在山区的一些县治，如琼州的曾口，儋州的洛场，振州的吉阳、延德，万安州的博辽、富

---

① （宋）李昉等编：《太平广记》卷二百六十九《韦公干》，中华书局 1961 年版，第 2113 页。

② 参见司徒尚纪：《海南岛历史上土地开发研究》，海南出版社 1992 年版，第 87 页。

云等地，县治设置之后很快撤治，兴废不定，甚至是有治无城，其原因在于山区地带人口稀少，荒僻落后。

不过，从整体情况看来，唐代海南的经济状况有了进一步的发展。尤其是物产的丰富，更显示出海南岛热带农业的特色。《唐大和上东征传》中记载，天宝七年（748年），唐朝鉴真和尚在荣叡、普照的护送下，从扬州出发，经舟山群岛后又遇飓风，在海中漂流14天向西南方向到了海南岛南端的崖州（崖州系今海南岛文昌县、澄迈县以及这两县附近地区），他记录了所看到的物产："彼处珍异口味，乃有益智子、槟榔子（椰子）、荔枝子、龙眼、甘蕉、拘莚（即香橼）、搂头（即柚子）大如钵盂，甘甜如蜜，花如七宝色；［瞻］唐香树，聚生成林，风至，香闻五里之外；又有波罗捺树，［果］大如冬瓜（现称波罗蜜），树似槟楂（即槟榔树），毕钵（今叫荜拨）［果］（又名毕芨，原产印度，后移植波斯及东南亚一带），子同今见，叶似水葱；其根味似干柿。十月作田，正月收粟；养蚕八度，收稻再度。男着木笠，女着布絮。人皆雕蹄凿齿，绣面鼻饮，是其异也。""大使已下，至于典正，作番供养众僧。大使自手行食，将优昙钵树（即无花果）叶以充生菜，复将优昙钵子供养众僧。乃云：'和上知否，此是优昙钵树子。此树有子无花，弟子得遇和上，如优昙钵花，甚难值遇。'"[①] 如此有特色的热带经济作物，在《唐大和上东征传》中真实地记载了下来，是难得的真实的资料。唐代海南岛的热带作物，由此可见一斑了。

海南的经济状况，在唐代从总体上看来，还是相当落后的；在汉族移民把中原地区的农业技术传入之后，沿海地区的经济有较大的发展，但内地山区，生产工具及生产方式仍十分落后，黎区的人民仍处于刀耕火种阶段，土地利用率很低。正如李德裕在《谪岭南道中作》一诗中反映的："岭水争分路转迷，桄榔椰叶暗蛮溪。愁冲毒雾逢蛇草，畏落沙虫避燕泥。五月畲田收火米，三更津吏报潮鸡。不堪肠断思乡处，

---

① ［日］真人元开著、汪向荣校注：《唐大和上东征传》，中华书局2000年版，第69—70页。

红槿花中越鸟啼。"① 充分显示了海南蛮荒之地的落后景象。海岛的北边相对来说，有比较明显的发展，汉族的封建经济文化对山区黎族的影响尚未普遍，如《唐大和上东征传》中所提及的，当他们的船到海南岛靠岸时，遣人求浦，"经纪人"回来说："和上大果报，遇于弟子，不然合死。此间人物吃人，火急去来！便引舟去。"这里所说的"此间人物吃人"的说法，可能是"经纪人"急不择言，或许这也是古代处于原始状态的部落的一种习俗。当鉴真和尚到崖州时，看到该地十月作田，正月收粟，养蚕八度，收稻再度。男着木笠，女着布絮，人皆雕蹄凿齿，绣面鼻饮，是其异也。② 可见海南岛西部地区，一方面种植业及蚕桑业发达，另一方面又保持了原始的文化状态。

二、物产

因海南是我国仅次于台湾的第二大岛，海南岛的资源是很有特色的，于是成为统治者盘剥的对象。如《新唐书·地理志》所载：

> 崖州珠崖郡，下。土贡：金、银、珠、玳瑁、高良姜。
>
> 振州延德郡，下。土贡：金、五色藤盘、斑布、食单。
>
> 儋州昌化郡，下。土贡：金、糖香。
>
> 万安州万安郡，下。土贡：金、银。③

又如《太平寰宇记》所载：

> 儋州土产：酝酒不用麹蘖，有木曰严树，取其皮叶，捣后清水浸之，以粳酿和之，数日成酒，香甚，能醉人。又有石榴，亦取花叶，和酝酿之，数日成酒。高良姜，白藤花，蒻沉香（出深洞），苏木（出黎洞），苔塘香，相思子，贡金。
>
> 琼州土产：琼州出剪沉、黄熟等香，苏木、蜜蜡、吉贝布、白藤、高凉姜、益智子、干栀皮。

---

① （唐）李德裕：《谪岭南道中作》，载《全唐诗》卷四七五《传世藏书》，海南国际新闻出版中心出版，第1808页。

② ［日］真人元开著、汪向荣校注：《唐大和上东征传》，中华书局2000年版，第66、69页。

③ （宋）欧阳修、宋祁撰：《新唐书》卷四十三上《地理志七》上，中华书局1975年版，第1100—1101页。

旧崖州出紫贝叶、真珠、碁子、金华（金有花采者贡）、金。又琼、崖州有酒树，似安石榴，其著花瓮中即成美酒，醉人。

振州土产：贡金。

万安州土产：金。①

这里所记载的，是唐代有关土特产的种类，这些物品，只是南国边疆的海岛上所特有，唐代上层阶级常以此作为珍品，进贡给皇帝或官吏享用。万历《琼州府志》载："唐贡曰金（五州俱有），曰银（四十两，崖、万安各二十两），曰珠（二斤），曰玳瑁（一具），曰高良姜（俱崖州），曰糖香（儋），曰五色藤盘，曰班布食单（俱振州）。"②

海南的农业，一年三熟，自古亦然，唐代也如此。道光《琼州府志》卷二《舆地》引唐代徐坚《初学记》："《广志》曰：南方地气暑热，一岁田三熟，冬种春熟，春种夏熟，秋种冬熟。""今惟琼郡则然。"③又《琼州府志》卷四十四《杂志四》："海南村户，在唐时已称极盛，故李赞皇诗云：'鱼盐家给无墟市，禾黍年登有酒尊。'可以想其物产之饶富矣。"④这里所记载的，应是在沿海一带已经开发的区域，由于天时地利，加上北方进步的生产工具的移入，农业生产已经达到一年三熟的水平了。海南岛四面环海，海水蒸发强烈，海水含盐量高，利于晒盐。唐代在容琼、宁远、义伦等县，已各有盐场。⑤唐胄在正德《琼台志》曰："盐筴专于管氏，世代沿至今。读唐《地理志》知琼列盐。"⑥

① （宋）乐史撰：《太平寰宇记》卷一百六十九《岭南道十三·琼州》十三，中华书局2007年版，第3233、3236、3239、3240页。

② （明）戴熺、欧阳灿总裁，蔡光前等纂修：万历《琼州府志》卷五《赋役志·土贡》，海南出版社2003年版，第260页。

③ （清）明谊修、张岳崧纂：道光《琼州府志》卷二《舆地志》，海南出版社2006年版，第71页。

④ （清）明谊修、张岳崧纂：道光《琼州府志》卷四十四《杂志四》，海南出版社2006年版，第1951—1952页。

⑤ （明）戴熺、欧阳灿总裁，蔡光前等纂修：万历《琼州府志》卷五《赋役志·盐课》，海南出版社2003年版，第251页。

⑥ （明）唐胄纂：正德《琼台志》卷十四《盐场》，海南出版社2006年版，第325页。

又《唐书·地理志》："容琼、宁远、义伦等县,各注有盐而无则例。"[①]《新唐书·地理志》："贞观十三年（639年）,析置曾口、颜罗、容琼三县。贞元七年（791年）省容琼。有盐。""宁远,下,以宁远水名,有盐。""儋州昌化郡,下。土贡：金、糖香。户三千三百九。县五。义伦,下,有盐。"[②]乾元元年（758年）,"琼山、宁远、振州等县有盐,近海百姓煮海水为盐,远近取给"。[③]在唐代已开始有盐业的记载了。儋州洋浦的古盐田,一直延续至今天,是我国保留最完好的原始日晒制盐方式的古盐场,这里盐田的建设和日晒制盐作业方式较我国传统的废锅灶建盐田要早600年左右。古盐田所在的盐田村中30余户盐工,仍在这里沿袭着古老原始的日晒制盐工艺来制作海盐。

三、工商业

唐代海南的工商业,已开始发展,尤其是手工业,利用海南特产,编织出具有海南特色的手工业品。唐代段公路曾记下海南利用野生植物资源制造手工业品的辉煌成绩,他写道："琼州出五色藤、合子书囊之类,花多织走兽飞禽,细于绵绮","出红篝……椰子座席、莆褥、笋席"。[④]唐代刘恂在《岭表录异》中也写道："南土多野鹿藤,苗有大如鸡子白者,细于箸,采为山货,流布海内。儋、台、琼管百姓皆制藤线,编以为幕。其妙者,亦挑纹为花药鱼鸟之状。业此纳官,以充赋税。"[⑤]海南的特产椰子,唐代已懂得加工为工艺品,刘恂说："椰子树,亦类海棕,结实大如瓯盂,外有粗皮如大腹,次有硬壳,固而且坚,厚二三分。有圆如卵者,即截开一头,沙石磨之,去其皱皮,其斑斓锦文,以白金装之,以为水

---

① （明）唐胄纂：正德《琼台志》卷十四《盐场》,海南出版社2006年版,第328页。

② （宋）欧阳修、宋祁撰：《新唐书》卷四十三《地理志七》下,中华书局1975年版,第1100—1101页。

③ （清）明谊修、张岳崧纂：道光《琼州府志》卷十四《经政志八·盐法》,海南出版社2006年版,第641页。

④ （唐）段公路：《北户录》卷三,见文渊阁《四库全书》第589册,第55页。

⑤ （唐）刘恂：《岭表录异》卷中《岭表录异补遗》,载《历代岭南笔记八种》,广东人民出版社2011年版,第81页。

罐子，珍奇可爱。壳中有液数合，如乳，亦可饮之，冷而动气。"①
又如用桄榔树的须用咸水浸渍，即粗胀而韧，以此缚舶，不用钉
线。用橄榄树枝节上生的脂膏如桃胶，和其皮叶煎煮，调如黑汤，
谓之橄榄糖。用泥船损，干后牢于胶漆，著水益坚。刘恂在《岭表
录异》中也说到铜鼓：岭南俚僚（包括黎族）制作铜鼓，"蛮夷之
乐，有铜鼓焉，形如腰鼓，而一头有面，鼓面圆二尺许，面与身连，
全用铜铸。其身遍有虫、鱼、花、草之状，通体均匀，厚二分，已来
炉铸之妙，实为奇巧。击之响亮，不下鸣鼍"。②唐代海南的纺织品，
已被人们钟爱。这种手织工艺色彩斑斓，价值也昂贵，刘恂对此项纺
织工艺也作了记载："南方草木可衣者，曰'卉服'。绩其皮者，有勾
芒布、红蕉布；绩其花者，有桐花布、琼枝布、婆罗布。又古贝木，
其花成对，如鹅毳，抽其绪纺之，与苎不异，曰'吉贝'，俗呼'古'
为'吉'也。多紫白二种，亦有诸色相间者，蛮女喜织之，文最繁缛。
间出售城市，值最贵。自衣，则谓之'斑衣种女'。"③这种纺织工艺，
其美丽程度，真可谓巧夺天工，被唐代列为当地贡品之一。

唐代的商贸活动十分活跃，汉族商人来海南岛把许多特产源源不
断地运往大陆贩卖，如香料、吉贝、五色藤及药材等，成为珍贵的
商品。有的官吏直接参与商务活动，获取暴利。如郡守韦公干，"有
女奴四百人，执业者太半，有织花缣文纱者，有伸角为器者，有镕
锻金银者，有攻珍木为什具者，其家如市，日考月课，唯恐不程"。④
韦公干家的女奴，实际上成为手工业工人，他的家庭成为一个手工
业作坊，他本人是官商合为一体，一边收租赋，一边经营商业。他

---

① （唐）刘恂：《岭表录异》卷中《岭表录异补遗》，载《历代岭南笔记八种》，
广东人民出版社 2011 年版，第 63 页。

② （唐）刘恂：《岭表录异》卷上，载《历代岭南笔记八种》，广东人民出版社
2011 年版，第 51 页。

③ （唐）刘恂：《岭表录异》卷中《岭表录异校勘记》，载《历代岭笔记八种》，
广东人民出版社 2011 年版，第 98 页。

④ （宋）李昉等编：《太平广记》卷二百六十九《韦公干》，中华书局 1961 年
版，第 2113 页。

到海南后，看到海南"多乌文咕陶，皆奇木也。公干驱木工沿海探伐，至有不中程以斤自刃者。前一岁，公干以韩约壻受代，命二大舟，一实乌文器杂以银，一实咕吔器杂以金，浮海东去。且令健卒护行，将抵广，木既坚密，金且重，未数百里，二舟俱覆，不知几万万也"。[1] 韦公干兼儋崖振万安五郡招讨使时对海南物产的公然掠夺，贪而且酷，的确是残人以得货，"竭夷獠之膏血以自厚"。[2] 唐代的统治者对海南的政策，虽然以招抚政策为主，但派到海南的官吏，"竭夷獠之膏血以自厚"者大有人在，这类人掠夺海南特产经营贸易，以此聚敛财富，以致黎族的反抗活动此起彼伏，有的地方延续100 多年，唐代政权无法设置，是有其原因的。而唐代的工商业，已形成官商勾结或谓官商一体，对海南岛上的先住民黎族来说，虽然社会在不断演变，但唐王朝对于黎峒仍然实行政策上的双轨制，以二重管理体制的复合制政治结构进行统治，使黎族的发展也受到限制。

四、赋税

唐代对岭南地区实行轻税之法，如初唐时所征赋税，内地多以丁口计算，但在岭南地区则以户为计算单位，据《旧唐书·食货志》载："规定岭南诸州则税米，上户一石二斗，次户八斗，下户六斗。"[3] 这种以户为单位征收赋税，明显比中原地区赋税轻。有的地方，以物充赋税，如刘恂所说的编鹿野藤为幕，挑纹为花药鱼鸟之状，"业此纳官，以充赋税"。[4] 虽如此，海南岛有的州县由于治力不及，也有不收赋税的。

---

① （宋）李昉等编：《太平广记》卷二百六十九《韦公干》，中华书局1961 年版，第2113 页。

② （宋）李昉等编：《太平广记》卷二百六十九《韦公干》，中华书局1961 年版，第2113 页。

③ （后晋）刘昫等撰：《旧唐书》卷四十八《食货志》，中华书局1975 年版，第2088 页。

④ （后晋）刘昫等撰：《旧唐书》卷四十八《食货志》，中华书局1975 年版，第2088 页。

在赋税政策上，唐朝统治者尽可能把民族地区与中原地区区别开来。[1]

但是，并非在海南岛上就能真正地减轻赋税或不征赋税了。海南的赋税，表现在两个方面：一方面是以贡折赋，唐胄在正德《琼台志》载："《刘志》本杨行素羁縻度外，田不亩计之说，谓琼之赋，自元以前皆未闻。《外纪》因之，称唐宋以贡折赋，元始制赋除贡。予尝疑郡户自汉详明，安有不租之丁？"[2]的确如此，唐代田赋史书上虽没记载海南岛情况，但事实上是存在的，不外因户口无法统计明确，更多的是用以贡折赋的方式进行而已。另一方面是由当地官吏收纳肥私，据《太平广记》载："崖州东南四十里至琼山郡，太守统兵五百人。兼儋、崖、振、万、安五郡招讨使。凡五郡租赋，一供于招讨使，四郡之隶于琼，琼隶广海中，五州岁赋，廉使不得有一缗，悉以给琼。军用军食，仍仰给于海北诸郡。每广州易帅，仍赐钱五十万以犒铁，琼守虽海渚，岁得金钱，南边经略使不能及。"[3]这说明唐代海南已有赋税，"五州岁赋，廉使不得有一缗，悉于给琼"。

在海南，有的地方的确还不知赋税为何物。王象之在《舆地纪胜》引《系年录》云："黎母山诸蛮环居，号黎人。去其省地远，不供赋役者号生黎；耕作省地者号熟黎。熟黎之外，始是州县。四郡各占岛之一陲，朱崖在岛南，既不可取径，则复桴海循海岛而南，所谓再涉鲸波也。四郡之人多黎姓，盖其裔族，而今黎人乃多姓王。"[4]这说明深居内地的生黎，"不供赋役"。

总体来说，唐代海南对于国家统一的收纳赋税，尚未形成制度，有关典籍志书也都缺记。

① 参见卢勋、萧之兴、祝启源：《隋唐民族史》，四川民族出版社1996年版，第237页。

② （明）唐胄纂：正德《琼台志》卷十一《田赋》，海南出版社2006年版，第235页。

③ （宋）李昉等编：《太平广记》卷二百六十九《韦公干》，中华书局1961年版，第2113页。

④ （宋）王象之撰：《舆地纪胜》卷一百一十四《风俗形胜》，中华书局1992年版，第3564页。

第六节 风俗与文化生活

一、风俗习惯仍以黎区生活方式为代表

虽然唐代汉族移民已比过去增加，但整个岛上的居民，仍以黎族占主要地位。那"桃榔椰叶暗蛮溪"[①]的蛮荒之地，仍是黎族群居的地方。海南的风俗，虽有汉文化的开始移入，但仍以黎族为主体。当鉴真和尚从海上漂流到万安州时，所看到的是"男着木笠，女着布絮。人皆雕蹄凿齿，绣面鼻饮"[②]，感到极其惊异。唐人杜佑在《通典》中也写到海南风俗，他说："五岭之南，人杂夷獠，不知教义，以富为雄……大抵南方遐阻，人强吏懦，豪富兼并，役属贫弱，俘掠不忌，古今是同。其性轻悍，易兴迷节。"[③]乐史的《太平寰宇记》中对于海南各州的风俗，也分别作了叙述："儋州，风俗：《山海经》曰，儋耳，即离耳也。皆镂其颊皮，上连耳匡，状鸡肠下垂。在海渚，不食五谷，食蚌及鳖而已。俗呼山岭为黎，人居其间，号曰生黎。杀行人，取齿牙贯之于项，以炫骁勇。弓有刀未尝离手，弓以竹为弦。绩木皮为布。尚文身，富豪文多，贫贱文少，但看文字多少，以别贵贱。观禽兽之产，识春秋之气，占薯芋之熟，纪天文之岁。""琼州风俗：有夷人，无城郭，殊异居，非译语难辩其言。不知礼法，须以威服，号曰生黎。巢居洞深，绩木皮为衣，以木棉为毯。性好酒，每酝酿，用木皮草叶代面蘖，熟以竹筒吸之。打鼓吹笙以为乐。男则髻，首插梳，带人齿为缨饰，好弓矢，削竹为弦，箭镞锐而无羽。女人文领，穿耳垂环。病无药饵，但烹犬羊祀神而已。""崖州……其俗以土为金，器用瓢匏。无水，人饮木汁，

---

① 李德裕：《谪岭南道中作》，载《全唐诗》卷四七五，海南国际新闻出版中心出版，第1808页。

② ［日］真人元开著、汪尚荣校注：《唐大和上东征传》，中华书局2000年版，第69页。

③ （唐）杜佑：《通典》卷一百八十四《州郡十四》，（台湾）国泰文化事业有限公司1977年版，第1580页。

谓之木饮。州无马与虎，有牛羊鸡犬……开宝六年，割旧崖之地隶琼州，却改振州为崖州……风俗与琼州同。""万安州……风俗：女人以五色布为帽，以班布为裙，似袋也，号曰都笼。以斑布为衫，方五尺，当中心开孔，但容头人，名曰思便。"[①] 唐代海南岛的习俗，以黎区生活方式为代表。

二、中原文脉在海南开始蔓延

至于文化生活方面，在唐代，中原文脉开始传入海南岛。在唐以前，海南文化教育尚处于闭塞状态。明代钟芳在《琼州府学科目题名记》中写道："自唐以前，学校之政未立，造士之方多阙。"[②] 在贞观年间，王义方被贬到儋州，任吉安丞，他在黎区召集黎族首领，集生徒，亲自传播儒家文化，《旧唐书·王义方传》中写道："南渡吉安。蛮俗荒梗，义方召诸首领，集生徒，亲为讲经，行释奠之礼，清歌吹龠，登降有序，蛮酋大喜。"[③] 唐中宗时，宋庆礼为岭南采访使，当时黎族各首领经常互相劫掠，宋庆礼到海南后，亲身深入黎地，教育诸黎首领，使其深明道义，"释仇为亲"，为教化黎民做出贡献。天宝年间，鉴真和尚因海风漂流登上海南岛，在海南住了一年多时间，是时，崖州开元寺被烧，振州别驾张云奏请，由鉴真主持重建佛寺，除造佛殿、讲堂砖塔外，还造一丈六高的释迦佛像，鉴真在这里登堂授戒、讲律，弘扬佛教经典。[④] 是时，海南文化落后，当黎族首领第一次接受儒家文化的熏陶时，对儒家的礼乐高高兴兴地接受了，这是海南岛上第一次见诸史籍记载的文化传播活动。

海南文化的形成，从唐代之后，开始较大程度地从大陆接受新的

---

① （宋）乐史撰：《太平寰宇记》卷一百六十九《岭南道十三》，中华书局 2007年版，第 3233、3236、3240 页。

② （明）钟芳：《钟筠溪集》卷八《琼州府学科目题名记》，海南出版社 2006 年版，第 151 页。

③ （后晋）刘昫等撰：《旧唐书》卷一八七《王义方传》。中华书局 1975 年版，第 4874 页。

④ ［日］真人元开著、汪尚荣校注：《唐大和上东征传》，中华书局 2000 年版，第 70 页。

文化，大陆文化的传播过程，也是造成海南文化独特性的一个重要因素。唐代文脉通过贬官延续至海南，如《澄迈县志》载："澄僻居海岛，旧俗殊陋，与中州相远。一变于汉之锡光（光武时，锡光教耕稼，制冠履，立学校），再变于唐之义方（唐代王义方招诸生徒，亲为讲经，行释奠之礼，清歌吹龠，登降有序），三变于宋之守之（守之系宋庆历间郡守，亦宋姓。教诸生讲五经于先圣庙，建尊师亭，暇日躬自讲授）。兼以名贤放谪，士族侨寓，故其风声气习自尔反薄还淳。"① 由于"名贤放谪，士族侨寓"，这些人物都有较高的文化素养，成为传播中原文脉的先驱。如宰相韦执谊，因"永贞革新"被贬海南后，在贬地倡导教化。他亲眼看到海南岛文化落后，教化未及，便极力宣扬中原文化。为了把自己的学识传授给当地的学童，他率先在其定居的韦村（今雅咏村），办起韦村里学（私立村学）。韦村里学除聘请专职教师外，他还亲自给学子们授课。一时学子云集，书声琅琅。除兴教育才外，韦执谊还带民兴修水利，改造良田。他筹划兴建岩塘、亭塘（新旧沟田洋，又称"韦公田洋"，至今仍在发挥作用，堪称海南水利史上的"都江堰"），韦执谊有《市骏骨赋》《规谱》等。② 李德裕在海南的 年时间里，写下了许多诗文。其中，如在贬崖州的道途中写了《谪岭南道中作》一诗，诗中反映出他对故乡的哀思。诗云："岭水争分路转迷，桃榔椰叶暗蛮溪。愁冲毒雾逢蛇草，畏落沙虫避燕泥。五月畲田收火米，三更津吏报潮鸡。不堪肠断思乡处，红槿花中越鸟啼。"思乡之情哀怨凄凉，也真切地描写了唐代海南岛上蛮荒的情景。唐代诗人李商隐作《李卫公》一诗。诗云："绛纱弟子音坐绝，蛮境佳人旧会稀。今日致身歌舞地，木棉花暖鹧鸪飞。"木棉与鹧鸪，古人常用来作为海南地域自然特色的代表，诗中深切地表现出他对李德裕遭遇的同情。

李德裕的《登崖州城作》一诗，反映了唐代贬官到海南之后的忧

---

① （清）丁斗柄修、曾典学纂、高魁标纂修：康熙《澄迈县志》卷一《风俗》，海南出版社 2006 年版，第 28 页。

② 《唐朝宰相韦执谊研究资料选集》，内部刊物，第 5—6 页。

愤情怀："独上高楼望帝京,鸟飞犹是半年程。青山似欲留人住,百匝千遭绕郡城。"在崖州一年的贬居中,他写下49篇诗文,集为《穷愁志》,他所写的《祭韦相执谊文》,也反映了他对自己被贬谪命运的悲愤之情。李德裕在崖州所留下的诗文,为海南唐代贬官文化留下了珍贵的遗产。

又如李邕,其诗文、书法冠于当时,韦执谊在海南所著的《规谱》流传于世,这些被贬的官员,带来了先进的中原文化。

唐胄在正德《琼台志》云:"琼,广藩属郡。汉锡光建学,导之礼仪。唐岭南州县仅四五十人,虽旧与诸郡同,其后人才之盛则独与广潮齐声。"又《琼台志》中有"宋无名氏记:琼管古在荒服之表,历汉及唐,至宣宗朝文化始洽"。[1]宣宗朝是847—859年,属晚唐,证明中原文化在唐代已开始逐步传播。

被贬到海南的名臣谪宦,大多是当代的著名文人。他们在谪居海南期间,通过各类活动及自己著述,在各个不同的领域传播中原文化,中原的文脉也因此陆陆续续传至海南岛。文化传播是一个相当复杂的过程,由于海洋的阻隔,海南岛上不可能将大陆文化因素原封不动地吸取过来,海南岛对大陆文化的吸收,必然是一个自觉或不自觉的变异过程。这一变异不仅体现在文化传入的过程中,也体现在传入之后的吸收消化过程中,它使海南文化成为一种源自大陆,但又独特于大陆的文化形态,这一点,在以后的历史发展中慢慢地显示出来。

第七节 海上交通

海南岛及南海诸岛,在中国版图中的记载具有悠久的历史。据《旧唐书》载:"南海,五岭之南,涨海之北,三代已前,是为荒服。秦

---

① (唐)唐胄纂:正德《琼台志》卷十五《学校》上,海南出版社2006年版,第335、339页。

灭六国，始开越置三郡，曰南海、桂林、象郡，以谪戍守之。"① 唐代，从广州启航，经西沙、南沙群岛到波斯湾、红海的海上"丝绸之路"航线更为繁盛兴旺，唐人称之为"广州通海夷道"。贾耽在《皇华四达记》中，把从广州到大食国巴士拉港称为东航路，航经国家为今越南、马来西亚、印度尼西亚、斯里兰卡、印度、巴基斯坦、伊拉克等。船舶沿南海西部南下，经新加坡、马六甲海峡、尼科巴群岛抵斯里兰卡。这条航线的交通中转站，必须经过海南岛。据《旧唐书·地理志》载："振州（今海南三亚市）……南至大海……东南至大海二十七里，西南至大海千里……与崖州同在大海洲中。""儋州……与崖州同在海中洲上，东至振州四百里。"② 这是《旧唐书》中关于海南岛南部海域的记载。书中"西南至大海千里"，是指以振州为出发点海上向西南延伸千里，边界应到越南顺化东海岸附近海域。"东南至大海二十七里"，是指振州治所至陆地岸边的距离，振州东为万安州管辖。《韩愈传》云："臣所领州，在广府极东，去广府虽云二千里，然来往动皆逾月。过海口，下恶水，涛泷壮猛，难计期程，飓风鳄鱼，患祸不测。州南近界，涨海连天，毒雾瘴氛，日夕发作。"③ 唐穆宗长庆三年（823年），工部尚书郑权出任岭南节度使，当时韩愈（任潮州刺史）在《送郑权尚书序》中说："隶府之州，离府远者，至三千里，悬隔山海，使必数月而后能至……其南州皆岸大海，多洲岛，驱风一日踔数千里……若岭南帅得其人，则一边尽治。不相寇盗贼杀。无风鱼之灾、水旱疠毒之患。外国之货日至，珠、香、象、犀、玳瑁奇物，溢于中国，不可胜用。"④ 此处记载岭南节度使所辖州很多，范围很广，远达

---

① （后晋）刘昫等撰：《旧唐书》卷四十一《地理志四》，中华书局1975年版，第1712页。

② （后晋）刘昫等撰：《旧唐书》卷四十一《地理志四》，中华书局1975年版，第1762—1764页。

③ （后晋）刘昫等撰：《旧唐书》卷一百六十《韩愈传》，中华书局1975年版，第4201页。

④ （唐）韩愈：《韩昌文集汇校笺注》卷一一《送郑权尚书序》，中华书局2010年版，第1205—1206页。

3000 里，且南边州濒临大海，海中又有很多州岛，其所指包括南海诸岛。

海南岛不像广州，是对外贸易中心，但海南岛是交通线上的必经之地。中国与印度、阿拉伯的文化交流，也随这条贸易水道开展。

唐贞元宰相贾耽在《广州通海夷道》中，对海上"丝绸之路"做了详细记载：

广州东南海行，二百里至屯门山（今香港北屯门岛），乃帆风西行，二日至九州石（海南岛东北角之七洲列岛）。又南二日至象石（海南岛东南岸之独珠山）。又西南三日行，至占不劳山（今越南占婆岛），山在环王国（即或占城，今越南中南部）东二百里海中。又南二日行至陵山（今越南归仁以北之燕子岬）。又一日行，至门毒国（今越南归仁）。又一日行至古笪国（今越南芽庄）。又半日行，至奔陀浪洲（即宾童龙，今越南藩朗）。又两日行，到军突弄山（今昆仑岛）。又五日行，至海峡，蕃人谓之质（马六甲海峡），南北百里；北岸则罗越国（今马来半岛南端），南岸则佛逝国（今苏门答腊岛东南部）。佛逝国东水行四五日，至诃陵国（今爪哇），南中洲之最大者。又西出硖，三日至葛葛僧祇国（海峡南部不罗华尔群岛），在佛逝西北隅之别岛，国人多钞暴，乘舶者畏惮之。其北岸则箇罗国（今马来半岛西岸之吉打）。箇罗西则哥谷罗国（今克拉地峡西南海岸）。又从葛葛僧祇四五日行，至胜邓洲（今苏门答腊岛北部东海岸棉兰之北的日里附近）。又西五日行，至婆露国（即婆鲁师洲，在今苏门答腊岛北西海岸大鹿洞附近）。又六日行，至婆国伽蓝洲（今尼科巴群岛）。又北四日行，至师子国（今斯里兰卡），其北海岸距离天竺（今南印度）大岸百里。又西四日行，经没来国（即印度西南部之奎隆，宋代称为故临），南天竺之最南境。又西北，经十余小国，至婆罗门（今印度）西境。又西北二日行，至毗国（今印度孟买以北的巴罗奇）。又十日行；经天竺西境小国五，至提毗国（今印度河口以西，卡拉奇略东），其国有弥兰太河，一曰新头河（今印度河），自北渤崑国（今昆仑山）来，西流至提毗国北，入于海（今阿拉伯海）。又自提毗国西二十日行，经小国二十余，至提罗卢和国（今波斯湾头的阿巴丹附近），一日罗和异国，国人于海中立华表，夜则置炬其上，使舶人夜行不迷。又西一日行，至乌剌国（巴士剌以东之奥波拉），乃大食国（今阿拉伯地区泛称）之弗利剌河（今幼发拉底河），南入于海（今波斯湾），小舟泝流，二日至末罗国（今巴士拉），大食重镇也。又西北陆行千里，至茂门王所都缚达城（今巴格达）。自婆罗门南境，从没来国至乌剌国，皆缘海（今阿拉伯海和波斯湾）东岸行；其（指阿拉伯海）西岸之西，皆大食国。其西最南谓之三兰国（今坦桑尼亚之达累斯萨拉姆）。自三兰国正北二十日行，经小国十余，至设国（今也门的席赫尔）。又十日行，经小国六、七，至萨伊瞿和竭国（今阿曼的哈德角），当海（今阿拉伯海）西岸。又西六、七日行，经小国六、七至没巽国（今阿曼的苏哈尔）。又西北十日行，经小国十余，至拔离謌磨难国（今波斯湾内巴林岛的麦纳麦）。又一日行，至乌剌国，与东岸路合。①

这条海上航线表明，从广州出发之后，海南岛是从广州出发通往南海各国的中转站。屯门在大屿山及香港二岛之北，海岸及琵琶洲之间。九州石似即今之七洲，象石为今之独珠山，这条航线均首先经过南海中的海南岛管辖领域。贾耽所记载的"广州通海夷道"，充分反映了当时中国远洋航行的水平，在中外航海史上占有十分重要的地位。这条航线将东亚、东南亚、南亚、波斯湾与东非联结起来，其航线之长，航区之广，在中古时代的世界上是相当突出的。

当鉴真和尚第五次东渡日本遇风暴漂流到海南岛振州，振州别驾冯崇债迎接他时说："昨夜梦有僧姓丰田，当是债贸。"这里"丰田"是日本姓，中国没有相似的姓氏，在当时落后僻远的海南官员冯氏居然已经知道这个日本姓氏，可见已经和日本有往来，否则是无从知道的。

---

① 《广州通海夷道》，此书已佚，但在《新唐书》卷四十三下《地理志七》下留下来，中华书局1975年版，第1153—1154页。

第八节　儒学、佛教、伊斯兰教与民间信仰

一、关于儒学

唐代儒学鼎盛，据《新唐书·儒学》上载：唐自高祖初年"诏有司立周公、孔子庙于国学，四时祠。求其后议加爵士。国学始置生七十二员，取三品以上子弟若孙为之；太学百四十员，取五品以上；四门学百三十员，取七品以上。郡县三等，上郡学置生六十员，上、中下以十为差；上县学置生四十员，中、下亦以十为差。又诏宗室、功臣子孙就秘书外省，别为小学。太宗身櫜鞬，风绩缅露沐，然锐情经术，即王府开文学馆，召名儒十八人为学士，与议天下事。既即位，殿左置弘文馆，悉引内学士番宿更休，听朝之间，则与讨古今，道前王所以成败，或日昃夜艾，未尝少息。贞观六年，诏罢周公祠，更以孔子为先圣，颜氏为先师，尽召天下惇师老德以为学官。讲论经义，赐以束帛。生能通一经者，得署吏。广学舍千二百区，三学益生员，并置书、算二学，皆有博士。大抵诸生员至三千二百。新罗、高昌、百济、吐蕃、高丽等群酋长并遣子弟入学，鼓箧踵堂者，凡八千余人"。[1]这是唐代全国的状况，而海南自贞观以后，崖州、儋州、琼州、万安州州县所在地，均立州县学，由州县司吏儒师掌理，置博士一人，以王义方吉安为例，讲明经义，开明六经三传之旨，通经监察院按年贡学。中宗以后乡社均设小学（即学馆），讲明经义外并旁及章句疏义，直至晚唐以后蔚然成风，《舆地纪胜》卷一百二十四《景物下》载有"明伦堂，在郡学"。[2]明人唐西洲谓"文教盛于唐宣宗"，即指此事。

---

① （宋）欧阳修、宋祁撰：《新唐书》卷一百九十八《儒学上》，中华书局 1975 年版，第 5636 页。

② （宋）王象之撰：《舆地纪胜》卷一百二十四《景物下》，中华书局 1992 年版，第 3567 页。

二、关于道教和佛教

因唐代皇帝姓李，与被天师道神化为太上老君的道教哲学家李耳同姓，故唐代对道教多有推崇。

唐太宗于三教论道中以明诏尊道教为上席。海南州县所在地贞观以后均设有道观，置专司道士，设道坛收道徒置道观常产，供三清李道君，民间信仰颇众。武则天之后，笃信佛教，力抑天下道观，广建大云寺，而海南又为佛教东来必经之地，所以道教一度受到抑制。

关于佛教，武则天夺取政权之后，颁示天下重译佛典，各州普遍建造大云寺，置大云经。海南各州县均于天授元年（690年）十月，奉诏普遍兴建大云寺一所，后中宗即位，又诏天下将大云寺改为大唐中兴寺，后又改为龙兴寺，至玄宗开元二十六年（738年），复诏天下州县各建寺观一所，定名开元寺，铸金铜天尊各一座安置其中，海南各州县是时亦一律将大云寺改为开元寺，有海南振州开元寺、儋州开元寺和崖州开元寺。据《舆地纪胜》载有："吉安开元寺在城西百余步，胡儋庵缘化钟楼。"[①]

三、鉴真和尚漂流到海南

就在这东接东南亚海上"丝绸之路"的交通要冲的海岛上，天宝七年（748年），迎来了高僧鉴真和尚，这是佛教传入海南岛的一桩盛事。

天宝元年（742年）十月，鉴真55岁时，日本留学僧荣叡、普照两人从长安来扬州拜谒鉴真。邀请鉴真到日本去传道弘法，并担任授戒大师。获得鉴真的同意，弟子中也有21人准备随行。他们准备了四次的航行，均告失败。第五次是天宝七年（748年）六月二十七日从扬州崇福寺出发，到舟山群岛停住了些日子，三个月后再度驶航过海时又遇到台风，在海中朝西南方向漂流14天到了海南岛。这样，第五次航海又失败了。在海南岛，一行人受到了当地佛教徒地方官冯崇债的招待供养，并在他的护送下，从海南回到大陆，取道广西、广东、

---

① （宋）王象之撰：《舆地纪胜》卷一百二十七《景物下·吉阳军》，中华书局1992年版，第3625—3626页。

江西、江苏而回扬州。这次航行中，最大的损失是，鉴真不但失去了敦促他东渡的日本留学僧荣叡和所爱的弟子详彦，而且他本人的双目也因医治无效而失明了。①

鉴真于广德元年（763 年）五月六日，圆寂于日本招提寺宿房。大历十四年（779 年）二月八日，应鉴真弟子思讬之请，日本著名文学家淡海三船（真人元开）撰写了《唐大和上东征传》，因距离鉴真圆寂只有 16 年，思讬又是鉴真几十年来的随身弟子，所以这部《唐大和上东征传》所写的事实是可靠的。这部书写出之后，辗转传抄，目前在我国及日本保留了各种传刊本。小叶田淳在 1943 年写《海南岛史》时，提及《唐大和上东征传》是以伴随鉴真赴日而漂流到海南岛的高弟思讬的《东征传》为底本，（此书今已佚失）是最精确的史料。

在《唐大和上东征传》中，详细地记载了鉴真和尚漂流到海南后，传经建佛寺的事迹。

天宝七年（748 年）春，鉴真第五次航海赴日本国。同行人有僧祥彦、神仑、光演、顿悟、道祖、如高、德清、日悟、荣叡、普照、思讬等道俗 14 人、水手 18 人，以及余乐相随人员共 35 人。六月二十七日从崇福寺出发，至扬州新河（即现瓜洲的运河），后在舟山群岛又停留一月，十月十六日，他们在海上遇到风暴，风急波峻，水黑如墨。波浪一透，如上高山；怒涛再至，似入深谷。至冬十一月，他们在海上漂流 14 日始得着岸，遣人求浦，乃有四"经纪人"便引道去。四人回来说："和上大果报，遇于弟子，不然合死。此间人物吃人，火急去来！"便引舟离开。入浦，见一人被发带刀，诸人大怖，与食便去。夜发，经三日到达振州（现海南省崖县）江口泊舟。其"经纪人"上岸报郡，振州别驾冯崇债遣兵 400 余人来迎。引至州城，别驾来迎，冯崇债说："弟子早知和上来，昨夜梦有僧姓丰田，当是债舅。此间若有姓丰田者否。"众僧皆回答说："无。"冯崇债说："此间虽无姓丰

①　[日]真人元开著、汪向荣校注：《唐大和上东征传》，中华书局 2000 年版，第 62—74 页。

田的人，而今和上即将当弟子之舅。"即迎入宅内，设斋供养。又于太守厅内，设会授戒，仍入州大云寺安置。其寺佛殿坏废，众僧各舍衣物造佛殿，住一年造了佛殿。[①] 由此可知，唐代在海南置州郡时，在武则天执政期间，就在振州建立了大云寺，宣扬佛教了，到了唐玄宗又改建为开元寺。鉴真和尚到振州后，众僧捐款把坏废的佛殿再造，弘扬佛教经典。

在振州住了一年，别驾冯崇债自备甲兵 800 余人的浩荡队伍，送鉴真一行，经 40 余日，至万安州（今海南岛万宁市、陵水县）。州大首领冯若芳请住其家，三日供养。荣叡、普照师从海路经 40 余日，到崖州，州游奕大使张云出迎，拜谒，引入，令住开元寺。这是鉴真在海南之行所住的第二所开元寺了，说明当时海南各大州县建有开元寺。是时欢迎盛况空前，官僚参省设斋，施物盈满一室。这些物品，都是海南岛上的特产山珍。在大使以下，至于典正，作番供养众僧。大使亲手行食，将犹昙钵树叶以充生菜，复将优昙钵子供养众僧。所谓"优昙钵"，即东南亚一带特有的无花果树。是时，正逢崖州寺院遭遇火灾，寺被烧，鉴真和尚受邀请重新造寺。振州别驾闻和尚造寺，即遣诸奴，各令进一椽，三日内一时将来，即构佛殿、讲堂、砖塔、椽木有余，又造释迦丈六高佛像。登坛授戒、讲律，度人已毕，仍别大使离开海南岛，大使差派澄迈县令，着送上船。经三日三夜，便达

---

① ［日］真人元开著、汪向荣校注：《唐大和上东征传》，中华书局 2000 年版，第 67—68 页。又：关于这里所说的"大云寺"，在小叶田淳著的《海南岛史》中曾作了诠释："大云寺因为武后在天授二年十月命东西两京及天下诸州各立一寺，于是令藏大云经，而使僧侣讲解。"大云经原由东魏国寺的高僧法明等所撰，而为武后所上，据说武后是弥勒佛下凡而代唐室为阎浮提王的，所以由武后颁令天下，而加以重译为一本经典，然而这似乎是附会武周革命而被利用的。武后之后，武氏一族被除，中宗复位，罢大云寺，而重在各州新置大唐中兴寺。玄宗开元二十六年，令在天下各州郡立寺观各一所，以开元为寺号，而在天宝八年铸金铜天尊及佛像各一躯，分置于开元寺与开元观。然而开元寺并非全部新创，而更有不少是由大云寺、中兴寺改为开元寺的。譬如远在边境的临振郡，大云寺已经破坏不堪，而仍旧持续原来的名称。《舆地纪胜》第一百二十卷《吉阳军条下》说，开元寺在城西百余步胡澹庵（胡铨）缘化钟楼，而后代的府县志都抄袭《舆地纪胜》词句。这一寺庙传到明朝似乎全废，笔者认为开元寺大抵是在大云寺之后改称的。

雷州。①

鉴真和尚在海南期间，受到郡州长官及土著首领的热情接待。他为海南修建了两座开元寺，并亲自登坛授徒，宣扬佛教教义，这是第一次见诸文字的有关海南岛佛教传播的开端。而事实上，在鉴真未漂流至海南之前，岛上已有寺庙存在了。

现在，大云寺遗址尚存，在崖州镇水南二村西南2公里处，亦名开元寺，在宁远河出海口的冲积沙丘上，面积约1000平方米，据清宣统《崖州志》记载，唐天宝七年（748年），高僧鉴真第五次东渡日本，因遇风浪，漂至崖州，在该地创建大云寺，后改为开元寺，明代衰落废弃。采集青砖、板瓦、筒瓦和莲花形云纹瓦等。

不过，鉴真来海南岛前的海南佛寺，是设置州郡之后，从上到下强制设立的，有名无实。本地先住民黎族是不信仰佛教的，只有外地移民可充当。但来崖州或避难，或贬谪流放，或经商的人，对此却不热心。刘恂在《岭表录异》中曾记下此事："南中小郡，多无缁流。每宣德音，须假作僧道陪位。唐昭宗即位，柳韬为容广宣告使，敕文到下属州。崖州自来无僧家，临事差摄。宣时，有一假僧不服排位，太守王宏夫怪而问之。僧曰：'役次未当差遣编并去，去岁已曾摄文宣王，今年又差作和尚。'见者莫不绝倒。"② 由此可知，海南岛上的佛事，仅是在官人的阶层奉祀。

四、海南的伊斯兰教

唐代除佛教僧人来海南岛外，还有伊斯兰教徒。据徐恒彬、鞠继武《海上丝绸之路自古联结中西》中所载：隋大业六年（610年）至唐贞观六年（632年）间，由于唐朝与阿拉伯世界海上交往频繁，不仅广州有光塔怀圣寺、清真先贤斡葛思墓，成为著名的伊斯兰教圣地和海上交通的重要史迹，而且海南岛三亚市的酸梅角和陵水县的千

① ［日］真人元开著、江向荣校注：《唐大和上东征传》，中华书局2000年版，第68—71页。

② （唐）刘恂撰：《岭表录异》，（台湾）《钦定四库全书》第五八九册，第94页。

教坊发现的 50 多处阿拉伯人墓葬群，也是这个时期南海"丝绸之路"的重要见证。墓群面临大海，成为主要航线必经之地。许多阿拉伯人的商船在此驻留，安葬死者。墓碑和墓多用海边的珊瑚石制作和砌造，其中一块墓碑高 63 厘米，宽 52.5 厘米，厚 12 厘米，碑额刻一圆月，内刻阿拉伯文，意译为"万物非主，唯有穆罕默德是真主的使者"。碑面亦刻一行阿拉伯文，意译为"凡人必有一死，唯有至尊至大的真主永存"。①

现在，在三亚市伊斯兰古墓群中，可看到墓碑的墓尚有 60 座，墓均为坚穴土坑墓，上无封土，长 1.8—2 米，宽 0.8—1 米，深 1.2 米，没有葬具和随葬品，死者侧身屈肢，头在西北，脚在东南，面朝西。每座墓前后各竖一珊瑚石碑，碑多向西北，略呈方形，高 36—60 厘米，宽 35—58 厘米，碑上刻圆月、卷云、花朵、生命树等图案。碑文用阿拉伯文或波斯文书写，内容为《古兰经》、墓主姓名、死亡日期。②

据真人元开著的《唐大和上东征传》载，在鉴真和尚到万安州时，州大首领冯若芳请住其家，三日供养。冯若芳每年常劫取波斯船舶两三艘，取物为己货，掠人为奴婢。其奴婢居处，南北三日行，东西五日行，村村相次，总是若芳奴婢之［住］处也。③由此可见，唐代已有大批波斯人住在海南。在唐代，佛教及伊斯兰教已进入海南岛，或因统治阶层的命令，或因唐代"丝绸之路"经过海南，宗教文化随着政权的建置和海上交通的商务交往，已经成为海南岛上文化生活的一部分了。

五、冼夫人由"凡俗"走向"神圣"

冼夫人本来是一位少数民族的首领，是凡俗中的一员。就个人的作为来说，因为她对海南岛有特殊的历史功绩，岛上各族人民都敬仰

---

① 陈克勤主编：《中国南海诸岛》，海南国际新闻中心 1996 年版，第 356 页。

② 文物出版社编：《文物考古工作十年》，《海南省的考古发现与文物保护》，1991 年版，第 247 页。

③ ［日］真人元开著、江向荣校注：《唐大和上东征传》，中华书局 2000 年版，第 68 页。

她。由是，在她死后，民间百姓、知识分子以及最高统治者，出于不同的目的，在不同的历史时期，对她进行了不同方式的重新塑造，将她逐渐推上神坛。而这个过程，是在海南岛儋州的一所庙宇里先后完成的。这个庙是唐初年建。始建时称祖婆庙，是为祀奉冼夫人的专门庙宇。南宋时才改称为宁济庙。

这个敬仰、崇拜的过程，大体上分为三个阶段。整个过程，在宁济庙中，明显地表现为两个朝代内的事：

第一阶段：祖先崇拜。这是唐代完成的。古庙所在地是今儋州市中和镇。古儋耳，是黎族的聚居地。古代的黎族，是女性中心社会。女性是族群的祖先。至今仍留存的黎族古老龙被《祖宗图》①证明黎族的"祖宗"是女性。

海南人民把冼夫人当成自己的祖先，是将冼夫人集祖先的诸多特点加以崇拜的。海南各族群体，并没有把自己塑造成与冼夫人有血缘关系的后代，即冯氏或冼氏，而是在一般意义上，即在历史上黎族的祖先是女性。所以，在唐代以前，冼夫人作为祖先来崇拜，最初的形式是民间口头文学在海南民间的广泛流传。形式多种多样，包括民间故事、歌谣和传说等。如《中国民间故事集成·海南卷》中所保存的《冼夫人解救俚女》《纪念冼夫人的军坡节》《倡导垦殖》《冼夫人与八仙泉》《回娘家赠宝》《营根比武》和《冼夫人沙滩显圣》等。这些民间广为流传的故事，除了歌颂冼夫人的美好德行外，特别对她的政治抱负和政治判断能力给予了极高的评价。她身处南朝，朝代的变易不断时，她总是主动将岭南归附在中央王朝的旗帜下，并协助新建立的王朝，消除地方势力割据、平定叛乱，避免了岭南人民陷于社会战乱的灾祸，保护了国家的安宁和统一。这些民间故事，把冼夫人当作女性的"圣母"来歌颂。

儋州中和镇州前街南面的这所古庙，"始建于唐初，是海南建筑

---

① 蔡於良编著：《黎族织贝珍品·龙被艺术》，海南出版社2003年版，第39页。

年代最早的冼庙"。[①]据民国《儋县县·坛庙》卷四记载："自有唐来，已立庙。"这个祀奉冼夫人的专庙，开始时称祖婆庙。

祖婆庙里有一口古井，传说是梁武帝大同年间纪念冼夫人所凿，称为"太婆井"。院内有9具黎首的石雕像，据考证，是为唐初刻造，再现了历史上儋耳黎族千余峒归附冼夫人的历史事实。

这些，都是唐代以前的事。

冼夫人的事迹是唐代写入正史的。《隋书·谯国夫人传》载，距冼夫人逝世不到20年，这是全面记述冼夫人业绩最早、最可靠的文字。传中说，唐代肃宗（756年）中，岭南未有所附，于是几个郡"共奉夫人、号为圣母，保境安民"。"圣母"一说，是唐代中叶概括唐初以前的民间传说，包括在儋州的民间传说而形成的。

当然，对冼夫人作为祖先加以崇拜，海南的广大信众不是因为读了作为正史《隋书》中的记述而作出的，而是因为"太婆井"，因为碑刻作跪状、坐状，听受冼夫人或宽或严处理的黎峒首领归附者的形象作出的。

第二阶段：英雄崇拜。这是北宋年间因苏东坡瞻仰太婆庙而赋诗一首称颂冼夫人为英雄。

苏诗全文：

> 冯冼古烈妇，翁媪国于兹。策勋梁武后，开府隋文时。三世更险易，一心无磷缁。锦伞平积乱，犀渠破余疑。庙貌空复存，碑版漫无辞。我欲作铭志，慰此父老思。遗民不可问，俚句莫余欺。爇牲菌鸡卜，我当一访之。铜鼓壶卢笙，歌此送迎诗。[②]

这首诗作于宋哲宗绍圣四年（1097年）。根据《隋书》及《北史》的《冼夫人传》，冼夫人在父母家时，就能抚循部众，压服诸越，海南儋耳归附者千余峒。梁武帝大同初年，高凉太守冯宝聘以为妻。适

---

① 杜建心：《宁济庙及其他》，《冼夫人研究文集》，南海出版公司2009年版，第110页。

② 苏轼：《和陶拟古九首》（其五），见《苏轼诗集》卷四十一，中华书局1982年版，第2262—2263页。

逢高州刺史李迁仕反，夫人起兵击之，大捷。及冯宝去世，岭南大乱，夫人怀集百越，数州安然。陈朝永定二年（558年），广州刺史欧阳纥反，夫人发兵抵抗，被封为高凉郡太夫人。陈朝灭亡，隋文帝安抚岭南，封洗夫人为宋康郡夫人。不久王仲宣反，洗夫人进兵到南海，岭南悉定，封谯国夫人，受临振县（属海南崖州）汤沐邑1500户。这样，洗夫人在南朝、隋初是岭南少数民族的女首领。苏轼界定她是一位建立功业的女性，即"烈妇"。

对洗夫人的生平功业，苏轼概括为三段：

"策勋"二句，是指洗夫人在梁武帝至隋文帝时三次平定叛乱。至于开建府署，是指洗夫人被封为谯国夫人后，"幕府置长吏以下官属，给印章，听发部落、六州兵马，若有机急，便宜行事"。就是说，如果遇到有机要急事，她可以不等上级命令，而自宜行事。"开府"指这回事。

"三世"二句，是说洗夫人经过梁、陈、隋三世，无论动乱还是安定时期，都不改变她的忠心。她是经得起考验的。

"锦伞"二句，是引述《北史·烈女传》记洗夫人平定王仲宣叛乱时，有"亲披甲，乘介马，张锦伞"的话。

这首诗是苏轼在宋绍圣四年（1097年）四月62岁时，再贬琼州别驾，昌化军（治所在今儋县中和镇）安置，到达中和镇后游览太婆庙写的。是苏轼诗中，也是中国诗史上第一首歌颂洗夫人的诗。这首诗的前八句，将《隋书》《北史》等官修正史中对洗夫人生平功业的重要史实，加以提炼和形象的概括，奠定了洗夫人作为历史上英雄的地位，同时也成为海南人对洗夫人作英雄祀奉的基础。

自此以后，洗夫人在海南民间就当作英雄加以崇拜。

第三阶段：神灵崇拜。据正德《琼台志·坛庙·儋州》载："宋绍兴间，贵州教授乡人羊郁乞赐号，封显应夫人，庙额曰'宁济'。"宋高宗赵构有宁济庙的《庙额诰》：

> 儋州在海岛之中，民黎杂居，厥田下下。弥寇攘之患，格丰登
> 之祥，惟神之功，宽朕之忧。顾未加翟第，阙孰甚焉。其改为小君，

易二百年之称号。尚凭宠命，弥广灵厘。①

正德《琼台志》的记载，充分说明了冼夫人上升为神灵的缘由。

这段记录，包含的讯息十分丰富：

第一，封神的时间和地点。在南宋高宗时（1131—1162年），皇帝赵构应时任贵州教授的儋州人羊郁的请求，赐祖婆庙名称。赐封是专门针对祖婆庙的，赵构赐庙名为宁济庙。"宁济"的意思，正如宁济庙的楹联所示："宁邦仰巾帼英雄，张锦伞，复南疆，丰功永记名宦录；济世为黎民保障，播芳名，震东粤，坤德长留众姓歌。"表示人民的赞颂和百姓的感恩并重。

第二，将冼夫人正式封为神。赵构题写的《庙额诰》中详细地论证了冼夫人为什么是神。关于这一点，应该联系到冼夫人及冯冼家族治理海南岛这近100年时间的社会状况。赵构指出，儋州是在海南岛上。这个海岛，汉族老百姓与黎族人民杂处。这个地方的田土十分荒瘠，属于下下等级。但是，这些年，这里没有盗寇的抢攘，却五谷丰登。为什么？是冼夫人的神力。赵构这个判断，是有地方史作为依据的。上文说过，自梁大同初年冼夫人建议设置崖州起，她的儿子冯仆、孙子冯盎直到她的后裔子孙冯世接在唐贞观年间（627—649年）任崖州都督府都督为止，这段时间恰好是一个世纪左右，过去的海南岛是治乱无常的，而这100年时间里，盗寇"不复抄掠"，也没有大的叛乱。这段时间以及后来延至南宋赵构偏安江南的前后，中原战乱频繁，百姓流离失所，动荡不安，大批汉人陆续移民海南；海南社会稳定，经济发展，文教兴盛，黎汉文化融合。这样一个祥和的局面，即是诰文说的"丰登之祥"，这不是神的力量怎能办得到？这是他作为皇帝，于此得到宽慰，所以封为神。

第三，封为什么神？名称为何？赵构的封号是"显应夫人"。他解释说，这么一位有神的功力的人，却一直"未加翟茀"。翟茀，是指车帘两边或车厢两旁用翟羽为装饰的车子，古代贵族妇女所乘。意思是说，向来未加以装饰，即没有封号！赵构说，这个差错是很大的！现在封为"显应夫人"。"显应"，意为显扬应验。"夫人"，赵构用古代文献《谷梁传·庄公二十二年》中的典故，说是"小君"，即诸侯之妻。这样，"易二百年之称号"。这位高凉太守冯宝的妻子，能够显扬应验，有求必应，这就更加扩充了神灵的效应。

经过皇帝的封号，冼夫人达到了神灵崇拜的高度。

2011年，海口市冼夫人文化学会冯健英、冯所海两位民间冼夫人文化研究者，调查海南全省的冼夫人庙，笔者也曾跟随两位调查了一段时间。据他们调查不完全统计，海南省有冼夫人庙262座，其中专祀冼夫人的有139座，主祀的有92座，兼祀的有32座（含主祀冯宝兼祀冼夫人的庙宇）。海口108座，定安46座，文昌32座，屯昌21座，琼海17座，澄迈16座，万宁8座，临高8座，儋州3座，琼中2座，三亚1座，另有被毁坏的10座。密度之最当是琼山的旧州镇，有27座之多。262座冼庙覆盖有村庄2000多个。

在冯所海写的海南岛冼夫人庙调查报告中，详细说明他们调查的冼夫人庙情况，在这262座庙中，关于冼夫人庙的情况主要有：

1. 分布和覆盖地区

寻访人员亲临374座供奉有"婆"的庙祠，认定供奉冼夫人神躯的庙祠有262座（有相当地方认为"火雷"是冼夫人的神街，存疑，不计入）。

这262座庙中，专祀冼夫人的有139座，占53%；主祀的有92座，占35%；兼祀的有32座（含主祀冯宝兼冼夫人的庙宇），占12%。

这262座庙中，海口108座（其中琼山59座，美兰31座，龙华13座，秀英5座），定安46座，文昌32座，屯昌21座，琼海17座，澄迈16座，万宁8座，临高8座，儋州3座，琼中2座，三亚1座，另有被毁坏的10座。此外，还有许多私人家庭里置神龛供奉冼夫人的金躯神像，不计在内。

供奉冼夫人神躯的庙宇大部分分布在岛北地区。分布密度之最当是琼山的旧州镇，有 27 座之多。黎族、苗族群众聚居的地区也有冼夫人庙，主要是琼中县的湾岭和黎凑，以及屯昌县的南典山、琼海市的石壁等地区。

每座冼庙覆盖的村庄，少则两三个村，大多是二三十个村，甚至有八九十个村。有的跨越两三个乡镇，有的还跨越县、市。每个庙统辖上千或上万人口。大略估算，262 座冼庙覆盖有村庄 2000 多个，人口占全岛居民半数以上，有汉、黎、苗民族，以汉族居绝大多数。

2. 冼庙的建设规模和始建时间

海南冼庙的建筑颇具特色，富有南方海岛风情，大致可分为四类：

第一类：有前进和后进，中有拜亭，旁有厢房，庭院铺青石地板，雕梁画栋，颇具规模，雄伟壮观，有 20 座。

第二类：修缮一新，琉璃瓦面，有 108 座。

第三类：传统瓦屋，简朴整洁，有 74 座。

第四类：破旧，或矮小，有 60 座。

这第一、二类的庙宇都是近 30 年内重建的，加入了许多当代的观念和材料，崭新亮丽，占 50%。

各庙的始建时间大多遗失。古时的海南，尚称"蛮荒瘴疠"之地，文化不发达，庙宇历史少有文字记载，只在首领们中代代口传心记。岁月沧桑，年长日久，渐渐被人遗忘而讹传。庙宇中的古碑有零星记载在明清时期有过修缮或重建，但在历次破除迷信运动中基本损失殆尽。当地人多把重建当作新建，致使遗失了始建时间。寻访发现，越是僻远地方的冼庙，越是保留古老的元素。如此，必须大力寻找古物遗存，收集古代传说，加以分析甄别，寻找出该庙的始建时间，才能准确地把握冼夫人文化的传承脉络。

在唐、宋、明、清，每个朝代都有皇帝封赐冼夫人的记录。可以推想，每一次封赐，各地都会掀起建庙高潮。这一点，要认真加以考虑。

3. 古物遗存丰富

这次寻访，发现许多明清时代的物品，主要是：

（1）石类：碑刻、人物雕、动物雕、香炉、盆槽。如儋州宁济庙、澄迈瑞溪南山洗庙、琼山旧州陈村婆庙等遗存的古石碑、人物雕，就十分清楚地记载了该庙的殿。

（2）金属类：钟、香炉、八宝、武器、银质神躯、铁。如临高某洗庙的银质神躯、儋州某洗庙和美兰某洗庙的铜香炉等，都是古色古香的古物。

（3）木类：神躯、出行头牌、谶诗雕版。如澄迈瑞溪南山洗庙遗存的谶诗雕版，是明代所制，雕刻工艺好，很美、很古。

（4）布类：锦伞、旗帜、锦旗。如屯昌下寨洗庙的清代旗帜、美兰三江炉山洗庙的清代锦伞等，保存得很好。

（5）谶诗：洗夫人庙专用谶诗三套，追根溯源，源头分别在琼山区云龙镇迈操洗夫人庙、龙华区新坡墟洗太夫人庙和澄迈县瑞溪南山正顺夫人庙。

（6）张岳崧题词：有三幅，在琼山旧州江前宫、临高皇桐富理洗太夫人庙和定安县龙湖下市洗太夫人庙。

4. 洗庙的节期和军坡活动

全岛各洗太夫人庙都有军坡节期。军坡节大多在农历二月，从初一到廿九不等。有些地方，有洗夫人"婆"期，也有"公"期，一年中难以举办几次节庆，就把几个"期"合并为一个"期"，从中挑出一个"期"来，确定为"军坡节期"。有些奉祀峒主公的庙，或其他娘娘的庙，也在农历三月举行军坡活动，个中原因，有待考究。

军坡节是与洗夫人有密切关系而衍生的节日，也就是说与"军"有关，与"武"有关，与"洗夫人出军"有关。这个节日是纪念洗夫人的专门节庆，奉祀峒主公的庙举办军坡节，可能是当年此峒主是洗夫人政策的忠实执行者，使得地方和平安定，峒人安居乐业，后人纪念峒主的同时也纪念洗夫人，于农历二月举行军坡节。奉祀其他娘娘的庙举办军坡节，有多种情况，可能是游移的结果；或是此庙原供奉洗夫人，后来游移改为供奉其他婆祖；甚者此庙为了纪念洗夫人，将原来的节期改在农历二月，并加闹军坡。

较大规模的冼太夫人庙自己举办装军出阵的大型活动，较小庙难以独立举办遂配合参与大庙的活动，而最起码的一项就是各庙都"吃军坡"。吃军坡就是在军坡节庆日，该庙境属范围的村庄，家家户户备足酒食，四方亲戚朋友相携相引前来喝酒。军坡活动的传统内容主要是：祭祀、过火山、上刀梯、穿杖、装军出阵、婆祖巡村、商品交易，近年大量增加文娱体育活动。

祭祀。祭祀有一套严格虔诚的仪式，主要是：卜选"婆头"、沐浴起斋、退神洁身、迎神登龛、膜拜祈福。膜拜祈福是家家户户争先轮番进行的。

过火山。其是军坡活动的一项独特项目，颇具军旅色彩，是不惧战场残酷勇敢向前的写照。

上刀梯。其是军坡活动的一项独特项目，颇有"不惧利刃"的胆识和当年比武"刀枪不入"的武功。

穿杖。其是一项特有的最具刺激的项目，且颇为神秘。被刺穿身体部位不仅没有流血，事后也好像没有留下疤痕。

装军出阵。装军是各兵种武术表演，是整个节期的高潮。

婆祖巡村。其是冼夫人神躯率队巡行墟镇街道和境属村庄，驱魔镇邪送福，保护一方平安。

商品交易。军坡节期间是商品交易盛会，农产品、工业品等各类商品摊点遍布街墟。军坡活动几天时间，集市的交易额大都相当于当地几个月的商品交易总额。

如今，不少地方的军坡节已演化成为"冼夫人文化节"，海口、澄迈、定安、琼海等县市都在县城举办冼夫人文化节，尤以海口最具规模。一些乡镇政府支持文化节活动，给予参与在文化节期间组织队伍上街巡行的冼庙，支持两三千元不等。

5. 冼夫人在民间的街号

称"冼太夫人"者，当是今人的称谓。全岛各冼庙中，冼夫人的街号有多种多样，不尽相同。这是历朝历代有不同的封诰所致，其街号主要有：

境主

高凉郡主正顺一品夫人

通行三界懿美一品夫人

正顺英灵济世先斩后奏神加级一品娘娘

高凉郡主谯国帅母正顺诚敬护国慈佑夫人

陈村正顺柔惠懿美夫人

陈村懿美柔惠正顺显应夫人

承天正顺柔惠懿美夫人

通天游殿感应妃仙显赫济世救民正顺懿美夫人

通天高岭云烟仙灵显侯安邦利济妙感柔惠夫人

三天传奏春风懿美感应娘娘

三天利济庇民忠贞护国正顺显应懿美夫人

谯国正顺冼太万应娘娘

九天卫房懿美慈孙圣母娘娘

游洋靖海冼太夫人

柔惠正顺懿美夫人南天闪电火雷圣娘

柔惠正顺懿美逢神加级严感灵火雷圣娘

正顺火雷圣娘

火雷圣娘坤元圣后正顺懿美夫人

火懿圣娘

在中部县地，大部分的庙里，供奉一尊婆祖神像，街称"柔惠正顺懿美火雷圣娘"。有学者认为，"火雷圣娘"是冼夫人在神界的街号，"柔惠""正顺""懿美""火雷"等，均指称冼夫人。关于这一点，有待专家学者加以考评。

修缮或重建冼夫人庙，都是群众自愿捐款，简直是一呼百应，户户捐款，人人出力，不甘落后，少则一二百元、多则三五千元的不计其数，甚至有个人捐款20万元、80万元的。这是确确实实的真人真事，芳名勒碑榜示，事迹感人。几乎每座庙宇内，都竖立捐款芳名碑，或建芳名榜，或挂玉照，或印芳名册，表彰其拳拳的敬祖赤心，昭示其光辉榜样，万古流芳。

2011 年 12 月，冯健英副会长赋诗七律一首《寻访冼庙感怀》，云：

> 寻访圣庙舍家小，万里经年日夜熬。
>
> 越涧翻山观古雅，顶风冒雨问黎苗。
>
> 涉洋柔惠奇甸逸，坐龛显应祟灾消。
>
> 金身两百集民爱，香火腾腾功业昭。

这首诗，正是寻访冼夫人庙过程的真实写照和寻访人的真切感怀。

祭拜冼夫人，千百年来人心所向，是一股强大的潮流。冼夫人的赤心报国、相夫教子、亲民睦邻、济困救危、劝农助学、镇邪除恶、保境护民、救苦救难、济世万方……这一切的一切，不论是人的冼夫人，还是神的婆祖，在老百姓的心目中，都是一面光辉的旗帜，凭依的靠山。因此，人人敬仰冼夫人，热心建庙奉祀冼夫人，有事祈求冼夫人，闹军坡纪念冼夫人。世世顶礼膜拜，代代香火鼎盛。这是一种纯真的自然的内心倾注，也是海南特有的文化现象。①

在民间信仰方面，除佛教和伊斯兰教外，唐代在海南岛儋州州署前直街东南坊，自有唐以来已立宁济庙。祀谯国夫人冯冼氏，夫人自梁陈隋三代，为儋州所归附，庙门有归附黎首九具。据苏东坡《和陶拟古九首》（其五）：一首，有"庙貌空复存，碑板漫无辞"之句；唐胄在正德《琼台志》卷二十六载："宁济庙在州治南，祀谯国夫人，夫人在梁时，儋耳归附者千余峒，及没后，于儋又有移城之功，故唐宋来州人庙祀之。"

综上所述，汉族信奉儒、道、佛教，回族信奉伊斯兰教，而黎族则依然是恪守祖宗崇拜及自然崇拜。就信奉者分布的范围而言，祖宗崇拜则是当时信仰的主流。

---

① 冯所海：《冼太夫人庙是传承冼夫人文化的重要载体——海南岛冼太夫人庙调查报告》，载陈雄编著：《冼夫人文化探索 30 年》，人民出版社 2013 年版，第 255—268 页。

第九节　唐代关于海南海盗的记载

在琼州海峡及海南岛周围海域地带，山海交错，无数源于荒芜的山间台地，奔腾入海的溪流将其切割得支离破碎，而南海浩瀚，沧海淼漫，具有战略地位的海南岛，是海盗来往藏匿的好去处。

历史上有海洋就有海盗，海盗是人类最古老的职业，早在3000年前的东南亚沿海地带和地中海沿岸就出现了有组织的海盗，他们既进行贸易航行，也进行掠夺式的袭击。到了唐代，由于沿海商业的发达，乘着季候风川流不息穿越重洋的商船，运载着巨额的财富；海盗也为了追逐财富，在南海作案。海南地处荒僻，处南海之中，成为海盗的天堂。更有甚者，海盗与地方官、土著首领以及洋裔互相勾结，在岛上安居乐业，亦商亦盗，过着丰衣足食甚至是极其奢华的生活。在《太平广记》中，记载了两小则有关海南的文字，有趣的是，文中的主人公陈武振与韦公干，就是海盗与官吏互相勾结的典型。

《陈武振》中的陈武振，无疑是一个十足的海盗，书中载：

> 唐振州民陈武振者，家累万金，为海中大豪，犀、象、玳瑁仓库数百。先是西域贾漂舶溺至者，因而有焉。海中人善呪术，俗谓得年法。凡贾舶经海路，与海中五郡绝远。不幸风漂失路，入振州境内，振民即登山披发以呪咀，起风扬波，舶不能去，必漂于所呪之地而止。振武由是而富。招讨使韦公干，以兄事武振，武振没入，公干之室亦竭矣。[1]

又《韦公干》载：

> 郡守韦公干者，贪而且酷。掠良家子为臧获，如驱犬豕。有女奴四百人，执业者太半。有织花缣文纱者，有伸角为器者，有镕锻

---

① （宋）李昉等编：《太平广记》卷二百八十六《陈武振》，中华书局1961年版，第2282页。

金银者，有攻珍木为什具者，其家如市，日考月课，唯恐不程。公干前为爱州刺史，境有马援铜柱，公干推镕，货与贾胡。①

像这样的酷吏，在海南，是以盘剥民脂民膏而自肥，他与陈武振等海盗勾结在一起，亦官亦商亦盗。至于陈武振的"咒术"，因不得而知，且存而不论。

当鉴真行将出发到日本时，为天宝二载（743年）年末，当时海盗大劫繁多，台州、温州、明州海边，并受其害，海路埋塞，公私断行。天宝三载（744年）夏四月，南海太守刘巨鳞击破海贼吴令光，永嘉郡平。②但鉴真一行仍然冒险前行。可见当时南海海盗的猖獗。而当他们在第五次航行遇风暴漂流到海南岛振州时，迎接他们的是别驾冯崇债。住了一年后，冯崇债送他们到万安州，州大首领冯若芳，其实也是一名海盗，他亦官亦盗，富甲一方。《大唐和上东征传》中载："若芳每年常劫取波斯舶两三艘，取物为己货，掠人为奴婢。其奴婢居处，南北三日行，东西五日行，村村相次，总是若芳奴婢之［住］处也。若芳会客，常用乳头香为灯烛，一烧一百余斤。其宅后，苏芳木露积如山；其余财物，亦称此焉。"③冯若芳就是唐代在南海上的海盗，他在海南岛上与官史勾结在一起，过着自由自在的生活。若对唐代海南海盗作客观分析，当时的海盗除了抢掠等破坏活动外，对于海南的海外交通、造船业以及文化发展，在客观上也起了促进作用。鉴真的遭遇即是一例。

---

① （宋）李昉等编：《太平广记》卷二百六十九《韦公干》，中华书局1961年版，第2113页。

② （后晋）刘昫等撰：《旧唐书》卷九《玄宗下》，中华书局1975年版，第218页。

③ ［日］真人元开著、汪向荣校注：《唐大和上东征传》，中华书局2004年版，第68页。

第十节　唐代海南部分人物简介

1. 冯盎

571—646 年，高州良德人，冯宝和冼夫人的孙子，冯仆的儿子，他的家族在历朝历代中都是本部落的大首领。冯盎从小就在行军打仗、指挥作战方面比较有才能，被隋朝开国皇帝杨坚封为宋康令。隋朝仁寿年间初期，潮（今潮阳县西北）、成（今封开县东南贺江中）等五州的土著造反，冯盎驰马前往京师，请旨讨伐他们。隋文帝诏左仆射杨素与他议论敌方形势，杨素过后说："想不到蛮夷中竟有这样的人物，实在是出人意料。"于是立刻命令冯盎率领江、岭兵进行讨伐。平乱后，授予冯盎金紫光禄大夫，沿袭汉阳太守衔职。

唐武德三年（620 年），广州、新州高法澄反，冯宝彻等共同受林士弘调遣，杀朝廷官吏，被冯盎率兵平定。紧接着冯宝彻的儿子冯智臣又在新州聚集兵力，自己担任魁首，冯盎率兵前往讨伐。双方军队在作战之时，冯盎在阵前摘掉头盔大声呼喊："你们大部分人都认识我吧？"叛变的军队为之撼动，纷纷放下武器，袒胸，下跪叩拜，众士卒于是溃散，冯盎活捉冯宝彻、冯智臣等一群首领，岭外得以平稳安定。有人对冯盎说："自从隋朝灭亡，国内外大乱。目前唐朝虽然顺应时运产生，但是政教还未敷众望，两广及越南北部的一角，尚未被唐朝平定。现在你已经攻克了五岭 20 多个州，汉初赵佗的九郡怎么能和你相提并论？请你自封为南越王吧。"冯盎回答说："我世居南越，迄今已经有五代，作为岭南边疆州长的，也只有我一姓，子女钱财我都有了。人生大富大贵像我一样的恐怕是很难达到了。我经常担忧的是不能担负起重任，而毁了先人所创造的家业，有荣华富贵已经足够，我还要求什么呢？南越王的封号，我从来没听说过。"

武德四年（621 年），冯盎率领南越之众归降唐朝，唐高祖将冯盎原据有的地区划分为罗、春、白、崖、儋、林等 8 个州，委任冯盎为上柱国、高罗总管，封他为吴国公，不久又改封为越国公；委任他的儿子冯智戴为春州荆史，冯智或为东合州刺史，之后调职，封冯盎为耿国公。贞观五年（631年），冯盎进京朝见唐太宗，唐太宗设盛大的宴席接待他。没过多久，罗、窦各峒的獠人反叛，唐太宗诏令冯盎率领军众2万人担任讨伐诸军的先锋。那时有数万反叛的土著占据险要关隘，冯盎的军队不能靠近。冯盎手持弓弩对身边的人说："我的箭射完了，就可知道胜负。"他连发七箭射死敌人七人，反叛者的队伍惊恐溃逃，冯盎乘机挥兵追击，斩杀敌军首级1000余级。唐太宗下令让冯智戴前往慰问军队，以后赏赐无法计算。冯盎有奴婢达万余人，居住的地方占地方圆2000里，他宵衣旰食，对待政务详细查询，遵循事实、法律条令严肃而公正。贞观二十年（646年）冯盎逝世，朝廷追封他为左骑卫大将军、荆州都督。[①]

2. 韩瑗

606—659年，雍州三原（今陕西三原县东北）人。"少有节操，博学有吏才。"贞观年间，连续升迁官至兵部侍郎，承袭父职颍川县公。永徽三年（652年），升迁任职黄门侍郎。永徽四年（653年），和中书侍郎来济一起任职中书门下三品，同时监督修订国史。永徽五年（654年），加封为银青光大夫。永徽六年（655年），升任侍中，同年兼任太子宾客。当时唐高宗想要废掉王皇后，韩瑗痛哭进谏，认为"国家多次有废黜扶立，不是长久之计"。皇帝不采纳他的意见。没过多久，尚书左仆射褚遂良因为忤逆圣旨被贬为潭州都督，韩瑗再次上书，诚恳说到，"褚遂良深遭诽谤，身负不好的言论，这种事情会刺痛有志之士的心，损害陛下的英明"。皇帝不采纳他的意见，韩瑗见多次上书均不被采纳使用，便忧愤上书，请求辞官归田，但是没有被允许。显庆二年（657年），许敬宗、李义府迎合武则天的想法，上奏诬陷韩瑗与褚遂良私下图谋不轨，于是（皇帝）再次贬褚遂良为爱州刺史，

[①] （后晋）刘昫等撰：《旧唐书》卷一〇九《冯盎传》，中华书局1975年版，第3287—3288页。

贬韩瑗为振州（今海南省崖县）刺史。显庆四年（659年），韩瑗在官府住所去世，享年54岁，第二年，长孙无忌去世。许敬宗等人又上奏韩瑗与长孙无忌通信图谋不轨，派遣御史杀韩瑗。等到御史到达振州后，韩瑗已经死了，便开棺验尸返回朝廷，抄没他的家产，并将其子孙流放到岭南。神龙元年（705年），唐中宗遵照武则天遗命追加恢复韩瑗的官爵。① 清代崖州王瑞瑄（拔贡）有《吊唐韩公瑗》诗，诗中写道：

> 中外寒蝉寂不扬，独怜忠谏屏炎荒。
>
> 潮阳北去无鸣凤，庾岭南来有堕霜。
>
> 京兆家声传旧史，振州林木隐甘棠。
>
> 遐陬谪宦踪相继，凭吊堪增瀣海光。②

3. 王义方

615—669年，泗州涟水（故城在今江苏涟水县北）人。年幼时父亲去世，生活困难，服侍母亲非常慎重恭敬，广泛通晓《五经》，即《诗》《书》《礼》《义》《春秋》，为人正直不屈，特立独行。太宗时，王义方被授予晋王府参军一职，在弘文馆当值。宰相魏徵觉得他的才华能力十分难得，想要将夫人的侄女嫁给他，他推辞不娶；不久后，魏徵去世了，他又将魏徵夫人的侄女娶为妻子。别人问他为什么这么做。他说："当初是因为不想攀附宰相，而现在是感激宰相的知遇之恩。"后来，转为太子校书的职位。

王义方素来与刑部尚书张亮交好，不久张亮因为谋反罪被处死，王义方也因此受到株连，被贬到儋州（今海南儋州市）吉安县做县丞。在经过南海的时候，看到船夫渔民拿着酒肉祭奠海神，王义方说："黍稷不是用来祭奠神明的最好的祭品，最好的祭品应当是彰显美好的德行。"于是，他就斟水来祭祀，祭文道："思帝乡而北顾，望海浦而南

---

① （后晋）刘昫等撰：《旧唐书》卷八〇《韩瑗传》，中华书局1975年版，第2740—2742页。

② （清）宋锦增辑、黄德厚分修：乾隆《崖州志》卷十《艺文志》，海南出版社2006年版，第361页。

浮。必也行愆诸己，义负前修。长鲸击水，天吴覆舟。因忠获戾，以孝见尤。四维雾廓，千里安流。灵应如响，无作神羞。"当时正值盛夏，海风海浪凶狠猛烈，热气升腾，随后云散开，天气变得晴朗起来，王义方得以南渡到吉安县。人们都称赞他。

吉安县在当时被认为是蛮荒之地，风俗粗野，冷落偏僻，长期闭塞，王义方到任后，召集地方的首领，集合一些学生门徒，亲自为他们讲授经典，举行祭奠先师的礼仪，教给他们清唱与短笛和鸣，老少尊卑并然有序。由于王义方传播中原文化，而令当时的地方首领十分高兴，人人都乐于顺从王义方的管理。

贞观二十三年（649 年），朝廷变更他的职位，授予他洹水县县丞一职。当时，张亮哥哥的儿子张皎被发配流放到了崖州（今海南省海口市琼山区东南），前来投靠王义方，后来死了，临终前将自己的妻子和儿女托付给了王义方，并拜托他将自己的尸体运回故乡安葬。王义方与张皎的妻子向海神发誓，让奴仆背着灵柩，让张皎的妻子抱着孩子骑着他自己的马，他自己则步行跟着走回来，先到原武（今河南原阳）将张皎安葬好，告慰祭奠张亮，然后将张皎的妻子儿女送回他们家，这才去洹水上任，又改任云阳县县丞，后被提拔升职为著作佐郎。显庆元年（656 年），升任为侍御史。

当时中书侍郎执掌朝政，奸邪妨害政务，王义方将要弹劾上奏，他先拿这件事问自己的母亲。母亲说："从前王陵的母亲用自杀来成全儿子的义节，你能尽忠立名，正是我所希望的，即使死了也不后悔。"王义方于是面对唐高宗，当廷弹劾，历数李义府罪状，请求清除皇上身边的坏人。但唐高宗认为王义方毁辱大臣，言词傲慢无礼，把王义方贬谪到莱州（今山东省莱州市）任司户参军。后来王义方客居昌乐，就招募学生教学。母亲去世，于是就不再进身为官。总章二年（669 年）卒，享年 55 岁。撰写《笔海》十卷、《文集》十卷。学生何彦光、员半千为王义方制师服，三年丧期完毕才离去。①

---

① （后晋）刘昫等撰：《旧唐书》卷一百八十七《王义方传》，中华书局 1975 年版，第 4159 页。

《海南日报》记者陈耿转赠的 2003 年王义方祖祠理事会续修的《王氏族谱》中，记载了王义方后代在琼的讯息。乾隆二十八年（1763 年）第二十三代孙在《续修谱序》中说："我中家族秉从始祖王义方贬官到琼，后来公升洹水，长子跟随回去，二儿子王承休公赘到符氏，寓居在那里，复迁于定，而派于思河、那阳、南雷、南狗、白蒙、陵水，世远籍异，俱未及纪。惟有名叫琛公老人，始于会而家焉。"从族谱介绍中，王义方后裔分散在今琼山、定安、文昌、万宁、琼中、澄迈、临高、陵水等市县，在琼海市，王义方后人主要集中在塔洋、嘉积、大路等乡镇村落。2003 年 11 月塔洋镇仙寨村"王义方纪念堂"落成，前往参加的王氏后人有近千人。《海南日报》报道："这座纪念堂由牌匾书法、文化长廊和王义方祖祠组成，占地 2000 多平方米，建筑布局仿古风格，诉说着 1000 多年来一个家族的风云变幻。"[①]

4. 鲁王灵夔

是唐高祖（李渊）的第十九子，少年时有美好的声誉，精通音律，自幼爱好学问，特别擅长于草隶，与同母兄韩王元嘉十分友爱。贞观五年（631 年），封为魏王。贞观十年（636 年），改封为燕王，封地 800 户，授予幽州都督的官位。贞观十四年（640 年），改封为鲁王，转任兖州都督。贞观二十三年（649 年），封地加到上千户。永徽六年（655 年），改当隆州的刺史，后来历任绛、滑、定等州的刺史、太子太师。垂拱元年（685 年），转任邢州刺史。垂拱四年（688 年），博州的刺史琅琊王冲在博州起兵，王冲的父亲豫州刺史越王王贞又出兵于豫州与王冲相应，鲁王灵夔和元嘉兄的儿子黄公谍合谋，想出兵接应越王王贞父子，这事泄漏，发配流放到振州，上吊自尽身亡。[②]

5. 韦方质

雍州万年（今西安市）人。韦云起的孙子。武则天当政时期，于光宅元年（684 年）任鸾台侍郎、地官尚书、同凤阁鸾台平章事。曾

---

① 陈耿：《王义方，不应被海南遗忘》，载《海南日报》2004 年 3 月 16 日。
② （后晋）刘昫等撰：《旧唐书》卷六十四《高祖二十二子·鲁王灵夔》，中华书局 1975 年版，第 2434 页。

经生病,武承嗣兄弟前往探视,韦方质躺在床上不为之礼。左右对他说:
"惧见权贵,恐怕会招来大祸。"韦方质答道:"吉凶命也,大丈夫岂
能折节曲事近戚以求苟且呢。"载初元年(690年)一月,被酷吏周兴、
来子珣联合诬告,流放儋州,抄收家产,不久死在儋州。神龙元年(705
年),得到昭雪赦免。[①]

6. 王敬晖

字仲晔,绛州平阳(今山西运城市新绛县)人。圣历元年(698年),
担任卫州刺史。当时,河北各州因突厥入寇,在秋收之时征调百姓修
筑城池。王敬晖说:"城池再坚固,没有粮食也守不住,怎能为修缮
城池而延误秋收。"于是将筑城民众遣散。阖部得到了安宁。后来,
王敬晖升任夏官侍郎,又出任太州刺史,改任洛州长史。不久,武则
天前往长安,任命王敬晖为东都副留守,受到武则天的嘉奖。他以治
理能干出名,受玺书慰问犒劳,多次赠予物品。

长安二年(702年),王敬晖拜中台右丞。诛杀张易之等有功,加
封为金紫光禄大夫,升任侍中、平阳郡公,封地500户,不久又进封
齐国公。武三思非常恼怒不服。王敬晖不久被封为平阳郡王,加特进,
罢休政务。先前,张易之被诛杀之后,薛季昶也请收捕武三思等人,
王敬晖也苦心竭力地规劝,但未被采纳。武三思搅扰混乱朝政,王敬
晖经常拍床嗟叹,有时甚至激愤吐血。不久被贬,流放琼州(今海南
省海口市琼山区),被周利贞所害。唐睿宗时,追复官爵,又赠秦州都督,
赐谥肃愍。[②]

7. 薛季昶

绛州龙门(今山西省河津县西北)人。武后时上书,由平民提拔
为监察御史,监察司律刑狱,很是中武后的心意,于是多次升职做到
御史中丞。后提拔做了给事中,万岁通天元年(696年),夏官郎中侯

---

① (后晋)刘昫等撰:《旧唐书》卷七十五《韦云起传附韦方质》,中华书局
1975年版,第2633—1634页。

② (后晋)刘昫等撰:《旧唐书》卷九十一《敬晖传》,中华书局1975年版,第
2932页。

味虚带兵征讨契丹，失败了，他不诚实地说："敌人的军队有阴狠毒辣、残酷凶暴的先导军队。"武后知道他说假话，任命薛季昶为河北道按察使。薛季昶车马疾行到军队驻扎的营地中，斩杀了侯味虚，威震北方。槀城县尉吴泽，贪婪、凶恶残暴且放肆，用箭杀死了驿站传送朝廷文书的人，放肆随意地捉拿扣留老百姓的子女，剃取他们的头发来制作假发，州县的官员将领也没有办法制约他，县尉吴泽成为百姓和官吏的一大祸害。薛季昶把他杖杀了，因此薛季昶的声望威名为远近的人所敬畏，州县听到风声都感到威胁和恐惧。后薛季昶又广施恩典诚信，赞扬和传播心地仁爱、品质淳厚的官吏。汴州有位孝女李氏，在她8岁时，父亲死了，灵柩在房屋的正厅停放了十多年，她每天到堂上去哭没有间断。等到年龄大了一点，母亲要她出嫁，她剪断自己的头发发誓，请求在家里终生奉养母亲；她母亲去世时，因过度悲伤而放声大哭、叫喊，几乎都要丧命，家里没有丈夫，自己料理棺椁安葬，州里百姓钦佩她非常孝顺，送葬的人有1000多人。安葬完了之后，孝女李氏在墓地的旁边修建了一个小屋居住，散乱着头发，光着脚，背土来垒成坟墓，亲手种植松树、柏树几百株。薛季昶罗列她的情形向上呈报，朝廷有规定特别表彰，做了牌匾，并赐给了她大米和布匹。久视元年（700年），薛季昶从定州刺史提升为雍州长史，威盛的名声非常显著，前前后后京师的地方长官没有人可以和他相比。不久之后又提升他做了文昌左丞，又先后担任魏、陕两州刺史。长安末年（704年），任洛州长史，他所在的地方，都以严谨、清肃闻名。

神龙初年（705年），薛季昶因诛杀张易之兄弟有功，加封银青光禄大夫，任命为户部侍郎。当时薛季昶劝王敬晖等人凭借兵势杀武三思，但是没有被采纳。神龙二年（706年），五王朱势被贬，薛季昶也被贬，先出任桂州都督，后又被贬为儋州（今海南省儋州市）司马。在这之前，薛季昶与昭州（今广西平乐）首领周庆立及广州司马光楚客有矛盾，他将要去儋州的时候，畏惧周庆立杀他，将要前往广州时，又讨厌憎恶光楚客，因此他感叹说："薛季昶做事到了这样的地步！"于是他就自己准备了棺材，洗完澡之后，喝毒药自杀，死了之后被埋葬在昭州。

薛季昶为人刚正义烈，但是喜欢在事情未办理之前就说事情已经办妥，之后虽然办理了，但是与自己说过的话或许有不相符合的地方，但是他诚朴宽厚，对旧友有深厚真挚的感情，以礼相待有名的士人，他的长处已经盖过缺点了。[①]

8. 裴炎与胡元范

裴炎（？—684年），字隆大，绛州闻喜（今山西省闻喜县东北）人。少年时进入弘文馆学习。裴炎非常刻苦认真，每逢休假日，其他学生都三五成群出去游玩，唯独裴炎不荒废学业。年底，有人想要举荐他，裴炎以学业未成为由而婉言谢绝。他在弘文馆有10年之久，特别精通《春秋左氏传》《汉书》等经典文献。裴炎经科及第，不久任濮州司仓参军。接着历任兵部侍郎、中书门下平章事、侍中、中书令等职。

永淳元年（682年），唐高宗巡幸东都，留太子李哲（李显）守京师，命裴炎与刘仁轨、薛元超二位大臣辅佐。永淳二年（683年），唐高宗在东都染病，裴炎随从太子前往探望其病情。是年十一月，唐高宗病危，令太子监理国事。弘道元年（683年），裴炎受遗诏辅佐中宗李显即位，唐中宗任裴炎为中书令，同时将宰相府改为政事堂。

唐中宗即位后，想要立皇后的父亲韦玄贞为侍中，裴炎极力规劝唐中宗，认为不可以这么做，唐中宗不高兴了，厉声对左右说："我即使有意把国家让给韦玄贞，难道又有什么不可以？何况区区一个侍中的职位呢？"裴炎得知后，害怕唐中宗降罪，因此与武后共废中宗为庐陵王，同时立武则天第四子豫王李旦为睿宗。裴炎因为出谋划策有功，被封为河东县侯。

武则天临朝执政之后，她的侄子武承嗣请求建立武氏七庙，并追封武家祖先为王，又唆使武后诛杀韩王李元嘉、鲁王李灵夔等李唐宗室，以断绝宗室的希望。刘祎之、韦仁约等大臣都心怀畏惮，一言不发，

---

① （后晋）刘昫等撰：《旧唐书》卷一百八十五上《薛季昶传》，中华书局1975年版，第4804页。

唯独裴炎固执，极力劝谏，认为不可以这样做。

文明元年（684年）秋，柳州司马徐敬业，以匡复唐室，拥立庐陵王为号召起兵于扬州，武后召裴炎讨论，裴炎奏请武后把朝政归还给李唐宗室，被御史崔察弹劾为图谋有异心而被捕下狱。

文武大臣之间证明裴炎没有谋反的人众多，特别是以凤阁侍郎胡元范、右卫大将军程务挺为最。胡元范上奏："裴炎是国家的忠臣，对国家有功，一心侍奉皇上，天下人都知道，臣证明他不会谋反。"程务挺上表为裴炎申辩，但武则天都不纳谏。光宅元年（684年）十月，武则天下令在都亭驿的前街斩杀裴炎。裴炎最初被擒，左右劝他对使者说些恭敬的话，裴炎叹气说："宰相下狱，哪有能保全的道理！"最终不屈服。官府抄没他的家财，没有一石粮食的积蓄。

胡元范，申州义阳人，因救裴炎连坐被流放并死于琼州。其余人等，都因救裴炎而连坐获罪，程务挺伏法，纳言刘齐贤被贬为吉州长史，吏部侍郎郭待举被贬为岳州刺史。[①]

9. 王弘义

冀州衡水人。由于极速上书告知军变，被提拔为游击将军，后又升迁为右台殿中御史、长寿中拜左台侍御史，与来俊臣竞为酷讯，王弘义每年酷暑季节拘留囚犯时，都是把人关在一个小房子里，里面堆上蒿子并铺上毡褥，关进去的囚犯很难忍受，于是诬陷自己或乱咬别人，至于没多久气绝的人，则把他们换到别的房间去。每回发文至州县，州县的官员都十分害怕，王弘义常常佯装惊讶其实自我夸耀，说："我的文书，就像狼毒、野蒿一样吗？"在他还没有做出成绩时，曾在乡村里向邻舍的人要瓜，主人不给时，王弘义随即绘声绘色地说园中有白兔，县官便派人去追捕，不一会儿瓜园的瓜苗全毁了，内史李昭德说："过去听说有苍鹰狱吏，今日却看到了白兔御史。"

---

① （后晋）刘昫等撰：《旧唐书》卷八十七《裴炎传》，中华书局1975年版，第2843—2845页。

延载元年（694年），来俊臣因罪被诛，王弘义也受牵连流放到琼州，他竟然私自更正诏书追还，事发，当时正逢侍御史胡元礼去岭南出使，行至襄州，正好审理此案，王弘义理亏不好辩解，对他说："你我算是一类人，为何这么急着抓我？"胡元礼恼羞成怒地回答说："我担任洛阳尉时，你担任御史。如今我担任御史，你沦为囚犯，不能算是一类了吧？"遂将其杖打致死。[①]

10. 姚绍之

湖州武康人。武后时官居监察御史。唐中宗的时候，武三思党羽众多，气势太盛，驸马都尉王同皎暗地想杀他，事情败露后，命姚绍之审理王同皎谋杀武三思一案。姚绍之用手段和酷刑，诛杀了王同皎、张仲之等人。从此神气高涨，朝廷其他人都不敢正视他，后升任左台侍御史，奉命出发去江北，路经汴州，当面羞辱当时是参军的魏传弓。后来，魏传弓当上了监察御史，然而姚绍之身陷贪赃案，武后下令魏传弓审判此案。姚绍之对扬州长史卢万石说："我以前羞辱过魏传弓，现在他来审我，我肯定死路一条。"审判的结果，姚绍之接受贪赃500万，按令应当处死。韦后的妹妹请求救他，所以逃掉了一死，被贬为岭南琼山尉。不久后逃回京城，被万年尉抓到，打断了他的腿，改安置为南陵令员外。开元十三年（725年），任括州长史同正员，不能参与州里的事情，后死。[②]

11. 宋庆礼

洺州永年人。考中明经科，授任卫县尉。武则天时，侍御史桓彦范奉诏到河北堵断居庸、岳岭、五回等多条道路，为了防备突厥进犯，特意召宋庆礼来谋划这件事。宋庆礼向来有计谋策略，桓彦范很敬重他。不久迁任大理评事，并充任岭南采访使。当时崖、振等五州首领，接连相互掠夺，边远地区不安，以前的使者，害怕那里的炎热瘴气，

① （后晋）刘昫等撰：《旧唐书》卷一百八十六《王弘义传》（上），中华书局1975年版，第4847页。

② （后晋）刘昫等撰：《旧唐书》卷一百八十六《姚绍之传》（下），中华书局1975年版，第4851—4852页。

从没人到达过。宋庆礼亲自到了那里，询问风情习俗，说明祸福之理，从此那里的人安居乐业，他便撤除镇守的兵士5000人。

开元年间，宋庆礼屡次迁官过程中当过贝州刺史，后来任河北支度营田使。开元五年（717年），奚、契丹各自通好归附，唐玄宗打算在旧城恢复营州治所，侍中宋璟坚持争辩认为不可，只有宋庆礼陈述很有利。于是下诏委派宋庆礼等人充任使者，再在柳城筑立营州城，调发劳役30天而完成。不久授任宋庆礼为御史中丞，兼检校营州都督。开屯田80余处，并且召集行商的胡人，给他们建立店铺，几年间，营州粮仓充实，居民渐渐富足。

宋庆礼为政清正严明，而且勤于判决诉讼，所任职的地方，百姓官吏不敢触犯。但喜欢兴作工程，多有更改。曾经在边险地区设置竖满尖枪的陷阱，用来拦截强盗的去路，议论此事的人都讥笑他不切实际。

开元七年（719年）逝世，追赠为工部尚书。[①]

12. 韦执谊

767—814年，字宗仁，京兆府（今陕西西安市）人。父亲韦浼，官职卑下。韦执谊从小聪颖有才气，考中了进士，应制策试录为高等，官任右拾遗，并被召进翰林院学士，当时才20多岁。唐德宗尤其惊奇宠爱他，和他互相写诗赠答，他和裴延龄、韦渠牟等出入皇宫，一起侍候回答皇帝的问题。唐德宗生日时，皇太子献上浮屠画像，唐德宗令韦执谊写了篇画像赞，又命太子赐给韦执谊绢绸作为酬劳。韦执谊到东宫向太子道谢，通过太子的介绍，韦执谊认识了王叔文，韦执谊从此和王叔文交往很密切。不久他母亲去世了，服丧期满后，复出任吏部侍郎。

到唐顺宗即位，因久病不能管朝政，王叔文当权，就起用韦执谊，从朝议郎、吏部郎中、骑都尉赐绯鱼袋，任命为尚书左丞、同中书门

---

① （后晋）刘昫等撰：《旧唐书》卷一百八十五《宋庆礼传》（下），中华书局1975年版，第4814页。

下平章事。王叔文和王伾想独掌国家权力，因此让韦执谊在外廷任宰相，自己在内廷专权。韦执谊既然靠王叔文推荐升了官，不敢忘恩，但害怕众人议论，不时持有异议，私下派人向王叔文道歉说："不敢失约另搞一套，只因想帮你达到目的。"王叔文生气骂他，就成了仇人。韦执谊因靠他当了宰相，还是想违心地帮他遮掩。永贞革新失败后，到唐宪宗接受禅让，王伾、王叔文及党羽都被贬逐，因韦执谊是宰相杜黄裳的女婿，所以几个月后才被贬为崖州司户参军。

当初，韦执谊职位尚未显达，常忌讳不让人说岭南州县名称。他当郎官时，曾和同事到职方署看地图，每当看到岭南州县地图时，韦执谊立刻叫拿走，闭上眼睛不看。后来任宰相时，环顾所坐的大堂，见北边墙上有幅地图，就不去看。七八天后，试着看看它，是崖州地图，认为不吉利，很讨厌它，但不敢说。等到牵连王叔文被贬，果然贬去崖州，后死在被贬处，享年45岁。[①]

在《韦氏族谱》中的记载：

韦执谊是封建王朝贬谪至海南的第一位宰相，他被贬海南时的职务是崖州司户参军，在这一职位上，他带领老百姓兴修水利，开发农业，中原文化与生产技术开始在岛内传播。

韦执谊用了将近两年时间，带领民众筑起一条宽3丈8尺、高1丈6尺、长200多丈的岩塘水陂（沟渠）及亭塘坡，利用天然的泉水，把岩塘水引进厅铁坡，灌溉着那里的大片土地，使之变成旱涝保收的米粮仓。他针对羊山地区普遍缺水的实际情况，在引导当地农民种植旱地作物如黑豆、狗尾黍、玉米的同时，根据这一地区的灌木丛林、百草繁茂的特点，倡导农民大力饲养山羊。"羊山"的地名由此而来。千百年来，养殖山羊一直是这里的一大产业。

同时，他倡导教化，兴办里学，是最早传播中原先进文化的先驱者之一。他在其定居的韦村（今雅咏村），办起韦村里学（唐代私立

---

① （后晋）刘昫等撰：《旧唐书》卷一百三十五《韦执谊传》，中华书局 1975 年版，第 3732—3733 页。

村学），除了请专职教师讲课外，他经常给学子们授课，韦村里学前面有座池塘叫香莲塘，学生们赏荷花朗读诗书，蔚然成风。为纪念韦执谊的古道热肠，后代将香莲塘改名为圣莲塘。

韦执谊于唐宪宗元和七年（812年）病逝，时年48岁。安葬于郑都迈超（今海口市琼山区龙泉镇雅咏村南）。宪宗元和七年（812年），唐宪宗降旨赦免，诏迁归京，但斯人已逝。唯其次子韦承训和三子韦承谏归京受封，长子韦承枫留崖州，子孙繁衍，分居全岛。韦执谊被尊为海南韦姓渡琼始祖。同年四月，宪宗帝敕铜牌一面，赐予其子孙收执，以护其家乡。"前去珠崖，其所置田地，日后官吏豪强等毋得倚势抢夺强占，如有违反，赍牌来奏，重惩不饶。"韦执谊的著作有《市骏骨赋》《与善见禅师帖》《请令修撰官搜日历奏章》《翰林院故事记》《规谱》等传世。

韦执谊在崖州的岁月里，将生死荣辱置之度外，殚精竭虑，鞠躬尽瘁，深受崖州人民的爱戴和尊敬，被尊称为"韦崖州"。

李德裕在《祭韦相执谊文》中曰：

维大中四年□月□日赵郡李德裕谨以蔬醴之奠，敬祭于故相国韦公仆射之灵：

呜呼！皇道咸宁，籍乎贤相。德迈皋陶，功宣吕尚。文学世雄，智谋神贶，一遘馋疾，投身荒新瘴。地虽厚兮不察，天虽高兮难谅。野掇涧苹，晨荐秬鬯。信成祸深。业崇身丧。

某亦窜迹南陬，从公旧丘。永泯轩裳之愿，长为猿鹤之愁。嘻吁绝域，窀窢四周。傥知公者，恻公无罪。不知我者，谓我何求。其心若水，其死若休。临风敬吊，愿与神游。呜呼尚餐。[1]

京兆堂的《韦氏族谱》中，有一篇丘濬在明天顺九年（1465年）写的《韦氏谱志序》，序中讲到韦执谊被贬崖州同户参军之后，其后代在海南繁衍的情况，文章中写道："由是而竟宅于琼山郑都韦村，后分移麻钗、多益各地，子孙世茂焉。流风遗泽继绳绳，引之万亿斯

---

① 《李卫公别集》卷七。

年于勿替者，岂非半芑之留耶？呜呼，不幸而公遭厄者，虽一时之穷，而犹幸当今大明嘉追配先哲于名宦者，则丞相公万世之幸也。仰喜祖辈奕世相传，诗书有种，在唐宋时有先学校而为上舍士者焉，有登甲俊而奉议奉训者焉，有贡士出身而掌教官者焉，有仕刺史林郎而衣锦还乡者焉，有兴水利而济乡里田产者焉，有世积阴功而医道于人者焉，英雄豪杰累出其间，而子孙相继，蔓延琼州，天之报之，故有望于斯矣。"①在丘濬的序言中，可以了解到韦氏家族在海南世代繁衍的情况及韦家后代子孙在海南岛上世世代代相继传播中原文化。

张岳崧为清代探花、文学家、书法家、画家，他为海南韦氏宗祠撰写一副楹联，其文曰："祖德树宏谟，训至一经，三相高明昭北阙；宗功垂大业，田开万顷，两陂利泽遍南溟。"

13. 韦保衡

字蕴用，京兆（今陕西省西安市）人。咸通五年（864 年）考中进士。咸通十年（869 年）正月，凭借右拾遗此官位成为唐懿宗的女儿同昌公主的驸马。公主是唐懿宗喜爱的郭淑妃所生，因郭淑妃一向得宠，所以韦保衡受到的礼遇最不同。公主出嫁之日，唐懿宗倾尽宫中珍宝给她当作陪嫁之资。不久，韦保衡又升官至翰林学士，然后迁官转任当了郎中，又被授予官职为中书舍人、兵部侍郎。第二年，又被任命为中书门下的平章事，爵位晋升至门下侍郎、尚书右仆射。

韦保衡仗着自己恩惠掌握着大权，排斥一切反对自己的人。王铎是他的贡举之师，萧遘是同门生，因向来看不起其为人，他都设法摈斥。因杨收、路岩在中书省不以礼接待，他也加以排斥。韦保衡从起居郎升官至宰相后，仅两年之间，又得官阶至特进、扶风县开国侯、食邑二千户、集贤殿大学士。咸通十一年（870 年）八月，公主逝世，从此之后皇帝对他恩礼渐薄。咸通末年（873 年），淮、徐各地盗贼四起，历来怨恨韦保衡的人都揭露他有着不为人知的罪恶，所以被贬为贺州

---

①　丘濬这篇《韦氏谱志序》，在《丘濬集》中没有列入，仅见于京兆堂《韦氏族谱》卷一，第 33—34 页。

刺史，后又被贬为澄迈令，更赐死。[1]

14. 李德裕

787—850 年，字文饶，赵郡（治今河北赵县）赞皇人，宰相李吉甫之子。李德裕幼年时就有远大志向，潜心致力于学习，尤其精通《西汉书》《左氏春秋》两书。贞元八年（792 年），因父亲被贬谪至朋州（今浙江省宁波市）、忠州（今四川忠县）、郴州（今湖南省郴州市），李德裕随侍左右，不求做官发迹。元和元年（806 年），李吉甫出任宰相，为了避嫌而不在朝中供职。元和十一年（816 年），张弘靖罢免宰相官职，镇守太原，李德裕被授予官职掌书记，后由大理寺评事获得殿中侍御史官职。元和十四年（819 年），他随张弘靖进入朝廷，被授予监察御史官职。元和十五年（820 年）穆宗即位，将李德裕召入翰林院为学士。宫中的诏令文书，涉及朝廷大事的大多诏命都由李德裕草拟，不久便加封屯田员外郎官职。

李吉甫担任宰相时期，与李逢吉的政治意见不合，李逢吉总是恼恨不满李吉甫、裴度。因此，李德裕在元和年间，官职很长时间没有调动，而李逢吉、牛僧孺、李宗闵等人因为私人恩怨经常排斥他。长庆二年（822 年）六月，李逢吉替代裴度担任门下侍郎、平章事（宰相），李逢吉获得权位后，一意报复泄怨。当时李德裕与牛僧孺都有任宰相的声望，李逢吉想引荐牛僧孺，九月，调李德裕任浙西观察使，不久举拔牛僧孺为同平章事，由此彼此怨恨更深。李德裕与牛僧孺的党派之争由此开始。

李德裕到任后，锐意改革，凡损害百姓的旧有习俗，尽革除其弊端。长江、五岭之间信奉巫师，深受鬼怪之说迷惑，父母兄弟感染疫病，全家抛弃病人离去。李德裕全力改变这种恶习，选择有见识的乡民，对他们晓之以理，绳之以法，几年之间，弊风尽除。所辖郡县的祠庙，依据方志，是前代的名臣贤妃才供奉；诸郡之内，拆除滥设的

---

[1] （后晋）刘昫等撰：《旧唐书》卷一百七十七《韦保衡传》，中华书局 1975 年版，第 4602 页。

祠庙 1010 所。又毁除私家城邑、山中房屋 1460 处，以肃清盗贼。百姓乐于接受他的政教，朝廷特行诏书给予嘉奖。

敬宗即位，"荒误朝政日甚一日，出游没有定规，疏远贤能人士，亲近一帮小人。每月上朝处理政务没有二三次"。李德裕献上《丹扆箴》六首，假托箴言尽倾心意，进行规诫劝说，没有效果。等到文宗即位，加任李德裕为检校礼部尚书。大（太）和三年（829 年）八月，被召回朝廷任兵部侍郎，裴度举荐他任宰相。但被已经为相的李宗闵所排挤，九月，担任检校礼部尚书，出任为郑滑节度使，在浙西八年。大（太）和四年（830 年）十月，委任李德裕为检校兵部尚书、成都尹、剑南西川节度副大使、知节度事、西山八国云南招抚等使臣。李德裕上任后，便修理完善关隘边防，训练士兵防守边地，又派人到南诏访查寻找被掳去的工匠，寻得僧人、道士、能工巧匠 4000 余人，回归成都。大（太）和五年（831 年）九月，吐蕃的维州（今四川汶川西北）守将悉怛谋请求献城归降，李德裕在接受受降后，上书向朝廷陈述出兵攻打吐蕃的利害，却遭到牛僧孺的反对。唐文宗反而命李德裕将维州城及悉怛谋等一部分人送还给吐蕃，吐蕃首领赞普得到他们后，对他们施加酷刑。

大（太）和六年（832 年）十二月，牛僧孺被罢免宰相官职，出任淮南节度使，大（太）和七年（833 年）二月，李德裕担任宰相，晋封为赞黄伯，食邑 700 户。六月，李宗闵也被罢免宰相官职，李德裕代替为中书侍郎、集贤大学士。大（太）和八年（834 年）九月十日，再将李宗闵召回朝廷，授官中书侍郎、平章事，替代李德裕，李德裕又被排挤调出任兴元节度使。大（太）和九年（835 年），李德裕又遭到诬陷，改任为太子宾客，分管东都洛阳。后又贬为袁州长史。开成元年（836 年）三月，就近调任为滁州刺史。七月，升任太子宾客。十一月，任检校户部尚书，复任浙西观察使。李德裕共三次镇守浙西，前后十余年。

开成二年（837 年）五月，任命他为扬州大都督府长史、淮南节度副大使、知节度使事，代替牛僧孺。开成五年（840 年）正月，武宗即位。七月，召李德裕在淮南。九月，任命他为门下侍郎、同平章事。会昌元年（841年），兼任左仆射。李德裕掌握相位期间，加强边防，击溃回鹘侵扰，反对藩镇割据，抑制宦官专权，废除科举考试中的弊端，严禁佛教，拆毁公共及私人佛寺无论大小有46600多座，勒令41万多名僧尼还俗，并没收大量寺院土地。

会昌六年（846年）三月武宗去世，宣宗即位。四月，李德裕被罢相，以太子少保分司东都。宣宗大中元年（847年）秋，再贬潮州司马。大中二年（848年）从洛阳水路过江淮到潮州。这一年冬天到潮阳，又被贬为崖州司户。到大中三年（849年）正月，方到达珠崖郡，大中四年（850年）去世，时年63岁。①

李德裕一生以才干自负，地位高，有名声，但不合群。喜欢著书写文章，爱憎分明，虽然位极三公，但从没有停止读书。著作有《李文饶文集》二十卷、《会昌一品集》及《花木记》《歌诗篇录》《次柳氏旧闻》《御臣要略》《伐叛志》《献替记》等传世。《全唐诗》存其诗一卷。

李德裕被贬崖州时，有《谪岭南道中作》诗：

> 岭水争分路转迷，桃榔椰叶暗蛮溪。
>
> 愁冲毒雾逢蛇草，畏落沙虫避燕泥。
>
> 五月畲田收火米，三更津吏报潮鸡。
>
> 不堪肠断思乡处，红槿花中越鸟啼。

在崖州城南十里处一亭远眺，写下《登崖州城作》诗云：

> 独上高楼望帝京，鸟飞犹是半年程。
>
> 青山似欲留人住，百匝千遭绕郡城。②

在崖州短暂的日子里，李德裕"著四十九论，叙平生志向"，一并辑录成《穷愁志》，"消除这永日，聊以解忧"。他曾写信给段成式说："自从到崖州，身体强健很是幸运。许多居民养鸡，常常飞入官邸，如今

---

① （后晋）刘昫等撰：《旧唐书》卷一百七十四《李德裕传》，中华书局1975年版，第4509—4528页。

② 《全唐诗》卷四七五，上海古籍出版社1986年版，第1205页。

就当作祝鸡翁吧。"大中三年（849 年）八月二十一日妻子刘氏因病去世，享年 62 岁。他写下《刘氏墓志铭》，从此，心情更加悲凉。大中四年（850 年）十二月十日逝世之前，还留下了三封信，说："自觉此生没有机会再看到旌荣了。"死后三年，大中六年（852 年），李德裕之子李烨护送李德裕、其父亲的妻子刘氏、兄弟以及死在被贬谪的地方的仆人，从崖州返回安葬到洛阳。

明代万历年间（1573—1619 年），海南建五公祠，纪念前代名人，李德裕是第一位纪念的唐代名相。

现在有几项杂事列下，记录以备考。

（1）清代宋锦增辑、黄德厚分修《崖州志》卷九《遗事》载："李德裕被贬到海南，居住在毕兰村。在他死后，被带回来安葬。他的弟弟李德禧居住在海南，因为毕兰村被洪水淹没，徒步到抱班。后又见抱班田地肥沃富饶，移居到抱班。现在这个村中姓李的人家有百余户，都被黎族同化。发现李德裕的遗物还在，副使李德来到崖州，拿出检验，再三叹息。"①

（2）李德裕为寒门进士开辟道路。等到南迁的时候，有人作诗曰："八百孤寒齐下泪，一时南望李崖州。"（《外纪》）②

《全唐诗》中汪遵诗《题李太尉平泉庄》云：

　　　　平泉花木好高眠，嵩少纵横满目前。

　　　　惆怅人间不平事，今朝身在海南边。③

可见后人对李德裕被贬崖州抱同情心态。

程秉钊《琼州杂事诗》云：

　　　　寥落孤忠付夕晖，臣心恋阙尚依依。

---

① （清）宋锦增辑、黄德厚分修：乾隆《崖州志》卷九《遗事》，海南出版社 2006 年版，第 312 页。

② （清）宋锦增辑、黄德厚分修：乾隆《崖州志》卷九《遗事》，海南出版社 2006 年版，第 213 页。

③ 汪遵：《题李太尉平泉庄》，《全唐诗》卷六〇二，载自《传世藏书》之《全唐诗》，海南国际新闻出版中心 1996 年版，第 2275 页。

　　　　　如今瘴海常来往，不用云端羡鸟飞。①

　　（3）李德裕后裔

　　光绪十三年（1887 年）十二月十八日，两广总督张之洞曾写《致琼州朱道徐守崖州唐牧》的电文，谈及李德裕后裔问题，信中说：

　　　　听闻唐代宰相李卫公德裕有后裔在海南多冈村，已经变为有黎族习俗。务必赶快拜访寻求两三个人，必须确定真的有验证的人，好好规劝引导，赠送财物来省，应当优先给予衣服粮食，为他们谋求出路。他们的家中如果有李相旧时的物品，委婉地为我购买一两种，即使高价也不足惜。啸。

　　崖州唐镜沅（唐牧）于光绪十三年（1887 年）十二月二十七日回电说：

　　　　卫公祠已经荒废，现在正在捐资修补。他的后裔李亚法是黎族首领，共计有二十余户人家，询问得知之前留存的玉带玉盅，被土匪抢走遗失，没有其他的遗物了。最近传达亚法商量选择送到省的人，因为疾病没有到达。镜沅禀效。②

　　又光绪十四年（1888 年）三月十七日，唐镜沅又电告张之洞说：

　　　　李亚法来到省城，委婉传达其法令谕告，他很感动。两次率领其子弟十余人来，选择的人中年龄在二十以外，粗俗的行为难以教化，并且都害怕去省城，年龄小的也都在十二三岁以上，还有几个青春秀美的人，他们的父母害怕远离故土，需要再开导。以前的物品碑版，都不存在了，城东的望阙亭也倒塌了，但黎族人民共同确定指认那是李德裕的后裔，应当不是讹传的。镜沅禀告。③

　　张之洞并未因此而放弃初衷，又隔了一年多在他将离两广总督任赴湖北的时候，光绪十五年（1889 年）十一月十五日，他又发电报《致

---

　　① 程秉钊：《琼州杂事诗》，长征出版社 2005 年版，第 68 页。
　　② 张之洞：《张文襄公全集》卷一百三十《致琼州朱道徐守崖州唐牧》，中国书店 1990 年版，第 317 页。
　　③ 张之洞：《张文襄公全集》卷一百三十《致琼州朱道徐守崖州唐牧》，中国书店 1990 年版，总第 317 页。

崖州谢署副将鸿章琼州朱道》，再次询问此事，其电文曰：

> 唐代的贤相李德裕贬死于崖州，他的后裔子孙存在者，都已经跟从黎族风俗了。去年我屡次发电报嘱咐唐牧去拜访寻求，赠送财物送他们来省，据说该忠臣后裔蒙昧不明，不敢远来。这件事一直让我耿耿于怀，一定要想办法规劝开导明白地告诉他们，带两人一同来，许诺让他们终身衣食不缺，我将带他们去湖北，将来带他们北归中原，为了给古往今来的忠臣勉励，特在此一再嘱咐，需要多少费用，告诉我立即电汇过去。千万要办妥这件事至为重要。前广东督抚张之洞。愿。

一个多月之后，光绪十六年（1890 年）正月初七日，朱采回电给张之洞，朱采来电云：

> 李德裕的后代子孙有两人，由谢提督带回郡城，道台当面询问他们，一个有十八岁一个十六岁，辗转与他们翻译他们才开始能听懂得言语，他们都不愿意出远门。职道采禀鱼。①

从清代光绪年间留下的张之洞与崖州官员的通电内容可见，在张之洞治理两广期间，仍相信李德裕后代化黎之说。

笔者也为此作了田野调查。2006 年 3 月 12 日，笔者在民间收藏家袁金明的陪同下，先到崖城坡头村找到老者李明亮，他说："我虽姓李，但不是李德裕的后代，应该到乐东县多港峒村去寻觅。"于是 3 月 18 日，笔者一行四人，到乐东县大安镇镇政府找到镇长罗翔鹏，他十分熟悉地带笔者到该镇多港峒村，路过一个山头，一位牧牛老人带笔者上山考察当年李德裕后裔所吃的一口水井，并指着说，这口水井长年不枯，天旱时全村都到这里挑水，水井旁边有屋基，但其遗迹仅能从拾到的碎片来猜测。车子到了村里，自称是李德裕后代的一位老人李学坚，告诉笔者该村 80% 的人家都姓李，过去山上还有李德裕祠，已被日本飞机炸毁，其女儿李少敏说："以前村里都说我们是李德裕的后人，'文化大革命'中还把我家作为地主后代进行批斗。而

---

① 张之洞：《张文襄公全集》卷一百三十，中国书店 1990 年版，总第 368 页。

在全村中，只有我们家出了几个大学生，都说是李氏后代聪明。"现在李家还留有李德裕祠被毁后的砖头。当然，这些砖头不是唐砖，其实际情况，仍尚待考证。现录以备考。

15. 薛元龟

薛元赏的弟弟。李德裕任用薛元龟担任京兆少尹，执掌府事，唐宣宗即位，罢免李德裕，薛元龟也连坐贬官至崖州司户参军。

16. 李复

字初阳，凭借父辈庇荫多次升官至江陵府司录。后来又做江陵县令，升迁少尹，历任饶州、苏州刺史，有突出显著施政之声。后起用担任江陵少尹、兼任御史中丞，担任节度行军司马，接着担任容州刺史、兼任御史中丞，担任自己任所主管招讨使，以及检校常侍。在容州三年，南方人安居乐业。升迁广州刺史、兼任御史大夫、岭南节度观察使。这时安南经略使高正平、张应相继逝于任上，他们的部下李元度、胡怀义等恃仗军队，扰乱州县，奸佞污吏，不守法纪。李复引诱并杖杀了胡怀义，奏疏将李元度放逐到偏远之地。又规劝开导百姓，把茅屋改建为瓦舍。琼州长久处于蛮荒，李复又多次派遣使者晓喻开导琼州百姓，因而奏疏设置琼州都督府以平抚琼州百姓。李复知晓为政之道，所在之地称道明理，徵召授官宗正卿，加检校工部尚书。不到一年，正逢华州节度使李元谅去世，任命李复为华州刺史，潼关防御镇国军使，检校户部尚书，兼任御史大夫。贞元十年（794年），郑滑节度使李融去世，军中崩溃混乱，任命李复检校兵部尚书，兼任滑州刺史、义城军节度、郑滑观察营田使等，兼任御史大夫，李复就职上任，购买营田几百顷，用来供给军粮，不约束百姓，大家都很开心。贞元十二年（796年），又加检校左仆射。贞元十三年（797年）四月逝于任上，享年59岁，停止朝会三天，追赠司空，助丧赠布帛米粟。李复长期主管重要职务，积累的财富非常多，被当时的人非议。①

---

① （后晋）刘昫等撰：《旧唐书》卷一百一十二《李暠传》，中华书局1975年版，第3337—3338页。

17. 杜佑

738—812 年，字君卿，京兆万年县（今陕西西安）人。父亲杜希望所交往的人都是当世英才豪杰。从代州都督任上召回京都，为皇帝对边防事务进行咨询，玄宗皇帝认为他有才能。右丞相韦元甫兼任陇西节度使，所以任命杜希望为鄯州（今青海省乐都县）都督。驿使传令，杜希望越过陇州，打败了乌萃的军队，被提拔为鸿胪卿。设置镇西军。杜希望打了大小几十仗，取得多次胜利，朝廷授予了他的两个儿子官职。杜希望爱好重视文学，门下汇集了如崔颢等在当时很著名的一些诗人、文学家。

杜佑以功臣之子被任命为济南参军事、剡县县丞。润州刺史韦元甫把他看作是老朋友的儿子来接待，没有用常礼对待他。有一天，韦元甫有一件疑难案件不能决断，就试着征询杜佑，杜佑替他辨别的地方都切中要害，判断得非常全面的。韦元甫认为他是个奇才，安排他任司法参军。韦元甫后调任浙西、淮南节度使，都上表彰举荐杜佑，安排在他的幕府任职。杜佑入朝任工部郎中，充任江淮青苗使，两次升为容管经略使。杨炎任宰相时，杜佑先后任金部郎中、水陆转运使，改任度支兼和籴使。以户部侍郎的官衔判定开支。建中初年，河朔地区战事不断，百姓穷困，赋税无法征收。杜佑认为挽救疲敝穷困的方法没有比得上节约财政支出的，节约财政支出就要裁减官员，于是上奏章给皇帝，但皇上没有察看。

卢杞执掌国政，因讨厌杜佑，把他调出京都到苏州任刺史，后改任饶州刺史。不久升任岭南节度使。杜佑为当地修四通八达的大路，扩大分散街市住宅区的房屋，用来平息火灾。珠崖、黎州的百姓三个朝代守住险要不归附朝廷，杜佑讨伐平定了这两个地方。后召回朝被封为尚书右丞。不久，出京任淮南节度使。

贞元十九年（803 年），杜佑被任命为检校司空、同中书门下平章事。德宗皇帝病故，朝廷任命他为代理冢宰。升任检校司徒，兼度支盐铁使。当时王叔文任副使，杜佑总揽，而王叔文独揽大权。王叔文想废除太子，希望杜佑帮忙，杜佑没有答应，因此王叔文想蓄谋赶走他，但还未决定就失败了。杜佑又荐李巽为相，自己为副职。第二年，杜佑被任命为司徒，封为岐国公。过了一年多，杜佑请求辞官，皇帝没有批准，令他只需三五天到中书省去一次，主持平章政事。杜佑每次奏事，皇帝都很尊敬他，以礼相待，称他的官职而不叫他的名字。后来几年，杜佑坚决请求退休回乡，皇帝不得已同意了，仍封为光禄大夫，在太子太保的官职上退休。元和七年（812年），病故，享年78岁，赠册追封为太傅，谥号"安简"。

杜佑天性酷爱读书，即使身份显贵了也读书到深夜。这以前，刘秩摘取百家，求取周朝六官法，写《政典》35卷，房琯称赞他才学超过了刘向。杜佑认为《政典》不够全面，因而补充他的缺漏，增加《开元礼》《乐》，共200卷，自己给这部著作命名为《通典》，上奏皇帝，皇帝下诏书大加赞美，儒家学者佩服这部书语言简洁，内容丰富。[1]

18. 赵昌

字洪祚，天水人。李承昭当时是昭仪节度使，招纳赵昌在幕府办公。贞元七年（791年），赵昌成为虔州刺史。当时安南的地方官杜英翰造反叛乱，安南都护高正平忧虑而死，朝廷便授命赵昌任安南都护，当地人由此受到教化改造。贞元十年（794年），由于房屋被毁，损害了赵昌的小腿，赵昌上书恳请要求回乡，皇帝授予他国子祭酒的职位。以检校兵部郎中裴泰来代替赵昌，时间不长，裴泰便被州县将领所驱逐，德宗皇帝召唤赵昌询问情况，赵昌当时72岁，然而身体强壮，有活力，就像少年一样，德宗皇帝对此感到惊奇，又授命他为安南都护，安南人都互相庆贺。叛乱的军队很快就平定下来了。

宪宗皇帝刚开始即位，诏令增加赵昌为检校工部尚书，不久转户部尚书，任岭南节度使，元和三年（808年），被贬到四处荒芜的边角地区，在海南管理儋州、崖州、振州、万安等州县，地方黎峒前来归顺，他制作地图献给皇上。他在南海慰问安定百姓，并做好防备措施，使外来的

---

① （后晋）刘昫等撰：《旧唐书》卷一百四十七《杜佑传》，中华书局1975年版，第3978—3983页。

寇兵不再侵略南海，海南人更加尊重他的美好品行。他因为劳苦功高迁徙到荆南，被传召入内，又一次升迁为工部尚书兼任大理寺卿，升职为太子少保。死时 85 岁，加封为扬州大都督，谥号为"成"，列为名宦。[①]

19. 皇甫镈

唐代泾州临泾（今甘肃省镇原县）人。皇甫镈与令狐楚、萧俛同年考中进士。元和九年（814 年），皇甫镈因为财货贡赋而得到皇帝的宠信，便推荐萧俛、令狐楚共同进入翰林院，担任学士，官升到职方郎中、中书舍人，同在朝廷内担任官职。元和十三年（818 年）十月，皇甫镈当了宰相，任命令狐楚为河阳怀节度使。元和十四年（819 年）四月，裴度出任太原的地方官。七月，皇甫镈推荐令狐楚入朝任职，由朝议郎授官朝议大夫、中书侍郎、同平章事，与皇甫镈一样处在宰辅大臣的位置，深受皇甫镈的照顾优待。

元和十五年（820 年）正月，唐宪宗逝世，令狐楚奉诏担任山陵使，撰写哀册文。当时天下的百姓谴责皇甫镈的奸邪恶行，唐穆宗即位后的第四天，群臣素服排列在月华门的外面，奏请下达诏书贬斥皇甫镈，准备处死皇甫镈。适逢萧俛担任宰相，托情宦官解救，皇甫镈才被贬到了崖州。众人议论令狐楚因为皇甫镈的缘故而担任宰相却放逐裴度，群情共愤。因为萧俛担任宰相，大家才未敢多言。

皇甫镈被贬到崖州担任司户参军时，人们相互庆贺。最后，皇甫镈死于崖州。[②]

20. 张鹏

饶州德兴人。唐宣宗有一天对宰相大臣说："应该选择文武儒臣做河南节度掌书记。（节度掌书记，是唐代的官名，掌管一路军政、民政的机关中的僚属）"于是群臣推荐让张鹏担任，引导他在思政殿觐见天子。吐蕃贺继部落进攻边境城堡，张鹏率领数千骑兵战胜了贺继

---

① （后晋）刘昫等撰：《旧唐书》卷一百五十一《赵昌传》，中华书局 1975 年版，第 4063 页。

② （后晋）刘昫等撰：《旧唐书》卷一百七十二《令狐楚传》，中华书局 1975 年版，第 4460 页。

部落，皇上赏赐他朱衣金鱼。（朱衣：红色的官服。古代以黄袍、紫绶、朱衣、青衫、白首等服色分辨贵贱。金鱼：古代官员的佩饰。唐制三品以上、元代四品以上官员佩戴金鱼饰）唐懿宗即位，任张鹏为琼管五州招讨使（招讨使：中国古代官名。置于唐贞元年间，后遇战时临时设置，常以大臣、将帅或节度使等地方军政长官兼任），主管琼州军州的事务，他非常有威望。张鹏被荐入羽林和金吾两军。（羽林：古代禁卫军的名称。谓其如羽之疾，如林之多。汉武帝时置建章营骑，后改名为羽林骑。宣帝时命中郎将骑都尉监羽林，领郎百人，称为"羽林郎"。金吾：职官名。掌管京城的治安警卫）南方的少数民族渡过泸江，张鹏上疏报告溪洞情状（溪洞：亦作"溪峒"。古代指今部分苗族、侗族、壮族及其聚居地区），备好攻守，以随时使用。不久他上任岭南西道节度使，逝后列为名宦。[①]

21. 杨知至

弘农人，杨汝士的儿子，杨汝士被宰相刘瞻赏识，杨汝士的儿子杨知温积功升官做礼部郎中、知制诰（知制诰：职官名。唐宋两朝专掌内命，典司诏诰的官吏），咸通十年（882年）八月，同昌公主病逝。同昌公主是唐懿宗长女，也是他的最爱。爱女的早亡，让唐懿宗深恨医官的无能。他下令所有参与的医护人员，全部斩头示众。刘瞻上前一步，在静寂无声的殿堂里上了一道奏折，希望皇帝能看到老老小小300多条人命上，以宽大为念，放了他们。只可惜，折子一上，懿宗暴怒，当即下令，将刘瞻贬到了万里之外的驩州（越南义安）当一个小小的司户参军。杨知温受刘瞻罢相所牵连，被贬官；杨知温的弟弟杨知至升官做比部郎中、知制诰。杨知至也被贬为琼州司马。杨知至做谏议大夫，一步步升官为京兆尹（京兆尹：职官名，汉代辖治京兆地区的行政长官，职权及俸禄与郡守相当。后亦借指京师地区的行政长官。简称为"京兆""京尹"）、工部侍郎。杨知温、杨知至都做到列曹尚书

---

① （清）明谊修、张岳崧纂：道光《琼州府志》卷二十九《张鹏传》，海南出版社2006年版，第1331页。

（列曹尚书：八座尚书之一）。

22. 崔元综

郑州新郑人。祖父名君肃，武德年间任黄门侍郎、鸿胪寺卿。天授年间多次转官担任秋官侍郎。长寿元年（692 年），升任鸾台侍郎、同凤阁鸾台平章事。崔元综勤于政事，每在中书省上班，总是从早到晚衣冠整齐，从不休息。喜好洁净，注重小节，20 多年不吃辛辣。虽然外貌恭谨忠厚，然而内心十分刻薄，每次奉旨审理案件，必定吹毛求疵，置人于死罪。因为这个缘故人们大多畏惧而鄙视他。第二年（693 年），他被流放到振州，朝野之人无不称贺。不久遇赦返回，又拜任监察御史。唐中宗时，多次升官做了尚书左丞、蒲州刺史，因年老有病请求辞官。晚年爱好导引之术，98 岁时去世。[①]

23. 鉴真

俗姓淳于，唐中宗嗣圣四年（688 年）出生于现在的江苏省扬州市。鉴真的父亲是一个佛教徒，曾在当地大云寺随智满禅师受戒。长安二年（702 年）鉴真 14 岁时，随父亲一同到大云寺参佛。16 岁的时候，进大云寺当沙弥。两年以后，即 18 岁的时候又受了菩萨戒。替他授戒的和戒和尚是当时很有名的道岸律师，道岸当时被誉为天下 400 余州的"受戒之主"，也是唐中宗李显的授戒师。鉴真受戒后，就随道岸学习律学，景龙元年（707 年）随其师到达洛阳。次年又到长安，三月二十八日在长安名刹实际寺随弘景禅师受具足戒。依据当时的规定，一个佛教徒受了具足戒，才能成为政府承认的僧侣，取得讲授资格。以后五年间，他在洛阳、长安各寺潜心研究三藏，钻讨律学。开元元年（713 年），他 26 岁时，开始讲经弘法。不久他回到淮扬故乡弘法布道。从那时开始，到他东渡日本时 40 年期间，鉴真一共讲律、疏 40 遍，律钞 70 遍，轻重仪及羯摩疏各 10 遍。并且还在讲授之间建寺、造像，开无遮大会供养十方众僧，缝袈裟 3000 领送五台山僧，扩写《一切经》

① （后晋）刘昫等撰：《旧唐书》卷九十《崔元综传》，中华书局 1975 年版，第 2923—2924 页。

三部,各11000卷,经他剃度得戒的共有四万余人。开元二十一年(733年)道岸的弟子义威律师去世以后,鉴真被誉为江淮一带远近闻名的授戒大师。当时著名的高僧辩秀、祥彦、法进和录佑等,都是鉴真的弟子。

天宝元年(742年),鉴真55岁,日本留学僧荣叡、普照两人从长安到扬州来拜谒鉴真。荣叡、普照是开元二十一年(733年)随日本遣唐大使多治比广成入唐的学问僧。他俩入唐的目的是延聘高僧到日本授徒。上次遣唐使团回国时,他们曾招聘僧道璿和婆罗门僧菩提等,现在,他们又来拜见鉴真,目的也是请其东渡,到日本去传道弘法,并担任授戒大师。开元二十一年(733年),元兴寺隆尊要求舍人亲王转奏,到中国去聘请高僧,希望日本也能像中国那样,非经三师七证不能称为入道,不能取得僧籍时,立刻得到了批准,并派荣叡、普照参加遣唐使团担任赴唐招聘工作。荣叡、普照两人于唐天宝元年(742年)即入唐10年后,又到扬州来敦聘鉴真。那时鉴真已是淮南江左有名的律僧,当然是最好的招聘对象。

两人向鉴真说明来意后,很快得到了同意,鉴真弟子中也有21人准备随行。当时唐朝对渡航到国外,是限制很严的。他们为避免麻烦,诡称到天台山国清寺供奉。但不久就为随行的高丽僧如海诬告他们与海盗有勾结;官兵就搜查他们,捕去了日本僧。以后虽弄清而无事释放,但航海准备的东西没收了,第一次就这样以失败告终。

天宝二年(743年)十二月,鉴真又准备二次东渡,用巨款向当时担任岭南探访使的刘巨鳞买了艘军用船,又准备了不少干粮、佛像、经疏、佛具、香料、药品,还召集了些技术人员共85人,十二月从扬州出发。刚驶出长江口就遭到台风的袭击。等船修好后第三次出发再航。到舟山海面又触礁,登岸三天后被救,安置到宁波阿育王寺。此后一年多时间中,鉴真虽在那里休息并到附近地区巡锡授戒,但政府当局因循当地佛徒之请,以诱使鉴真出国为名逮捕了荣叡。第三次又失败了。

这种迫害没有改变荣叡、普照的决心,也感动了鉴真,因此没有多少时候他们又准备第四次下海东渡，天宝三年（744年），他们准备从福州出发。先让法进带了人到福州去准备，然后鉴真一行30多人又以向天台山国清寺供奉为由，从宁波出发，以冀到天台后，再秘密到福州出发。可是正从天台向沿海行进时，由于鉴真的弟子灵佑和当地诸寺三纲怕鉴真年老，东渡涉海要冒险，而上疏探访使要求阻止；这样在黄岩县的禅林寺追到他们后，又被送回扬州，这第四次出海又告失败。

天宝七年（748年），荣叡、普照两人又到扬州崇福寺拜谒鉴真，再度计议东渡，于是又像五年前那样作第五次东渡的准备。六月二十七日从崇福寺出发，到舟山群岛停了些日子，三个月后再度驶航过海时又遇到台风，在海中漂流14天向西南方向到了海南岛南端的崖县。这样，第五次航海又失败了。在海南岛，一行人受到了当地佛教徒、地方官冯崇债的招待供养，并在他的护送下，从海南岛回大陆，取道广西、广东、江西、江苏而回扬州。这次航行中，最大的损失是，鉴真不但失去了敦促他东渡的日本僧荣叡和所爱的弟子祥彦，而且他本人的双目也因医治无效而失明了。

天宝十二年（753年），鉴真已66岁高龄了。十月，日本的遣唐使藤原清河一行在原日本到中国的留学生，当时已担任唐朝官吏的阿倍仲麻吕陪同下来到扬州延光寺，拜礼鉴真和尚。告诉了日本遣唐使已向唐玄宗提出要求而被拒的情况，并探询鉴真本人的意见。

那时鉴真虽已耄龄盲目，而且还经历过五次出海失败，但他仍没有灰心。终于在十月十九日离开了扬州龙兴寺，踏上了第六次的征程。到苏州后又经过一些挫折，十一月十六日才从扬子江口的黄泗浦驶向日本。十二月二十日，他们所乘的船到达鹿儿岛秋日浦，正式踏上了日本国土，完成了鉴真12年的心愿。而乘坐第一号船的藤原清河和阿倍仲麻吕却被漂到越南，以后虽绕道到了长安，却再也没有回到日本。

天宝十三年（754年）二月四日，鉴真一行踏上日本国土40多天以后，经过太宰府、大阪而到达了当时日本的首都奈良，受到当时统治者和道俗的盛大欢迎，迎入东大寺唐院安置。不久又为圣武上皇等授戒，被委任大僧都的高位和授戒传律的大权，规定日本僧徒非经其授戒不予承认。可是当时日本统治者尊崇鉴真是有目的的。他们希望通过鉴真把僧尼直接控制起来。而鉴真弘法的指导思想，却是想让佛法得到更广泛的流传。因此，圣武天皇死后不久，鉴真就被免去僧纲之任，而专事僧徒教育之责；同时，一些保守势力还诽谤、反对他，致使他不能不离开东大寺唐院，而自立一个"唐律招提"以作为他传律弘道的根据地。后来在他和弟子思讬、如宝等的渗淡经营下，"唐律招提"不但收归成官寺，而且还成了律宗的祖庙一直到今天。而这位不辞劳瘁东渡的中国高僧，终于在广德元年（763年）寂化，埋骨在他历尽艰险而终于到达并且播下友好种子的日本。

鉴真把中国的建筑学、雕塑技术和医药学广泛传到日本，他以不懈的努力和献身精神，为中外文化交流做出了不朽的贡献。

24. 杨炎

727—781年，字南公，凤翔天兴（今陕西省凤翔）人。杨炎是个美男子，气质极高，文采辞藻雄健华丽，豪放爽直，注重气节。居于沂、陇两地之间，别号称为"小杨山人"。最初担任河西节度使吕崇贲的掌书记，官拜起居舍人。后来又提拔为司勋员外郎，改为兵部，转任礼部郎中、知制诰。后提拔为中书舍人，与常衮共同掌管皇帝的诏令、文书，常衮擅长写任命官职的文书，杨炎擅长写合乎仁德的政令，从开元以来，凡是写诏书写得好的人，常常被称为"常杨"。

杨炎喜爱贤才，并愿屈尊以下交贤士，凭借提拔推荐人才为己用，贤才都愿归于他的帐下。杨炎曾写《李楷洛碑》，其词很工整，文人没有不传播诵读的，后被提拔为吏部侍郎，修订国史。元载担任宰相后，曾选择并提拔朝廷里有文学、才德、声望的人，希望他能接替自己的职位。元载亲近并器重杨炎，在他眼里无人能与杨炎相比。大历十二年（777年），元载因事被处死。杨炎被贬为道州（今湖南省道县）司马。

德宗登基，崔佑甫推荐杨炎有文才，杨炎被器重而被重用，征召为银青光禄大夫、门下侍郎、同平章事。杨炎有风度仪容，凭借文学的广博，早年便享有盛名，天下人都一致称赞他，希望他能成为一代贤能的丞相。

唐代旧制，天下的财富都被征收入左藏库，并且太府以收集的财富数量之多而闻名，尚书、比部又管财富出入，上下相互管辖，无丢失遗漏的。至第五琦①担任度支盐铁使，京城豪强将领请求索取无节制，第五琦无法容忍他们的行为，才使全部财富以租借、征赋、进贡的方式进入国库并极大程度上地充盈国库，并由天子直接支配财富。过了一段时间，天子凭借拿取的便利，故意不归还国库。是把天下人所交的赋税，为君主一人所私藏，有关部门也不能窥测有多少财富被私藏，被国家所用掉的财富无法计算有多少。杨炎当宰相以后，上奏皇帝请求恢复旧制，财富再次进入左藏库，由有关部门支配。然后再改革赋税制度，以资产多少为标准，分夏季、秋季两次征税的两税法来代替已实施了数百年的租庸调制，德宗颁布诏谕中央内外执行此制。杨炎挽救时政的弊端，享有很好的声望，从此人与土地合一，赋税没有增加而财政收入增多，版籍不必年年核对而无伪，贪吏没有受到警诫而奸贪无由，财政大权始终都在中央手里。

但杨炎专权以后，对于元载过去的恩情，常常想着报答。凡是以前与元载有恩怨的官吏，经常施加报复。如左仆射刘宴，以前曾经弹劾过元载，杨炎把刘宴贬到忠州，又诬陷他谋反，把他杀害。朝廷上下都畏惧他。有人秘密地上奏德宗，从此德宗有意诛杀杨炎，等待一有事端就杀了他。

不久，德宗提拔卢杞担任门下侍郎同中书门下平章事，杨炎转任中书侍郎，与卢杞共同执政。实际上是与杨炎分权而治。卢杞无文学之才，仪表相貌很丑，杨炎看不起他，以生病为推脱的借口不与他相聚进食，卢杞暗中记恨杨炎，后来卢杞设计陷害杨炎，在建中二年（781年），杨炎被贬为崖州司马同正。在发遣崖州不到百里时，杨炎又被赐死，时年55岁。②

---

① 据《旧唐书》卷一一八所示，是人名，中华书局1975年版，第3420页。

② （后晋）刘昫等撰：《旧唐书》卷一百一十八《杨炎传》，中华书局1975年版，第3418—3426页。

附：

"崖州何处在？生度鬼门关"
——关于鬼门关的实地考察

岭南人文史上有一个困扰学界上千年的话题；它又涉及广东、广西、海南三省区。这个话题的核心内容有三：是谁最早写诗说"生度鬼门关"？何处是鬼门关？"生度鬼门关"的真相如何呢？

面对这些问题，查考历史文献不能完全彻底破解，唯一的方法是将文献记述与回到"生度鬼门关"的历史现场相结合。

一、是谁最早写诗说"生度鬼门关"

流贬，作为中国古代法制中的一种惩罚手段，《尚书》即有记载，可见它源远流长。它萌生得早，发展而又得到完善却是在唐代。岭南是流贬的理想地，特别是海南岛。当时这里的"岭南獠民"，巫蛊野蛮，又"瘴疠交攻"，还有寇贼劫扰。唐代贬到海南的贬官中，宰相级的官员就有 14 位之多。

唐代第一个流贬海南的宰相是高宗时的韩瑗。以后一直延续到唐末代皇帝哀帝时被贬崖州的柳璨为止。

唐代这 14 位宰相被贬到海南岛，可能是因为自帝京到海南岛，走的路线不一样，所以只有一首诗说到"生度鬼门关"。

诗题为《流崖州至鬼门关作》：

> 一去一万里，千之千不还。
>
> 崖州何处在？生度鬼门关。

诗意折射出作者被贬到海南岛时，万里跋涉，而且不知道前途生死，产生强烈的痛苦绝望心境。

诗的作者是谁？也就是作为宰相级的贬臣谁是最早记叙过鬼门关的？

清代萧应植修、陈景埙纂乾隆《琼州府志》卷九《艺文志》选五言绝句第一首《贬崖州司户道中》署"唐李德裕"。

清代明谊修、张岳崧纂道光《琼州府志》卷四十一《艺文志》选五言绝句第一首也是这首诗，连同下文的七言绝句所选的《望阙亭》一诗，都明确指明是李德裕作。

清代光绪《崖州志》也循此说。此志在卷二十二《杂志·遗事》中为了加强此说法的可靠，特别摘引出南宋人祝穆编的《事文类聚》中所插入的《诗话》，用以揭示这首诗的出处，证明宋代就依此说，因此很权威！

> 交趾有鬼门关，其南多瘴疠，去者罕得生还。谚曰："鬼门关，十人去，九不还。"唐李德裕贬崖州经此，赋诗云："一去一万里，千之千不还。崖州在何处？生度鬼门关。"竟没于荒裔。[1]

以此来证明是李德裕第一个"生度鬼门关"。

唐代才思艳丽、后遭贬方城尉再迁隋县尉的温庭筠，作《题李卫公诗二首》，其一结句："当时谁是承恩者，肯有余波达鬼村？"[2]说的也是再没有往日奖掖过的僚属故旧肯跟他李卫公过鬼门关的了。

现存的宋代地理总志《太平寰宇记》《舆地广记》《舆地纪胜》和《舆地胜览》都依此说。

近人臧励龢等编的《中国古今地名大辞典》也依此说。就连2006年12月由中国大百科全书出版社出版的《岭南文化百科全书》也还以此说为准。

凡此种种，此诗为李德裕作似乎没有疑问了。

但是，李德裕是否真的"生度鬼门关"？查《旧唐书》卷一百七十四《李德裕传》有明确记载：大中元年（847年），李德裕"再贬潮州司马。明年冬，又贬潮州司户。德裕既贬，大中二年，自洛水路经江、淮赴潮州。其年冬，至朝阳，又贬崖州司户。至三年（849年）

---

[1] "鬼门关"这一条记于《事文类聚》"前集"第三十一卷"诗话"栏中。

[2] 《全唐诗》卷五八三。

正月，方达珠崖郡。十二月，卒，时年六十三"。李德裕的确"死于海南岛"。

这样看来，李德裕被贬潮州又被贬崖州，自帝都到潮州走的是水路，从陕西经河南路过江淮到广东潮州。路程中没有鬼门关。所以说，李德裕跟此无涉。也因此，《李卫公别集》不载这首诗。

这首诗的作者，计有功在《唐诗纪事》卷三十二中则认为是杨炎所作：杨炎流放崖州，至鬼门关作诗云："一去一万里，千之千不还。崖州在何处？生度鬼门关。"

那么，杨炎是不是经过鬼门关？

查旧、新两部《唐书》的《杨炎传》，都没有说他出帝都长安以后走什么路。还好！杨炎在建中二年（781年）贬崖州司马，这一年十月，德宗下诏，最后说："仍驰驿发遣。""驰驿发遣"是惯例：东西两路。但德宗用"仍"字，说明是走驿道的西路，而不是东路。据严耕望在《唐代交通图考》引《太平广记》中"所记贬逐之臣"是走东、西两条干线。东干线是走水路，如李德裕所走路线。这一路是"物资运输例多取东路，行旅者亦较安适"。这条主干道，宽敞易行，行旅安适；可路途较远，费时亦多。

另一路是"蓝武驿道"，即西路。出长安，到蓝田县；经商洛，出武关；进入河南的湘南、西峡南下到邓州，再向南行。这是襄邓陆路。行程比东路近，快捷得多！但"旅途较艰辛"。《太平广记》指出："至于贬逐之臣须速行速达，不得求安适，故例取襄邓捷径也。"这"例取"即是德宗诏书中用的"仍"。

走西路经邓州至襄州之后，再到今长沙、衡阳，然后到今零陵、桂林、柳州、桂平，再往南则有大容山阻隔，故折向东到梧州。梧州与广东省交界，但隔着云开大山，不得不经过今天的藤县、容县到北流市。这里即是鬼门关。

上文说过，李德裕走东路到潮州，再从潮州到崖州，不必经鬼门关。而杨炎确实是"生度鬼门关"。是故，诗作者是杨炎。杨炎也是宰相级贬官中最早写诗说"生度鬼门关"的。

二、古代典籍中所记鬼门关辨析

唐以后,中国举凡边远险恶的地方,人们都冠以"鬼门关"的地名。到底最早记鬼门关的典籍是什么?所指鬼门关的地方在它之前有别的名称吗?所记的鬼门关的地形地貌是如此险恶吗?过此关,为何是十人去,九不还?

这四个问题,应该辨析清楚,还鬼门关一个真相。

最早记"鬼门关"的是唐朝杜佑(734—812 年)耗去半生心力,历 30 余年,到 801 年才编纂完成的《通典》。

《通典》中《州郡十四·古南越》记"容州"时说:

> 容州,今北流县……州南去三十余里,有两石相对,状若关门,阔三十步,俗号"鬼门关"。汉伏波将军马援讨林邑蛮,路由于此,立碑,石龟尚在。昔时往交趾,皆由此关。其南尤多瘴疠,去者罕得生还,谚云:"'鬼门关',十人去,九不还。"

此后,后晋刘昫监修,张昭远、贾纬等撰著,修于天福六年(941 年)至开运二年(945 年)间的《旧唐书》在《地理志》中,照录《通典》的文字,这样,鬼门关进入正史。

宋代乐史编《太平寰宇记》时,卷一百六十七"鬼门关"一条,基本照录《通典》,将"州南"错改为"县南"。又首次将杨炎的诗误植于李德裕名下。

宋代王存在元丰三年编成《元丰九域志》,卷九"鬼门关"一条仅录谚语。

宋代欧阳修从孙欧阳忞在《舆地广记》卷三十六"鬼门关"一条仍本乐史《太平寰宇记》,误将杨炎诗记于李德裕名下。

北宋官修的兵书《武经总要》(1044 年成书),编撰者曾公亮、丁度等从边防地理沿革、山川河流、道路关隘等军事布局出发,去掉此前典籍所记有关鬼门关的内容,仅记"容州置经略军使兵千人,鬼门关距州南五十里,交趾海路由此……"当然,这是第一次将鬼门关著入兵书。

上述是北宋的地理总志和兵书。南宋有王象之的《舆地纪胜》和祝穆的《方舆胜览》两种。这两部地理总志记鬼门关的地理内容是一样的。错将杨炎诗记于李德裕名下也都一样。这是因为两书都抄自乐史的《太平寰宇记》而又不加辨析的原因。

现存的唐宋地理总志，共有唐代的《元和郡县图志》，北宋的《太平寰宇记》《元丰九域志》和《舆地广记》，南宋的《舆地纪胜》和《方舆胜览》六种，又加兵书《武经总要》一种。除了上文说的"元和志"不记鬼门关外，其余六种都记鬼门关条目，因为不同作者记录时状况不一样而略有不同而已。

这些典籍记录清楚地表明，唐宋时期及以前鬼门关一名没有改变过。但是，有论者说："唐代以前……'桂门关'——入桂地之关口、门户——见诸时政册文居多。"①说的是，唐代以前，鬼门关称为"桂门关"，而且是时政册文多有记载。可是，作者并没有将他所见到的"时政册文"列举一二；更没有将"桂门关"这个"入桂地之关口、门户"的出处指出。其实，这是一种主观的推断。

唐代以前，鬼门关并没有"桂门关"之称。杜佑著书的态度是十分严谨的。他在《通典》所载的鬼门关，是在前代记录的基础上总结出来的，是正确的。这正如《四库全书总目提要》中所正确指出的，杜佑"博取'五经'群史及汉魏六朝人文集奏疏"中的资料，经过精心剪裁而编纂的。是故，"考唐以前之掌故者，兹编其渊海矣！"也可能是杜佑作出鬼门关的记载，所以比《通典》后出10年的唐代地理名著、我国现存最早又较完整的地方总志《元和郡县图志》（李吉甫撰）也就省略了。

上引此文又说，本来的"桂门关"是雅称，唐代人将它予以"恶名"，改成鬼门关。还说王象之修撰《舆地纪胜》是"力辟讹说，遵从古意"，并振振有词征引《舆地纪胜》的语言说"本桂门关，讹称鬼门关"。②

① 杨天保：《地名·历史·观念——基于岭南鬼门关称谓流变史的文化学解读》，载《桂东南社会文化发展研究论文集》，西南交通大学出版社2011年版，第51页。
② 杨天保：《地名·历史·观念——基于岭南鬼门关称谓流变史的文化学解读》，载《桂东南社会文化发展研究论文集》，西南交通大学出版社2011年版，第51页。

经遍查文选楼影印宋钞本《舆地纪胜》，查不出上引的这句话。相反，《舆地纪胜》卷一二一的《广南西路·郁林州》所记原文，是"鬼门关，《郡国志》云：'在牢州界，谚云：若度鬼门关，十去九不还。言多瘴也！'"说的明明是鬼门关。

其实，鬼门关的称谓，并非恶名。因为郁林地区，包括今北流县，地形地貌多特殊形状。如当地有通津岩，"有清溪自南而入，从北流出，石山对峙如门，故曰通津。"又有双女石，以民间传说命名："双女石，在县东二十里铜石山旁，旧志：宋初有县民生二女，性孝谨，春月养蚕，尝以一女奴相随采桑，里有来议亲者，则愠怒，既而父母以其年长，密以许聘里人，二女知之，诘。朝沐浴更衣，采桑为名，登山，立化为二石人。其母往观之，女奴犹立二石傍云。"

最典型的莫如上引《舆地纪胜》记鬼门关一条前面有马门滩，因为"有二巨石双立若门，因谓之马门滩"。而鬼门关也一样，并不是什么恶名，而是因为山顶上"有两石相对"状若关门，是稀见的状况，故民间老百姓称为鬼门关中，指的是不多见的怪状。

总而言之，唐以前并没有别的称谓，是杜佑的《通典》第一次记录。此前并没有什么"时政册文"记录过"桂门关"，倒是宋以后名称才多有更改。元代称"魁星关"，明代有"天门关""归明关""挂门关"等。

杜佑在《通典》中对鬼门关讲得很明白。定指山上的两石相对，形状好像关门的处所。民间因为这二石稀奇，命名为鬼门关。这样看来，鬼门关是一个山上的小地名。后来，贬官们因被贬寄情于此地名，而放大到一个地域并将它神鬼化了。最早写诗说到此关的初唐沈佺期，他在《入鬼门关》诗云："马危千仞谷，舟险万重湾。"这样，这里的地形地貌的确可怕，而他在《从骢州廨宅移住山间水亭赠苏使君》诗中说的"鬼门应若夜"，后来又演变出"夜拍鬼门"，阴森恐怖。

到了明代的邝露（1604—1650年），这个广东南海人，年轻时因得罪县令，弃家出走，因此曾历广西的岭、蓝、胡、侯、檠五姓土司境，为瑶女云䦆娘留掌书记，熟悉当地情形。他著《赤雅》一书，共三卷，文辞瑰丽，叙述山水鸟兽，曲尽特色，相传可与《桂海虞衡志》相媲美。

《赤雅》有"鬼门关"一条，文中记载鬼门关险恶形势，语言简练而形象跃如，读来恍见其阴森恐怖之状。后段称引前人诗句，更反衬了鬼门关的恐怖，也让人隐隐窥探到诗人流落异乡、不知归宿的阴冷心境。

全文如下：

> 鬼门关在北流西十里。两峰对峙，中成关门。谚云："鬼门关，十人去，九不还。"日暮，黑云霾合，阴风萧条。苍鹧啼而鬼锁合，天鸡叫而蛇雾开。唐宋诗人谪此而死者踵相接也。行数十武，有一大石瓮，中有骷髅、五色肠，皆石乳凝化。予大书四字其上，曰"诗人鲊瓮"，见者毛骨倒竖。黄鲁直诗："人鲊瓮中危万死，鬼门关外更千岑。"沈佺期诗："昔传瘴江路，今到鬼门关。此地无人老，迁流几客还？"

清代诗人曹振宸的《鬼门关》诗所述与《广西通志》中所示相近：

> 石势如门壁削成，郁葱佳气瘴烟平。
>
> 苔封古碣难寻字，云锁群峰不辨名。
>
> 榛莽薙除无虎迹，烟村辐辏有鸡声。
>
> 畏途转盼成周道，车马熙攘接两城。

这里是村子连村子，车辚辚、马萧萧，鸡鸣桑树颠，有四通八达的道路，车马熙熙攘攘连接着北流和玉林两个城市。

鬼门关，是指处在山上的一个"两石相对"的小地方，是定指此处的地名；推而广之成为一个地域名后实际上也并非是那般阴森可怖，而是明朗亮丽的山间地盘。

那么，"十人去，九不还"，何故？

这一点，杜佑说得很清楚："南尤多瘴疠。"不是因为地势险阻，而是因为病瘴。

所谓瘴疠，是指南方暑湿地的一种地方病。内病为瘴，外病为疠。《南史·任昉传》："流离大海之南，寄命瘴疠之地。"是指南方处在山村间湿地蒸腾致人疾病的地方。瘴疠，俗称疟疾，为瘴疠病。

杜佑征引的民谚，是符合当时热带地域状况的，即以杨炎当年被贬目的地崖州来说，也有大体相同的民谣："南桥（万宁）陵水，有命去没命回。"这是当年瘴疠（疟疾）在海南岛肆虐的状况。其实，直到清代末期（光绪十三年，1887 年），胡适父亲胡传在海南调查的记录仍然如此："我军官弁马勇丁瘴故者至三千余人之多！"[①]

据疾病史记载，疟疾是一种古老的地方性传染病。现代科学研究表明，疟疾是由一种被称为按蚊的蚊子传播疟源虫引发的寄生虫病。疟疾分为间日疟、三日疟、恶性疟等多种疟疾。玉林地区，包括北流市的鬼门关范围，过去树木郁郁葱葱，森林茂密，天气炎热，山区的湿度也大，十分适宜按蚊的生长，为疟疾的传播提供了适宜的地理和气候环境。按蚊数量多，叮咬的可能性大。一旦被感染，病情稍一延误，即导致凶险型恶性疟疾并会死亡！是故，"十人去，九不还"。

这就是典籍中所记的鬼门关的真相。

三、回到鬼门关的历史现场

上文引宋人祝穆编的《事文类聚》中记"交趾有鬼门关"，此为"南鬼门"。又据《明一统志》载："鬼门关在（夔州）府城东北三十里。"[②]这是"西鬼门"。而《甘肃通志》载："静宁州东南一百五十里皆陇山也。自陇州至清水县，绵亘而来。具居山之阴，今东暨华亭，其间有鬼门关……"[③]这就是"北鬼门"。有南、西、北三处鬼门关，杨炎过的鬼门关在什么地方？

既然杜佑已经点明是在北流县，那么就有了目标。

幸好，因为国家社科基金重大项目——中国少数民族哲学史课题安排了广西南宁专题研讨会，使笔者有机会到南宁。2013 年 3 月 25 日，紧张而热烈的会议结束之后安排一天自由活动，笔者就趁这一天的空隙，寻找鬼门关。

但，还是茫茫然，何处是鬼门关？

在现在出版的《广西交通旅游图》上找不到鬼门关的踪迹，耐心

---

① 胡传：《游历琼州黎峒行程日记》，载《禹贡》1934 年第 1 期，第 25 页。
② 李贤：《明一统志》卷七〇《夔州府》，文渊阁《四库全书》本。
③ 许容等：《甘肃通志》卷五《山川·静宁州》，文渊阁《四库全书》本。

地询问十多位广西本地人，都不知道有什么鬼门关。不得已，电脑的讯息则指明在玉林市与北流市交界处。于是笔者决定作一次长途旅行。从南宁坐上往北流市的火车，轰隆轰隆的旧式火车开了四个小时，火车上的乘客也有北流人，询问鬼门关，竟然没有一个人知道。到了北流市火车站，车站距北流有几公里。笔者乘公共汽车进城后，车站一时十分冷清。怀着茫然无措的心态从车站走出来，不知道该走向何方？彷徨间，忽然一位30来岁的蹬三轮车师傅，自我介绍叫邹玲的到面前拉客。答曰："去鬼门关！"她一时也呆住了。稍一会儿，蓦然间她说："小时候听老人说过鬼门关，但不知道在哪里？"她热情地打电话问一位亲戚。我们耐心地等待着。说也凑巧，也是好运气，她从电话里知道鬼门关的方向。说是要到北流市某地找这位老人，他会带我们去。笔者心情顿时兴奋起来。三轮车向着北流市与玉林市交界处驰去。

大约半个小时后，到了玉林市玉州区茂林镇陂石村的交叉路口，一位老人骑着摩托车在等候。他对邹玲说，鬼门关是一个庙，庙祝玩去了，他去叫庙祝回来，让我们在路口等着。不一会儿，他与另一位名字叫郑琨的老人一起骑车来了。郑琨老人大约有70多岁，很热情地骑摩托车在前面带路。这一带山岭起伏，我们上了个小山坡，到了贵门圹村天门庙。

回到了距今上千年的唐代杨炎"生度鬼门关"的历史现场，这地方既是可以对以往有关鬼门关的钩沉，又提供了上千年的历史长河的踪影。因此，往事并不如烟，都渐次浮现了出来。

这一座古老的小庙，坐落在群山的怀抱间，周边的树木苍翠，几年前当地人曾经集资对小庙修缮一番。

在进庙的斜坡门边，矗立一块高约80厘米、宽约60厘米、有10厘米厚的明朝石碑，碑的正面赫然现出遒劲有力的"归明关"三个大字，左右两边的小字已经漫漶不清了，只认出最上面的"皇明"二字，知道这是明朝遗留的碑刻。再往上走去，庙上横匾写着玉北天门庙，两边对联是："天地无私载，门庙有神灵"。殿内对联是："天门古迹今能继，兆民贻谋承吉昌"。这座古庙的历史是从明朝延续至今的。

正当我们慢慢地观察古庙时，又一位70多岁叫钟文昭的老人在旁边轻声说："这里是庙，不是鬼门关；我带你们上山找鬼门关的古迹吧。"这才是笔者的真正向导。于是，欣然跟着他下山，穿过两座大山夹缝间的大路，然后又面向着另一座高山。上这座山只有一条杂草丛生的蜿蜒小路。山路上布满小石和落叶，已经很久没人涉足了。老人指着山上说："鬼门关在半山腰上，能爬上山吗？"笔者一人跃跃欲试，另一人则望着陡峭的山坡，心生畏惧。老人伸手拽着笔者的手，边拉着上山边鼓励。终于气喘吁吁地登上半山腰，已是满头大汗了。笔者问："此山叫什么山？"答："我们土话用普通话讲叫鬼瓜山！"笔者通晓南宁的"白话"，说："不是'瓜'，南宁白话是'家'，叫鬼家山，进'鬼门关'即入鬼家了！"向导频频点头。

这时候，看见山坡上竖立着一块一人多高的水泥碑，是北流县文物保护单位设立的。

钟文昭向导边揩汗边指着水泥碑告诉笔者说，刚才在天门庙前面见到的"归明关"碑，原先竖在此处，"文化大革命"时，政府把"四类分子"集中起来，用大绳索、牵引绳将大石碑搬下去，置于小庙前面。

仔细观察这块水泥碑。碑分两截，用大理石刻字。正面上半截浅刻"天门关"三个大字，大字边上有两行小字：上一行是："北流县重点文物保护单位"，下一行是："北流县人民政府一九七五年十月十八日公布""北流县文物管理所立"。

水泥碑的下半截刻着一段说明：

> 天门关旧名鬼门关，唐宋以来，这里是中原到钦、廉、雷、琼和交趾的一个重要通道，是一个很有名的地方。不少有名人物被贬到海南岛时，都经过这里，并写有诗作传世。唐代诗人沈佺期、宰相李德裕、宋朝文学家苏东坡等都写有"鬼门关"诗。石壁上"天门关"三个大字是明朝宣德三年（1428年）所刻，距今已有559年了。

水泥碑的背后，刻着《天门关保护条例》。全文如下：

> 一、在天门关址方圆两公里范围为石山和泥岭，一律不准任何

单位和个人开采石头、采掘泥土，破坏文物古迹。

二、关址的保护碑为永久性标志，长期保存，任何单位和个人不得损坏或移动。

三、保护天门关古迹，人人有责。

四、如有违反以上条例者，按中华人民共和国文物保护法刑法的有关规定处理。

北流县人民政府

这块水泥碑的说明文字，其中点到历代贬琼人士到此的名单时，有对有不对，也有不够全面的地方。比方说，沈佺期、苏轼有诗写到过鬼门关，是对的；但却误将李德裕当作杨炎了，这是错误；至于也还有诗人写诗说到过鬼门关，碑中缺记。

向导引笔者沿着崎岖山道再向上攀登，大约一二百米后，有一大山洞。向导说，相传山洞中藏有许多珍宝；但谁也拿不出洞外。石洞外有一块一人多高的石壁，石壁上有三个大字："天门关"，即上引北流县文管所立的碑上说的明代宣德三年（1428年）所刻。据广西大学韦玖灵教授在网上查得《天门古迹》一条说："天门关"三个大字旁有一首小诗："行行万里度天关，天涯遥看海上山，剪棘摩崖寻旧刻，依然便拟北流还。"《天门古迹》的作者接着说："但那首小诗已字迹漫漶，难以辨认。"笔者在现场反复观察"天门关"三个大字旁，怎么也看不出石壁上曾经刻小诗的印痕。这恐怕是好事者附会罢了。

站在杨炎当年"生度鬼门关"的历史现场，许多上千年的历史细节可以在这里稽查复核了。

比如说，唐以前这里是否因为是"入桂的门户"而称为桂门关？

向导明确回答我们，这里民间只知道有鬼门关而没有别的称谓。他说出了当地老百姓的一个流传久远的历史传说。里面讲鬼门关附近有八个关：

北流有个龙口，一下就叫作斗口；过得米□（箸），过不得萝斗；还有一个七天七夜的赔罗岭；过得三关过不得鬼门关，千人过了无人返；还有石狗伴鸡在路口，一去就是古茶圹门口的二十四浪桥；

再去就是垌心村门口稀稀的道稀垌，还有一个大侠山，牛过脱乔（蹄），马过脱碟，走不过去就回头。

这里说的八个关是：斗口、米囗、萝斗、赔罗岭、鬼门关、二十四浪桥、道稀垌和大侠山。其中以鬼门关最为险要！是"千人过了无人返"，这是对典籍中引民谚讲"十人去，九不还"在原有基础上的夸张，也可能是这个传说与杨炎诗作在时间上或先或后而有所影响的缘故，此关此前没有别的名称说法，只是"俗号"鬼门关。

"俗号"鬼门关这个小地名，是因"有两石相对,状若关门"而得名，那么现在的两石呢？

向导指着对开的山顶上说："看,这左边的是石狗！"那么右边呢？他说，右边原先是石鸡，因石鸡的头仰得高，尾巴翘起也太高。老人传言，一次大雷雨天，石鸡的头、尾都被轰掉了。因石狗矮胖，还在！细细品味，果然是一只胖狗，但石鸡只剩下一个石块了，这是地名鬼门关的所在。

过鬼门关是那么恐怖吗？

向导说，过去这里东面是云开大山，西面是大容山接着六万大山，中间一条夹道，梧州来往北海绕不开这条路。可现在，大马路修通了，再也没有古时瘴气了，人烟旺呵。

现在，玉梧二级公路在这里通过，附近村落密布，楼房林立，树木葱茏，一派翠色，柏油路上车水马龙，农作物长势很好。

为什么是"十人去，九不还"？

向导说，过去这里疟疾的确流行，他小时候得过。但是，"一物治一物,小和尚治大尊佛。"他妈妈摘一些树叶煎水给他吃好了。长大了，听说这种治疟疾的树叫雀肾树，当地人都懂。

回到历史现场，结合着文献记载互相印证，鬼门关了然于心。

第八章　南汉的兴亡对海南的影响

五代十国自907年兴至960年结束，是中国历史上第二次政治大分裂时期，也是承唐启宋的过渡阶段。自907年朱晃（全忠）代唐之后，中原大地出现了梁、唐、晋、汉、周五个前后衔接的政权，史称"五代"。史家在政权名称前加上"后"字，有别于历史上同名的朝代。从10世纪初至960年数十年间，相继成立了后梁、后唐、后晋、后汉、后周五个朝代。同时，在长江流域南部，又先后成立吴、前蜀、吴越、楚、闽、南汉、南平（荆南）、后蜀、南唐、北汉等十个主要政权，史称"十国"。至979年宋灭北汉方告结束。五代政权，前后53年，更换了14个皇帝。各个王朝均未能形成一个政权中心，政局又不断急剧变动，没有统一的政治制度及法令规章，实际上是地方势力抢劫混战的局面，十国之中，除北汉外，均在江南。十国里面，有两个国号为汉，一在南，一在北，故分别称南汉、北汉。

南汉自917年至971年。唐朝自黄巢起义之后，全国各地藩镇割据。905年，刘隐任靖海军节度使，辖岭南，他在岭南崛起，907年，梁帝封刘隐为靖海（交州）两军节度使，大彭郡王。911年，刘隐病故，其异母弟刘龑（又名俨、陟、龚）继袭官爵，攻韶、潮、高、容4州。后梁末帝贞明三年（917年）八月，刘龑即帝位于广州，是为高祖（917—941年），年号乾亨，国号大越，后改称为汉，史称南汉。刘龑用士人为诸州刺史，不让武夫做地方官，这是岭南较为安静的一个原因。南汉承袭了唐代的一些典章制度。刘龑设置百官，充实州县，开科取士，铸钱，继续开展商务活动，结好邻国，使岭南封建文化有所发展，自刘䶮在粤称帝起（即 917 年至 971 年），传三世，共 54 年。如连同刘隐割据广州算起，则有 75 年。南汉的疆域为广东省，包括海南岛在内。

第一节　五代十国政治的混乱促使移民避乱海南

　　五代十国的政治十分混乱，这五代十国以外的中国疆域内的其他各国也视海南岛为己有，有的贬官也被贬到海南；但海南主要是南汉统治。南汉统治海南 50 多年中，对州县的建置初依唐制，后来，于乾和十五年（957 年），对各州、县作了调整，从唐代五州 22 县裁减合并为五州 14 县，宋代行政建置是在南汉的基础上奠定的。

　　当然，偏安一隅的南汉小朝廷对海南岛的统治并没有作出什么成绩。但在这一时期，由于北方战乱频繁，因乱避地来岭南者甚多，苏轼在《伏波将军庙碑》中写道："自汉末至五代，中原避乱之人，多家于此。今衣冠礼乐，盖班班然矣。"[1]《新五代史》载："是时，天下已乱，中朝士人以岭外最远，可以避地，多游焉。唐世名臣谪死南方者往往有子孙，或当时任宦遭乱不得还者，皆客岭表。"[2] 当然，岭表也包括海南岛，在五代时期，海南岛又一次迎来中原地区的移民高潮。王云清在《儋耳赋》中载："五季（五代）之末，神州陆沉。大夫君子，避乱相寻。海门一带，比屋如林"，其注云："当时中原大家世族，纷纷迁徙，相率而来。居儋者则有羊、杜、曹、陈、张、王、许、谢、黄、吴、唐、赵十二姓，或以仕隐，或以戍谪，挈眷踵至。沿海一带皆由黄沙

---

　　[1] （宋）苏轼：《苏轼文集》卷十七《伏波将军庙碑》，中华书局 1986 年版，第 506 页。

　　[2] （宋）欧阳修撰：《新五代史》卷六十五《南汉世家第五·刘隐传》，中华书局 1974 年版，第 810 页。

港上岸，皆以种蔗为业。上自顿积港，下至德义岭，皆系客民住云。"[①]
他们移居海南岛后传播中原地区的礼乐文化，从事生产活动，对海南
的发展起到了推动作用。

第二节　行政区划沿袭唐制

五代沿袭唐代的行政区划。对州县建置初依唐制，至南汉乾和
十五年（957 年），始将各州之县废罢 8 个，留 14 县。其中琼州省曾
口、颜罗二县，儋州省富罗县，万安州省富云、博辽二县，振州省延德、
临川、落屯三县，凡罢 8 县。由唐朝的五州 22 县调整为五州 14 县。[②]
见下页图：

---

① （清）王云清：初稿《儋县志初集》下册《儋耳赋》，海南出版社 2004 年版，
第 1191、1225 页。

② （清）吴兰修：《南汉地理志》。在吴兰修、石华撰的《南汉地理志》中，对
于海南岛五个州的沿革资料，作了如下解释：琼州：《舆地广记》《通考》同。兰修
按《太平寰宇记》云：颜罗，唐时省，今不从。又按《太平寰宇记》《舆地广记》
《通考》并云：唐贞元七年（791 年）省容琼县，《十国春秋》仍有容琼县，误。崖州，
兰修按《唐志》，贞观五年（631 年）割崖州、临高入琼州，《通考》《十国春秋》仍
有临高，误也。又按《旧唐志》崖州有舍城县。《宋元》《宋朝事实》《通考》并云：
开宝五年（972 年）废崖州，以舍城、澄迈、文昌入琼州，与《旧唐志》合，今从之。《新
唐志》谓舍城，开元后省，亦误。儋州，《舆地广记》《通考》同。关于洛场，《新旧
唐志》《舆地广记》皆作洛场。《太平寰宇记》《舆地广记》《通考》同。关于洛场，《新
旧唐书》《舆地纪胜》皆作洛场，《太平寰宇记》《通考》《十国春秋》作洛阳误。万安
州：《舆地广地》《通考》同。兰修按《太平寰宇记》云：唐末省，今不从。关于陵
水，《十国春秋》作陆水，误。振州，《宋朝事实》《舆地广记》《通志》同。兰修按《太
平寰宇记》，仍领县五，误。又据《长编》：开宝五年（972 年）六月，徙崖州于振州，
遂废振州。《欧史职方考》无振州，亦误。兰修对历史上各类史籍五州沿革的校勘诠释，
录此以备考。

南汉于乾和十五年（957年）调整后的海南建置[①]
- 琼州，原领县五，南汉省曾口、颜罗二县，领县三
  - 琼山
  - 临高
  - 乐会
- 崖州，领县三
  - 舍城
  - 澄迈
  - 文昌
- 儋州，原领县五，南汉省富罗县，领县四
  - 义伦
  - 昌化
  - 感恩
  - 洛场
- 万安州，原领县四，南汉省富云、博辽，领县二
  - 万安
  - 陵水
- 振州，原领县五，南汉省延德、临川、落屯三县，领县二
  - 宁远
  - 吉阳

第三节　经济状况与赋税

范文澜说："南汉国君自刘䶮起，都是极奢侈、极残忍的暴君，934 年，刘䶮造昭阳殿，用金作屋顶，银作地面，木料都用银装饰。殿下设水渠，渠中布满珍珠。又琢水精琥珀为日月，放在东西两条玉柱上，刘铢造万政殿，饰一条柱子就用银三千两。又用银和云母相间隔，包装殿壁。这种富丽辉煌的建筑物，是用多少民众鲜血变成的，实在使人触目惊心，不寒而栗！刘䶮恶毒无比，设有灌鼻、割舌、肢解、

---

① （清）梁廷枏著、杨伟群点校：《南越五主传》，广东人民出版社 2011 年版，第 280 页。

剖剔、炮炙、烹蒸等惨刑，又有水狱，聚毒蛇在水池中，投入他所谓的罪人，让毒蛇咬死。他的继位子孙，都是和他类似的野兽，他们造成穷奢极侈的宫殿，取得人力和财物的方法就是惨刑。"①大宝三年至五年（960—962 年），南汉设清化军以戍黎。这样的几代帝王，虽然统治了海南岛，但对于海南经济的发展，却无多少措施，只能在客观上保留唐代的状态。各类史书对这方面的记录，也几乎是空白点。南汉统治者对于海南的赋税，却比唐代严重。唐胄在正德《琼台志》中曾说："予曾疑郡户自汉详明，安有不租之丁？及读诸史，刘氏赋敛繁重，琼州斗米税四五钱，是知唐有赋，而南汉加敛。"②封建王朝对海南的压榨，有增无减。不过，由于岭南没有战争，人民生活比较安定，所以老百姓虽受沉重的剥削但还可以维持起码的生活。岭南地区又吸引了北方移民，在此客观情况下，海南岛也获得了相对的安定与发展。

第四节　五代十国海南部分人物简介

1. 朱友恭

寿春人（位于安徽省淮南市寿县东北部），本来的姓氏是李，名叫彦威。少年时服侍太祖。性格聪明伶俐，擅长体会太祖的旨意。因此，太祖收养他做自己的儿子，赐给他姓，起初起名为克让。《资治通鉴》中说："朱友恭年幼时是全中的奴仆，全中将他养成自己的儿子。"当时刚刚建立左长剑都，由朱友恭监督管理，跟从太祖四处征战，立有军功，多次升迁为诸军都指挥使，检校左仆射。乾宁年间，被授予汝州刺史，加官检校司空。光化初年，淮夷部落侵打鄂渚，武昌元帅杜洪来请求军队帮助，太祖派遣朱友恭带领士兵一万多人，渡过淮河接应援助，带引军队到龙沙、九江便返回，军队威名四震。此时淮地的敌人占据黄州，朱友恭攻陷他们于山崖，捕获敌人将领瞿章，俘虏、

---

① 范文澜：《中国通史》，人民出版社 1963 年版，第 507—508 页。

② （明）唐胄纂：正德《琼台志》卷十一《田赋》，海南出版社 2006 年版，第 235 页。

杀死敌人按万计算，途中经过安陆，袭击杀死刺史武瑜，全部收服民众，因此大功被授予颍州刺史，加官检校司徒。天复年间，朱友恭担任武宁军留后。天祐初年，唐昭宗向东迁都到洛阳，朱友恭被征召授予左虎龙统军来守卫宫阙。随即，朱友恭和氏叔琮一同收到太祖的密旨，在洛阳宫里弑杀昭宗。不久，太宗从河中到此，以军政怠惰为由责备朱友恭，并贬黜他为崖州司户，还恢复了他原来的姓名，和氏叔琮同日赐死。[①]

2. 李邺

魏州人。年轻时，谋事于杨师厚，随庄宗入魏，逐渐转任为副将，担任多郡的刺史，后又迁至亳州。为政贪污腐败，有奴仆帮别人拿黄金来贿赂李邺，却自己私吞黄金，李邺就将其杀害。被杀的奴役家人上诉，揭发了李邺不可告人的秘密，李邺被贬为郴州司户参军，又被贬为崖州长流百姓，在此地赐自尽。[②]

3. 王重师

许州长社人。秦宗权攻陷许州，王重师脱身归附梁朝，随梁太祖平定蔡州，进攻充、顿二州，任拔山军指挥使。王重师在齐、鲁苦战，威震周围敌军，升任颍州刺史。梁太祖进攻濮州，已经攻破，濮州人堆积柴草焚烧州城，梁军无法进城。这时，王重师因战伤重，躺在营帐中，将领们焦急中强迫他起战，王重师骤然起身，取来军中毛毯浇上水，盖在火上，率领精兵手持短剑突击入城，梁军随之而入，于是攻占了濮州。王重师身上八九处受伤，军士背着他回来。梁太祖听说后，吃惊地说道："怎么能让我得到濮州而失去王重师呢！"派医师为他治疗，一个多月后才痊愈。王师范投降，表奏王重师为青州留后，历次升迁至佑国军节度使、同中书门下平章事。在任几年，很有威望政绩。

王重师与刘捍之前就有不和，后来刘捍构陷王重师，梁太祖对此

---

① （宋）薛居正等撰：《旧五代史》卷一九《梁书》，中华书局1976年版，第257页。

② （宋）薛居正等撰：《旧五代史》卷七三《唐书》，中华书局1976年版，第965页。

事也深有怀疑。王重师在未请示上级的情况下，派遣了他手下的将领张君练向西攻打邠、凤。但张君练出兵受挫，大败。梁太祖因为王重师擅自发兵、让国威受损，将召见他并治他的罪，同时派遣刘捍去代理王重师的职务。王重师并不知道梁太祖因为自己的事情已十分生气，刘捍到了，他也未出去迎接。在青门接见他时，行为又十分傲慢。刘捍便向梁太祖禀告，说王重师有二心。梁太祖听后相当愤怒，下令将王重师贬为溪州刺史，后又贬为崖州司参军，但还没赴任，便被赐死了。①

---

① （宋）欧阳修撰、徐无党注：《新五代史》卷二十二《王重师传》，中华书局1974年版，第232—233页。

策划编辑:侯俊智　侯　春

责任编辑:侯俊智　侯　春　刘　佳　陈建萍

特约编辑:史　伟　陈　虹

封面设计:肖　辉　孙文君

责任校对:苏小昭

图书在版编目(CIP)数据

海南通史·先秦至五代十国卷/周伟民　唐玲玲　著. —北京:人民出版社,2017.11
　(2022.7 重印)

ISBN 978－7－01－017267－5

Ⅰ.①海…　Ⅱ.①周…　②唐…　Ⅲ.①海南-地方史-先秦时代-五代十国
　时期　Ⅳ.①K296.6

中国版本图书馆 CIP 数据核字(2017)第 010835 号

海南通史·先秦至五代十国卷

HAINAN TONGSHI XIANQIN ZHI WUDAISHIGUO JUAN

周伟民　唐玲玲　著

人民出版社 出版发行

(100706　北京市东城区隆福寺街 99 号)

北京中科印刷有限公司印刷　新华书店经销

2017 年 11 月第 1 版　2022 年 7 月北京第 2 次印刷
开本:710 毫米×1000 毫米 1/16　印张:21.75
字数:310 千字　插页:4

ISBN 978－7－01－017267－5　定价:75.00 元

邮购地址 100706　北京市东城区隆福寺街 99 号
人民东方图书销售中心　电话 (010)65250042　65289539